인에비터블
미래의 정체

THE INEVITABLE

12가지 법칙으로 다가오는 피할 수 없는 것들

인에비터블
미래의 정체

케빈 켈리

이한음 옮김

청림출판

한 그루의 나무가 모여 푸른 숲을 이루듯이
청림의 책들은 삶을 풍요롭게 합니다.

결말을 알 수 없는
미래로의 초대

열세 살 때 나는 아버지를 따라 뉴저지 주 애틀랜틱시티에서 열린 컴퓨터 무역 박람회에 간 적이 있다. 때는 1965년이었고, 아버지는 IBM 같은 미국의 첨단 기업들이 만든 방 하나만 한 크기의 거대한 장치를 보고 흥분하셨다. 아버지는 진보를 굳게 믿었고, 그 초창기의 컴퓨터가 자신이 상상한 미래의 모습을 어렴풋이 보여주는 물건이라고 여기셨다. 하지만 내게는 시답잖게 보였다. 전형적인 10대 청소년이었으니 그럴 만도 했다. 널찍한 전시실을 가득 채우고 있던 그 컴퓨터가 내게는 따분하기 그지없었다. 네모난 금속 캐비닛이 꼼짝 않고 죽 늘어서 있을 뿐이었다. 깜박이는 화면 같은 것은 어디에도 없었다. 음성 입력도 출력도 없었다. 그 컴퓨터가 하는 일이라곤 접혀 있는 종이에다가 회색 숫자를 줄줄이 찍어내는 것뿐이었다. 과학 소설의 열렬한 탐독자였기에 나는 컴퓨터를 잘 알고 있었다. 거기 놓인 것은 진짜 컴퓨터가 이니었다.

1981년, 나는 당시 일하고 있던 조지아대학교의 한 과학 연구실에서 애플 II 컴퓨터를 접했다. 거기에는 검은 바탕에 녹색으로 글자를 띄울 수 있는 화면이 딸려 있었다. 하지만 나는 그 컴퓨터에도 별 감동을 못 받았다. 타자기보다 타이핑하기가 좀 더 수월했고, 윙윙거리면서 숫자를 그래프에 표시하고 자료를 정리해 보여주긴 했지만, 마찬가지로 진짜 컴퓨터는 아니었다. 한마디로 내 인생을 바꿔놓을 만한 것이 못 되었다.

그러다가 몇 달 뒤 바로 그 애플 II에 모뎀을 통해 전화선을 연결하는 순간 내 생각은 통째로 바뀌었다. 갑자기 모든 것이 달라졌다. 전화잭 너머에서 새로운 세계가 탄생하고 있었다. 거의 무한한, 드넓기 그지없는 세계였다. 거기에는 온라인 게시판, 실험적인 원격 회의가 있었다. 바로 인터넷이라는 세계였다. 전화선을 통해 열린 문에 들어서자 방대하면서도 동시에 인간적인 규모의 세상이 나왔다. 유기적이면서 터무니없다고 느껴지는 곳이었다. 그곳에서는 사람과 기계가 사적인 방식으로 연결되었다. 나는 내 삶이 한 차원 도약하는 것을 느낄 수 있었다.

나는 바로 그 시점, 즉 컴퓨터와 전화선이 융합된 시점이야말로 진정한 컴퓨터 시대가 시작된 때라고 본다. 독립형 컴퓨터로는 부족했다. 컴퓨터가 내놓는 지속성을 띤 결과들은 모두 1980년대 초, 즉 컴퓨터가 전화와 결합하여 튼튼한 잡종을 탄생시킨 순간에야 비로소 나타나기 시작했다.

그 뒤로 30년 동안 통신과 컴퓨터 사이의 기술 융합은 확산되고, 촉진되고, 만발하고, 진화했다. 인터넷, 웹, 모바일 시스템은 사회의 변두리에서(1981년에는 거의 무시되고 있었다) 현대 지구촌의 중앙 무대로 이동했다. 지난 30년 사이에 이 기술에 토대를 둔 사회적 경제는 갖가지 부침을 겪었고 그 와중에 많은 인물이 오고 갔지만 일어나는 일의 흐름을 인도하는 대규모 추세가 있었다는 것은 분명하다.

이 폭넓은 역사적 추세는 대단히 중요하다. 그것을 탄생시킨 근본 조건이 여전히 작용하고 펼쳐지고 있으며, 그리하여 이 추세가 앞으로도 수십 년 동안 계속 이어지면서 확장될 것임을 강하게 시사하기 때문이다. 추세를 약화시킬 만한 것은 전혀 보이지 않는다. 범죄, 전쟁, 인간의 부절제한 행동 등 이 추세를 틀어지게 할 만한 힘조차도 지금 드러나고 있는 이 추세를 따르고 있다. 이 책에서 나는 앞으로의 30년을 빚어낼 불가피한 기술의 힘 가운데 12가지를 살펴보고자 한다.

'불가피한inevitable'이라는 단어는 강력하다. 일부에서는 이 단어를 위험하다고 여긴다. 불가피한 것 따위는 없다고 거부하는 이들이다. 그들은 인간의 의지력과 목적의식이 그 어떤 기계적인 추세도 바꾸고 제압하고 통제할 수 있다—그리고 그래야 한다!—고 주장한다. 그들은 '불가피성'이 인간의 자유 의지를 꺾는 평계에 불과하다고 본다. 더군다나 내가 여기서 하듯이 불가피하다는 개념을 멋진 기술과 결부시켜서 말하면, 어떤 예정된 운명이라는 것에 더욱 격렬하고 열정적으로 거부하는 태도를 드러낸다. 고전적인 되감기 사고 실험은 '불가피한'을 정의하는 한 가지 방법이다. 역사라는 테이프를 되감아서 태초부터 다시 트는 일을 반복했을 때 우리 문명이 계속해서 나온다면? 역사를 수없이 되풀이해도 2016년에 5분마다 트윗을 날리는 10대가 나올 것이라고 말하는 강력한 형태의 불가피성 개념이 도출될 것이다. 하지만 내가 말하는 불가피성은 그런 것이 아니다.

내가 말하려는 불가피성은 의미가 다르다. 기술은 여러 다른 방향이 아니라 어떤 특정한 방향으로 기울어지는 편향성을 지닌다. 모든 조건이 같다고 할 때, 기술의 동역학(물체의 운동과 힘의 관계를 다루는 학문)을 지배하는 물리학과 수학은 특정한 행동을 선호하는 경향이 있다. 이 경향성은 어떤 구체적이거나 특정한 사례를 좌우하는 것이 아니라, 기술 유형의 전반적인 윤곽을 빚어내는 총체적인 힘으로서 존재한다. 예를 들어, 인터넷의 형태―세계에 펼쳐진 연결망들의 연결망―는 불가피했지만 우리가 선택한 인터넷의 구체적인 유형은 그렇지 않았다. 인터넷은 비영리적인 형태가 아니라 상업적인 형태, 국제적인 것이 아니라 국내적인 것, 공개된 형태가 아니라 비밀 형태가 될 수도 있었다. 전화 통신―전기를 통해 전달되는 장거리 음성 메시지―은 불가피했지만 아이폰은 그렇지 않았다. 4륜 자동차의 일반적인 형태는 불가피했지만 SUV는 그렇지 않았다. 인스턴트 메시징은 불가피했지만 5분마다 하는 트윗은 그렇지 않았다.

5분마다 트윗하기는 또 다른 측면에서도 불가피하지 않다. 현재 우리가 새로운 것을 창안하는 속도가 너무나 빨라지고 있기에, 그 산물이 교화되는 속도는 미처 따라가지 못하고 있다. 요즘에는 어떤 기술이 출현했을 때, 그것에 어떤 의미가 있는지 파악하고 그것을 길들이는 데 어떤 예절이 필요한지에 관한 사회적 합의가 이루어지기까지 족히 10년은 걸린다. 그러니 사방에서 울려대는 휴대전화 벨소리를 어떻게 해야 할지 깨닫는 데 10년이 걸린 것처럼(공공장소에서는 진동으로 해놓으세요), 예의 바르게 트윗하는 방법을 찾아내는 데에도 앞으로 5년은 더 걸릴 것이다. 또 휴대전화가 그러했듯이, 트윗하기에 매달리는 이 초기 반응도 금방 사라질 것이고, 우리는 그것이 필수적이지도 불가피하지도 않다는 사실을 알게 될 것이다.

내가 여기서 말하고 있는 디지털 세계에서의 불가피성은 관성의 산물이다. 현재 지속되는 기술 발전이 일으키는 관성이다. 지난 30년 동안 디지털 기술이 형성한 강력한 조류는 앞으로 30년 동안 계속 더 확장되고 확고해질 것이다. 이 말은 북아메리카만이 아니라 세계 전체에 적용된다. 이 책에서 나는 미국의 사례를 주로 들었지만 각각에 상응하는 사례를 인도, 말리, 페루, 에스토니아에서도 쉽게 찾을 수 있었다. 예를 들면, 디지털 화폐의 진정한 선두 주자는 아프리카와 아프가니스탄에 있다. 그곳에서는 전자화폐가 유일하게 제 기능을 하는 통화일 때가 종종 있다. 중국은 모바일 공유 애플리케이션 개발 쪽으로는 다른 모든 나라들보다 앞선다. 하지만 개별 문화가 개별 기술의 발전을 촉진하거나 지체시킬 수 있다고 해도 근본적인 힘은 보편적인 것이다.

지난 30년 동안, 처음에는 다소 황량한 텅 빈 공간의 개척자로서, 그 뒤에는 이 새로운 대륙의 일부를 구축한 건설자로서 온라인 세계에서 살아왔기에, 나는 이 기술 변화가 대단히 심원하다는 점을 안다. 그래서 이 불가피성을 확신한다. 매일같이 눈을 현혹시키는 새로운 첨단 기술 제품은 느린 조류에 올라타고 있다. 디지털 세계는 비트, 정보, 망(네트워크)이 지닌 자연적인 성향과 신체적 욕구에 뿌리를 박고 있다. 지리, 기업, 정치에 상관없이, 비트와 망의 이 기본 요소는 반복하여 비슷한 결과를 내놓을 것이다. 그 불가피성은 그것들의 기초 물리학에서 비롯된다. 이 책에서 나는 디지털 기술의 이 뿌리를 노출시키고자 한다. 그 뿌리에서 앞으로 30년 동안 이어질 추세가 나올 것이기 때문이다.

모든 변화가 다 환영받지는 못할 것이다. 기존 산업은 낡은 사업 모델이 더 이상 먹히지 않아서 붕괴할 것이다. 통째로 사라지는 직업도 나올 것이고, 그와 함께 생계수단을 잃는 이들도 나올 것이다. 새로운 직업이 탄생할 것이고, 불균등하게 번영함으로써 질시와 불평등을 일으킬 것이다. 내가 개괄한 추세는 지속되고 확장되면서 현행 법규의 전제에 도전하고, 법을 준수하는 시민에게 울타리가 되어준 합법과 불법의 경계선을 짓밟을 것이다. 디지털 망 기술은 특성상 경계가 없기에 국경을 뒤흔들 것이며 그에 따라 상심, 갈등, 혼란이 생기고 믿어지지 않을 혜택도 있을 것이다.

이 디지털 세계에서 쇄도하는 극단적인 기술에 직면할 때 처음에는 밀어내고 싶은 충동을 느낄지도 모른다. 막거나, 금지하거나, 부정하거나, 적어도 이용하기 어렵게 만들고 싶을지도 모른다. (인터넷에 힘입어서 음악과 영화를 복제하기가 쉬워졌을 때, 할리우드와 음악 산업은 복제를 막기 위해 모든 수단을 동원했다. 하지만 헛수고였다. 그저 고객을 적으로 돌리는 데에만 성공했을 뿐이다.) 불가피한 것을 금지하려다가는 대개 역풍을 맞기 마련이다. 금지는 기껏해야 일시적인 효과가 있을 뿐 장기적으로 역효과를 낳는다.

눈을 크게 뜨고 경계하면서 받아들이는 편이 훨씬 더 낫다. 이 책에서 내 의도는 디지털 변화의 뿌리를 포용할 수 있도록 그것을 드러내는 것이다. 일단 간파하면, 우리는 그것에 맞서 싸우기보다는 그것의 특성을 활용할 수 있다. 대량 복제는 계속된다. 대규모 추적과 전면적인 감시도 계속된다. 소유권 개념은 변하고 있다. 가상현실은 현실이 되고 있다. 우리는 인공지능과 로봇이 개선되고, 새로운 사업 분야를 창출하고, 현재의 직업을 앗아가는 것을 막지 못한다. 우리가 처음 느낄 충동에 반할지도 모르겠지만, 우리는 이 기술의 끊임없는 재조합을 받아들여야 한다. 이 기술을 막으려 하기보다는 그것과 협력해야만 기술이 제공하는 것을 최대한 이용할 수 있다. 그렇다고 손을 놓고 있자는 말은 아니다. 법적 수단과 기술적 수단 양쪽을 다 써서 새로 출현하는 발명품이 실제로(가상으로가 아니라) 해를 끼치는 것을 막을 필요가 있다. 우리는 각각의 새로운 발명품을 교화하고 길들일 필요가 있다. 하지만 깊이 관여하고, 직접 경험하고, 경계하면서 받아들여야 그렇게 할 수 있다. 한 예로, 우리는 우버Uber 같은 택시 서비스를 규제할 수 있고 규제해야 하지만, 그 서비스의 불가피한 분산화를 막으려는 시도는 할 수도 없고 해서도 안 된다. 그런 기술들은 사라지지 않을 것이다.

변화는 불가피하다. 지금 우리는 모든 것이 변할 수 있으며 변화하고 있다는 것을 이해한다. 비록 그 변화의 많은 부분을 알아차릴 수 없긴 하지만 말이다. 가장 높은 산은 우리의 발밑에서 서서히 풍화되고 있고, 지구의 모든 동식물 종은 극도로 느린 속도로 다른 무언가로 변형되고 있다. 하염없이 빛나는 태양조차도 천문학적 규모에서 보면 쇠퇴할 것이다. 비록 우리는 그보다 훨씬 전에 사라지겠지만. 인류 문화, 그리고 생물학은 새로운 무언가를 향해 이렇게 알아차릴 수 없이 나아가는 과정의 일부다.

현재 우리 삶에서 모든 중요한 변화의 중심에 놓인 것은 기술이다. 기술은 인류의 촉진제다. 기술 덕분에, 우리가 만드는 모든 것은 늘 무언가가 되어가는 과정에 있다. 모든 것은 다른 무언가가 되어가고 있으며, '가능성might'에서 '현실is'을 빚어내고 있다. 모든 것은 유동적이다. 완성되는 것은 아무것도 없다. 다 끝나는 일도 없다. 결코 끝나지 않는 이 변화야말로 현대 세계의 주축이다.

끊임없는 유동은 단순히 '모든 것이 달라질 것이다'라는 말 이상의 의미가 있다. 그것은 과정—유동의 엔진—을 의미하며, 이제는 과정이 산물보다 더 중요하다. 지난 200년 사이에 이루어진 가장 위대한 발명은 특정한 기발한 장치나 도구가 아니라, 과학적 과정 그 자체다. 일단 과학적 방법을 발명하자, 우리는 다른 식으로는 결코 발견할 수 없었을 수천 가지 놀라운 것들을 곧바로 창안할 수 있었다. 끊임없는 변화와 개선이라는 이 방법론적 과정이야말로 어느 특정한 산물을 발명하는 것보다 백만 배 더 나았다. 그것을 발명한 이래로 수세기 동안 그 과정은 백만 가지의 산물을 낳았기 때문이다. 그 지속되는 과정을 올바로 이끌기만 하면 앞으로도 계속해서 혜택을 보게 될 것이다. 우리의 새로운 시대에는 과정이 산물을 이긴다.

이렇게 무게 중심이 과정 쪽으로 이동했다는 것은 끊임없는 변화가 우리가 만드는 모든 것의 운명이라는 의미이기도 하다. 우리는 고정된 명사의 세계에서 유동적인 동사의 세계로 나아가고 있다. 앞으로 30년 동안 우리는 유형의 것들—자동차, 신발—을 취해서 무형의 동사로 전환하는 일을 계속할 것이다. 생산물은 서비스와 과정이 될 것이다. 기술을 고도로 집약해 넣은 자동차는 교통 서비스, 즉 끊임없이 소비자의 습관, 되먹임(입력과 출력을 갖춘 시스템에서 출력의 일부를 입력 측으로 되돌려 입력으로 사용하는 일. 증폭기나 자동 제어 따위의 전기 회로에 많이 사용한다), 경쟁, 혁신, 피곤한 상태에 빠르게 적응하여, 끊임없이 갱신되는 물질의 흐름이 된다. 자율주행 자동차든 당신이 운전하는 자동차든 간에, 이 교통 서비스는 융통성, 맞춤, 갱신, 연결, 새로운 혜택으로 가득하다. 신발도 더 이상 완성된 산물이 아니라, 아마도 교체할 수 있는 덮개, 걸을 때 모양이 변하는 샌들, 디딜 때 모양이 바뀌는 바닥, 신발 역할을 하는 바닥 등 발의 확장된 일부로서 끊임없이 변형되는 과정이 될 것이다. '신발 제조'는 명사가 아니라 서비스가 된다. 무형의 디지털 세계에서는 정적이거나 고정된 것은 전혀 없다. 모든 것이 변해간다.

이 거침없는 변화로부터 현대의 온갖 혼란이 벌어진다. 나는 현재 터져나오는 온갖 기술의 힘을 헤쳐나가면서, 그 힘의 변화를 12가지 동사로 분류했다. '접근하다', '추적하다', '공유하다' 같은 것들이다. 더 정확히 말하자면, 이것은 그냥 동사가 아니라, 계속되고 있는 활동을 가리키는 문법 형태인 현재 분사다.

이 12가지 계속되는 활동 각각은 적어도 30년 넘게 지속되어왔음을 보여주는 온갖 증거를 지닌 현재 진행형 추세다. 나는 이 메타추세 metatrend를 '불가피한' 것이라고 부른다. 그것이 사회의 본성이 아니라 기술의 본성에 뿌리를 두고 있기 때문이다. 그 동사들의 특성은 그 새로운 기술에 들어 있는 편향, 모든 기술이 공유하는 편향을 따른다. 기술의 방향을 인도할 책임과 많은 선택권을 우리 창조자가 가지고 있지만, 기술에는 우리의 통제를 벗어난 측면도 많다. 특정한 기술적 과정은 본래 특정한 결과를 선호할 것이다. 예를 들어, 산업 공정(증기기관, 화학 공장, 댐 같은)은 인간에게 편안한 영역 너머의 온도와 압력을 선호하며, 디지털 기술(컴퓨터, 인터넷, 앱)은 어디에서나 값싸게 이루어지는 복제를 선호한다. 산업 공정의 고온·고압 편향은 문화, 배경, 정치에 상관없이 인간의 규모를 벗어나서 대규모의 집중화한 공장에서 제조가 이루어지도록 추진한다. 디지털 기술에서 값싸고 흔한 사본을 향한 편향은 국적, 경제 성장, 인간의 욕망과 별개이며, 그 기술이 사회에 널리 퍼지도록 내몬다. 그 편향은 디지털 비트의 본성으로 굳어진다. 이 두 사례에서 우리는 기술이 치우치는 방향에 '귀를 기울이'고, 기술 내의 이 근본적인 경향에 맞추어 우리의 기대, 규제, 산물의 방향을 바꿀 때 그 기술로부터 가장 많은 것을 얻을 수 있다. 우리의 용도를 기술의 편향된 궤적에 맞출 때 그 기술의 복잡성을 관리하고, 이익을 최대화하고, 위해를 줄이기가 더 쉬워질 것이다. 이 책의 목적은 현재 가장 새로운 기술에서 작동하는 이 경향을 파악하여 그 궤적을 우리 앞에 펼쳐 보이는 것이다.

이 조직화하는 동사는 우리가 내다볼 수 있는 가까운 미래에 우리 문화에서 일어날 메타 변화를 대변한다. 그 변화는 지금 세계에서 이미 고동치고 있는 거대한 맥박이다. 나는 다음해나 다음 10년 사이에 어떤 기업이 이길지, 어떤 특정한 제품이 득세할지를 예측하려는 시도 따위는 하지 않는다. 그런 구체적인 것은 변덕, 유행, 상행위에 따라 결정되며 전혀 예측할 수 없다. 하지만 앞으로 30년 동안 나올 상품과 용역의 일반적인 추세는 현재 가시적으로 보인다. 그 기본 형태는 현재 나름대로 널리 퍼지고 있는 기술이 나아가는 방향에 뿌리를 둔다. 빠르게 움직이는 폭넓은 기술 체계는 문화를 미묘하게 하지만 꾸준히 구부림으로써, 다음과 같은 힘을 증폭시킨다. '되어가다', '인지화하다', '흐르다', '화면 보다', '접근하다', '공유하다', '걸러내다', '뒤섞다', '상호작용하다', '추적하다', '질문하다', '시작하다'가 그렇다.

나는 각 운동별로 한 장을 할애하겠지만, 이것은 홀로 작동하는 독립된 동사가 아니다. 오히려 서로 의존하고 서로를 가속시키는 심하게 겹친 힘이다. 그래서 다른 힘을 언급하지 않고서 어느 한 힘을 이야기하기는 어렵다. '공유하다'의 증가는 '흐르다'의 증가를 부추기며 한편으로는 '흐르다'에 더 의존하게 만든다. 인지화하기 위해서는 '추적하다'가 필요하다. '화면 보다'는 '상호작용하다'와 떼어낼 수 없다. 12가지 동사는 서로 뒤섞이며, 모든 활동은 '되어가다'라는 과정의 변이 형태다. 이것들은 운동의 통일장이다.

12가지 힘은 궤적이지 운명이 아니다. 우리의 종착지가 어디일지는 전혀 예측할 수 없다. 이 힘들은 그저 가까운 미래에 우리가 불가피하게 이 방향으로 향하고 있다는 것을 말해줄 뿐이다.

차례

프롤로그 결말을 알 수 없는 미래로의 초대   **005**

제1장 | 새로운 무언가로
되어가다 : BECOMING   **019**

끊임없는 업그레이드는 당신을 새내기로 만든다. 때로 어떻게 사용해야 하는지 감조차 잡지 못하는 초보자 같은 신세가 된다는 말이다. 이 시대에는 누구나 새내기가 된다.

제2장 | 인공지능이 사람처럼
인지화하다 : COGNIFYING   **049**

최초의 진정한 AI는 독립된 슈퍼컴퓨터가 아니라, 망이라고 하는 10억 개의 컴퓨터 칩으로 이루어진 초유기체에서 탄생할 것이다.

제3장 | 고정된 것에서 유동적인 것으로
흐르다 : FLOWING   **095**

좋은 것은 정적이고 불변이어야 할 필요가 없다. 우리는 끊임없는 변화와 변모 과정에서 무언가를 산출하는 모든 방법을 탐구하고 있다.

제4장 | 현재는 읽지만 미래는
화면 보다 : SCREENING   **129**

화면은 우리의 주머니, 가방, 계기판, 거실 벽, 건물 벽을 채운다. 우리가 일할 때 우리 앞에 놓여 있다. 우리가 어떤 일을 하든 간에 말이다. 현재 우리는 화면의 사람이다.

제5장 | 소유하지 않고
접근하다 : ACCESSING　165

탈물질화, 탈중심화, 동시성, 플랫폼, 클라우드가 증가함에 따라, 접근성은 소유를 계속 대체할 것이다. 일상생활의 대다수 영역에서 접근하기가 소유하기를 이길 것이다.

제6장 | 나만의 것이 아닌 우리 모두의 것,
공유하다 : SHARING　203

내가 공유하는 것들, 그리고 나와 공유하는 것들은 조금씩이긴 하지만 꾸준히 나아가면서 내게 자양분이 된다. 공유는 장시간 차단하기가 불가능하다. 침묵조차 공유될 것이다.

제7장 | 나를 나답게 만들기 위해
걸러내다 : FILTERING　247

우리가 유일하게 선택할 수 있는 것은 선택을 해주는 무언가의 도움을 받는 것이다. 우리는 당혹스러울 만치 넓은 대안의 폭을 줄여줄 온갖 걸러내는 방식을 채택한다.

제8장 | 섞일 수 없는 것을
뒤섞다 : REMIXING　287

우리는 생산적인 뒤섞기의 시대에 와 있다. 혁신가는 이전의 단순한 미디어 장르를 더 나중의 복잡한 장르와 재조합하여 무한히 많은 수의 새로운 미디어 장르를 만들어낸다.

| 제9장 | 사람에게 하듯 사물과
상호작용하다 : INTERACTING | 313 |

컴퓨터만이 아니다. 모든 기기는 상호작용을 필요로 한다. 무언가가 상호작용을 하지 않는다면, 그것은 망가졌다고 간주될 것이다.

| 제10장 | 측정하고 기록해 흐름을
추적하다 : TRACKING | 351 |

인터넷은 세계 최대의 가장 빠른 추적기이며, 추적될 수 있는 접속하는 것은 모두 다 추적될 것이다. 쉴 새 없는 추적하기는 불가피하다. 하지만 그것은 겨우 시작에 불과하다.

| 제11장 | 가치를 만들어낼 무언가를
질문하다 : QUESTIONING | 395 |

머지않아 우리는 어떤 질문에든 대화하는 어조로 클라우드에 물을 수 있는 세상에 살게 될 것이다. 그리고 그 질문에 알려진 답이 있다면, 기계는 그 답을 우리에게 설명할 것이다.

| 제12장 | 오늘과 다른 새로운 미래를
시작하다 : BEGINNING | 427 |

변화 단계는 이미 시작되었다. 우리는 모든 인간과 모든 기계를 하나의 세계적인 매트릭스로 연결하는 방향으로 거침없이 행군하고 있다.

| 역자 후기 | | 438 |
| 참고문헌 | | 441 |

BECOMING

제1장

·

새로운 무언가로
되어가다

당신이 잠에서 깨어난 순간부터, 웹은 당신의 의도를 예측하려고 한다. 당신의 일과는 기록되므로, 웹은 당신의 행동을 내다보고, 당신이 질문을 하기 전에 답을 내놓으려고 시도한다. 회의가 열리기 전에 필요한 파일을 제공하고, 날씨와 당신이 있는 위치와 이번 주에 먹은 것과 지난 번 친구와 만났을 때 무엇을 했는지를 비롯하여 당신이 고려할 만한 많은 요인을 토대로 당신이 친구와 점심식사를 할 완벽한 장소를 추천할 것이다. 당신은 웹과 대화를 할 것이다. 당신은 전화기에 담긴 친구의 사진을 죽 훑어보기보다는 한 친구에 관해 웹에 묻는다. 웹은 당신이 어느 사진을 보고 싶어할지 예측하고, 사진을 볼 때의 당신 반응에 따라서 사진을 더 보여주거나 다른 친구의 사진을 보여줄 것이다. 혹은 다음 회의 전에 봐야 할 이메일 두 통을 보여줄 것이다. 웹은 당신이 여행할 장소—1980년대의 그 유명한 사이버 공간—라기보다는 당신과 관계된 어떤 존재와 점점 더 비슷해질 것이다. 전기처럼 낮은 차원에서 항상 존재하는 무언가가 될 것이다. 우리 주변에서, 우리 위에서, 지하에서 늘 존재할 것이다. 2050년이면 우리는 웹을 늘 곁에 있는 대화 상대로 생각하게 될 것이다.

60년이나 걸렸지만 최근에 한 가지 깨달음을 얻었다. 모든 것은 예외 없이 스스로를 유지하려면 추가 에너지와 질서가 필요하다는 것이다. 나는 이 사실을 모든 것이 서서히 해체되어 간다고 말하는 유명한 열역학 제2법칙이라는 추상적인 형태로 깨달았다. 이 깨달음은 개인이 점점 늙어간다는 한탄이 아니다. 오래전 나는 우리가 아는 가장 활성이 없는 것들—돌, 쇠, 기둥, 동 파이프, 자갈길, 종이—조차도 관심을 갖고 고치고 추가로 질서를 부여하지 않으면 오래가지 못한다는 것을 터득했다. 존재는 주로 유지 관리인 듯하다.

최근에 내가 놀란 것은 무형의 것조차도 몹시 불안정하다는 점이다. 웹사이트나 소프트웨어 프로그램을 계속 띄우는 일은 요트를 계속 띄우는 것과 비슷하다. 그것은 주의를 사로잡는 블랙홀이다. 나는 펌프 같은 기계 장치가 고장 나는 이유를 이해할 수 있다. 습기에 금속이 녹슬거나, 공기에 막이 산화하거나, 윤활제가 증발하기 때문이며, 이 모든 일은 수선을 필요로 한다. 하지만 나는 비트로 이루어진 비물질적 세계도 붕괴한다는 생각은 하지 못했다. 고장 날 것이 뭐가 있단 말인가? 하지만 사실상 모든 것은 고장 나기 마련이다.

최신 컴퓨터는 잘 돌아가지 않게 될 것이다. 앱은 사용할수록 느려질 것이다. 코드는 엉망이 될 것이다. 막 출시된 새 소프트웨어는 곧바로 낡기 시작할 것이다. 저절로 그렇게 된다. 당신과 무관하게 말이다. 장치가 복잡할수록, 더욱더(덜이 아니라) 주의를 기울여야 한다. 변화하려는 자연적인 성향은 불가피한 것이다. 우리가 아는 가장 추상적인 실체인 비트bit조차도 그렇다.

게다가 변화하는 디지털 경관이 공습해온다. 당신 주변의 모든 것이 업그레이드될 때, 당신의 디지털 시스템도 업그레이드 압력을 받으며 유지 관리가 필요해진다. 당신은 업그레이드를 원치 않을 수도 있지만 다른 모든 이들 때문에 업그레이드를 해야 한다. 그리하여 업그레이드 군비 경쟁이 벌어진다.

나는 가능한 마지막까지 버티다가 마지못해서 내 장치를 업그레이드하곤 한다(아직 작동하는 데 왜 업그레이드를 해야 하나?). 일단 시작하면 우리는 일이 어떻게 진행되는지 안다. 이것을 업그레이드하면 갑자기 저것도 업그레이드해야 하고, 그것이 계기가 되어 모든 곳에서 업그레이드가 필요해진다. 나는 한 사소한 부분의 '미미한' 업그레이드가 내 업무 생활 전체를 교란한다는 것을 경험했기 때문에, 업그레이드를 몇 년 동안 미루곤 한다. 하지만 우리의 개인 기술이 점점 더 복잡해지고, 점점 더 주변 기기와 상호의존적이 되고, 살아 있는 생태계와 점점 더 비슷해지기 때문에 업그레이드를 미루는 행위는 더욱 큰 파괴를 가져온다. 계속 진행되고 있는 사소한 업그레이드를 소홀히 한다면, 변화가 쌓이고 쌓여서 결국은 외상을 일으킬 수준의 대규모 업그레이드를 해야 하는 상황에 도달한다. 그래서 지금 나는 업그레이드를 일종의 위생 조치라고 생각한다. 당신의 기술 건강을 유지하기 위해 정기적으로 업그레이드를 하시라. 꾸준한 업그레이드가 기술 시스템에 대단히 중요하기에, 현재 주요 개인용 컴퓨터 운영 체제와 일부 소프트웨어 앱은 자동적으로 업그레이드가 이루어지도록 설정되어 있다. 배후에서 기계는 스스로 업그레이드를 함으로써 시간이 흐르면서 서서히 특성이 바뀌어갈 것이다. 이 일은 서서히 진행되며, 따라서 우리는 그들이 무언가가 '되어간다'는 것을 알아차리지 못한다.

우리는 이 진화를 정상적인 것이라고 여긴다.

미래의 기술 생활은 일련의 끊임없는 업그레이드가 될 것이다. 그리고 갱신 속도는 점점 빨라지고 있다. 특징은 변하고, 기존 기본 설정값은 사라지고, 메뉴는 변형된다. 내가 이러저러한 목록이 나올 것이라고 예상하고서 자주 쓰지 않던 소프트웨어를 실행하면 예전의 메뉴가 통째로 사라지고 없을 것이다.

한 도구를 얼마나 오래 썼든 간에, 끊임없는 업그레이드는 당신을 새내기로 만든다. 때로 어떻게 사용해야 하는지 감조차 잡지 못하는 초보자 같은 신세가 된다는 말이다. 이 '되어가다Becoming'의 시대에는 누구나 새내기가 된다. 더 심할 경우 영원히 새내기로 남을 수도 있다. 그리하여 우리는 늘 겸손할 수밖에 없다.

이 과정은 끝없이 되풀이된다. 우리 모두─한 사람 한 사람─는 미래에 그저 기술을 따라잡으려고 애쓰는 끊임없는 새내기가 될 것이다. 이유는 이렇다. 첫째, 앞으로 30년 동안 삶을 지배할 중요한 기술은 대부분 아직 창안되지 않았기에, 당연히 새로운 기술 앞에서 우리는 새내기가 될 것이다. 둘째, 그 신기술은 끊임없이 업그레이드할 것이므로, 당신은 늘 새내기 상태로 남을 것이다. 셋째, 낡은 것이 되는 주기도 가속화되기 때문에(스마트폰 앱의 평균 수명은 30일에 불과하다!)[1], 대체되기 전에 모든 것을 터득할 시간이 없을 것이고, 따라서 당신은 영원히 새내기 모드로 남을 것이다. 끝없는 새내기야말로 나이나 경험에 상관없이 모든 이에게 적용되는 새로운 설정값이다.

우리가 정직하다면, 끊임없는 업그레이드와 테크늄 technium(저자가 창안한 용어로서 모든 것이 상호연결된 기술과 문화의 복합체 – 옮긴이)의 끝없는 되어가기가 우리 마음에 구멍을 뚫는 측면도 있다는 것을 인정할 수밖에 없다. 그리 오래전도 아닌 어느 날 우리(우리 모두)는 스마트폰 없이는 단 하루도 살아갈 수 없을 것이라는 판단을 내렸다. 12년 전이라면 우리는 이 욕구가 어처구니없다고 느꼈을 것이다. 지금은 망이 느려지면 화가 치밀지만 예전에 우리가 무지했을 때, 우리는 망이 무엇인지 아예 생각도 못했다. 채워져야 하는 새로운 구멍을, 새로운 갈망을 만들어내는 새로운 것을 우리는 계속 창안하고 있다.

우리가 만드는 것이 이런 식으로 우리 마음에 구멍을 낸다는 사실에 분개하는 사람들도 일부 있다. 그들은 이 끝없는 결핍증을 일종의 타락, 인간의 고귀함을 떨어뜨리는 것, 지속되는 불만의 원천이라고 본다. 나는 기술이 그 원천이라는 데 동의한다. 기술의 관성은 가장 최신의 것을 추구하도록 우리를 내몬다. 그리고 그 최신의 것은 다음에 더 새로운 것이 등장하면 늘 밀려나고, 만족감은 움켜쥐려는 우리의 손아귀로부터 계속 빠져나간다.

하지만 나는 기술이 야기하는 끊임없는 불만을 찬미한다. 우리는 단지 살아남는 데 만족하지 않고 긁어주어야 할 새로운 가려운 곳을 만드느라, 전에 없던 새로운 욕망을 만들어내느라 엄청나게 바빴다는 점에서 우리의 동물 조상과 다르다. 이 불만이야말로 우리의 창의성과 성장의 촉매다.

우리는 마음에 구멍을 내지 않고서는 우리의 자아, 그리고 집단적 자아를 확장할 수 없다. 우리는 자신의 정체성이 담긴 작은 그릇을 넓히고 경계를 확장하고 있다. 그 일은 고통스러울 수 있다. 물론 상처도 입고 눈물도 흘릴 것이다. 심야의 상업 광고와 곧 구식이 될 장치를 소개하는 무수한 웹페이지가 우리를 고양시킬 기술이라고 하기는 어렵지만 확장으로 나아가는 길은 무척 평범하고 지루하고 일상적이다. 더 나은 미래를 상상할 때 우리는 이 끊임없는 불편함도 고려해야 한다.

::::::::::::::::::::::::::::::::::::::

불편함이 없는 세계는 유토피아다. 하지만 그곳은 정체된 세계이기도 하다. 어느 측면에서 완벽하게 공평한 세계는 다른 면에서는 끔찍하게 불공평할 것이다. 유토피아는 해결할 문제가 전혀 없는 곳이며, 따라서 기회도 전혀 없는 곳이다.

어느 누구도 이 유토피아 역설을 걱정할 필요가 없다. 유토피아는 결코 작동할 수 없기 때문이다. 모든 유토피아 시나리오는 스스로 무너질 결함을 지닌다. 내가 유토피아를 싫어하는 데에는 더 깊은 이유가 있다. 나는 가서 살고 싶은 마음이 들 만한 유토피아 개념을 접한적이 없다. 나는 유토피아에서 따분해질 것이다. 유토피아의 정반대인 디스토피아가 훨씬 더 흥미진진하다. 상상하기도 훨씬 더 쉽다. 지구에 마지막 한 사람이 남으면서 묵시록적 종말을 고하는 세계, 로봇이 지배하는 세계, 거대도시화한 행성이 서서히 무너져서 슬럼가로 변하는 세계, 가장 단순하게 최후의 핵전쟁이 벌어지는 세계를 상상하지못할 사람이 누가 있겠는가? 현대 문명이 어떻게 붕괴할지에 관해서도 무수한 가능성을 떠올릴 수 있다. 물론 디스토피아가 극적이고 시선을 확 사로잡고, 상상하기가 훨씬 더 쉽다고 해서 더 좋아하게 된다는 말은 아니다.

대다수의 디스토피아 이야기는 지속 불가능하다는 결함을 지닌다. 문명을 폐쇄시키기란 실제로 어렵다. 재앙이 극심할수록, 혼란은 더빨리 가라앉는다. '첫 종말' 때 흥분을 몹시 자극하는 듯한 무법천지와지하세계는 곧 조직을 갖춘 범죄자와 전투원에게 정복당하며, 따라서무법천지는 곧 협박하고 갈취하는 세계가 되고, 그 세계는 더욱 빠르게 일종의 부패한 정부 형태가 된다. 이 모든 일은 악당 무리의 수익을최대화하기 위해 벌어진다. 어떤 의미에서는 탐욕이 무정부 상태를 바로잡는다. 진정한 디스토피아는 영화 〈매드 맥스Mad Max〉보다는 옛 소련에 더 가깝다. 즉 무법천지보다는 숨 막히게 하는 관료 정치 체제에 더 가깝다. 공포로 지배하는 그 사회는 소수만 이익을 볼 뿐 나머지 전체는 허덕거리고 있지만, 200년 전의 해적 세계처럼 겉으로 보이는 것보다 법과 질서가 훨씬 더 갖추어져 있다[2]. 사실 진정으로 파괴된 사회에서는 우리가 디스토피아와 연관 짓는 난폭한 무법 행위는 허용되지 않는다. 큰 악당 집단이 작은 악당 집단을 통제하고 디스토피아적 혼란을 최소한으로 유지한다.

하지만 디스토피아도 유토피아도 우리의 목적지가 아니다. 오히려 기술은 우리를 프로토피아protopia로 이끈다. 더 정확히 말하면 우리는 이미 프로토피아에 와 있다.

프로토피아는 목적지라기보다는 되어가는 상태다. 그것은 하나의 과정이다. 프로토피아 모드에서는 모든 것이 어제보다 오늘이 더 낫다. 비록 아주 조금 더 나을 뿐이라고 해도 말이다. 그것은 점진적인 개선 또는 미약한 진보다. 프로토피아의 '프로pro'는 과정process과 진보progress라는 개념에서 유래한다. 이 미묘한 진보는 극적이지도 흥분되지도 않는다. 프로토피아가 새로운 혜택 못지않게 많은 새로운 문제를 일으키기 때문에, 그 진보를 알아차리기 어렵다. 오늘의 문제는 어제의 기술적 성공에서 비롯되었고, 오늘의 문제에 대한 기술적 해결책은 내일의 문제를 야기할 것이다. 문제와 해결책이 모두 이렇게 순환적으로 확장되는 양상 때문에 시간이 흐르면서 작은 순이익이 꾸준히 쌓인다는 사실이 가려진다. 계몽운동과 과학 자체의 발명 이래로, 우리는 해마다 파괴해온 것보다 조금 더 많은 것을 그럭저럭 창안해왔다. 하지만 그 몇 퍼센트의 차이가 수십 년 동안 쌓여서 우리는 개화라고 할 만한 것을 빚어낸다. 그 혜택은 결코 영화의 주연처럼 돋보이지 않는다.

프로토피아는 '되어가기'이기 때문에 알아보기가 어렵다. 그것은 다른 것이 변하는 방식을 계속해서 바꾸는 과정이며, 그 변화 자체는 변이를 일으키고 성장해간다. 계속 모습을 바꾸는 부드러운 과정에 환호성을 질러대기란 쉽지 않다. 하지만 그것을 알아보는 것이 중요하다.

현재 우리는 혁신의 단점을 너무나 잘 알게 되었고, 과거의 유토피아가 했던 약속에 너무나 실망했기에, 온건한 프로토피아적 미래—내일이 오늘보다 좀 더 나을 것이라는—조차도 믿기 어려워한다. 우리는 원하는 미래가 어떤 형태이든 간에 그것을 상상하기가 무척 어렵다는 것을 깨닫는다. 이 행성에서 설득력 있는 동시에 바람직한 과학 소설적인 미래를 하나 말할 수 있는가?(〈스타 트렉Star Trek〉은 제외하기를. 우주에서의 이야기이니까.)

우리에게 오라고 손짓을 하는, 자동차가 날아다니는 행복한 미래 따위는 더 이상 없다. 지난 세기와 달리, 지금은 누구도 먼 미래까지 내다보고 싶어하지 않는다. 많은 이들은 먼 미래를 내다보는 것을 두려워한다. 그래서 미래를 진지하게 고찰하기가 어렵다. 우리는 한 세대 뒤라는 전망이 없는 현재, 지금 이 순간에 천착하고 있다. 일부에서는 100년 뒤의 미래를 상상하는 것이 기술적으로 불가능하다고 주장하는 특이점을 믿는 이들의 관점을 채택한다. 그러면 우리는 미래를 볼 수 없게 된다. 이 미래맹future-blindness은 그저 우리 현대 세계의 불가피한 병폐일지도 모른다. 아마 문명과 기술 발전의 현 단계에서, 우리는 과거도 미래도 없는, 영구적이고 끊임없는 현재에 진입해 있는지도 모른다. 그럴 때 유토피아, 디스토피아, 프로토피아는 모두 사라진다. 맹목적인 현재blind now만 있을 뿐이다.

또 다른 대안은 미래와 그 '되어가기'를 받아들이는 것이다. 우리가 지향하는 미래는 지금 당장 볼 수 있는 한 과정—되어가기—의 산물이다. 우리는 미래가 되어갈, 현재 출현하고 있는 변화를 받아들일 수 있다.

지속적인 '되어가기'(특히 프로토피아적 굼뜬 형태에서의)가 지닌 문제점은 끊임없는 변화에 혹해서 그것이 점진적인 변화임을 알아차리지 못할 수 있다는 것이다. 등속 운동 상태일 때 우리는 더 이상 그 운동을 알아차리지 못한다. 따라서 '되어가기'는 때로 돌이켜볼 때에만 보이곤 하는 자기 감추기 활동이다. 더 중요한 점은 우리에게는 과거라는 틀을 통해서 새로운 것을 보는 경향이 있다는 것이다. 우리는 현재의 관점을 미래로 확장하며, 그럼으로써 사실상 새로운 것을 우리가 이미 아는 것에 들어맞도록 왜곡시킨다. 그것이 바로 최초의 영화가 극장 연극처럼 촬영되었고, 최초의 가상현실virtual reality이 영화처럼 찍힌 이유다. 억지로 끼워 맞추기가 반드시 나쁘다고는 할 수 없다. 이야기꾼들은 새것을 기존 것과 연관 짓기 위해 인간의 회고적인 성향을 이용한다. 하지만 우리 앞에 어떤 일이 벌어질지를 파악하려 시도할 때에는 이 습성이 우리를 속일 수 있다. 우리는 지금 당장 일어나는 변화를 지각하는 데 큰 어려움을 겪는다. 우리는 명백히 보이는 궤도를 불가능하거나 정말 같지 않거나 터무니없다고 여겨서 내치곤 한다. 우리는 지난 20여 년 동안 일어난 일들에 끊임없이 놀란다.

나는 그런 것에 시선을 빼앗기곤 한다. 30년 전 나는 온라인 세계의 탄생에, 10년 뒤에는 웹의 도래에 깊이 관여했다. 하지만 모든 단계에서, 그 순간에는 무엇이 되어가고 있는지를 알아차리기가 어려웠다. 때로는 믿기조차 어려웠다. 일이 그런 식으로 되어가는 것을 원치 않았기에 무엇이 되어가고 있는지를 알아차리지 못할 때도 있었다.

우리가 이 지속적인 과정을 못 볼 이유는 없다. 최근의 변화 속도가 유례없는 수준이었고, 방심했기 때문에 보지 못했던 것이다. 하지만 지금은 안다. 우리는 영원한 새내기이며, 앞으로도 계속 그럴 것이다. 우리는 있을 법하지 않은 것을 더 자주 믿을 필요가 있다. 모든 것은 유동적이며, 새로운 형태는 기존 형태의 불편한 재조합일 것이다. 노력과 상상력을 통해서 우리는 현혹됨이 없이, 앞에 무엇이 있는지를 더 명확히 식별하는 법을 배울 수 있다.

웹의 아주 최근 역사를 예로 들어서, 미래에 관해 우리가 무엇을 배울 수 있는지를 알아보자. 1994년 그래픽 넷스케이프 브라우저[3]가 등장하여 웹을 환하게 비추기 전, 문자만 쓰는 인터넷은 대다수 사람을 위해 존재한 것이 아니었다. 그것은 사용하기가 어려웠다. 코드를 입력해야 했다. 사진은 전혀 없었다. 그렇게 지루한 것에 시간을 낭비하고 싶을 사람이 누가 있겠는가? 설령 인터넷이 1980년대에 인정을 받았다고 해도, 그것은 기업 이메일용(넥타이처럼 시큰둥한)이나 10대 청소년의 클럽하우스용으로 치부되었다. 있긴 했어도, 인터넷은 철저히 외면을 받았다.

모든 유망한 새로운 발명에는 거부하는 이들이 따라붙기 마련이며, 약속하는 것이 클수록, 거부하는 이들의 목소리도 커진다. 웹·인터넷이 탄생한 날 아침에 명석한 이들이 그것을 놓고 한 어리석은 말을 찾아내기란 어렵지 않다. 1994년 말 〈타임Time〉은 인터넷이 왜 결코 주류가 되지 못할 것인지를 설명했다. "상거래를 하도록 설계되지 않았고", 새로 유입되는 이들을 우아하게 받아들이지 않는다." 와! 〈뉴스위크Newsweek〉는 1995년 2월의 한 표지기사에서 더 퉁명스럽게 의구심을 피력했다. "인터넷? 흥!"⁵ 그 기사를 쓴 사람은 천체물리학자이자 망 전문가인 클리프 스톨Cliff Stoll이었는데, 그는 온라인 쇼핑과 온라인 공동체가 상식에 반하는 비현실적인 환상이라고 주장했다. "진실로 그 어떤 온라인 데이터베이스도 당신의 신문을 대체하지 못할 것이다. (⋯) 하지만 MIT 미디어랩MIT Media Labs 소장 니콜라스 네그로폰테Nicholas Negroponte 교수는 우리가 곧 인터넷에서 직접 책과 신문을 구입하게 될 것이라고 예측한다. 허, 참." 스톨은 '헛소리'라는 한마디로 '상호작용하는 도서관, 가상 공동체, 전자상거래'로 가득한 디지털 세계를 바라보는 널리 퍼진 회의주의를 대변했다.

이 경멸적인 태도는 1989년 내가 ABC의 최고 경영진을 만났을 때에도 여실히 드러났다. 나는 고급스러운 사무실에 모인 사람들 앞에서 이 '인터넷 잡것들'에 관해 발표했다. 지위에 걸맞게 ABC의 경영진은 무언가가 일어나고 있음을 알아차리긴 했다. ABC는 세계 3대 텔레비전 망 기업 중 하나였다. 당시 인터넷은 그에 비하면 옆에서 윙윙거리는 모기 한 마리나 다름없었다. 하지만 인터넷에서 사는 사람들(나처럼)은 인터넷이 그들의 사업을 뒤흔들 수 있다고 말하고 있었다. 그러나 내가 꺼낼 수 있는 그 어떤 이야기도 인터넷이 그저 자판 두드리기에 불과한 하찮은 것이 아니라고, 더 나아가 10대 청소년의 놀이터에 불과한 것이 아니라고 그들을 설득하지 못했다. 기업 경영진에게는 모든 것이 공유되고 모든 것이 공짜라는 말이 도저히 불가능하게 들린 듯했다. ABC의 선임 부회장인 스티븐 와이스와서Stephen Weiswasser가 최종 거부 의사를 전달했다. 그는 내게 "인터넷은 1990년대판 CB 라디오[6]가 될 겁니다"라고 말했고, 나중에 언론에도 똑같이 말했다. 와이스와서는 새 매체를 무시하는 ABC의 논리를 이렇게 요약했다. "수동적인 소비자를 인터넷에서 적극적으로 돌아다니는 사람으로 만들 수는 없어요. 그만 나가주세요."

하지만 나는 떠나기 전에 조언을 하나 했다. "저기요, 알아보니까 abc.com 주소가 아직 등록이 안 되어 있더군요. 당장 지하실로 내려가서 가장 컴퓨터에 미친 친구를 찾아서 'abc.com'을 등록하라고 하세요. 그게 뭔지는 생각도 하지 마시고요. 그렇게 하는 편이 좋을 겁니다." 그들은 고맙다고 했지만 빈말이었다. 일주일 뒤에 살펴보니, 그 도메인은 여전히 미등록 상태였다.

TV 업계의 그 몽유병자를 비웃기는 쉽지만, 소파에 죽치고 있는 TV 시청자의 대안을 상상하지 못한 이들이 그들만은 아니었다. 〈와이어드Wired〉도 마찬가지였다. 나는 〈와이어드〉를 공동으로 설립한 편집자였다. 1990년대 초부터 발간된 호들(뿌듯하게도 내가 편집한)을 최근에 다시 살펴보다가, 나는 생산 가치가 높은 콘텐츠가 있는 미래를 이야기하는 내용을 읽고서 놀랐다. 의회 도서관의 자료가 드문드문 흩어져 있고, 5,000개의 상시 채널과 가상현실이 있다는 내용이었다. 사실상 〈와이어드〉는 ABC 같은 방송, 출판, 소프트웨어, 영화 산업계의 인터넷 심취자들이 품은 것과 거의 동일한 전망을 제시하고 있었다. 이 공식적인 미래 전망에서, 기본적으로 웹은 켜져 있는 TV였다. 마우스를 몇 번 클릭하는 것만으로 TV 시대의 5개 채널 대신에 5,000개 채널 중 관련된 내용이 있는 것을 골라서 훑어보고 공부하고 지켜볼 수 있다는 것이었다. '어느 때든 모든 스포츠'를 내보내는 채널에서 해수 수족관 채널에 이르기까지 원하는 채널을 다 볼 수 있었다. 유일한 불확실성은 그 모든 프로그램을 누가 만드느냐였다. 〈와이어드〉는 ABC 같은 기존 미디어 공룡이 아니라, 닌텐도Nintendo나 야후Yahoo 같은 새로 급부상한 미디어가 콘텐츠를 만들 것이라고 내다봤다.

문제는 콘텐츠를 생산하는 데 비용이 많이 들고, 5,000개 채널이라면 비용도 5,000배 더 늘어난다는 것이었다. 그럴 만큼 돈이 많은 기업도, 그런 사업을 할 만큼 규모가 큰 산업도 없었다. 망을 깔아서 디지털 혁명을 추진할 것이라고 여겨지던 대형 전화 회사는 망을 깔 자금을 조달할 수 있을지 여부조차 불확실해서 손을 놓고 있었다. 1994년 6월, 브리티시텔레콤British Telecommunications의 데이비드 퀸David Quinn은 소프트웨어 발행자 총회에서 이렇게 인정했다. "인터넷에서 어떻게 돈을 번다는 건지 잘 모르겠습니다." 망을 콘텐츠로 채우는 데 필요하다고 생각되는 엄청난 비용 앞에 많은 기술 평론가들은 초조해졌다. 그들은 사이버 공간이 사이버 도시가 될 것이라고 깊이 우려했다. 사적으로 소유하고 운영하는 도시 말이다.

상업화의 두려움은 실제로 웹을 구축하고 있던 중심축인 프로그래머들 사이에서 가장 강했다. 코드 작성자, 유닉스 전문가, 임시 망을 운영하는 사심 없는 자발적인 IT 애호가들이 그랬다. 그 기술 관리자들은 자신의 일이 고귀한 것이라고, 인류에게 주는 선물이라고 생각했다. 그들은 인터넷을 탐욕이나 상업화로 타락되어서는 안 될, 공개 공유물이라고 여겼다. 지금은 믿기 어렵지만 1991년까지 인터넷에서는 영리 사업은 용납할 수 없는 행위로서 엄격히 금지되었다. 판매도, 광고도 전혀 없었다. 미국 국립과학재단(인터넷 기간망을 운영했다)은 인터넷이 상거래가 아니라 연구를 위해 구축된 것이라고 여겼다. 지금은 놀라울 만치 소박해 보이는 그 규칙은 공공기관을 우대하고 인터넷을 '민간 기업이나 개인의 사업에 포괄적으로 이용'하는 것을 금했다. 1980년대 중반에 나는 문자만 쓰는 초기 온라인 시스템인 웰WELL을 구축하는 데 관여했다. 우리는 사설 웰 네트워크를 막 출현하고 있는 인터넷에 연결하려고 애썼는데 쉽지 않았다. 국립과학재단의 '수용할 수 있는 용도' 정책에 가로막혔기 때문이기도 했다. 웰은 사용자가 인터넷에서 상행위를 수행하지 않을 것임을 입증할 수 없었기에 연결이 허용되지 않았다. 우리 모두는 무엇이 되어가는지를 사실상 못 보고 있었다.

이 반상업적 태도는 〈와이어드〉 내에서도 우세했다. 1994년 〈와이어드〉의 초기 웹사이트인 핫와이어드HotWired를 만들기 위해 첫 디자인 회의를 열었을 때, 프로그래머들은 우리가 구현하고 있던 혁신—최초로 광고 배너를 클릭하는 방식—이 이 새로운 영역의 엄청난 사회적 잠재력을 파괴하는 것이라고 분개했다. 그들은 웹이 아직 기저귀도 채 못 뗐는데, 광고판과 상업 광고에 시달려 말라비틀어질 것이라고 느꼈다. 하지만 출현하고 있는 평행 문명 내에서 돈의 흐름을 금지한다는 것은 미친 짓이었다. 사이버 공간에서 돈은 불가피한 것이었다.

그러나 우리 모두가 놓친 더 거대한 이야기에 비하면 그것도 사소한 착오였다.

컴퓨터의 선구자인 바네바 부시Vannevar Bush는 일찍이 1945년에 웹의 핵심 개념—하이퍼링크로 연결된 페이지—을 구상했지만[7], 그 개념을 구현하려고 시도한 최초의 인물은 테드 넬슨Ted Nelson이라는 자유 사상가였다.[8] 그는 1965년에 자신의 체계를 구상했다. 하지만 넬슨은 디지털 비트를 유용한 규모로 연결하는 데에는 거의 성공하지 못했고, 그의 노력은 오로지 그의 제자만 알고 있었다.

한 컴퓨터광 친구의 제안으로 나는 1984년에 넬슨과 만났다. 최초의 웹사이트가 생기기 10년 전이었다. 우리는 캘리포니아 소살리토의 부둣가 근처에 있는 어두컴컴한 술집에서 만났다. 그는 인근에서 주거용 배를 빌려 살고 있었고, 시간이 남아도는 사람 같은 분위기를 풍겼다. 그는 여기저기 주머니에서 꼬깃꼬깃 접은 쪽지를 꺼냈고 배가 불룩한 공책에서는 긴 종이 띠들이 삐져나왔다. 목에는 끈에 매단 볼펜이 걸려 있었다. 그는 인류의 모든 지식을 체계화하겠다는 자신의 계획을 이야기했다. 오후 4시의 술집 분위기에 걸맞지 않게 너무나 열정적으로 말이다. 세계를 구원할 그 계획은 크기 7.6 × 12.7cm의 인덱스카드에 적혀 있었다. 그는 그 카드를 잔뜩 지니고 있었다.

비록 넬슨이 정중하고 매력적이고 달변이긴 했지만, 말이 너무 빨라서 나는 따라가기가 어려웠다. 그래도 하이퍼텍스트라는 그의 놀라운 개념을 듣고서 '아하!' 하는 깨달음을 얻었다. 그는 세계의 문서는 모두 다른 어떤 문서의 각주일 것이 분명하며, 컴퓨터가 그 문서 사이의 연결 고리를 가시적이고 영구적으로 만들 수 있다고 확신했다. 당시로서는 새로운 개념이었다. 하지만 그것은 시작에 불과했다. 그는 인덱스카드에 휘갈겨 적으면서, 저작권을 원작자에게 귀속시키고 독자가 문서의 망을 따라 돌아다니면서 내는 대가를 추적한다는 복잡한 개념을 개괄했다. 그는 그 세계를 문서우주, 즉 '도큐버스docuverse'라고 했다. 자신의 포개진 구조가 제공할 원대한 유토피아적 혜택을 설명하면서 그는 '트랜스클루전transclusion(하이퍼링크를 통해 다른 문서의 일부나 전부를 전자 문서에 포함시키는 방법 – 옮긴이)'과[9] '상호얽힘intertwingularity(모든 지식은 하나로 연결되어 있다는 개념 – 옮긴이)'이라는 말을 썼다.[10] 어리석음으로부터 세계를 구할 개념이었다!

나는 그의 말을 믿었다. 괴짜이긴 했지만 하이퍼링크 세계가 불가피하다는 것이—언젠가는—내게는 명확해 보였다. 하지만 온라인에서 30년을 보낸 뒤 지금 웹의 탄생 과정을 돌이켜볼 때, 내가 놀라는 부분은 바네바 부시의 전망에서도, 심지어 넬슨의 도큐버스에서도, 특히 내 자신의 예측에서도 아주 많은 것이 빠져 있었다는 사실이다. 우리 모두 원대한 이야기를 빠뜨렸다. ABC도 신생 기업인 야후도 5,000개의 웹 채널을 위한 콘텐츠를 창작하지 않았다. 대신에 수십억 명의 사용자가 다른 모든 사용자를 위한 콘텐츠를 창작했다. 5,000개가 아니라 5억 개의 채널이 생겼고, 모두 소비자가 만들어냈다. ABC가 상상도 못한 혼란은 '인터넷 잡것들'이 이전에 묵살 당했던 수동적인 소비자를 적극적인 창작자로 변모시킬 수 있었다는 사실이었다. 웹을 통해 시작된 혁명 앞에 하이퍼텍스트와 인류 지식은 부차적인 문제에 불과했다. 그 중심에는 새로운 유형의 참여가 있었고, 그것은 뒤에 공유를 토대로 한 새로운 문화로 발달하게 되었다. 그리고 하이퍼링크를 통해 가능해진 '공유' 방식은 지금 지구나 역사의 다른 어디에서도 찾아볼 수 없는 새로운 유형의 사고—일부는 인간의 것이고 일부는 기계의 것인—를 만들어내고 있다. 웹은 새로운 '되어가기'를 탄생시켰다.

우리는 웹이 무엇이 될지를 상상하지 못했을 뿐 아니라, 지금도 여전히 웹이 앞으로 무엇이 될지 내다보지 못하고 있다. 우리는 웹이 어떤 기적을 일으켜 왔는지를 알아차리지 못하고 있다. 탄생한 지 20년이 지난 지금 웹은 파악하기가 어려울 만치 방대해졌다. 요청에 따라 역동적으로 생성되는 것까지 포함하여 웹페이지의 총수[11]는 60조 개를 넘는다. 1인당 거의 1만 개에 달한다. 그리고 이 엄청난 수의 웹페이지가 작성되는 데에는 8,000일도 채 안 걸렸다.

작은 경이로움이 쌓여가는 상황에서는 엄청난 것이 도래하고 있다는 것을 알아차리지 못할 수 있다. 현재 인터넷에 난 창문을 통해 얼마나 많은 것을 얻을 수 있는지 생각해보라. 놀라울 만치 다양한 음악과 동영상, 진화를 거듭하는 백과사전, 날씨 예보, 도와달라는 광고, 지구 모든 곳의 위성 영상, 분 단위로 올라오는 전 세계의 최신 뉴스, 세금 신고서, TV 편성표, 운행 경로를 안내하는 도로 지도, 실시간 주가 지수, 가상으로 둘러볼 수 있고 실시간 가격까지 표시된 부동산 목록, 온갖 사진, 최신 스포츠 경기 점수, 온갖 것을 구입할 수 있는 곳, 정당 기부금 내역, 도서관 장서 목록, 가전제품 사용 설명서, 실시간 교통 상황, 주요 신문 자료 등을 즉시 접할 수 있다.

마치 무시무시하게도 신처럼 한눈에 내려다보는 듯하다. 우리는 마우스를 한 번 클릭하는 것만으로도 지도에서 위성 영상으로, 또 3D 영상으로 바꾸면서 세계의 어느 지점이든 응시할 수 있다. 과거를 회상하고 싶다고? 거기에 있다. 글을 올리거나 댓글을 다는 거의 모든 이들(모든 사람이 그렇게 하지 않나?)이 매일 쏟아내는 불만과 청원에도 귀를 기울일 수 있다. 나는 천사가 과연 인간보다 더 잘 볼 수 있을지 의심스럽다.

이 온갖 엄청난 것에 우리는 왜 더 많이 놀라지 않는 것일까? 옛날 왕들은 그런 능력을 얻기 위해서라면 전쟁도 서슴지 않았을 것이다. 당시에 그런 마법의 창문이 현실이 될 수 있다는 꿈을 꾼 이들이 있었다면 어린아이들뿐이었을 것이다. 나는 1980년대의 현명한 전문가가 예측한 내용을 살펴봤는데, 요구하는 대로 무료로 얻을 수 있는 이 엄청나게 풍족한 자료는 어느 누구의 미래 20년 전망에도 들어 있지 않았다고 장담할 수 있다. 당시에 앞에서 나온 것을 가까운 미래의 전망이라고 떠들어댈 만큼 어리석은 사람이 있었다면, 그는 반박하는 증거와 대면해야 했을 것이다. 전 세계의 모든 투자회사가 지닌 돈을 다 긁

어모아도 그런 엄청난 자료를 생산하는 데에는 부족했다. 그런 규모의 웹은 불가능했다.

하지만 30년이 지난 지금 우리가 배운 것이 있다면 불가능성이 겉으로 보이는 것보다는 더 가능성이 있다는 것이다.

하이퍼텍스트 트랜스클루션의 개요를 복잡하게 그렸던 테드 넬슨의 스케치 어디에도 가상 벼룩시장이 출현한다는 내용은 없었다. 넬슨은 현실 세계에서 구멍가게 규모로 자신의 제너두^{Xanadu} 하이퍼텍스트 시스템을 보급하고 싶어했다. 한마디로 하이퍼텍스트를 작성하려면 제너두 상점으로 가라는 것이다. 하지만 웹에서 튀어나온 것은 한 해에 수십억 건의 거래가 이루어지고 자기 방에 누워서도 사고팔 수 있는 이베이^{eBay}, 크레이그리스트^{Craigslist}, 알리바바^{Alibaba} 같은 세계적인 공개 벼룩시장이었다. 그리고 놀라운 점은 바로 이것이다. 필요한 일의 대부분을 사용자가 한다는 것이다. 상품 사진을 찍어 올리고, 목록을 만들고, 광고하고, 파는 일을 모두 사용자가 직접 한다. 그리고 그들은 스스로 단속도 한다. 웹사이트가 상습 사기꾼을 체포해달라고 당국에 요청하긴 하지만, 공정성을 확보하기 위해 쓰는 주된 방법은 사용자가 등급을 매기는 시스템이다. 30억 건의 후기는 일을 경이롭게 처리할 수 있게 해준다.

우리 모두가 예측하지 못한 것은 이 멋진 새로운 온라인 세계의 얼마나 많은 부분을 거대 기관이 아니라 사용자가 만들 것인가 하는 점이었다. 페이스북^{Facebook}, 유튜브^{Youtube}, 인스타그램^{Instargram}, 트위터^{Twitter}가 제공하는 콘텐츠는 전부 직원이 아니라 사용자가 만든다. 아마존Amazon의 등장이 놀라웠던 점은 '만물상점'(상상하기 어렵지 않다)이 되었기 때문이 아니라, 아마존의 소비자(당신과 나)가 앞다퉈 서평을 씀으로써 롱테일long-tail(전체적으로 볼 때 소량 생산되는 비주류 상품이 대량 생산되는 주류 상품보다 더 많이 팔리는 현상－옮긴이) 선택이 가능해졌다는 것이다. 오늘날 대다수의 주요 소프트웨어 제작사는 고객 상담 창구를 최소한으로 유지한다. 회사가 지원하는 토론방에서 가장 열성적인 소비자가 다른 소비자에게 조언과 도움을 줌으로써, 새로운 구매자를 위한 수준 높은 고객 지원 서비스를 제공하는 역할을 하고 있기 때문이다. 그리고 일반 사용자의 영향력을 최대화함으로써 구글Google은 월 900만 건[12]에 이르는 검색이 일으키는 트래픽과 링크 양상을 새로운 경제를 위한 집단 지성으로 변환시킨다. 이 상향식 전환 역시 그 어떤 20년 미래 전망에도 들어 있지 않았다.

유튜브와 페이스북 동영상이라는 무한한 세계만큼 혼란을 일으키는 웹 현상은 없다. 미디어 전문가가 대중에 관해 아는 모든 사항—그리고 그들이 아는 많은 사항들—은 대중이 앉은 자리에서 일어나서 자신의 오락거리를 만들기 시작하는 일은 결코 일어나지 않을 것이라는 믿음을 뒷받침했다. 대중은 앉은 자리에서 꼼짝하지 않을 것이 확실한 집단이었으며, ABC의 책임자도 그렇게 생각했다. 읽기와 쓰기는 죽어버렸다는 것을 모두가 알고 있었다. 등을 기대고 앉아 편히 감상할 수 있는 상황에서 군이 귀찮게 직접 음악을 만들겠다고 나설 이유가 어디 있겠는가? 동영상 제작은 비용과 전문 지식 면에서 아예 아마추어가 범접할 영역이 아니었다. 사용자가 만든 창작물은 결코 대규모로 나올 수 없을 것이고, 설령 그런 일이 일어난다고 해도 대중의 시선을 끌지 못할 것이고, 설령 대중의 시선을 끈다고 해도 중요시되지 않을 것이다. 그렇게 생각했는데, 2000년 초에 거의 단숨에 블로그가 5,000만 개로 불어나고,[13] 1초마다 새 블로그가 2개씩 생기는 것을 봤을 때 얼마나 충격을 받았겠는가. 그리고 몇 년 뒤에는 사용자가 제작한 동영상이 폭발적으로 늘기 시작했다. 2015년에는 유튜브에 하루에 6만 5,000편의 동영상이 올라왔다.[14] 1분마다 300시간 분량의 동영상이 올라왔다.[15] 그리고 최근 몇 년 동안은 예고, 유용한 정보, 뉴스 제목이 끊임없이 올라오고 있다. ABC, AOL, 〈유에스에이 투데이USA Today〉—그리고 거의 모든 이들—가 오직 ABC, AOL, 〈유에스에이 투데이〉만이 할 것이라고 예상했던 것을 각 사용자가 하고 있다. 이 사용자 생성 채널은 경제적으로 보면 말이 안 된다. 그 시간, 에너지, 자원이 대체 어디에서 나오는 것일까?

바로 대중이다.

보통 사람이 무료 백과사전을 만들거나, 구멍 난 타이어를 교체하는 방법을 알려주는 무료 동영상을 제작하거나, 의회의 역대 투표 결과를 목록으로 작성하는 일에 엄청난 시간과 에너지를 투자하도록 동기를 부여하는 것은 바로 '참여'라는 자양분이다. 웹에서 그런 식으로 운영되는 공간이 점점 늘어나고 있다. 몇 년 전에 웹의 40퍼센트만이 상업적으로 구축되었다는 연구 결과가 나온 바 있다. 나머지는 의무감이나 열정을 연료로 삼아 구축된 것이다.

대량 생산된 상품이 사람들이 스스로 직접 만들 수 있는 것을 능가

했던 산업 시대로부터 출현한, 소비자 참여를 향한 이 갑작스러운 방향 전환은 놀랍기 그지없다. 우리는 '아마추어의 자작 활동은 오래전, 마차 시대에 사라졌다'고 생각했다. 무언가를 만들고자 하는 열정, 나와 있는 것 중에서 단지 고르는 행위보다 더 깊이 상호작용하려는 열정은 설령 이미 진행되고 있었다 할지라도 10년 전에는 고려되지 않았던—보이지 않았던—거대한 힘이다. 참여라는 이 원초적인 충동처럼 보이는 것은 경제를 뒤엎어왔고 소셜 네트워킹—스마트몹smart mob, 무리마음hive mind, 협업 행동—의 공간을 꾸준히 중심 무대로 전환시키고 있다.

어느 기업이 아마존, 구글, 이베이, 페이스북 등 대다수의 대규모 플랫폼처럼 공용APIapplication programming interface(응용 프로그래밍 인터페이스)를 써서 사용자와 신생 기업에게 자신의 데이터베이스와 기능 중 일부를 공개할 때, 그 기업은 새로운 수준에서 사용자의 참여를 장려하는 것이다. 그 능력을 활용하는 이들은 더 이상 한 기업의 고객이 아니다. 그들은 그 기업의 개발자, 판매자, 연구원, 홍보자가 된다.

고객과 대중이 참여할 수 있는 새로운 방식을 꾸준히 내놓음으로써, 웹은 스스로를 지구의 모든 활동과 모든 영역에 끼워 넣어왔다. 사실 인터넷이 주류에서 벗어나 있지 않을까 하던 당시 사람들의 걱정은 지금은 기묘해 보인다. 인터넷을 주로 남성이 쓰지 않을까 하는 1990년에 진정으로 우려했던 부분도 전적으로 잘못된 것이었다. 온라인 접속자 수는 2002년에 여성이 남성을 추월했다.[16] 그 순간을 축하하는 모임을 가진 사람은 아무도 없었지만 말이다. 현재 네티즌의 51퍼센트는 여성이다.[17] 그리고 물론 인터넷은 결코 10대 청소년의 세계였던 적이 없었고 지금도 그렇다. 2014년에 사용자의 평균 연령은 뼈에서 우두둑 소리가 나는 약 44세였다.[18]

그리고 아미시Amish(메노나이트교회에 속하는 보수적인 프로테스탄트교회의 교파로 마차 등 옛 생활 방식을 고수하는 것으로 유명하다 - 옮긴이)가 인터넷을 받아들였다는 것보다 인터넷이 보편적으로 받아들여졌음을 보여주는 더 나은 증거가 어디 있겠는가? 나는 최근에 아미시 농부들을 방문한 적이 있다. 그들은 아미시 하면 떠오르는 모습에 완벽하게 들어맞았다. 밀짚모자에 턱수염이 덥수룩한 남성, 보닛을 쓴 여성, 전기도 전화도 TV도 없는 생활, 이동 수단인 마차 등. 그들은 모든 기술을 거부한다는 부당한 평판을 받고 있다. 실제로는 그저 받아들이는 속도가 아주 느릴 뿐인데 말이다. 그렇긴 해도 그들에게도 웹사이트가 있다는 말에 나는 깜짝 놀랐다.

"아미시 웹사이트요?"

"우리 가업을 홍보하기 위해서지요. 우리 공방에서는 바비큐 그릴을 제작해요."

"그렇군요, 하지만…."

"아, 우린 공공 도서관에서 인터넷에 접속해요. 그리고 야후로 들어가지요."

그때 나는 전환이 완결되었음을 알았다. 우리는 모두 새로운 무언가가 되어가고 있다.

그리고 이 풍성한 웹의 지금으로부터 30년 뒤를 상상하려고 시도할 때, 우리가 처음 느끼는 충동은 그것을 웹 2.0으로, 즉 더 나은 웹으로 상상하는 것이다. 하지만 웹의 초기 형태가 더 많은 채널을 지닌 더 나은 TV가 아니었던 것처럼, 2050년의 웹도 그저 더 나은 웹이 아닐 것이다. 최초의 웹이 TV와 달랐듯이, 2050년의 웹도 지금의 웹과 다른, 새로운 무언가가 되어 있을 것이다.

엄밀한 기술적 의미에서, 오늘날의 웹은 구글할google('구글로 검색하다'는 뜻으로, 전에는 구글링googling이라는 단어를 따로 만들어서 동사로 썼지만, 지금은 구글이라는 단어 자체를 동사로 쓰는 추세다. 여기서도 원서의 용법대로 '구글하다'로 옮겼다-옮긴이) 수 있는 모든 것의 합, 즉 하이퍼링크로 갈 수 있는 모든 파일의 합이라고 정의할 수 있다. 현재 디지털 세계에는 구글할 수 없는 주요 영역들이 있다. 페이스북에서, 휴대전화 앱이나 게임 세계 내부에서, 심지어 한 동영상 내에서 일어나는 일 중에는 지금 당장은 검색할 수 없는 것이 많다. 하지만 앞으로 30년 이내에는 검색할 수 있을 것이다. 하이퍼링크라는 촉수는 계속 뻗어나가서 모든 비트와 연결될 것이다. 콘솔 게임에서 일어나는 사건도 뉴스처럼 검색이 가능할 것이다. 유튜브 동영상 안에서 일어나는 일도 살펴볼 수 있게 될 것이다. 당신의 동생이 대학 합격증을 받은 바로 그 순간을 당신의 전화기에서 찾고 싶다고 하자. 웹은 검색할 것이다. 또 웹은 인공물과 자연물 양쪽으로 물리적 대상들에게까지 확장될 것이다. 제품에 삽입된 거의 무료나 다름없는 미세한 칩이 제품을 웹에 연결하고 제품의 자료를 통합할 것이다. 당신의 방에 있는 물건도 대부분 연결됨으로써, 당신의 방을 구글할 수 있게 될 것이다. 아니 집 전체를 구글할 수 있을 것이다. 이미 그 단초가 보인다. 나는 내 전화기로 집의 온도 조절 장치와 오디오를 작동시킬 수 있다. 30년 사이에 세계의 나머지는 내 장치와 겹칠 것이다. 놀랍지도 않겠지만, 웹은 행성의 물리적 차원 전체로 확장될 것이다.

시간적으로도 확장될 것이다. 지금의 웹은 놀라울 만치 과거에 무지하다. 이집트 타흐리르 광장의 웹캠 영상을 실시간으로 보여줄 수 있을지 몰라도, 1년 전의 그 광장에 접근하는 것은 거의 불가능하다. 전형적인 웹사이트의 더 이전 형태를 보기는 쉽지 않지만, 30년 내에 우리는 과거의 어느 판본이든 볼 수 있는 타임슬라이더time slider를 지니게 될 것이다. 당신 전화기의 내비게이션이 가리키는 길이 이전의 며칠, 몇 주, 몇 달에 걸친 교통 패턴을 통해 개선되듯이, 2050년의 웹도 과거라는 맥락으로 충만해 있을 것이다. 그리고 웹은 미래로도 뻗어갈 것이다.

당신이 잠에서 깨어난 순간부터, 웹은 당신의 의도를 예측하려고 한다. 당신의 일과는 기록되므로, 웹은 당신의 행동을 내다보고, 당신이 질문을 하기 전에 답을 내놓으려고 시도한다. 회의가 열리기 전에 필요한 파일을 제공하고, 날씨와 당신이 있는 위치와 이번 주에 먹은 것과 지난 번 친구와 만났을 때 무엇을 했는지를 비롯하여 당신이 고려할 만한 많은 요인을 토대로 당신이 친구와 점심식사를 할 완벽한 장소를 추천하도록 구축된다. 당신은 웹과 대화를 할 것이다. 당신은 전화기에 담긴 친구의 사진을 죽 훑어보기보다는 친구에 관해 웹에 묻는다. 웹은 당신이 어느 사진을 보고 싶어할지 예측하고, 사진을 볼 때의 당신 반응에 따라서 사진을 더 보여주거나 다른 친구의 사진을 보여줄 것이다. 혹은 다음 회의 전에 봐야 할 이메일 두 통을 보여줄 것이다. 웹은 당신이 여행할 장소—1980년대의 그 유명한 사이버 공간—라기보다는 당신과 관계된 어떤 존재와 점점 더 비슷해질 것이다. 전기처럼 낮은 차원에서 항상 존재하는 무언가가 될 것이다. 우리 주변에서, 우리 위에서, 지하에서 늘 존재할 것이다. 2050년이면 우리는 웹을 늘 곁에 있는 대화 상대로 생각하게 될 것이다. 이 강화된 대화는 많은 새로운 가능성을 열 것이다. 하지만 우리는 디지털 세계가 이미 너무나 많은 선택과 가능성으로 부풀어 있음을 느낀다. 다음 몇 년 동안 진정으로 새로운 무언가가 끼워질 공간이 아예 없어 보인다.

인터넷의 여명기인 1985년에 야심적인 사업가가 얼마나 근사했을지 상상할 수 있겠는가? 당시에는 원하는 닷컴 이름을 거의 다 손에 넣을 수 있었다. 그저 원하는 이름을 요청하기만 하면 되었다. 한 단어로 된 도메인도, 일반 명사로 된 도메인도 얼마든지 가능했다. 심지어 등록하는 데 비용도 들지 않았다. 이 성대한 기회는 몇 년 동안 지속되었다. 1994년 〈와이어드〉의 한 필자는 맥도널드닷컴mcdonalds.com이 아직 등록되지 않았다는 것[19]을 알았고, 나는 그를 꼬드겨서 등록하도록 했다. 그는 그 뒤에 그 도메인을 맥도널드에 넘기려 했지만 실패했다. 너무나 우습게도 그 회사는 인터넷을 전혀 몰랐다("닷 뭐라고요?"). 우리는 이 내용을 〈와이어드〉에 실었고, 그리하여 유명한 이야기가 되었다.

당시 인터넷은 활짝 열린 변방이었다. 어느 분야를 선택하든 당신이 최초일 가능성이 높았다. 소비자는 기대를 거의 하지 않았고, 장벽은 극도로 낮았다. 검색 엔진을 만들자! 최초의 온라인 상점을 열자! 아마추어 동영상을 올리자! 물론 그 시절의 이야기다. 지금 돌이켜보면, 그 뒤로 마치 정착자가 물결이 밀려들어서 가능한 모든 땅을 개발하고, 지금의 새내기에게는 가장 힘들고 거친 오지만을 남겨준 것처럼 보인다. 30년 뒤의 인터넷은 앱, 플랫폼, 장치, 앞으로 100만 년 동안 우리의 주의를 사로잡고도 남을 만큼의 콘텐츠로 포화 상태가 되어 있을 것처럼 느껴진다. 설령 또 다른 미미한 혁신을 어찌어찌 쥐어짜낼 수 있다고 해도, 기적 같은 것이 넘치는 데 누가 관심이나 보이겠는가?

하지만 이렇게 보면 어떨까? 인터넷의 관점에서 보면, 아직까지 아무것도 일어나지 않았다! 인터넷은 아직 시작하기를 시작하는 단계에 있다. 이제 겨우 되어가고 있을 뿐이다. 타임머신에 올라타서 30년 뒤로 가서 지금을 돌아볼 수 있다면 우리는 2050년에 사람들이 살아가는 데 쓰는 가장 중요한 산물의 대부분이 2016년까지 아직 발명되지 않았음을 깨닫게 될 것이다. 그 미래의 사람들은 홀로데크holodeck와 착용할 수 있는 가상현실 콘택트렌즈와 내려받을 수 있는 아바타와 AI 인터페이스를 보면서 이렇게 말할 것이다. "이런, 당시에 당신들에게는 사실상 인터넷—아니 그들이 뭐라고 부르든 간에—이 없었어."

그리고 그들이 옳을 것이다. 우리는 지금의 우리 관점에서 보기 때문에, 금세기 전반기의 가장 위대한 온라인 발명품이 모두 우리 앞에 펼쳐져 있다고 여긴다. 하지만 이 모든 기적 같은 발명은 지금 낮게 매달린 과일들—1984년의 닷컴 이름들에 상응하는—을 따먹기 시작하기만을 기다리고 있다. 아무도 내게 불가능하다고 말하지 않는 그 정신 나간 듯한 전망에 따른다면 말이다.

하지만 상황이 다르므로, 2050년의 노인은 이렇게 말할 것이다. 2016년의 혁신가가 얼마나 근사했을지 상상할 수 있겠나? 당시의 변방은 활짝 열려 있었다. 거의 어떤 분야든 골라서 거기에 AI를 좀 덧붙이고, 클라우드에 올릴 수 있었다. 지금은 장치마다 수백 개씩 감지기가 들어 있지만, 당시에는 두 개 이상을 지닌 것이 거의 없었다. 기대치도 장벽도 낮았다. 어느 분야에서든 최초가 되기 쉬웠다. 그런 뒤에 노인은 한숨을 내쉴 것이다. "이런, 당시에 모든 것이 얼마나 가능했는지를 깨닫기만 했다면!"

그렇다, 그것이 진실이다. 오늘, 지금 당장이 새로운 출발을 하기에 가장 좋은 때다. 세계 역사 전체에서 무언가를 창안하기에 이만큼 좋은 날은 없었다. 지금처럼 더 많은 기회, 더 많은 열린 문, 더 낮은 장벽, 더 높은 위험 대비 편익율, 더 나은 보상, 더 좋은 조건이 있었던 적은 없었다. 지금 당장, 이 순간이 바로 그렇다. 미래 세대는 지금 이 시기를 돌이켜보면서 이렇게 말할 것이다. "와, 그때 살았어야 했는데!"

지난 30년은 경이로운 출발점을, 진정으로 대단한 것을 만들 튼튼한 기반을 구축한 시기였다. 하지만 앞으로는 지금의 것을 뛰어넘는 다른 것이 올 것이다. 우리가 만들 것은 끊임없이, 거침없이 다른 무언가가 되어갈 것이다. 그리고 가장 멋진 것은 아직 발명되지 않았다.

지금 이 순간이야말로 진정으로 활짝 열린 변방이다. 우리는 모두 되어가고 있다. 인류 역사를 통틀어 이보다 시작하기에 좋은 때는 없었다.

당신은 늦지 않았다.

COGNIFYING

진정한 혁명은 모든 이들이 마음대로 부릴 수 있는, 백스터의 후손인 개인용 작업 로봇을 지닐 때 일어난다. 당신이 아직 농사를 짓는 0.1퍼센트에 속한다고 상상해보자. 당신은 소비자에게 직접 판매를 하는 작은 유기농 농장을 운영한다. 당신은 농부라는 직업을 갖고 있지만, 실제 농사일은 대부분 로봇이 한다. 당신의 로봇 일꾼 무리는 흙에 있는 아주 영리한 탐침이 지시하는 대로 바깥의 뜨거운 태양 아래에서 할 일을 도맡아 한다. 제초, 해충 방제, 수확 등이다. 농부로서 당신의 새로운 일은 농사 시스템을 감독하는 것이다. 어느 날은 다양한 토마토 품종 중 어느 것을 심을지 조사하는 일을 하고, 다음 날은 소비자가 원하는 것이 무엇인지를 알아내고, 그 다음 날은 고객 정보를 갱신하는 일을 한다. 로봇은 정례화할 수 있는 나머지 모든 일을 수행한다.

값싸고 성능 좋고 어디에나 있는 인공지능만큼 '모든 것을 변화시킬' 다른 무언가를 상상하기는 쉽지 않다. 무엇보다도 어리석은 것을 영리하게 만드는 것만큼 중요한 결과를 빚어내는 일은 없다. 기존 과정에 유용한 지능을 아주 조금만 덧붙여도 아예 차원이 달라지는 효과가 나타난다. 비활성인 무언가를 인지화함으로써 얻는 이점은 산업화가 일으킨 변화보다 우리의 삶을 수백 배 더 강력하게 뒤흔들 것이다.

이 추가 지능이 저렴한 수준을 넘어서 아예 무료일 때에야 이상적인 상황이라고 할 수 있다. 웹의 무료 공용물처럼 무료 AI도 우리가 상상할 수 있는 그 어떤 힘보다도 상업과 과학을 부양하고 즉시 비용을 절감해줄 것이다. 우리는 최근까지 으레 슈퍼컴퓨터가 먼저 이 인공 마음을 갖출 것이고, 그 뒤에야 가정의 소형 전자기기에 인공 마음이 비치될 것이고, 곧이어 개인용 로봇의 머리에 소비자용 모델이 장착될 것이라고 예측했다. 각 AI는 무언가와 결부되어 있는 실체일 것이라고 여겼다. 우리의 생각이 끝나고 그들의 생각이 시작되는 지점이 어디인지를 명확히 알 수 있을 것이라고 여겼다.

하지만 최초의 진정한 AI는 독립된 슈퍼컴퓨터가 아니라, 망이라고하는 10억 개의 컴퓨터 칩으로 이루어진 초유기체superorganism에서 탄생할 것이다. 그것은 행성 규모이겠지만, 성기게 내장되고 느슨하게 연결되어 있을 것이다. 그것의 생각이 어디에서 시작되고 우리의 생각이 어디에서 끝나는지를 식별하기는 어려울 것이다. 이 망 형태의 AI에 접속한 모든 장치는 그 지능을 공유할—그리고 거기에 기여할—것이다. 망과 분리된 고독한 AI는 70억 명의 인간 마음에, 수백경 개의 온라인 트랜지스터에, 수백 엑사바이트exabyte의 실시간 자료에, 문명 전체의 자기 교정 되먹임 고리에 연결된 AI만큼 빠르게 배울 수가, 즉 영리해질 수가 없다. 따라서 망 자체는 기괴하리만치 계속 더 나아지는 무언가로 '인지화Cognifying'할 것이다. 독립형 합성 마음은 이동성을 얻으려면 대가를 치러야 하는 멀리 외진 곳에 있는, 불리한 처지에 놓인 AI처럼 보일 가능성이 높다.

AI가 마침내 출현할 때면, 편재(한곳에 치우쳐 있음)한다는 점 때문에 존재 자체가 가려질 것이다. 우리는 점점 나아지는 그 영리함을 온갖 단조로운 일에 써먹을 테지만, 그것은 보이지 않는 얼굴 없는 존재가 될 것이다. 우리는 지구의 어디에서 어느 디지털 화면을 통해서든, 백만 가지 방법으로 이 분산 지능에 접속할 수 있을 것이며, 따라서 그것이 어디에 있는지 말하기가 어려울 것이다. 그리고 이 합성 지능은 인간 지능(인간이 과거에 배운 모든 것과 현재 온라인 상태에 있는 모든 사람)의 조합이므로, 그것이 무엇인지도 정확히 꼬집어서 말하기 어려울 것이다. 그것은 우리의 기억일까, 아니면 교감을 통한 합의일까? 우리가 그것을 검색하는 것일까, 아니면 그것이 우리를 검색하는 것일까?

인공 생각의 출현은 내가 이 책에서 기술하는 다른 모든 교란을 촉진한다. 그것은 우리 미래의 지배적인 힘이다. 우리는 인지화가 불가피하다고 장담할 수 있다. 이미 와 있기 때문이다.

▪▪▪

2년 전 나는 이 급속히 출현하고 있는, 너무 오랫동안 도착이 지연되고 있던 인공지능의 초기 모습이 어떨지 감이라도 잡기 위해서 뉴욕 요크타운하이츠에 있는, 숲이 우거진 IBM 연구소로 향했다. 2011년 〈제퍼디!Jeopardy!〉(미국 TV 방송의 유명한 퀴즈 대결 쇼-옮긴이)에서 우승한 전자 세계의 천재 왓슨Watson이 태어난 곳이었다. 원래의 왓슨은 아직도 여기에 있다. 냉장고 모양의 기계 10대가 네 벽처럼 세워져 있는 침실만 한 장치다. 기술자가 드나들 수 있는 자그마한 안쪽 공간에는 기계의 뒤쪽으로 뻗어나온 전선과 케이블이 뒤엉켜 있다. 놀라울 만치 따뜻해서 이 기계 집합이 살아 있는 것 같은 느낌도 든다.

현재의 왓슨은 전혀 다르다. 더 이상 캐비닛 안에 홀로 있지 않고, 그 AI의 수백 가지 '인스턴스instance'[1](일반적으로 어떤 집합에 대해서, 그 집합의 개별적인 요소. 객체 지향 프로그래밍OOP에서, 어떤 등급에 속하는 각 객체를 인스턴스라고 한다. 예를 들면 '목록list'이라는 등급을 정의하고 그다음에 '본인 목록

my list'이라는 객체를 생성-기억 장치 할당-하면 그 등급의 인스턴스가 생성된다 - 옮긴이)를 가동하는 공개 표준 서버의 클라우드에 흩어져 있다. 클라우드에 있는 모든 것이 그렇듯이, 왓슨도 세계 전역에 있는 고객이 동시에 이용하며, 고객은 저마다 휴대전화, 탁상용 컴퓨터, 데이터 서버를 이용하여 접근할 수 있다. 이런 유형의 AI는 수요에 따라 얼마든지 규모를 키우거나 줄일 수 있다. AI는 사람들이 쓸수록 향상되므로, 왓슨은 점점 더 영리해지고 있다. 한 인스턴스에서 배우는 것은 모두 다른 인스턴스에게로 빠르게 전달된다. 그리고 그것은 하나의 단일한 프로그램이 아니라, 모두 교묘하게 통합되어 통일된 지능의 흐름을 만들어내는 다양한 소프트웨어 엔진—서로 다른 코드, 칩, 위치에서 작동하는 논리 추론 엔진과 언어 분석 엔진—의 집합이다.

소비자는 언제나 온라인 상태에 있는 지능에 직접 접근할 수 있지만, 이 AI 클라우드의 힘을 이용하는 서드파티(공식적으로 하드웨어나 소프트웨어를 개발하는 업체 외에 중소 규모의 개발자들이 주어진 규격에 맞춰진 제품을 생산하는 것) 앱third-party app을 통할 수도 있다. 똑똑한 아이를 둔 많은 부모들처럼 IBM도 왓슨이 의사가 되기를 바랄 것이며, 따라서 현재 개발 중인 주된 응용 분야가 의학 진단 도구라는 것도 놀랄 일은 아니다. 진단하는 AI를 개발하려는 이전의 시도는 대부분 처참하게 실패했지만, 왓슨은 정말로 제대로 작동한다. 내가 과거에 인도에서 걸렸던 병의 증상을 일상 영어로 말하자, 왓슨은 가장 가능성이 높은 것부터 낮은 것까지 직감적으로 추정한 질병 목록을 제시했다. 가장 가능성이 높은 것이 람블편모충증이라고 했는데, 정답이었다. 환자는 아직

이 전문 지식을 직접 이용할 수 없다. IBM은 약국 소매 연쇄점인 CVS 같은 협력업체에게 의료 지능을 제공함으로써, CVS가 수집한 자료를 토대로 만성질환을 앓는 고객에게 건강 맞춤 자문을 할 수 있게 돕는다. 〈스타 트렉〉에 나온 휴대용 의료기기인 트라이코더tricorder에 영감을 얻고 의료 AI를 토대로 진단기기를 만드는 신생 기업인 스캐너두 Scanadu의 의료 분야 책임자인 앨런 그린Alan Greene은 이렇게 말한다.

"나는 왓슨 같은 것이 곧 세계 최고의 진단의학자[2]가 될 것이라고 믿습니다. 기계도 인간도 포함해서요. AI 기술의 향상 속도를 고려할 때, 오늘 태어난 아이가 어른이 될 때쯤에는 진단을 받으러 의사를 찾아갈 필요가 거의 없을 겁니다."

의학은 시작일 뿐이다. 모든 주요 클라우드 기업과 수십 개 신생 기업이 왓슨 같은 인지 서비스를 출범시키기 위해 미친 듯이 달려가고 있다. 시장 분석 기업 퀴드Quid는 2009년 이래로 AI에 몰린 돈이 180억 달러를 넘는다고 말한다.[3] 2014년에만 AI와 비슷한 기술을 지닌 322개 기업에 20억 달러 이상이 투자되었다. 페이스북과 구글, 그들의 중국판인 텐센트Tencent와 바이두Baidu는 계속 연구자를 뽑아서 사내 AI 연구진을 충원해왔다.[4] 야후, 인텔Intel, 드롭박스Dropbox, 링크드인LinkedIn, 핀터레스트Pinterest, 트위터는 2014년부터 AI 기업을 매수하고 있다.[5] AI 부문의 민간 투자는 지난 4년 동안 해마다 평균 70퍼센트씩 증가[6]했으며, 이 추세는 계속될 것이다.

구글이 매수한 초기 단계에 있는 AI 기업 중에 런던에 있는 딥마인드DeepMind도 있다. 2015년 딥마인드의 연구자는 〈네이처Nature〉에 AI

에게 비디오핀볼Video Pinball 같은 1980년대 아케이드 비디오 게임을 하는 방법을 어떻게 가르쳤는지를 기술한 논문을 발표했다. 연구진은 게임하는 방법을 가르친 것이 아니라, 게임하는 방법을 배우도록 가르쳤다.[7] 그것은 심오한 차이다. 연구진은 그저 클라우드 기반 AI에게 퐁Pong을 변형한 브레이크아웃Breakout 같은 아타리Atari 게임을 자유롭게 하도록 놔두었고, AI는 점수를 올리는 방법을 스스로 터득했다. 그 AI의 발전 과정을 담은 동영상은 경이롭다. 처음에 AI는 거의 아무렇게나 게임을 했지만 서서히 실력이 좋아진다. 30분 뒤에는 네 번에 한 번꼴로만 공을 놓친다. 한 시간에 걸쳐 300번째 게임을 할 무렵에는 거의 놓치는 법이 없다. 배우는 속도는 계속 빨라져서, 두 시간째에 들어서자 이전까지 브레이크아웃 게임을 했던 사람 수백만 명이 찾아내지 못한 허점을 찾아낸다. 그리하여 게임 창안자조차 상상하지 못한 방식으로 벽에 통로를 뚫어서 이길 수 있었다. 딥마인드는 창조자에게 아무런 지도도 받지 않은 상태에서 처음 게임을 시작한 지 몇 시간이 지나면, 심층 강화 기계학습deep reinforcement machine learning이라는 알고리즘은 자신이 숙달한 아타리 비디오 게임 49가지 중 절반에서 인간을 이길 수 있었다. 이런 AI는 인간 게임자와 달리 날이 갈수록 점점 더 영리해진다(그 최근 산물이 바로 2016년 3월 이세돌 9단과 바둑을 두어 이긴 알파고다-옮긴이).

이 모든 활동이 일어나는 가운데 우리의 AI 미래가 어떤 모습인지 서서히 드러나고 있으며, 그 AI는 할 9000HAL 9000(영화 〈2001 스페이스 오디세이2001 : A Space Odyssey〉에 등장한 인공지능-옮긴이)—카리스마적인(하지만 인간을 학살할 가능성이 있는) 인간형 의식을 지닌 독립형 기계—이나 특이점에 이르렀을 때 출현할 초지능 같은 것이 아니다. 현재 지평선에 어른거리고 있는 AI는 아마존 웹 서비스Amazon Web Services에 더 가까워 보인다. 이는 저렴하고, 신뢰할 수 있고, 모든 것의 배후에서 작동하는 산업용 등급의 디지털 지능을 갖추고, 잠깐 가동을 멈출 때 외에는 거의 보이지 않는다. 이 공용 설비는 당신이 필요할 때, 원하는 만큼 IQ를 제공할 것이다. 그저 전기를 쓰듯이 망에 접속하여 AI를 얻기만 하면 된다. 100여 년 전에 전기가 그러했듯이, 비활성 대상에 활기를 불어넣을 것이다. 3세대 전, 손재주가 있는 많은 이들은 도구를 취해서 그것의 전기용 판본을 만듦으로써 부자가 되었다. 수동 펌프? 전기 펌프를 만들자. 수동으로 짜는 세탁기라고? 전기 세탁기를 만들자. 그 기업가는 전기를 생산할 필요가 없었다. 전력망에서 사서 이전까지 수동이었던 것을 자동화하는 데 썼다. 이제 우리는 이전에 전기화했던 모든 것을 인지화할 것이다. 여분의 IQ를 덧붙임으로써 새롭거나 다르거나 더 가치 있게 만들 수 없는 게 거의 없다. 사실 앞으로 나올 신생 기업 1만 개의 사업 계획은 쉽게 예측할 수 있다. X를 취해서 AI를 덧붙인다는 것이다. 온라인 지능을 추가함으로써 더 낫게 만들 수 있는 것을 찾자.

X에 AI를 덧붙이는 마법의 좋은 사례는 사진술에서 볼 수 있다. 1970년대에 나는 사진 장비가 가득한 무거운 가방을 메고 돌아다니는 여행 사진작가였다. 배낭에 필름 500통에다가 황동으로 된 니콘 카메라 두 대, 플래시, 각각 500g을 넘는 육중한 유리 렌즈 다섯 개가 들어 있었다. 당시 사진술은 빛이 약할 때 광자를 포획하기 위해 '커다란

유리 렌즈'를 써야 했다. 1,000분의 1초 사이에 초점을 맞추고, 거리를 재고, 빛을 구부리도록 한 기계공학의 경이로운 복잡한 산물을 내장한 빛이 새어들지 못하는 카메라가 필요했다. 그 뒤로 어떤 일이 벌어졌을까? 현재 내 똑딱이 니콘 카메라는 무게가 거의 나가지 않고, 빛이 거의 없는 곳에서도 찍히고, 내 코앞부터 거의 무한히 먼 거리까지 찍을 수 있다. 물론 내 휴대전화의 카메라는 더 얇고 늘 휴대 가능하며 예전의 무거운 수동 카메라만큼 좋은 사진을 찍을 수 있다. 새로운 카메라는 소형화 기술의 발전 때문만이 아니라, 기존 카메라의 많은 부분이 지능으로 대체되어 왔기 때문에 더 작고 더 빠르고 더 조용하고 더 저렴해진 것이다. 사진술의 X가 인지화해온 것이다. 현재의 휴대전화 카메라는 물리적 렌즈가 했던 일을 할 알고리즘, 계산, 지능을 덧붙임으로써 무거운 유리가 차지했던 층을 제거했다. 무형의 영리함으로 물리적 셔터를 대체한다. 그리고 암실과 필름 자체는 더 많은 계산과 광학 지능으로 대체되어왔다. 렌즈가 아예 없는 완전히 납작한 카메라를 만들 설계도 나와 있다. 유리 대신에 완벽한 평면인 빛 감지기를 쓰고 초점이 없는 감지기에 닿는 광선을 엄청난 양의 계산을 통해 인식하여 영상을 산출한다. 사진술의 인지화는 사진술을 혁신시켰다. 지능에 힘입어서 카메라가 다른 물건에(선글라스 테에, 옷의 색깔에, 펜에) 끼워질 수 있고, 예전에는 온갖 장비를 가득 실은 밴과 10만 달러를 들여야 가능했을 3D, HD 등을 계산하는 것을 비롯하여 더 많은 일을 할 수 있기 때문이다. 지금 인지화한 사진술은 거의 모든 기기에서 부수적으로 일을 할 수 있는 것이 되어 있다.

다른 모든 X에도 비슷한 전환이 일어나려 하고 있다. 용액이 가득한 병을 비롯한 온갖 유리 기구가 갖추어진 실험실을 필요로 하는 물리적 활동인 화학을 생각해보자. 화학은 원자를 움직인다. 이보다 더 물리적인 것이 또 어디 있겠는가? 화학에 AI를 덧붙임으로써, 과학자는 가상의 화학 실험을 수행할 수 있다. 그들은 천문학적인 수의 화학 물질 조합을 영리하게 탐색함으로써, 실험실에서 살펴볼 가치가 있는 극소수의 유망한 화합물로 줄일 수 있다. X는 실내 디자인 같은 낮은 수준의 기술일 수도 있다. 고객이 실내 시뮬레이션 속을 걸을 때 관심을 보이는 것에 수준을 맞추도록 시스템에 AI를 덧붙이자. 세부 디자인은 고객의 반응을 토대로 패턴을 찾아내는 AI가 수정하고 변경하며, 그것을 끼워 넣은 새 실내 모습을 보여주면서 다시 반응을 살핀다. 끊임없는 반복을 통해서, AI로부터 최적의 개인별 맞춤 디자인이 나온다. AI는 법에도 적용할 수 있으며, AI을 이용하여 산더미 같은 서류 더미 속에서 사례들 사이에 일치하지 않는 증거를 찾아내고, 법적 논증을 펼치도록 한다.

X의 목록은 끝이 없다. AI를 덧붙일 가능성이 적은 분야에 AI를 덧붙이면 더 강력해질 것이다. 인지화한 투자? 이미 베터먼트Betterment나 웰스프론트Wealthfront 같은 회사에서 하고 있다. 그들은 세금 전략을 최적화하거나 포트폴리오[8] 사이의 균형을 맞추기 위해 주가 지수 관리에 인공지능을 덧붙인다. 금융 관리자라면 이런 일을 1년에 한 번쯤 하겠지만 AI는 매일, 아니 매시간 할 것이다.

인지적으로 강화되기를 기다리는, 아직은 있을 법하지 않지만 조만간 생길 분야를 꼽아보자.

- **인지화한 음악** : 음악은 알고리즘을 통해 실시간으로 만들어져서 비디오 게임이나 가상 세계용 사운드트랙으로 쓰일 수 있다. 당신의 행동에 따라서 음악은 바뀐다. AI는 모든 참가자를 위해 수백 시간의 새로운 개인별 맞춤 음악을 작성할 수 있다.

- **인지화한 세탁** : 옷은 세탁기에 자신을 언제 세탁해야 하는지 말해준다. 세탁 주기는 스마트 옷이 지시할 것이다.

- **인지화한 마케팅** : 개별 독자나 시청자가 한 광고에 주의를 쏟는 시간에 그의 사회적 영향력(얼마나 많은 이들이 그들을 따르고 그들의 영향은 얼마나 되는가)을 곱하면 단위 비용당 주의와 영향력을 최적화할 수 있다. 그 일을 수백만 명 규모로 하는 것이 AI의 일이다.

- **인지화한 부동산** : AI를 통해 구매자와 판매자를 연결하면 "이 아파트를 좋아하는 임차인이 이러저러한 집도 좋아했다" 하는 것을 즉시 알 수 있다. 그러면 개인별 상황에 맞는 자금 조달 방식을 얻을 수 있다.

- **인지화한 간호** : 환자에게 하루 24시간을 지표로 측정하고 평가하는 생물 표지를 추적하는 감지기를 달아서 매일 상황에 맞게 약물을 조정하고 수정하는 고도의 맞춤 치료를 할 수 있다.

- **인지화한 건설** : 설계 수정에다가 일기예보, 항만 교통 정체, 환율, 사건 사고까지 고려할 만큼 영리한 계획 관리 소프트웨어를 상상해보라.

- **인지화한 윤리** : 자율주행 자동차는 우선순위와 행동 지침을 배울 필요가 있다. 보행자의 안전을 운전자의 안전보다 우선할 수도 있다. 코드

에 의존하여 진정한 자율성을 갖춘 것은 모두 영리한 윤리 규정도 필요로 할 것이다.

- **인지화한 장난감** : 애완동물과 더 비슷한 장난감. 퍼비^{furby}(털북숭이 인형에 단순한 전자회로를 통해 말하는 기능을 갖춘 장난감 – 옮긴이)는 아이들의 관심을 끌 영리한 애완동물 같은 장난감의 강렬한 매력에 비하면 원시적이었다. 대화할 수 있는 장난감은 사랑스럽다. 인형은 최초로 진정으로 인기 있는 로봇이 될지 모른다.

- **인지화한 스포츠** : 스마트 감지기와 AI는 미묘한 움직임과 충돌을 추적하고 해석함으로써 운동 경기의 점수와 판정을 매기는 새로운 방법을 창안할 수 있다. 또 각 선수의 활동을 매초마다 추출하여 고도로 세밀한 통계를 냄으로써 환상적인 엘리트 스포츠 경기가 가능해질 것이다.

- **인지화한 뜨개질** : 누가 알랴? 하지만 일어날 것이다!

우리 세계를 인지화하는 것은 아주 엄청난 일이지만, 지금 일어나고 있다.

▪▪▪▪▪▪▪▪▪▪▪▪▪▪▪▪▪▪▪▪▪▪▪▪▪▪▪▪▪▪▪▪▪▪▪▪

2002년경 나는 구글의 비공식 모임에 참석했다. 기업 공개 전이었고, 구글은 검색에만 초점을 맞춘 작은 회사였다. 나는 구글의 명석한 공동 창립자인 래리 페이지^{Larry Page}와 대화를 나누었다. "래리, 나는 아직 이해가 안 가요. 검색 회사는 아주 많잖아요. 웹 검색을 무료로 해준다고요? 그래서 얻는 게 뭡니까?" 상상력이 결핍된 내 맹목적인 태도야말로 예측, 특히 미래 예측이 얼마나 어려운지를 보여주는 확실한 증거이지만, 변명하자면 당시에는 구글이 유튜브나 다른 주요 기업을 사들이기 훨씬 전, 진정한 수익을 올릴 광고 경매 계획을 제시하기 전의 일이었다. 그 검색 사이트가 오래가지 못할 것이라고 생각한 열성 이용자가 나만은 아니었다. 하지만 페이지의 대답은 지금까지도 내게 충격으로 다가온다.

"아, 우리는 사실 AI를 만들고 있어요."

나는 지난 몇 년 사이에 구글이 딥마인드 외에도 AI와 로봇 기업을 13개나 사들였다는 소식을 들으면서 그 대화에 관해 많은 생각을 했다. 언뜻 구글이 검색 능력을 향상시키기 위해 AI 포트폴리오를 보강하고 있다는 생각이 들지도 모르겠다. 검색이 수입의 80퍼센트[9]를 차지하니 말이다. 하지만 나는 정반대라고 생각한다. 구글은 AI를 이용하여 검색을 더 개선한다기보다는 검색을 이용하여 AI를 개선하고 있다. 매번 당신이 검색어를 치고, 검색해서 나온 링크를 누를 때마다, 또는 웹에서 링크를 생성할 때마다, 당신은 사실 구글 AI를 훈련시키고 있는 것이다. 이미지 검색 항목에 '부활절 토끼'라고 입력하고서 가장 부활절 토끼처럼 보이는 이미지를 클릭할 때, 당신은 AI에게 부활절 토끼가 어떤 모습인지를 가르치고 있다. 구글이 매일 30억 건의 질문을 처리[10]할 때, 각각의 처리는 심층 학습 AI에게 반복하여 가르치고 있는 것과 같다. 그 AI 알고리즘이 앞으로 10년 동안 더 꾸준히 개선되고, 1,000배 더 많은 자료가 쌓이고 100배 더 많은 계산 자원이 축적될 때, 구글은 AI 분야에서 독보적인 지위에 오를 것이다. 2015년 가을 3사분기 실적 발표회장에서 구글 CEO 선다 피차이Sundar Pichai는 AI

가 '우리가 하는 모든 것을 재고하도록 변화를 일으키는 핵심'이 될 것이라고 했다.[11] "우리는 AI를 우리의 모든 산물에 적용하고 있으며, AI는 검색에도 유튜브에도 구글 플레이에도 있습니다." 나는 2026년이면 구글의 주력 상품이 검색이 아니라 AI가 될 것이라고 예측한다.

회의주의자로 돌아서려면 여기가 딱 맞는 자리다. 거의 60년 동안 AI 연구자는 AI가 다음 모퉁이만 돌면 나온다고 예측을 남발해왔지만, 몇 년 전까지만 해도 그 일은 한없이 미래로 미루어지는 듯이 보였다. 심지어 연구 결과도 빈약하고 연구비는 더욱 빈약한 이 시대를 묘사하는 용어까지 만들어졌다. 'AI 겨울'이 그렇다.[12] 그런데 무언가가 진정으로 바뀐 것일까?

그렇다. 오랫동안 기다렸던 인공지능의 도래를 이끌 세 가지 돌파구가 최근에 만들어졌다.

1. 저렴한 병렬 계산

생각은 본래 병렬 처리 과정이다. 우리 뇌에서 수십억 개의 뉴런이 동시에 발화하면서 동조하는 계산의 물결을 일으킨다.[13] 신경망—AI 소프트웨어의 주된 구조—을 구축하려면 다른 많은 과정이 동시에 일어나야 한다. 신경망의 각 노드는 뇌의 뉴런을 어설프게 흉내 낸다. 자신이 받은 신호를 이해하기 위해 이웃과 상호작용한다. 구어를 인식하려면 프로그램은 모든 음소를 서로 연관 지어서 들을 수 있어야 한다. 이미지를 식별하려면 모든 화소를 주변 화소의 맥락 속에서 볼 필요가 있다. 둘 다 철저한 병렬 처리 과제다. 하지만 최근까지, 전형적인 컴퓨터 프로세서는 한 번에 한 가지만 처리할 수 있었다.

상황은 10여 년 전부터 바뀌기 시작했다. 비디오 게임의 몹시 시각적인—그리고 병렬적인—요구 사항을 충족시키기 위해 고안된 그래픽 처리 장치graphics processing unit, 즉 GPU라는 새로운 종류의 칩이 등장하면서였다. 비디오 게임에서는 한 이미지에 있는 화소 수백만 개를 1초에 여러 차례 재계산해야 했다. 그래서 전용 병렬 컴퓨팅 칩이 필요했고, 그 칩은 PC 마더보드에 추가되었다. 병렬 그래픽 칩은 환상적으로 작동했고, 게임은 급격히 대중화했다. 2005년경에는 GPU가 기본적으로 일상용품이 될 만큼 아주 저렴하게 대량 생산되고 있었다. 2009년, 스탠퍼드대학교의 앤드루 응Andrew Ng 연구진은 GPU 칩에서 병렬 신경망을 가동할 수 있음을 알아차렸다.[14]

이 발견으로 신경망에는 새로운 가능성이 열렸다. 노드들 사이에 수억 개의 연결을 포함시킬 수 있었다. 기존 프로세서로는 1억 개의 매개변수를 지닌 신경망에서 연쇄적으로 펼쳐지는 가능성을 모두 계산하는 데 몇 주가 걸렸다. 응은 GPU 묶음을 쓰면 하루면 해낼 수 있다는 것을 알아냈다. 현재 페이스북 같은 클라우드 기반 기업은 GPU에서 가동되는 신경망[15]을 써서 사진 속에서 친구를 식별하고, 넷플릭스는 5,000만 명이 넘는 가입자에게 믿을 만한 작품 추천 목록을 제시한다.

2. 빅데이터

모든 지능은 배워야 한다. 유전적으로 사물을 범주화하려는 성향을 지닌 사람의 뇌도 아기 때 12번을 봐야 고양이와 개를 구별할 수 있다.[16]

인공 마음은 더욱더 그렇다. 최고의 프로그램을 지닌 컴퓨터도 체스를 적어도 1,000번은 두어야 잘할 수 있다.[17] AI 돌파구 중 일부는 우리 세계에 관한 믿어지지 않을 만큼 엄청난 데이터를 수집하는 데 달려 있다. 그 자료는 AI에게 필요한 학습 기회를 제공한다. 대규모 데이터베이스, 자기 추적, 웹 쿠키, 온라인 족적, 테라바이트 단위의 저장 용량, 수십 년에 걸친 검색 결과, 위키피디아, 나아가 디지털 우주 전체가 AI를 영리하게 만드는 교사가 되었다. 앤드루 응은 그것을 이런 식으로 설명한다. "AI는 우주선을 건조하는 것과 비슷하다.[18] 거대한 엔진과 많은 연료가 필요하다. 로켓 엔진은 학습 알고리즘이고 연료는 이 알고리즘에 먹일 수 있는 엄청난 양의 데이터다."

3. 더 나은 알고리즘

디지털 신경망은 1950년대에 창안되었지만, 컴퓨터 과학자가 100만, 아니 1억 개의 뉴런 사이의 천문학적인 조합 관계를 다루는 법을 배우기까지는 수십 년이 걸렸다. 신경망을 층층이 겹쳐 쌓는 식으로 조직하는 것이 바로 그 일의 열쇠였다. 얼굴을 얼굴이라고 인식하는 비교적 단순한 과제를 생각해보자. 한 신경망의 비트 집합이 어떤 패턴—이를테면, 눈의 이미지—을 찾아내면, 그 계산 결과(이건 눈이야!)는 후속 처리를 위해 신경망의 다음 수준으로 올라간다. 다음 수준은 두 눈을 하나로 묶은 뒤, 그 의미 있는 덩어리를 계층 구조의 다음 수준으로 넘기는 것일 수 있다. 더 다음 수준에서는 그 덩어리를 코의 패턴과 연관 짓는다(각 수준은 주변의 다른 수준에 입력될 계산 결과를 내놓는다). 그런 식으로 15개 수준까지 올라가면 인간의 얼굴을 인식한다. 2006년 당시 토론토대학교의 제프리 힌턴Geoffrey Hinton[19]은 이 방법에서 한 가지를 수정했다. 그는 그것에 '심층 학습deep learning'이라는 이름을 붙였다.[20] 그는 층을 따라 올라갈수록 학습이 더 빨리 누적되도록, 각 층에서 나오는 결과를 수학적으로 최적화할 수 있었다. 심층 학습 알고리즘은 몇 년 뒤 GPU에 이식하자 엄청나게 속도가 빨라졌다. 심층 학습 코드만으로는 복잡한 논리적 사고를 생성하기에 부족하지만 그것은 IBM의 왓슨, 딥마인드, 구글의 검색 엔진, 페이스북의 알고리즘을 비롯한 현재의 모든 AI의 핵심 요소다.

값싼 병렬 계산, 더 많은 자료, 더 심층적인 알고리즘이라는 이 완벽한 폭풍에 힘입어서 60년 동안 지지부진했던 AI는 하룻밤 사이에 환골탈태했다. 그리고 이 수렴은 기술적 추세가 계속되는 한—그리고 그렇지 않을 것이라고 생각할 근거는 전혀 없다—AI가 계속 개선될 것임을 시사한다.

이 상태로 가면 클라우드 기반 AI는 점점 더 우리 일상생활에 깊이 뿌리를 내릴 것이다. 하지만 거기에는 대가가 따를 것이다. 클라우드 컴퓨팅은 종종 망 효과network effect[21]라고도 불리는 수확 체증의 법칙을 일으킨다. 망이 더 커질수록, 망의 가치가 훨씬 더 빠르게 증가한다는 것이다. 망이 더 클수록 새로운 사용자에게 더 매력적으로 보이며, 그 사용자에 힘입어서 망은 더욱 커지고, 따라서 매력도 더 커지는 효과가 계속 이어진다. AI를 제공하는 클라우드도 같은 법칙에 따를 것이다. 사람들이 어떤 AI를 더 많이 쓸수록, 그 AI는 더 영리해진다. 더 영리해질수록 그것을 쓰는 사람은 더 늘어난다. 쓰는 사람이 늘어날수록 그것은 더 영리해진다. 그렇게 계속된다. 일단 어떤 기업이 이 선순환에 진입하면 너무나 빨리 대단히 커져서 다른 모든 신생 경쟁자를 압도하는 경향이 있다. 그 결과 우리 AI의 미래는 두세 개의 커다란 범용 클라우드 기반 상업 지능의 과두 체제에 지배될 가능성이 높다.

1997년 왓슨의 선배인 IBM의 딥블루Deep Blue가 유명한 인간 대 기계의 경기[22]에서 체스 그랜드마스터인 개리 카스파로프Garry Kasparov를 이겼다. 그 뒤로도 몇 차례 이루어진 대국에서 기계가 계속 이기자 사람들은 그런 대국 자체에 거의 흥미를 잃었다. 이야기가 거기에서 끝났다고(인류 역사의 끝이 아니라고 할 때) 생각할지도 모르겠지만, 카스파로프는 딥블루가 그랬듯이 과거의 체스 수를 모두 담은 대규모 데이터베이스에 자신도 즉시 접근할 수 있다면 딥블루를 상대로 더 잘 둘 수 있을 것임을 알아차렸다. AI가 이 데이터베이스 도구를 쓰는 것이 정당하다면 사람이라고 쓰지 말란 법이 어디 있단 말인가? 체스의 대가인 사람의 정신도 딥블루처럼 데이터베이스를 통해 더 보강하자. 카스파로프는 이 착상을 발전시켜서 인간 더하기 기계의 대국이라는 개념을 실현시켰다. 사람이 기계와 두는 것이 아니라 AI로 보강된 사람끼리 두는 대국이었다.[23]

지금 프리스타일 체스 경기[24]라고 하는 이 방식은 종합 격투기와 비슷하다. 대국자가 원하는 모든 기술을 다 쓸 수 있다는 점에서 그렇다. 기계의 도움 없이 홀로 둘 수도 있고, 대단히 영리한 체스 컴퓨터의 판단에 따라 그저 말만 움직이는 식으로 둘 수도 있고, '켄타우로스'로서, 즉 카스파로프가 주창했던 인간·AI 사이보그가 되어 둘 수도 있다. 켄타우로스 대국자는 AI가 제시하는 수에 유념하면서도 이따금 자신의 판단을 앞세울 것이다. 우리가 자동차의 GPS 길 안내 지능을 사용하는 방식과 흡사하게 말이다. 어떤 방식이든 쓸 수 있는 2014년 프리스타일 선수권 대회에서 순수한 체스 AI 엔진은 42승을 올린 반면, 켄타우로스는 53승을 올렸다.[25] 현재 생존한 최고의 체스 대국자는 켄타우로스다. 이름은 '인터그랜드Intagrand'이며, 사람 서너 명과 체스 프로그램 서너 개로 구성된 팀이다.[26]

하지만 더욱 놀라운 부분이 있다. AI가 출현했다고 해서 순수한 인간 체스 선수의 실력이 줄어든 것은 아니라는 사실이다. 오히려 정반대다. 대단히 영리한 값싼 체스 프로그램에 자극을 받아서 체스를 두겠다는 이들이 더 늘어났고, 대회도 더 많아졌고, 선수들도 전보다 더 실력이 늘었다. 딥블루가 카스파로프를 처음 이겼을 때에 비해 지금은 그랜드마스터가 두 배 이상 더 늘었다. 현재 상위권에 있는 인간 체스 선수인 망누스 칼센Magnus Carlsen은 AI로 훈련을 했고, 인간 체스 선수 중 가장 컴퓨터처럼 둔다는 평판을 받는다. 그는 역대 최고의 평점을 받는 인간 그랜드마스터이기도 하다.[27]

사람이 체스를 더 잘 두도록 AI가 도울 수 있다면 더 나은 조종사, 더 나은 의사, 더 나은 판사, 더 나은 교사가 되도록 돕지 못할 이유가 없다.

하지만 AI가 완수하는 상업적 활동의 대부분은 인간처럼 행동하지 않는 프로그램을 통해 이루어질 것이다. AI의 대다수는 어떤 언어를 다른 언어로 번역할 수 있지만 그밖의 일은 거의 하지 않는 특수한 목적의 소프트웨어 두뇌일 것이다. 자동차를 운전하지만 대화는 하지 않을 것이다. 또는 유튜브에서 모든 동영상의 모든 화소를 기억하지만, 당신의 일상 업무 일정을 예측하지는 못할 것이다. 앞으로 10년 내에 나올 당신과 직접적으로 또는 간접적으로 상호작용을 할 인공지능의 99퍼센트는 협소한 분야에서 초영리한 전문가일 것이다.

사실 강한 지능은 한 가지 취약점을 지닐 수 있다. '지능'이라는 말이 우리의 독특한 자기 인식, 온갖 광적인 양상으로 되풀이되는 자기 반성, 혼란스러운 자의식의 흐름을 의미한다면 더욱 그렇다. 우리는 자율주행 자동차가 비인간적으로 도로에 집중하기를 원하지, 차고와 말다툼하는 일에 집착하기를 원치 않는다. 병원의 인공지능 왓슨 박사는 금융 쪽을 전공으로 택하는 편이 더 나았을지를 고민하는 일 없이 오로지 일에만 몰두해야 한다. 의식하는 지능 대신에 우리가 원하는 것은 인공 영리함이다. AI가 발달할수록, 우리는 그들이 의식을 지니지 못하게 하는 방법을 고안해야 할지 모른다. 가장 선호하는 AI 서비스는 의식이 없다고 광고하는 것일 가능성이 높다.

비인간 지능은 버그가 아니다. 그것은 특성이다. 생각하는 기계에 관해 알아야 할 가장 중요한 점은 그들이 다르게 생각하리라는 것이다.

우리의 진화 역사에 일어난 한 별난 사건 때문에, 우리는 이 행성에서 자의식을 지닌 유일한 종이 되었고, 그럼으로써 인간의 지능이 독특하다는 부정확한 개념을 갖게 되었다. 우리 지능은 일종의 지능의 사회에 속하며, 이 지능은 우주에 가능한 수많은 종류의 지능 및 의식 중 한구석을 차지할 뿐이다. 우리는 인간의 지능을 '범용'이라고 부르곤 한다. 우리가 접한 다른 유형의 마음에 비해, 더 여러 유형의 문제를 풀 수 있기 때문이다. 하지만 합성 마음을 점점 더 많이 만들어낼수록, 우리는 인간의 생각이 결코 일반적인 것이 아님을 깨닫게 될 것이다. 생각의 한 종에 불과할 뿐이다.

현재 출현하고 있는 AI가 하는 형태의 생각은 인간의 생각과 같지 않다. 예전에 인간만이 할 수 있다고 믿었던 일들—체스를 두거나 자동차를 몰거나 사진의 내용을 묘사하는 일 같은—을 AI가 할 수는 있지만 인간과 같은 방식으로 하지 않는다. 최근에 나는 사적인 사진 13만 장—내 기록물 전체—을 구글 포토Google Photo에 올렸는데, 구글의 새 AI는 내 평생 찍은 그 모든 사진에 담긴 모든 피사체를 기억한다. 자전거나 다리나 내 모친이 찍힌 사진을 보여 달라고 요청하면, 즉시 그것들을 펼쳐 보일 것이다. 페이스북은 지구에 있는 어느 누구의 사진을 보고서 온라인상에 있는 약 30억 명 중에서 누구인지를 정확히 식별할 수 있는 AI를 만들 능력이 있다.[28] 인간의 뇌는 그 정도 규모로는 할 수 없으며, 그것이 바로 인공 능력이 지극히 비인간적인 이유다. 인간은 통계적 생각을 잘 하지 못하기 때문에 통계 실력이 아주 뛰어난 지능을 만든다. 사람처럼 생각하지 않도록 말이다. 자동차를 모는 AI의 이점 중 하나는 운전을 하다가 쉽게 딴 곳에 정신을 팔곤 하는 인간처럼 차를 몰지 않는다는 것이다.

초연결된 세계에서, 다르게 생각한다는 것은 혁신과 부의 원천이다. 단지 영리해지는 것만으로는 부족하다. 상업적 동기가 있어야 우리가 만드는 모든 것에 저렴하게 영리함을 내장시킨 강력한 AI가 널리 흔해질 것이다. 하지만 우리가 새로운 유형의 지능과 전혀 새로운 사고방식을 창안하기 시작할 때 보상은 더 클 것이다. 계산기가 산수 능력에 뛰어난 것처럼 말이다. 계산은 영리함의 한 형태일 뿐이다. 우리는 지능의 완전한 분류 체계가 어떤 것인지 아직 알지 못한다. 인간 생각의 몇몇 형질은 흔해지겠지만(생물계에서 좌우대칭, 체절, 관 모양의 창자가 흔하듯이) 생존 가능한 마음의 가능성 공간에는 우리가 진화를 통해 갖춘 것을 훨씬 넘어서는 형질이 있을 가능성이 높다. 그런 유형의 생각이 반드시 인간의 것보다 더 빠르거나 더 원대하거나 더 심오할 필요는 없다. 때로는 더 단순할 것이다.

우주에서 가능한 마음의 형태는 대단히 다양하다. 최근에 우리는 지구에 있는 동물 종의 마음을 탐구하는 일을 시작했고, 조사하면 할수록 우리가 이미 많은 유형의 지능을 접하고 있음을 깨닫게 된다. 그러면서 존중하는 마음도 점점 커진다. 고래와 돌고래는 복잡하면서 기이하게 색다른 지능으로 우리를 계속 놀라게 한다. 어떤 마음이 우리 마음과 정확히 어떻게 다를 수 있는지 혹은 우리 마음보다 어떻게 뛰어날 수 있는지를 상상하기는 매우 어렵다. 더 뛰어나면서 다른 지능이 어떠한 것인지를 상상하는 데 도움이 될 만한 한 가지 방법은 다양한 마음의 분류 체계를 구축하는 일을 시작하는 것이다. 이 마음의 집합에는 동물의 마음, 기계의 마음, 그리고 가능한 마음, 특히 과학 소설 작가가 내놓곤 했던 것과 같은 트랜스휴먼 마음이 포함될 것이다.

이 기발한 연습을 할 가치가 있는 이유는 우리가 만드는 모든 것에 지능을 부여하는 것이 불가피한 일인 반면, 그 지능의 특성이 어떠할지는 불가피하지도 명백하지도 않기 때문이다. 그 특성에 따라 그들의 경제적 가치와 우리 문화에서의 역할도 달라질 것이다. 기계가 우리보다 더 영리해질 수 있는 방법을 개괄해본다면(이론상으로라도), 이 발전을 인도하고 관리하는 양쪽으로 우리에게 도움이 될 것이다. 천문학자 스티븐 호킹Stephen Hawking과 천재 발명가 일론 머스크Elon Musk 같은 진정으로 명석한 몇몇 사람들은 초영리한 AI의 개발이 우리의 마지막 발명이 될지도 모른다고 우려한다. AI가 사람을 대체한다는 것이다(비록 나는 그렇다고 믿지 않지만). 그러니 가능한 유형을 탐구하는 데 신중하자고 주장한다.

우리가 어떤 외계 행성에 착륙한다고 하자. 거기에서 마주친 지능의 수준을 어떻게 하면 측정할 수 있을까? 이 문제는 극도로 어렵다. 우리에게 자신의 지능에 관한 진정한 정의가 없기 때문이다. 지금까지 그럴 필요가 없었던 탓도 어느 정도 있다.

현실 세계에서는—심지어 강력한 마음의 공간에서도—상쇄 원리가 지배한다. 어느 한 마음이 염두에 둔 것을 모두 완벽하게 잘할 수는 없다. 마음의 어느 특정한 종은 어떤 분야에서는 더 잘하겠지만 다른 영역에서는 능력이 떨어진다. 자율주행 트럭을 운전하는 영리함은 주택담보대출을 평가하는 영리함과 다른 종일 것이다. 질병을 진단할 AI는 집을 감시하는 인공 영리함과 상당히 다를 것이다. 날씨를 정확히 예측하는 초두뇌는 옷을 짜는 지능과 전혀 다른 마음의 왕국에 속할 것이다. 마음의 분류학은 이 상쇄 원리에 따라 마음들이 나뉘는 방식을 반영해야 한다. 다음의 짧은 목록은 우리보다 우월하다고 여길 법한 마음의 종류만 적은 것이다. 사물인터넷의 많은 부분을 인지화할 수천 종의 적당한 수준의 기계 영리함—계산기의 두뇌 같은—은 제외했다. 몇 가지 가능한 새로운 마음은 이렇다.

- 인간의 마음과 비슷하며, 단지 좀 더 빨리 대답하는 마음(가장 쉽게 떠올릴 법한 AI 마음)
- 주로 방대한 저장과 기억으로 이루어진 아주 느린 마음
- 조화롭게 작용하는 아둔한 개별 마음 수백만 개로 이루어지는 세계적인 초마음
- 많은 아주 영리한 마음으로 이루어진 무리마음. 하지만 그것·그들은 군체임을 모른다.
- 자신이 통합체를 형성한다는 것을 아주 잘 아는 많은 영리한 마음들로 이루어진 보그borg(〈스타 트렉〉에 등장하는 우주 종족으로서 인공두뇌 장치를 통해 서로 연결되어 있다-옮긴이) 초마음
- 자신의 개별적인 마음을 강화하도록 훈련된 전용 마음. 다른 이에게는 쓸모없다.
- 더 큰 마음을 상상할 수는 있지만, 그것을 만들 수는 없는 마음
- 더 큰 마음을 만들 수 있지만, 그것을 상상할 만큼의 자기 인식이 없는 마음
- 더 큰 마음을 성공적으로 만들 수 있는 마음. 그 더 큰 마음은 더욱 큰 마음을 만들 수 없다.
- 단계적으로 점점 더 큰 마음을 만들 수 있는 큰 마음을 만들 수 있는

마음

- 자신의 소스 코드에 실질적으로 접근하여, 자신의 과정을 으레 혼란에 빠뜨릴 수 있는 마음
- 감정 없는 초논리적 마음
- 자기 인식은 전혀 없는, 일반적인 문제 해결 마음
- 일반 문제 해결 능력이 없는, 자기 인식 마음
- 발달하는 데 오랜 시간이 걸리고, 성숙할 때까지 보호자 마음이 필요한 마음
- 드넓은 물리적 거리에 걸쳐 퍼져 있어서 빠른 마음에는 '보이지 않는' 초느린 마음
- 빠르게 반복하여 자신을 정확히 복제할 수 있는 마음
- 자신을 복제할 수 있고 자신의 클론과 통일성을 유지할 수 있는 마음
- 플랫폼에서 플랫폼으로 옮겨감으로써 불멸할 수 있는 마음
- 자신의 인지 과정과 특징을 바꿀 수 있는 빠르고 역동적인 마음
- 가능한 최소한의(크기와 에너지 수요 면에서) 자기 인식 마음인 나노마음
- 시나리오를 짜고 예측을 하는 데 특화된 마음
- 부정확하거나 잘못된 정보를 포함하여, 그 무엇도 삭제하거나 잊을 수 없는 마음
- 기계 반 동물 반의 공생 마음
- 기계 반 인간 반의 사이보그 마음
- 우리가 이해할 수 없는 논리를 지닌 양자 컴퓨팅을 쓰는 마음

이 가상의 마음 중 가능한 것들이 있다면 아마도 앞으로 20년은 더 지난 뒤에야 나올 것이다. 이 추정 목록을 제시한 이유는 모든 인지가 분화되어 있음을 강조하기 위해서다. 우리가 현재 만들고 있고 금세기에 만들 인공 마음은 특정한 일을 수행하도록 설계된 종류일 것이고, 그 일은 대개 우리가 할 수 있는 범위 너머에 있는 것일 것이다. 우리의 가장 중요한 기계적 발명품은 사람이 할 수 있는 일을 더 잘하는 기계가 아니라, 우리가 아예 할 수 없는 일을 할 수 있는 기계다. 우리의 가장 중요한 생각 기계는 우리가 더 빨리 더 잘 생각하는 것을 생각할 수 있는 기계가 아니라, 우리가 생각할 수 없는 것을 생각하는 기계다.

양자 중력, 암흑 에너지, 암흑 물질 등 현재의 원대한 수수께끼를 진정으로 풀려면, 아마 우리 곁에 다른 지능이 필요할 것이다. 그리고 그 어려운 문제 이후에 나올 극도로 복잡하고 더욱 어려운 문제는 더 뒤에 나올 더욱 복잡한 지능이 필요할지 모른다. 사실 우리는 우리 혼자서는 설계할 수 없는 더욱 뛰어난 지능을 설계하는 일을 도울 수 있는 중간 지능을 발명해야 할지도 모른다. 우리에게는 다르게 생각하는 방법이 필요하다.

오늘날 많은 과학적 발견은 푸는 데 인간 수백 명의 마음이 필요하지만, 가까운 미래에는 너무나 심오하여 푸는 데 수백 가지의 서로 다른 마음 종이 필요한 문제가 있을지 모른다. 그렇다고 이질적인 지능이 주는 답을 받아들이기도 쉽지 않을 것이므로, 우리는 문화적 한계까지 내몰리게 될 것이다. 이미 우리는 컴퓨터가 내놓은 수학적 증명을 받아들이기를 꺼려하는 상황을 목격하고 있다. 일부 수학적 증명은 너무나 복잡해져서, 컴퓨터만이 각 단계를 엄밀하게 검토할 수 있다. 하지만 모든 수학자가 그런 증명을 '증명'이라고 받아들이는 것은 아니다. 증명을 인간만이 이해할 수 있는 것은 아니므로, 일련의 알고리즘을 신뢰하는 것이 필요하며, 그러려면 그 알고리즘을 신뢰해야 할 때가 언제인지를 알아내는 새로운 기법이 필요하다. 이질적인 지능에 대처하려면 비슷한 기법이 필요할 것이고, 또 우리 스스로를 더 넓혀야 한다. 내장된 AI는 우리가 과학을 하는 방법을 바꿀 것이다. 진정으로 지적인 실험기기는 우리의 측정 속도를 높이고 측정 방식을 바꿀 것이다. 진정으로 엄청난 양의 끊임없이 이어지는 실시간 데이터 집합은 우리의 모형 작성 속도를 높이고 작성 방식을 바꿀 것이다. 진정으로 영리한 문서는 우리가 무언가를 '아는' 속도와 그것을 받아들이는 방식을 바꾼다. 과학적 방법은 앎의 방식이지만, 인간이 알아가는 방식에 토대를 두어 왔다. 일단 이 방법에 새로운 종류의 지능을 덧붙이면, 과학은 새로운 마음의 기준에 맞추어서 알고 발전해야 할 것이다. 그 시점에서 모든 것이 달라진다.

AI는 '외계alien 지능'을 대변한다고도 할 수 있다. 우리가 앞으로 200년 안에 하늘에 있는 지구형 행성 10억 개 중 하나에서 온 외계인과 접촉할지 여부는 확실하지 않지만, 그때쯤 외계 지능을 만들어내리라는 것은 거의 100퍼센트 확실하다. 이 합성 외계인과 직면할 때, 우리는 ET와 접촉할 때 예상되는 것과 동일한 혜택과 도전 과제에 직면할 것이다. 그들은 우리의 역할, 믿음, 목표, 정체성을 재평가하도록 강요할 것이다. 인간은 무엇을 위해 존재하는가? 나는 우리의 첫 번째 답은 이러할 것이라고 믿는다. 인간은 생물학이 진화시킬 수 없는 새로운 유형의 지능을 창안하기 위해 존재한다고 말이다. 우리 일은 다르게 생각하는 기계를 만드는 것, 외계 지능을 만드는 것이다. 우리는 사실상 AI를 'AA', 즉 '인공 외계인artificial alien'이라고 해야 한다.

AI는 그 어떤 인간 과학자와도 크게 다르게, 외계인처럼 과학을 생각할 것이고, 그럼으로써 과학을 다르게 생각하라고 우리 인간을 자극할 것이다. 또는 물질 제조를 다르게 생각하라고 말이다. 혹은 옷을, 금융 파생 상품을, 과학이나 예술의 어느 분야를. 인공지능의 '외계성'이야말로 속도나 성능보다도 더 우리에게 가치 있는 특성이 될 것이다.

인공지능은 무엇보다도 지능이라는 말의 의미를 더 잘 이해하도록 도울 것이다. 예전이었다면 우리는 초지능 AI만이 자동차를 몰거나 〈제퍼디!〉에서 인간을 이기거나 10억 개의 얼굴을 인식할 수 있을 것이라고 말했을 것이다. 하지만 지난 몇 년 사이에 컴퓨터가 그런 일을 해내자, 우리는 그 성취가 명백하게 기계적인 것이고 진정한 지능이라는 꼬리표를 붙일 가치가 거의 없는 일이라고 생각하게 되었다. 우리는 그것에 '기계 학습'이라는 꼬리표를 붙인다. AI에서 이루어지는 모든 성취는 'AI가 아닌' 것으로 재정의된다.

하지만 그것은 AI가 무엇을 의미하는지를 재정의해온 것이 아니다. 우리는 그것이 인간에게 의미하는 바를 재정의해온 것이다. 지난 60년에 걸쳐, 우리가 인간만의 것이라고 생각했던 행동과 재능을 기계적 과정이 복제해옴에 따라, 우리는 서로를 가르는 기준에 관한 생각을 바꿔야 했다. AI 종을 더 많이 발명할수록, 우리는 인간만의 것이라고 여기는 것을 더 많이 내려놓을 수밖에 없을 것이다. 이 굴복의 각 단계—인간만 체스를 둘 수 있는, 비행기를 조종할 수 있는, 음악을 작곡할 수 있는, 수학 법칙을 창안할 수 있는 유일한 마음이 아니다—는 고통스럽고 슬플 것이다. 우리는 앞으로 30년을—사실상 아마 다음 세기까지도—인간에게 적합한 것이 무엇인지를 끊임없이 자문하면서, 영구적인 정체성 위기 상태로 보낼 것이다. 우리가 유일한 도구 제작자나 예술가나 도덕가가 아니라면 우리를 특별하게 만들어줄 것이 뭐가 있단 말인가? 가장 크나큰 역설은 일상적인, 실용적인 AI의 가장 큰 혜택이 생산성 증가나 풍요의 경제나 과학을 하는 새로운 방식이 아니라는 것이다. 비록 그런 일이 다 일어나긴 하겠지만 말이다. 인공 지능 도래의 가장 큰 혜택은 AI가 인류를 정의하는 일을 도울 것이라는 점이다. 우리는 우리가 누구인지를 알려줄 AI가 필요하다.

앞으로 몇 년 사이에 우리의 주목을 가장 끌 외계 마음은 우리가 몸을 부여할 마음이다. 우리는 그들을 로봇이라고 부른다. 그들도 온갖 형태, 크기, 구성을 취할 것이다. 말하자면, 다양한 종으로 나올 것이다. 동물처럼 돌아다니는 것도 있겠지만, 식물처럼 움직이지 않거나 산호 초처럼 흩어져 있는 것도 많을 것이다. 로봇은 이미 조용히 우리 곁에 와 있다. 하지만 곧 좀 더 시끄럽고 좀 더 영리한 로봇이 불가피하게 출현할 것이다. 그들이 일으키는 교란은 우리의 핵심을 건드릴 것이다.

지금 일하는 미국인 10명 중 일곱 명이 내일 해고된다고 상상해보자. 그들은 무엇을 하게 될까?

노동력의 절반 이상이 해고된다면 경제가 잘 돌아간다고 믿기 어렵다. 하지만 산업혁명이 19세기 초의 노동력에게 한 일이 바로 그것이다. 느리게 진행되긴 했지만, 200년 전 미국 노동자의 70퍼센트[29]는 농장에 살았다. 자동화로 지금 그 직업은 거의 1퍼센트[30]만 남고 사라졌으며, 그들(그리고 그들의 일하는 가축)은 기계로 대체되었다. 하지만 대체된 노동자는 멍하니 앉아 있지 않았다. 대신에 자동화는 전혀 새로운 분야에서 수억 개의 일자리를 창출했다. 예전에 농사를 지었던 이들이 이제는 농기구, 자동차, 그밖에 산업 제품을 만들어내는 많은 공장에서 일하게 되었다. 그 뒤로 새로운 직업의 물결이 잇달아 밀려들었고—가전제품 수리업자, 오프셋 인쇄업자, 식품화학자, 사진사, 웹 디자이너—각 물결은 이전의 자동화에 토대를 두었다. 오늘날 대다수는 1800년대의 농민은 상상도 하지 못한 직업을 가지고 있다.

믿기 어렵겠지만, 금세기가 저물기 전에 현재의 직업 중 70퍼센트는 산업혁명 때와 마찬가지로 자동화를 통해 대체될 것이다. 당신의 직업도 포함하여 말이다. 다시 말해, 로봇은 불가피하며, 직업 대체도 시간문제일 뿐이다. 이 격변은 제2차 자동화 물결이 일으키고 있다. 인공 인지, 저렴한 감지기, 기계 학습, 분산 지능을 중심으로 한 물결이다. 이 폭넓은 자동화는 육체노동에서 지식노동에 이르기까지, 모든 직업에 영향을 미칠 것이다.

우선, 기계는 이미 자동화한 산업에서 확고히 자리를 잡을 것이다.

로봇은 조립 라인 노동자를 대체하고 나면, 창고 노동자를 대체할 것이다. 온종일 70킬로그램의 물건을 들어 올릴 수 있는 빠른 로봇이 상자를 가져오고 분류하고 트럭에 실을 것이다. 이런 로봇은 이미 아마존 창고에서 일하고 있다. 과일과 채소도 아예 사람의 손이 전혀 필요 없이 오로지 로봇을 이용한 전문 농장에서만 수확이 이루어질 때까지 계속 로봇화가 진행될 것이다. 약국도 뒤쪽에서는 로봇이 조제하고, 약사는 환자와의 상담에만 전념할 것이다. 사실 조제 로봇의 시제품은 이미 캘리포니아의 병원에서 움직이고 있다. 지금까지 로봇은 단 한 차례도 실수한 적이 없다. 인간 약사는 결코 그렇지 못하다. 그다음에는 사무실과 학교를 청소하는 데에 솜씨를 발휘해야 하는 잡일을 야간 로봇이 떠맡을 것이다. 바닥과 창문을 청소하는 쉬운 일부터 시작하여 나중에는 화장실 청소까지 하게 될 것이다. 장거리 트럭 화물 운송의 고속도로 구간은 운전석에 내장된 로봇이 맡을 것이다. 2050년이면 트럭 운전사는 대부분 사람이 아닐 것이다. 현재 미국에서는 트럭 운전이 가장 흔한 직업이므로, 이것은 엄청난 변화다.[31]

그 사이에 로봇은 화이트칼라 직종으로도 계속 옮겨갈 것이다. 이미 많은 기계에 인공지능이 탑재되어 있다. 그저 그런 식으로 부르고 있지 않을 뿐이다. 구글의 최신 컴퓨터 중 하나는 어떤 사진이든 정확하게 설명할 수 있다. 웹에서 아무 사진이나 골라서 주면, 컴퓨터는 그것을 '본' 다음 완벽한 설명문을 단다.[32] 인물 사진뿐 아니라 온갖 사진을 계속 보여주어도 무슨 일이 일어나고 있는지를 계속 정확히 묘사할 수 있고, 그러면서도 결코 지루해하지 않는다. 구글의 번역 AI는 전화기를 개인 번역기로 전환한다. 마이크로폰에 영어로 말하면, 그 내용을 알아들을 수 있는 중국어, 러시아어, 아랍어 등 수십 가지 언어로 즉시 바꿔서 들려준다. 통화하는 상태라면 앱은 즉시 상대의 응답을 번역해서 들려줄 것이다. 기계 번역기는 터키어를 힌두어로, 프랑스어를 한국어로 옮긴다. 물론 어떤 문장이든 번역할 수 있다. 고위 외교 분야의 통역사는 당분간은 직장을 잃지 않겠지만, 기업에서 일상적으로 하는 사소한 번역 업무는 기계에게 맡기는 편이 더 나을 것이다. 사실 의료의 많은 업무를 포함하여, 다량의 서류를 다루는 일은 앞으로 로봇이 떠맡을 것이다. 정보 집약적인 업무 중에서 틀에 박힌 일을 자동화할 것이다. 당신이 의사든 번역가든 편집자든 변호사든 건축가든 기자든 프로그래머든 상관없다. 로봇이 그 일을 떠맡는 엄청난 역사적 사건이 펼쳐질 것이다.

우리는 이미 전환점에 와 있다.

우리는 지적 로봇이 어떤 모습을 하고 어떤 행동을 할지 미리 짐작하고 있으며, 그 때문에 우리 주변에서 이미 일어나고 있는 일을 제대로 보지 못할 수 있다. 인공지능이 인간형이어야 한다는 요구는 인공 비행체가 날개를 퍼덕이는 새 형태이기를 요구하는 것과 동일하게 결함 있는 논리다. 또 로봇은 다르게 생각할 것이다.

리싱크로보틱스Rethink Robotics가 내놓은 혁신적인 새 작업 로봇 백스터Baxter를 생각해보라. 베스트셀러 진공청소기 룸바Roomba와 그 후속 기기를 발명한 전직 MIT 교수 로드니 브룩스Rodney Brooks가 설계한 백스터는 인간과 함께 일하도록 만들어진 새로운 유형의 산업 로봇의 초기 사례다. 백스터는 인상적으로 보이지 않는다. 많은 산업 로봇처럼 크고 튼튼한 팔과 평면 화면이 달려 있다는 점에서 더욱 그렇다. 그리고 백스터의 손은 여느 공장 로봇처럼 반복되는 수작업을 수행한다. 하지만 백스터는 세 가지 중요한 측면에서 다르다.

첫째, 머리에 달린 만화 그림 같은 눈을 굴려서 주변을 둘러볼 수 있고, 자신이 어디를 보고 있는지 알려줄 수 있다. 옆에 사람이 있으면 알아차려서 다치게 하는 일이 없다. 그리고 주위에서 일하는 사람은 백스터가 자신을 보고 있는지 여부를 볼 수 있다. 이전의 산업 로봇은 그렇게 할 수 없었다. 그래서 작업 로봇을 사람과 물리적으로 떼어 놓아야 했다. 지금의 전형적인 공장 로봇은 사슬로 연결한 울타리나 유리 상자 안에 들어가 있다. 마음대로 돌아다니도록 놔두기에는 너무 위험하다. 타인을 알아보지 못하기 때문이다. 그래서 그런 로봇은 격리할 공간이 부족한 작은 상점에는 들여놓을 수가 없다. 일하는 사람이 로봇과 물건을 주고받거나 일하는 시간 내내 로봇을 손으로 쉽게 통제할 수 있다면 이상적일 것이다. 로봇이 격리되어 있으면 그렇게 하기가 어렵다. 하지만 백스터는 인식을 한다. 힘 피드백force-feedback 기술을 써서 사람이나 다른 로봇과 충돌하면 감지하며, 예의 바르게 행동한다. 백스터를 차고 벽에 있는 소켓에 전원을 연결하고서 그 옆에서 일할 수도 있다.

둘째, 누구든 백스터를 훈련시킬 수 있다. 백스터는 다른 산업 로봇처럼 빠르거나 힘세거나 정확하지는 않지만 더 영리하다. 백스터를 훈련시키고 싶으면, 그저 팔을 잡고서 어떤 순서로 어떻게 움직이라고 시범을 보이기만 하면 된다. '보고 따라해' 하는 식이다. 백스터는 그 과정을 배운 뒤 반복한다. 누구라도 이렇게 보여주고 말해줄 수 있다. 글을 모르는 사람도 가능하다. 이전의 작업 로봇은 고도의 교육을 받은 기술자와 가장 단순한 과업 수정이라도 로봇에 명령을 내리기 위해 수천 줄의 코드를 짜야(이어서 디버그 작업까지 해야) 하는 프로그래머가 있어야 했다. 그 코드는 일괄 모드로—즉 대체로 드물게 일괄적으로 집어넣는 형태로—탑재되어야 한다. 로봇이 사용되는 동안에는 프로그램을 수정할 수가 없기 때문이다. 전형적인 산업 로봇의 진정한 비용은 하드웨어가 아니라 가동 쪽에서 생긴다. 산업 로봇의 구입비는 10만 달러 남짓이지만,[33] 로봇의 수명 동안 프로그래밍, 훈련, 유지에 드는 비용은 그것의 네 배에 달할 수 있다.[34] 산업 로봇의 평균 수명 동안 드는 비용은 50만 달러를 넘는다.

따라서 세 번째 차이점은 백스터가 저렴하다는 것이다. 백스터는 가격이 2만 5,000달러로서,[35] 총 비용이 50만 달러인 이전의 로봇과 차원이 다르다. 일괄 모드 프로그래밍이 적용되는 기존 로봇이 로봇계의 메인프레임 컴퓨터라면, 백스터는 최초의 PC 로봇인 셈이다. 밀리미터 미만 수준의 정밀도 같은 핵심 특징이 빠져 있어서 취미용 장난감으로 치부되기 쉽다. 하지만 PC와 마찬가지로, 그리고 예전의 메인프레임과 달리, 사용자는 중간에 개입할 전문가를 기다릴 필요 없이, 직접 즉시 그것과 상호작용을 할 수 있고, 게다가 심각하지 않은 하찮은 일에도 쓸 수 있다. 소규모 제조업자도 한 대를 구입하여 제품을 포장하거나 칠을 하거나 3D 인쇄기를 가동할 수 있을 만큼 저렴하다. 아이폰을 만드는 공장에도 비치할 수 있다.

백스터는 보스턴의 찰스 강변에 있는 100년 된 벽돌 건물에서 발명되었다. 1895년 그 건물은 새로 만들어지고 있는 세계의 한가운데에 세워진 건축학적 경이였다. 자체 전기까지 생산했다. 100년 동안 그 건물에 들어 있던 공장은 우리 주변 세계를 바꿔놓았다. 현재 백스터와 곧 나올 일련의 우수한 로봇 일꾼의 능력에 자극을 받아서 발명가 브룩스는 이 로봇이 이전의 혁명보다도 제조업에 더 큰 변동을 일으킬 것이라고 추측한다. 예전 산업 지구에 있는 자신의 사무실 창밖을 내다보면서 그는 이렇게 말한다. "현재 우리는 제조가 중국에서 이루어진다고 생각합니다. 하지만 로봇 때문에 제조비가 하락하면, 생산비에서 운송비가 차지하는 비중이 훨씬 더 커질 겁니다. 그러면 바로 옆에서 제조하는 쪽이 더 저렴해지죠. 따라서 지역 가맹점 형태로 공장의 망이 형성될 겁니다. 대부분의 제품이 필요한 곳에서 8킬로미터 이내에서 제조될 겁니다."

제조 쪽은 그럴지도 모르지만, 인간을 위해 남아 있는 직업의 상당수는 서비스업이다. 나는 브룩스에게 동네 맥도널드까지 걷자고 하면서, 그의 로봇이 거기에서 일하는 사람을 대체할 수 있을지 물었다. 그는 로봇이 우리를 위해 요리를 하려면 30년은 더 기다려야 할 것이라고 고개를 저었다. "패스트푸드점에서는 같은 일을 아주 오래 하지 않아요. 이 일을 했다가 저 일을 했다가 계속 바쁘게 움직이죠. 따라서 특별한 해결책이 필요합니다. 우리는 어떤 한 가지 특별한 해결책을 팔기 위해 애쓰지 않아요. 우리는 다른 사람들이 스스로 설정을 하고 함께 일할 수 있는 범용 기계를 만들고 있어요." 그리고 일단 로봇과 바로 옆에서 함께 일할 수 있게 되면, 우리의 업무가 서로 뒤섞일 것이고, 곧 우리의 기존 일이 그들의 일이 되는 것은 불가피하다. 그리고 우리의 새 업무는 거의 상상도 할 수 없었던 무언가가 될 것이다.

로봇 대체가 어떻게 일어날지를 이해하려면, 로봇과의 관계를 네 범주로 구분하는 것이 유용하다.

인간이 할 수 있지만
로봇이 더 잘할 수 있는 일

사람은 엄청나게 노력해야 면직물을 짤 수 있지만, 자동화한 직조기는 쥐꼬리만 한 비용으로 훨씬 더 긴 길이의 완벽한 천을 짠다. 오늘날 수작업으로 짠 천을 사는 이유는 오로지 사람 손이 빚어내는 불완전함을 원하기 때문이다. 불완전한 자동차를 원할 이유는 거의 없다. 우리는 고속도로를 시속 110킬로미터로 달리는 동안 불규칙한 일이 일어나는지 더 이상 생각하지 않는다. 우리는 자동차를 만들 때 사람이 손을 덜 대는 편이 더 낫다는 것을 이해한다.

하지만 더 복잡한 잡일에서는 컴퓨터와 로봇을 신뢰할 수 없다는 잘못된 믿음을 지니는 경향이 아직도 있다. 그것이 바로 우리가 그들이 일부 개념적 루틴들에 통달해 있으며, 물리적 루틴의 숙달 수준이 우리를 능가하는 사례도 있다는 사실을 쉽게 인정하지 않으려 하는 이유이기도 하다. 자동 항법 장치라는 컴퓨터 두뇌는 전형적인 비행에서 거의 7분[36]을 제외한 전 구간을 사람의 도움 없이 787기를 조종할 수 있다. 우리는 그 7분과 '만일을 위해' 조종석에 사람 조종사를 배치하지만, 사람 조종사가 필요한 시간은 빠르게 줄고 있다. 1990년대에 컴퓨터는 사람이 하던 주택담보대출 평가 업무를 완전히 대체했다. 세금 관련 업무도 상당 부분 컴퓨터에게 이전되었고, 틀에 박힌 X선 분석과 재판 전 증거 수집 업무도 마찬가지다. 모두 영리한 이들이 높은 대가를 받고 하던 일이다. 우리는 로봇을 이용한 제조를 충분히 신뢰할 수 있다고 받아들였다. 곧 우리는 로봇이 서비스업과 지식 업무에서도 사람보다도 더 유능하다는 사실을 받아들이게 될 것이다.

사람은 할 수 없지만
로봇은 할 수 있는 일

■

사소한 사례를 하나 들어보자. 사람이 황동 나사 하나를 직접 깎기란 쉽지 않지만, 자동화기기는 똑같은 나사를 시간당 1,000개를 생산할 수 있다. 자동화가 없었다면, 우리는 컴퓨터 칩을 단 하나도 만들 수 없었을 것이다. 그 일에는 우리의 동물 몸이 지니지 않은 수준의 정밀도, 통제력, 흔들리지 않는 주의력이 필요하다. 마찬가지로 그 어떤 사람도—사실 교육 수준에 상관없이 그 어떤 사람 집단도—세계의 모든 웹페이지를 재빨리 검색하여 어제 카트만두의 달걀 가격이 실린 웹페이지를 찾아낼 수는 없다. 매번 우리가 검색 단추를 누를 때마다 우리는 종으로서의 우리가 홀로는 할 수 없는 무언가를 하도록 로봇을 고용하는 것이다.

이전에 사람이 하던 일을 로봇이 대체할 때마다 언론은 호들갑을 떨지만, 로봇과 자동화가 주는 가장 큰 혜택은 우리가 할 수 없는 일을 그들이 맡을 때 나온다. 우리는 암세포를 찾기 위해 모든 CAT 스캔 영상을 1제곱밀리미터 단위로 샅샅이 훑을 만큼 주의 집중 시간이 길지 못하다. 우리는 녹은 유리를 불어서 병 모양으로 만드는 데 필요한 밀리초^{ms} 단위의 반사 신경을 갖고 있지 않다. 우리는 메이저리그 야구의 투구 기록을 하나하나 추적하면서 다음 투구의 확률을 실시간으로 계산할 오류 없는 기억을 지니고 있지 않다.

우리는 로봇에게 '좋은 직업'을 주지 않는다. 대체로 우리는 우리가 결코 할 수 없는 일을 로봇에게 시킨다. 로봇이 없다면, 그런 일은 하지 않는 상태로 남아 있었을 것이다.

우리가 해내고
싶었다는 것을 몰랐던 일

■

이것이야말로 로봇 대체의 가장 큰 특징이다. 로봇과 컴퓨터 지능의 도움으로, 우리는 150년 전에는 상상도 못한 일을 이미 할 수 있다. 오늘날 우리는 배꼽을 통해 창자의 종양을 제거하고, 결혼식 동영상을 찍고, 화성에서 차량을 몰고, 한 친구가 허공을 통해 보낸 메시지에 담긴 무늬를 천에 인쇄할 수 있다. 우리는 1800년의 농민을 어리둥절하게 만들고 그들에게 충격을 줄 새로운 활동을 100만 가지나 하고 있고, 때로 그렇게 함으로써 대가를 받고 있다. 전에는 하기 어려웠던 잡다한 일들을 새롭게 하게 된 것이다. 이런 일들은 주로 그것을 할 수 있는 기계의 능력을 통해 창조된 꿈이다. 그것은 기계가 창안한 직업이다.

우리가 자동차, 에어컨, 평면 비디오 디스플레이, 애니메이션을 발명하기 전에, 고대 로마에 사는 그 누구도 기후가 통제된 안락한 공간에 앉아서 아테네까지 달리면서 동영상을 감상할 수 있기를 바라지 않았다. 내가 최근에 했듯이 말이다. 100년 전, 중국의 어느 누구도 실내 배관을 사기 전에 멀리 있는 친구와 대화를 나눌 수 있게 해주는 작은 유리판을 구입하라고 당신에게 말하지 않았을 것이다. 하지만 배관이 없는 중국의 농민은 매일 스마트폰을 산다. 1인칭 슈터 게임이 내장된 영리한 AI는 10대 소년 수백만 명에게 게임 디자이너가 되라는 충동, 욕구를 부여해왔다. 빅토리아시대의 그 어떤 소년도 꾼 적이 없는 꿈이다. 지극히 현실적인 방식으로 우리의 발명품이 우리에게 직업을 할당한다. 각각의 성공한 자동화는 새로운 직업을 낳는다. 자동화가 촉발하지 않았다면 우리가 상상도 못했을 직업을 말이다.

반복하자면, 자동화로 생긴 많은 새로운 일거리는 다른 자동화만이 다룰 수 있는 일거리다. 우리는 구글 같은 검색 엔진을 지니고 있으므로, 그 하인에게 1,000가지 새로운 심부름을 시킨다. 구글, 내 전화기가 어디 있는지 말해줄래? 구글, 우울증에 걸린 사람을 약을 파는 의

사와 연결해줄래? 구글, 다음에 바이러스 대유행이 언제 일어날지 예측해줄래? 기술은 인간과 기계 양쪽으로 가능성과 대안을 쌓는다는 점에서, 무차별적이다.

2050년에 최고 소득을 올리는 직업은 아직 발명되지 않은 자동화와 기계에 의존할 것이라고 말하는 편이 안전하다. 아직은 그 직업을 볼 수 없다. 그것을 가능하게 할 기계와 기술을 아직 볼 수 없기 때문이다. 로봇은 우리가 이루어지기를 원한다는 것조차 알지 못한 직업을 창조한다.

인간만이 할 수 있는 일 – 처음에는

∎

로봇이 할 수 없지만(적어도 오랫동안) 사람은 할 수 있는 일은 인간이 하고 싶은 것이 무엇인지를 판단하는 것이다. 이것은 사소한 의미론적 뮤제가 아니다. 우리 욕망은 이전의 발명에 영감을 받으므로 이 과정은 순환적이 된다.

로봇과 자동화가 우리의 가장 기본적인 일을 함으로써, 우리의 의식주 문제를 해결하기가 상대적으로 쉬워진다면, 우리는 "인간은 뭘 할까?"라는 질문을 할 여유를 얻는다. 산업화는 인간의 평균 수명만 연장시킨 것이 아니다. 인간이 발레리나, 전업 음악가, 수학자, 운동선수, 패션 디자이너, 요가 마스터, 팬픽션 작가, 명함에 독특한 이력이 새겨진 사람이 되기로 되어 있었다고 판단하는 사람의 비율을 더 늘렸다. 기계의 도움으로 우리는 이 역할을 맡을 수 있었다. 하지만 물론 더 시간이 흐르면 기계가 그 역할도 맡을 것이다. 그 뒤에 우리는 "우리는 무엇을 해야 할까?"라는 질문에 또 다른 답을 꿈꿀 힘을 얻게 될 것이다. 로봇이 그 질문에 답할 수 있으려면 여러 세대가 지나야 할 것이다.

이 후기 산업 경제는 각자의 일이(부분적으로) 훗날 로봇의 반복되는 일이 될, 새로운 할 일을 창안하는 것이기 때문에 계속 팽창할 것이다. 앞으로 로봇이 운전하는 자가용과 트럭은 흔해질 것이다. 이 자동화는 예전의 트럭 운전사를 위해 여행 최적화 전문가라는 새로운 인간 직업을 낳을 것이다. 에너지와 시간을 최적으로 이용할 수 있도록 교통 알고리즘을 수정하는 사람이다. 일상적이 될 로봇 수술에는 복잡한 기계를 멸균할 새로운 의료 기술이 필요할 것이다. 자신의 모든 활동을 자동적으로 자체 추적하는 일이 으레 하는 것이 될 때, 자료를 이해하도록 도와줄 새로운 부류의 분석 전문가가 출현할 것이다. 그리고 물론 당신의 개인 로봇을 돌보고 작동시키는 일을 전담할 로봇 가정부라는 새로운 부류의 로봇이 필요할 것이다. 이 각각의 새로운 직업은 나중에 자동화를 통해 로봇에게 넘어갈 것이다.

진정한 혁명은 모든 이들이 마음대로 부릴 수 있는, 백스터의 후손인 개인용 작업 로봇을 지닐 때 일어난다. 당신이 아직 농사를 짓는 0.1퍼센트에 속한다고 상상해보자. 당신은 소비자에게 직접 판매를 하는 작은 유기농 농장을 운영한다. 당신은 농부라는 직업을 갖고 있지만, 실제 농사일은 대부분 로봇이 한다. 당신의 로봇 일꾼 무리는 흙에 있는 아주 영리한 탐침이 지시하는 대로 바깥의 뜨거운 태양 아래에서 할 일을 도맡아 한다. 제초, 해충 방제, 수확 등이다. 농부로서 당신의 새로운 일은 농사 시스템을 감독하는 것이다. 어느 날은 다양한 토마토 품종 중 어느 것을 심을지 조사하고, 다음 날은 소비자가 원하는 것이 무엇인지를 알아내고, 그 다음 날은 고객 정보를 갱신한다. 로봇은 정례화할 수 있는 나머지 모든 일을 수행한다.

지금 당장은 상상도 할 수 없어 보인다. 우리는 재료를 모아서 선물을 만들거나 잔디깎이를 위한 여유 부품을 만들거나 새로운 부엌에 쓸 만한 물건을 짤 수 있는 로봇을 상상할 수 없다. 우리는 조카들이 차고에서 10여 대의 작업 로봇을 작동하여 친구의 전기 차량에 시동을 걸 인버터를 만들어내는 광경을 상상할 수가 없다. 우리는 자녀가 중국의 백만장자에게 팔 액체 질소 디저트 기계를 맞춤 제작하는 가전제품 디자이너가 된다는 것도 상상할 수 없다. 하지만 미래에는 개인용 로봇 자동화를 통해 그런 일이 가능해질 것이다.

누구나 개인용 로봇을 이용하겠지만, 단순히 소유하는 것만으로는 성공을 보장할 수 없을 것이다. 성공은 그보다는 로봇 및 기계와 일하는 과정을 가장 최적화하는 사람에게 돌아갈 것이다. 생산의 지리적 집적이 중요할 것이다. 노동비의 차이 때문이 아니라, 인간의 전문성 차이 때문이다. 그것은 인간-로봇 공생이다. 우리 인간은 로봇을 위해 일자리를 계속 만드는 일을 맡을 것이다. 그리고 그 일은 결코 끝나지 않을 것이다. 따라서 우리는 적어도 하나의 '직업'을 계속 지니게 될 것이다.

￭￭￭￭￭￭￭￭￭￭￭￭￭￭￭￭￭￭￭￭￭￭￭￭￭￭￭￭￭￭￭￭￭￭

머지않아 로봇과 우리의 관계는 더욱 복잡해질 것이다. 하지만 이미
반복되는 패턴이 하나 출현하고 있다. 당신의 현재 직업이나 봉급이
어떻든 간에, 로봇과의 관계는 반복하여 부정하는 예측 가능한 주기를
거치면서 변화할 것이다. 로봇 대체의 7단계는 이렇다.

1. 로봇/컴퓨터는 내가 하는 일을 할 수 있을 리가 없다.
2. [좀 지나면.]
흥, 그 일 중 많은 것을 할 수 있지만, 내가 하는 모든 것을 할 수는 없다.
3. [좀 지나면.]
흥, 내가 하는 모든 일을 할 수 있지만, 고장 나면 내가 필요하고, 고장은
종종 일어난다.
4. [좀 지나면.]
흥, 틀에 박힌 일을 하는 데에는 아무런 문제가 없지만, 새로운 일을 훈
련시킬 때에는 내가 필요하다.
5. [좀 지나면.]
흥, 그래, 내가 하던 지루한 일을 할 수 있지만, 그런 일이 본래 인간이
할 일이 아니었기 때문에 그런 것이 명백하다.
6. [좀 지나면.]
흥, 로봇이 내가 하던 일을 다 하고 있지만, 내 새로운 일이 훨씬 더 흥미

롭고 보수도 더 많다!

7. [좀 지나면.]

로봇 · 컴퓨터가 내가 지금 하고 있는 일을 할 수 있을 리가 없으니 너무 기쁘다.

[반복.]

이것은 기계를 상대로 한 경주가 아니다. 기계를 상대로 경주한다면 사람이 진다. 이것은 기계와 함께 달리는 경주다. 미래에는 로봇과 얼마나 잘 일하는가에 따라 보수를 받을 것이다. 당신의 협력자 중 90퍼센트는 눈에 보이지 않는 기계일 것이다. 당신이 하는 일의 대부분은 기계 없이는 불가능할 것이다. 그리고 당신이 하는 일과 기계가 하는 일의 경계는 불분명해질 것이다. 당신은 더 이상 그것을 직업으로서 생각하지 않을지도 모른다. 적어도 처음에는 그럴 것이다. 단조로운 일처럼 보이는 것은 다 회계사를 통해 로봇에게 넘겨질 것이기 때문이다.

우리는 로봇이 넘겨받도록 할 필요가 있다. 정치인이 로봇에게 넘겨주지 않기 위해 싸우는 일의 상당수는 아침에 일어났을 때 어느 누구도 정말로 하고 싶지 않을 일이다. 로봇은 우리가 하던 일을 할 것이고, 우리보다 훨씬 더 잘할 것이다. 로봇은 우리가 아예 할 수 없는 일도 할 것이다. 로봇은 우리가 할 필요가 있다고 상상조차 못한 일을 할 것이다. 그리고 로봇은 우리가 자신을 위해 새로운 일, 즉 우리 자신의 존재를 확장시킬 새로운 일을 발견하도록 도울 것이다. 로봇은 우리가 이전보다 훨씬 더 인간적이 되는 데 집중하도록 할 것이다.

이것은 불가피하다. 로봇이 우리 일을 떠맡도록 하자. 그리고 우리는 중요한 새로운 일을 꿈꾸자.

FLOWING

제3장
·
고정된 것에서 유동적인 것으로
흐르다

흐르는 시간 자체도 변해왔다. 제1기에는 과업을 일괄 모드로 했다. 봉급은 달마다 받았다. 세금은 한 해의 똑같은 날에 환급받았다. 전화요금 고지서도 30일마다 나왔다. 뉴스 기사도 쌓였다가 일괄적으로 내보냈다. 그러다가 웹과 함께 제2기에 들어서자, 우리는 곧 같은 날에 모든 것이 이루어지기를 기대하게 되었다. 은행에서 돈을 인출할 때, 우리는 월말이 아니라, 바로 그 날에 계좌에서 인출 내역을 볼 수 있기를 기대하게 되었다. 이메일을 보내면 보통 우편처럼 2주 뒤가 아니라 당일에 답장이 오기를 기대하게 되었다. 우리의 시간 주기는 일괄 모드에서 당일 모드로 바뀌었다. 엄청난 변화였다. 기대 수준이 너무나 빨리 바뀌었기에, 많은 제도가 미처 따라가지 못했다. 사람은 채워야 할 서식이 올 때까지 기다리는 참을성을 잃었다. 당일에 채울 수가 없다면 다른 곳으로 관심을 돌렸다.

제3기에 들어선 지금은 당일 모드에서 실시간 모드로 옮겨갔다. 누군가에게 메시지를 보낼 때 상대가 즉시 답장하기를 기대한다. 돈을 쓰면, 계좌의 잔액이 실시간으로 변동할 것이라고 예상한다. 의료 진단 결과가 당장 나오지 않고 며칠이나 걸릴 이유가 어디 있단 말인가? 수업 시간에 쪽지 시험을 치면, 점수가 즉시 나와야 한다. 한 시간 전의 뉴스가 아니라 지금 이 순간 일어나는 일이 뉴스로 뜨기를 요구한다. 실시간으로 일어나지 않는다면 존재하지 않는 것이다. 그에 따라서—이 점이 중요한데— 실시간으로 작동하려면, 모든 것이 흘러야 한다는 결론이 나온다.

예를 들어, 주문형 영화 시청은 영화가 흘러야 한다는 의미다. 넷플릭스에 가입한 가정이 대개 그렇듯이, 우리 식구들도 실시간 숭배자가 되었다. 영화를 스트리밍으로 볼 수 없다면 그 영화는 제쳐둔다. 넷플릭스의 DVD 목록은 스트리밍 목록보다 약 10배 더 많고 화질도 더 좋지만, 우리는 DVD로 더 화질 좋은 영화를 보겠다고 이틀을 기다리기보다는 화질이 좀 떨어지는 실시간으로 보는 쪽을 택한다. 동시성이 질을 이긴다.

인터넷은 세계에서 가장 큰 복사기다. 가장 기본적인 수준에서 이 복사기는 우리가 그 안에서 돌아다니는 동안 모든 활동, 모든 성격, 모든 생각을 복사한다. 인터넷의 어느 한쪽 구석에서 다른 쪽 구석으로 메시지를 보내려 할 때, 통신 규약에 따라서 도중에 그 메시지는 통째로 몇 차례 복제된다. 자료 중 일부 비트는 기억장치, 캐시, 서버, 라우터를 오가면서 하루에 수십 번 복제되기도 한다. 기술 기업은 이 끊임없는 복사를 촉진하는 값비싼 장비를 만든다. 복제될 수 있는 무언가—음악, 영화, 책—가 인터넷과 접속하기만 하면, 그것은 복제될 것이다.

디지털 경제는 자유롭게 흐르는 복제물의 강에 올라타 있다. 사실 우리의 디지털 통신망은 복제물이 가능한 거의 마찰 없이 흐르도록 구축되어왔다. 복제물이 너무나 자유롭게 흐르므로 우리는 인터넷을 초전도체라고 생각할 수도 있다. 일단 들어온 복제물은 초전도 전선의 전기와 흡사하게, 망 속에서 영구히 계속 흐를 것이다. 무언가가 바이러스성을 띤다는 것이 바로 이런 의미다. 복제물은 다시 복제되고, 이 복제의 파문은 새로운 복제물을 만들면서 전염성을 띤 물결이 되어 한없이 계속 퍼져나간다. 일단 인터넷과 접촉한 복제물은 결코 인터넷을 떠나지 못한다.

이 초분포 체계는 우리의 경제와 부의 토대가 되어왔다. 자료, 생각, 매체의 즉각적인 재복제는 21세기 경제의 주요 부문의 토대를 이룬다. 소프트웨어, 음악, 영화, 게임 같은 복제하기 쉬운 산물은 미국의 가장 가치 있는 수출품에 속하며, 미국이 세계적으로 경쟁 우위에 있는 산업 분야에서 나온다. 따라서 미국의 부는 끊임없이 마구 복제하는 아주 커다란 기계 위에 걸터앉아 있다.

우리는 이 무차별적인 대량 복제를 멈출 수 없다. 어떻게든 멈추는 데 성공한다면, 부의 엔진뿐 아니라 인터넷 자체도 끄게 될 것이다. 자유롭게 흐르는 복제물은 이 세계적인 통신망의 본성이 되어 있다. 망이라는 기술은 제약 없는 복제가 필요하다. 복제물의 '흐름Flowing'은 불가피하다.

우리 문명의 이전 경제는 정해진 상품이 가득한 창고와 부피가 있는 화물을 만들어내는 공장에 토대를 두었다. 이 유형의 제품은 여전히 필요하지만, 더 이상 부와 행복의 충분조건이 아니다. 우리의 관심은 가득 쌓인 유형의 상품으로부터 복제물 같은 무형물의 흐름으로 옮겨갔다. 우리는 한 상품에 든 원자만이 아니라, 그 상품의 비물질적인 구성과 디자인, 더 나아가 우리의 욕구에 반응하여 적응하고 흐르는 능력에도 가치를 둔다.

강철과 가죽으로 이루어진 이전의 유형의 산물은 현재 계속 업데이트가 이루어지는 유동적인 서비스로 팔리고 있다. 찻길에 세운 당신의 유형의 자동차는 우버, 리프트Lyft, 집Zip, 사이드카Sidecar 같은 기업이 제공하는 개인 주문형 교통 서비스로 변모해왔다. 이 서비스는 자동차 자체보다도 더 빨리 개선되고 있다. 식료품 구매는 더 이상 그때그때 닥치면 하는 일이 아니다. 지금은 필요한 물품이 떨어지지 않도록 배달해 채워주는 가정으로 향하는 꾸준한 흐름이 있다.[1]

당신의 스마트폰에는 새로운 운영 체제가 설치되는 흐름이 진행되므로 당신은 몇 달마다 더 나은 스마트폰을 지니게 된다. 예전 같으면 새로운 기능이나 혜택을 보려면 새로운 하드웨어를 사야 했는데 말이다. 지금은 새로운 하드웨어를 사면, 그 서비스는 당신이 개인화한 사항을 새로운 기기로 옮김으로써, 당신에게 친숙한 운영 체제를 유지해 준다. 이 지속적인 업그레이드의 흐름은 꾸준히 이어진다. 만족할 줄 모르는 인간의 취향에 걸맞은 꿈을 실현시킨다. 끊임없는 개선이라는 강이 꾸준히 흐른다.

끊임없는 흐름이라는 이 새로운 체제의 핵심에는 점점 더 작아지는 컴퓨터 회로가 있다. 우리는 지금 컴퓨팅의 제3기에 진입하고 있다. 바로 흐름이다.

컴퓨팅의 첫 시대는 산업 시대를 차용했다. 마샬 맥루한Marshall McLuhan이 간파했듯이, 새로운 매체의 초기 형태는 자신이 대체할 매체를 모방한다.[2] 최초의 상업용 컴퓨터는 사무실에 비유되었다. 화면에는 '책상desktop'과 '폴더folder', '파일file'이 딸려 있었다. 컴퓨터가 무너뜨리고 있던 산업 시대의 많은 것이 그렇듯이, 계층적으로 조직되었다.

제2기 디지털 시대는 사무실이라는 비유를 내던지고 웹이라는 조직 원리를 채택했다. 이제 기본 단위는 파일이 아니라 '페이지page'가 되었다. 페이지는 폴더로 조직되는 대신에, 망상 구조인 웹을 구성했다. 웹은 저장된 정보와 능동적인 지식 양쪽으로, 모든 것을 담은 하이퍼링크로 연결된 10억 개의 페이지였다. 데스크톱 인터페이스는 모든 페이지를 들여다볼 수 있는 통일된 창인 '브라우저'로 대체되었다. 이 링크의 웹은 평면적이었다.

지금 우리는 컴퓨터화의 제3기에 진입하고 있다. 페이지와 브라우저의 중요성은 훨씬 줄어들었다. 오늘날 주된 단위는 흐름과 스트림stream이다. 우리는 트위터의 스트림과 페이스북 담벼락에 올라오는 글의 흐름을 끊임없이 지켜본다. 우리는 사진, 동영상, 음악을 끊임없이 올린다. TV 화면의 하단에는 뉴스가 계속 흐른다. 우리는 채널이라는 유튜브 스트림을 구독한다. 그리고 블로그의 RSS 피드도 구독한다. 우리는 알림과 업데이트의 스트림에 잠겨 있다. 우리의 앱은 업데이트의 흐름 속에서 갱신된다. 태그는 링크를 대체해왔다. 우리는 태그를 붙이고 스트림 속에서 어떤 순간에 '좋아요'라고 표시한다. 스냅챗Snapchat, 위챗WeChat, 왓츠앱WhatsApp 같은 스트림은 과거나 미래가 아예 없이 오로지 현재 시점에서만 작동한다. 그저 흘러갈 뿐이다. 거기에서 무언가를 보고 흡족해할 수 있다. 다음 순간, 그것은 사라진다.

흐르는 시간 자체도 변해왔다. 제1기에는 과업을 일괄 모드로 했다. 봉급은 달마다 받았다. 세금은 한 해의 똑같은 날에 환급받았다. 전화 요금 고지서도 30일마다 나왔다. 뉴스 기사도 쌓였다가 일괄적으로 내보냈다.

그러다가 웹과 함께 제2기에 들어서자, 우리는 곧 같은 날에 모든 것이 이루어지기를 기대하게 되었다. 은행에서 돈을 인출할 때, 우리는 월말이 아니라, 바로 그 날에 계좌에서 인출 내역을 볼 수 있기를 기대하게 되었다. 이메일을 보낸다면, 보통 우편처럼 2주 뒤가 아니라 당일에 답장이 오기를 기대하게 되었다. 우리의 시간 주기는 일괄 모드에서 당일 모드로 바뀌었다. 엄청난 변화였다. 기대 수준이 너무나 빨리 바뀌었기에, 많은 제도가 미처 따라가지 못했다. 사람은 채워야 할 서식이 올 때까지 기다리는 참을성을 잃었다. 당일에 채울 수가 없다면 다른 곳으로 관심을 돌렸다.

제3기에 들어선 지금은 당일 모드에서 실시간 모드로 옮겨갔다. 누군가에게 메시지를 보낼 때 상대가 즉시 답장하기를 기대한다. 돈을 쓰면, 계좌의 잔액이 실시간으로 변동할 것이라고 예상한다. 의료 진단 결과가 당장 나오지 않고 며칠이나 걸릴 이유가 어디 있단 말인가? 수업 시간에 쪽지 시험을 치면, 점수가 즉시 나와야 한다. 한 시간 전의 뉴스가 아니라 지금 이 순간 일어나는 일이 뉴스로 뜨기를 요구한다. 실시간으로 일어나지 않는다면 존재하지 않는 것이다. 그에 따라서—이 점이 중요한데—실시간으로 작동하려면, 모든 것이 흘러야 한다는 결론이 나온다.

예를 들어, 주문형 영화 시청은 영화가 흘러야 한다는 의미다. 넷플릭스에 가입한 가정이 대개 그렇듯이, 우리 식구들도 실시간 숭배자가 되었다. 영화를 스트리밍으로 볼 수 없다면 그 영화는 제쳐둔다. 넷플릭스의 DVD 목록은 스트리밍 목록보다 약 10배 더 많고 화질도 더 좋지만, 우리는 DVD로 더 화질 좋은 영화를 보겠다고 이틀을 기다리기보다는 화질이 좀 떨어지는 실시간으로 보는 쪽을 택한다. 동시성이 질을 이긴다.

실시간 책도 마찬가지다. 디지털 시대가 오기 전, 나는 실제로 읽을 생각을 하기 한참 전에 책을 사곤 했다. 서점에서 혹할 만한 책이 눈에 띄면, 일단 구입했다. 인터넷은 그렇지 않아도 두꺼운 내 예비 도서 목록을 더 늘였다. 온라인에서 점점 더 많은 추천사를 접했기 때문이다.

킨들이 등장했을 때, 나는 주로 디지털 책만을 사는 쪽으로 돌아섰지만, 그래도 좋은 추천사를 만날 때마다 책을 구입하는 오래된 습관은 계속 간직했다. 너무 쉬웠다! 클릭만 하면 살 수 있으니까. 그러다가 문득 구입하든 말든 책이 거기에 있다는 깨달음의 순간이 찾아왔다. 책을 미리 사면, 그 책은 사지 않았을 때와 같은 자리에(클라우드에) 그대로 있을 뿐이었다. 그저 결제되지 않은 장바구니 대신에 결제된 장바구니로 옮겨졌을 뿐이다. 그러니 결제되지 않은 장바구니에 그냥 놔두면 왜 안 되는가? 그래서 지금은 앞으로 30초 사이에 읽을 준비가 될 때까지 책을 사지 않는다. 이 일종의 실시간 구매는 실시간 스트리밍의 자연스러운 결과다.

산업 시대에 기업은 효율과 생산성을 증가시킴으로써 시간을 절약하기 위해 최선을 다했다. 지금은 그것만으로는 부족하다. 소비자와 대중의 시간을 절약해줄 새로운 조직이 필요하다. 실시간으로 소비자와 상호작용하기 위해 최선을 다할 필요가 있다. 실시간은 인간적인 시간이다. ATM기는 은행 창구에서 기다리는 것보다 훨씬 더 빨리—그리고 더 효율적으로—현금을 빼주지만, 우리가 진정으로 원하는 것은 손가락만 까딱여서 즉시 현금을 인출하는 것이다. 스퀘어Square, 페이팔PayPal, 알리페이Alipay, 애플페이Apple Pay 같은 스트리밍 기업이 제공하는 실시간 결제 같은 것을 말이다. 따라서 실시간으로 운영되도록, 우리의 기술적 기반 구조는 녹아서 액체가 되어야 했다. 명사는 동사가 되어야 했다. 고정된 유형의 상품은 용역이 되었다. 자료는 가만히 있을 수가 없었다. 모든 것은 흘러서 현재라는 스트림이 되어야 했다.

뒤엉켜서 서로에게로 흘러드는 수많은 정보 스트림의 통합체를 클라우드라고 한다. 소프트웨어는 업그레이드의 스트림으로서 클라우드로부터 당신에게로 흐른다. 클라우드는 당신 친구의 화면에 도착하기 전까지 당신의 문자 스트림이 들어 있는 곳이다. 클라우드는 당신이 불러낼 때까지 당신의 계정에 담겨 있는 영화가 있는 곳이다. 클라우드는 흘러나오기 전까지 음악이 들어 있는 창고다. 클라우드는 시리Siri의 지능이 죽치고 있는 곳이다. 당신에게 말을 하고 있을 때에도 거기에 있다. 클라우드는 컴퓨터의 조직화를 가리키는 새로운 비유다. 따라서 제3기 디지털 체제의 기본 단위는 흐름, 태그, 클라우드다.

실시간으로의 전환과 복제물의 클라우드에 떠밀린 최초의 산업은 음악이었다. 아마 음악 자체가 본래 흐르는 것이기에—스트림이 계속되는 동안에만 아름다움이 지속되는 음들의 스트림—맨 처음 액화가 이루어졌을 것이다. 음악 산업이 마지못해 변화하고 있을 때 겪은 변화의 양상은 나중에 책, 영화, 게임, 뉴스에서도 되풀이하여 나타나게 된다. 더 나중에 고정물에서 흐름으로의 동일한 전환은 쇼핑, 교통, 교육도 변화시키기 시작했다.

유동성으로의 이 불가피한 전환은 현재 사회의 다른 거의 모든 측면도 바꾸고 있다. 음악이 유동성의 세계로 나아온 과정을 살펴보면 우리가 어디로 향하고 있는지가 드러날 것이다.

기술이 음악을 변모시켜온 것은 한 세기가 넘었다. 초기의 축음기 음반은 4분 30초만 녹음을 할 수 있었기에, 음악가는 길게 늘어지던 작품을 축음기에 맞게 압축했고, 오늘날 팝송의 표준 길이는 4분 30초가 되어 있다. 50년 전, 축음기 음반을 저렴하게 산업적으로 재생산할 수 있게 되면서, 값싼 사본이 대량으로 쏟아졌다. 그리고 어떤 의미에서 음악은 소비하는 것이 되었다.

현재 음악은 엄청난 혼란—냅스터Napster와 비토렌트BitTorrent 같은 선구자가 10년 전에 예고한 전환—을 겪고 있다. 아날로그 사본에서 디지털 사본으로 전환되면서 일어나는 혼란이다. 산업 시대는 아날로그 사본이 추진했다. 정확하면서 값싼 사본이 말이다. 정보 시대는 디지털 사본이 추진한다. 정확하면서 무료인 사본이다.

공짜를 무시하기란 쉽지 않다. 무료는 예전에는 상상도 할 수 없었던 규모로 복제를 부추긴다. 상위 10편의 뮤직비디오는 시청(무료로) 횟수가 100억 번을 넘는다.[3] 물론 무료로 복제되고 있는 것이 음악만은 아니다. 글, 사진, 동영상, 게임, 웹사이트 전체, 기업의 소프트웨어, 3D 프린터 파일도 마찬가지다. 이 새로운 온라인 세계에서, 복제될 수 있는 것은 무엇이든 간에 무료로 복제될 것이다.

경제학의 한 일반 법칙은 무언가가 무료이면서 어디에서나 흔해지는 시점에, 경제 방정식에서 그것이 차지하던 지위가 갑자기 뒤집힌다고 말한다. 야간 전기 조명이 새롭고 희귀한 것이었을 때, 흔해 빠진 양초를 태우는 쪽은 가난한 이들이었다. 나중에 전기가 쉽게 접할 수 있고 실질적으로 무료나 다름없게 되었을 때, 우리의 선호도는 뒤집혔고, 식사할 때의 양초는 사치의 표지가 되었다.

산업 시대에 정확한 사본은 수제품 원본보다 더 가치 있는 것이 되었다. 발명가의 볼품없는 '원본'인 냉장고 시제품을 원하는 사람은 아무도 없다. 대다수는 완벽하게 작동하는 클론을 원한다. 클론이 더 흔해질수록, 그것은 더 탐나는 것이 된다. 서비스와 수리의 망이 갖추어지기 때문이다.

이제 가치의 축이 다시금 뒤집혔다. 무료 사본의 강이 기존 질서의 토대를 깎아냈다. 무한한 무료 디지털 복제가 판치는 이 새로운 초포화 디지털 우주에서는 사본이 너무나 흔하고 저렴하기에—사실상 공짜—진정으로 가치 있는 것은 복제가 불가능한 것뿐이다. 기술은 이제 복제가 더 이상 중요하지 않다고 말하고 있다. 단순화하면 이렇다. 복제물이 초풍부해질 때 그것은 무가치한 것이 된다. 대신에 복제할 수 없는 것은 희소해지고 가치가 있게 된다.

복제물이 공짜가 될 때, 복제할 수 없는 것을 팔 필요가 있다. 그렇다면, 복제할 수 없는 것은 무엇일까?

신뢰가 한 예다. 신뢰는 대량으로 복제할 수가 없다. 신뢰는 도매금으로 살 수가 없다. 신뢰는 내려받아서 데이터베이스나 창고에 저장할 수가 없다. 누군가의 신뢰는 복제한다는 것 자체가 불가능하다. 신뢰는 시간을 들여서 얻어야 한다. 위조할 수가 없다. 즉 꾸며낼 수가 없다(적어도 장기적으로는 그렇다). 우리는 신뢰할 수 있는 사람과 거래를 하는 쪽을 선호하므로, 그 특권에 가중치를 부여하기도 한다. 우리는 그것을 브랜딩branding이라고 한다. 브랜드 기업이 제시하는 약속이 더 신뢰를 받기 때문에 그 기업은 브랜드가 없는 기업보다 비슷한 상품과 용역에 더 높은 가격을 붙일 수 있다. 따라서 신뢰는 복제물로 포화된 세계에서 가치를 높이는 무형의 것이다.

복제하기가 어려운, 따라서 이 클라우드 경제에서 가치가 있는, 신뢰와 비슷한 특성을 지닌 것은 많이 있다. 그것을 알아보는 가장 좋은 방법은 단순한 질문에서 시작하는 것이다. 공짜로 얻을 수 있는 것에 누군가가 굳이 돈을 지불하려 하는 이유가 무엇일까? 그리고 공짜로 얻을 수 있는 무언가를 돈을 주고 살 때, 그들이 구입하는 것은 무엇일까?

현실적인 의미에서, 이 복제 불가능한 가치는 '공짜보다 좋은' 것이다. 무료도 좋지만, 이것들은 당신이 지불을 하는 것이므로 더 낫다. 나는 이 특성을 '생성적 가치generative'라고 부르겠다. 생성적 가치는 거래 당시에 생성되어야 하는 자질이나 속성이다. 생성적인 것은 복사하거나 복제하여 저장하고 쟁여놓을 수 없는 것이다. 생성적 가치는 위조하거나 복제할 수 없다. 그것은 특정한 교환을 위해 실시간으로 유일하게 생성되는 것이다. 생성적 특성은 무료 복제물에 가치를 덧붙이며, 그럼으로써 팔릴 수 있게 만든다.

'공짜보다 좋은' 생성적 가치 여덟 가지를 살펴보자.

1. 직접성IMMEDIACY

머지않아 당신은 무엇이든 간에 원하는 것의 공짜 사본을 찾아낼 수 있겠지만, 창작자가 출시하는—또는 더 낫게는 생산하는—순간에 당신의 우편함으로 전송되는 사본은 얻을 만한 생성적 가치를 지닌다. 많은 이들은 개봉일 밤에 영화를 보러 극장에 간다. 그들은 나중에 대여나 내려받기를 통해서 무료 또는 거의 무료로 보게 될 영화를 보기 위해 상당한 요금을 지불한다.

진정한 의미에서, 그들은 영화(달리 말하면 '공짜')를 위해 돈을 내는 것이 아니다, 그들은 직접성을 위해 돈을 낸다, 양장본은 더 빳빳한 표지라는 형태로 위장한 직접성에 할증금을 붙이는 것이다. 초판이라고 하면, 동일한 상품에 추가 가격이 붙곤 한다. 팔 수 있는 특성으로서의 직접성은 베타판의 입수도 포함하여 많은 차원을 지닌다. 앱이나 소프트웨어의 베타판은 불완전하기 때문에 예전에는 평가절하되었지만, 우리는 베타판도 직접성을 지니며, 따라서 가치가 있다는 것을 이해하게 되었다. 직접성은 상대적인 용어이지만(몇 분에서 몇 달까지), 모든 제품과 용역에서 찾을 수 있다.

2. 개인화 PERSONALIZATION

콘서트를 녹음한 일반적인 판본은 공짜일지 모르지만, 당신의 거실에서 음향학적으로 완벽하게 들리도록—마치 당신의 거실에서 연주를 하고 있는 듯이 들리도록—손본 사본을 원한다면, 당신은 기꺼이 많은 돈을 지불할지도 모른다. 그럴 때 당신은 콘서트의 사본에 지불한 것이 아니다. 당신은 생성적 개인화에 지불한 것이다. 출판업자는 어느 책의 공짜 사본을 당신의 이전 독서 성향에 맞게 맞춤 편집할 수 있다. 당신이 구입하는 공짜 영화는 가족이 함께 시청할 수 있는 (섹스 장면 없이, 아이들도 볼 수 있게) 등급에 맞춰서 편집할 수도 있다.

이 두 사례에서 당신은 공짜 사본을 얻으면서 개인화에 대가를 지불하는 것이다. 오늘날 아스피린은 기본적으로 공짜이지만, 아스피린을 토대로 하여 당신의 DNA에 맞춘 약물은 아주 가치 있고 비쌀 수 있다.

개인화는 창작자와 소비자, 예술가와 애호가, 생산자와 사용자 사이의 지속적인 대화를 요구한다. 그 과정은 반복되고 시간을 잡아먹기 때문에 몹시 생성적이다. 마케팅 쪽에서는 그것을 '고착성stickiness'이라고 한다. 관계를 맺은 양쪽이 이 생성적 가치에 집착(투자)하며, 다른 것으로 바꿔 새롭게 시작하기를 꺼려할 것이라는 의미이기 때문이다. 이런 유형의 깊이 있는 관계는 복제할 수가 없다.

3. 해석INTERPRETATION

오래된 농담이 하나 있다. '소프트웨어는 공짜, 사용 설명서는 1만 달러'. 하지만 이것은 결코 농담이 아니다. 레드햇Red Hat과 아파치Apache 같은 고수익 기업은 무료 소프트웨어의 사용 설명서와 유료 지원을 팔아서 영위를 한다. 코드의 사본은 그저 비트에 불과하며 공짜로 제공된다. 공짜 코드의 줄들은 지원과 지도를 통해서야 가치 있는 것이 된다. 앞으로 수십 년 안에 많은 의학적 및 유전적 정보도 이 길을 갈 것이다. 현재 당신의 DNA 사본 전체를 얻으려면 비용이 아주 많이 들지만(1만 달러), 곧 저렴해질 것이다. 그 비용은 아주 빠르게 줄어들고 있으며, 머지않아 100달러가 될 것이다. 그 다음해에는 보험회사가 공짜로 서열 분석을 해주겠다고 나설 것이다. 당신 서열의 사본을 공짜로 얻게 될 때, 그것이 무엇을 의미하며, 당신이 그것을 갖고 무엇을 할 수 있고, 어떻게 이용할 것인지를 해석하는 일—말하자면, 유전자의 설명서—은 비싸질 것이다. 이 생성적 가치는 여행과 보건 같은 복잡한 서비스에도 적용될 수 있다.

4. 진품성AUTHENTICITY

어둠의 경로를 통해서 인기 있는 소프트웨어 애플리케이션을 공짜로 입수할 수 있고, 설명서도 필요하지 않다고 해도, 당신은 버그, 멀웨어, 스팸이 없다는 것을 확실히 하고 싶을 것이다. 그럴 때 돈을 주고 정품을 사면 행복할 것이다. 얻는 것은 동일한 '무료' 소프트웨어이지만 거기에는 마음의 평화라는 무형의 것이 따라온다. 당신은 사본에 돈을 내는 것이 아니다. 진품성에 돈을 내는 것이다.

그레이트풀 데드Grateful Dead의 음악은 거의 무한히 많은 방식으로 조합된 복사본이 돌아다닌다. 하지만 그 밴드에게 정품을 구입한다면 당신은 원하는 것을 얻었다고 확신할 수 있다. 즉 데드가 실제로 연주한 것이라고 말이다. 화가는 오랫동안 이 문제에 시달려왔다. 사진이나 석판화 같은 복제품은 진품이라는 화가의 낙인—서명—이 있으면 가격이 오르곤 한다. 디지털 워터마크 같은 서명 기술은 사본 방지 수단으로서는 별 효과가 없겠지만(복제물이 초전도성을 띤 액체라고 한 말을 기억하는지?), 그런 문제로 신경을 쓰는 사람에게는 진품성이라는 생성적 특성을 부여할 수 있다.

5. 접근성ACCESSIBILITY

소유는 안 좋은 면도 있다. 잘 쓸고 닦아서 깨끗하게 유지해야 하고, 디지털 제품이라면 백업도 해야 한다. 그리고 이 모바일 세계에서는 지니고 다닐 필요도 있다. 나도 그렇지만, 많은 이들은 남들이 우리의 '소유물'에 기여하고 우리는 클라우드에서 여유롭게 그것을 구독한다면 행복할 것이다.

나는 책을 소유하거나 예전에 구입했던 음반을 소중히 간직할지도 모르지만, 언제 어떻게든 원할 때, 원하는 것을 제공할 애크미 디지털 창고Acme Digital Warehouse에도 돈을 낼 것이다. 거기에 있는 것은 대부분 다른 곳에서도 공짜로 구할 수 있겠지만 그만큼 편리하지는 않다. 나는 유료 서비스를 통해서, 어디에서는 내가 지닌 여러 기기 중 어느 것으로든 대단히 쉬운 사용자 인터페이스를 통해 공짜 물품에 접근한다.

아이튠즈를 통해 클라우드에 접근하는 것도 어느 정도는 이와 비슷하다. 다른 어딘가에서 공짜로 내려받을 수 있는 음악에 편리하게 접근하기 위해 돈을 낸다. 당신은 그 자료를 위해 돈을 내는 것이 아니다. 유지할 의무 없이, 쉽게 접근할 수 있는 편리함을 위해 돈을 내는 것이다.

6. 체현EMBODIMENT

디지털 사본의 핵심에는 몸이 없다. 나는 디지털 PDF 형태의 책을 읽으면서 행복해하지만, 때로는 가죽 장정의 새하얀 부드러운 종이에 인쇄된 동일한 글을 읽는 사치도 부려본다. 그 느낌은 너무나 좋다. 게이머는 온라인에서 친구와 게임하는 것을 즐기지만, 때로는 한 방에서 함께 게임을 하고 싶어한다. 사람은 인터넷에서 라이브 공연을 스트리밍으로 볼 수 있음에도 직접 가서 보기 위해 수천 달러를 지불하고 표를 구입한다. 무형의 세계를 더 깊이 체현하는 방법은 무수히 많다. 소비자가 집에 갖춰놓지 못한 기막히게 좋은 새로운 디스플레이 기술은 늘 있을 것이고, 따라서 극장이나 강당 같은 곳으로 몸을 움직일 필요도 늘 있을 것이다. 레이저 투사, 홀로그램, 홀로데크가 첫 선을 보일 장소는 극장일 가능성이 높다. 라이브 공연장의 음악만큼 실제 몸으로 체현할 수 있는 것은 없다. 이 설명을 따르자면 음악은 공짜이지만 라이브 공연은 값비싸다. 사실 오늘날 많은 밴드는 음반 판매가 아니라 콘서트를 통해서 생계를 유지한다.

이 양상은 음악가만이 아니라 저술가에게도 급속히 일반적인 공식이 되어가고 있다. 책은 무료다. 저자와 실제로 만나서 하는 대화는 비싸다. 라이브 콘서트 순회 공연, 라이브 TED 강연, 라이브 라디오 쇼, 맛집 여행은 모두 무료로 내려받을 수 있는 무언가를 돈을 내고 일시적으로 체현하는 것이 지닌 힘과 가치를 증언한다.

7. 후원PATRONAGE

열렬한 청중과 애호가는 창작자에게 진심으로 지불을 하고 싶어한다. 애호가는 화가, 음악가, 저자, 배우 등 창작자에게 자신이 감상한 대가로 보답을 하고 싶어한다. 그럼으로써 자신이 우러러보는 사람과 연결될 수 있기 때문이다.

하지만 그들은 좀처럼 충족되지 않는 네 가지 조건하에서만 지불할 것이다. ① 지불하기가 대단히 쉬워야 한다, ② 지불하는 비용이 적당해야 한다, ③ 지불했을 때 명확히 혜택이 있어야 한다, ④ 그 돈이 직접 창작자에게 혜택을 준다는 점이 명확해야 한다. 이따금 밴드나 화가는 돈을 내는 애호가에게 무엇이든 원하는 것의 복사본을 공짜로 주는 실험을 한다. 이 방식은 근본적으로 작동한다. 그것은 후원의 힘을 보여주는 탁월한 사례다. 감상하는 애호가와 화가 사이에 흐르는 잡힐 듯 말 듯한 연결 고리는 분명히 추구할 가치가 있는 무엇이다.

라디오헤드는 돈을 내고 원하는 것을 받는다는 대안을 제공한 최초의 밴드 중 하나였다. 그들이 2007년에 〈인 레인보스In Rainbows〉 앨범을 약 2.26달러에 내려 받게 했더니,⁴ 그 전에 내놓은 앨범을 모두 합친 것보다 더 많은 수익을 보았고, CD까지 수백만 장이 덩달아 팔렸다. 대중이 그저 무형의 기쁨을 얻기 위해 지불하는 사례는 이외에도 많다.

8. 발견성DISCOVERABILITY

이전의 생성적 가치는 창작품 내에 들어 있었다. 하지만 발견성은 많은 작품의 집합에 적용되는 가치다. 가격이 어떻든 간에, 작품은 보이지 않으면 아무런 가치가 없다. 발견되지 않은 걸작은 아무런 가치가 없다. 수백만 권의 책, 수백만 곡의 노래, 수백만 편의 영화, 수백만 개의 애플리케이션 등 우리의 주의를 끌고자 하는 온갖 것이 무수히 있을 때―그리고 그중 대부분이 무료일 때―에는 발견된다는 것이 더욱 중요하다. 그리고 매일 창작되는 작품의 수가 폭발적으로 증가한다는 점을 생각해보자. 개별 작품이 발견될 가능성은 점점 더 희박해지고 있다.

애호가는 창작되는 무수한 작품 가운데 가치 있는 작품을 발견하기 위해 다양한 방법을 쓴다. 그들은 비평, 서평, 브랜드(출판사, 음악사, 영화사의)를 이용하고, 좋은 것을 추천하는 애호가와 친구에게 점점 더 의지한다. 그들이 인도를 받기 위해 대가를 지불하려는 의향은 점점 더 커지고 있다. 얼마 전까지도 〈TV 가이드TV Guide〉는 100만 명의 유료 구독자에게 어느 TV 쇼가 가장 좋은지를 알려주는 일을 했다. 주목할 가치가 있다고 한 그 쇼 자체는 시청자에게 무료로 제공되었다. 〈TV 가이드〉는 자신이 '안내한' 3대 주요 TV 방송사의 수익을 합친 것보다 더 많은 돈을 벌었다고 한다.

아마존의 최대 자산은 프라임^{Prime} 배송 서비스가 아니라, 수십 년에 걸쳐 축적된 수백만 편의 독자 서평이다. 독자는 다른 어딘가에서 공짜로 전자책을 구할 수 있을지라도, 모든 전자책을 읽을 수 있는 아마존의 킨들 언리미티드^{Kindle Unlimited} 서비스를 받기 위해 돈을 낼 것이다. 아마존의 서평이 읽고 싶은 책이 무엇인지 안내를 해줄 것이기 때문이다. 넷플릭스도 마찬가지다. 영화 애호가들은 넷플릭스가 없었다면 발견하지 못했을 보석을 찾아내는 추천 엔진을 지니고 있기 때문에, 넷플릭스에 돈을 낼 것이다. 다른 어딘가에서 공짜로 그런 영화를 구할 수 있을지 몰라도, 그런 영화는 본래 길을 잃고 묻혀 있다. 이런 사례에서는 복제물에 지불을 하는 것이 아니라, 발견성에 지불을 하는 것이다.

■■■■■■■■■■■■■■■■■■■■■■■■■■■■■■■■■■■■■■

이 여덟 가지 특성 때문에 창작자는 새로운 능력을 갖출 필요가 있다. 성공은 더 이상 배급을 확보하는 데에서 나오지 않는다. 배급은 거의 자동적으로 이루어진다. 모두 흐름이다. 하늘에 있는 거대한 복사기가 그 일을 맡고 있다. 복제 방지 기술은 더 이상 유용하지 않다. 복제를 멈출 수가 없기 때문이다. 법적 위협이나 기술적 묘안을 써서 복제를 금지하려는 시도는 먹히지 않는다. 사재기와 희소성 방식도 먹히지 않는다. 오히려 이 여덟 가지 새로운 생성적 가치를 위해 마우스를 한 번 눌러서 복제할 수 없는 특성을 함양해야 한다. 이 새로운 세계에서 성공하려면 새로운 유동성에 숙달되어야 한다.

■ ■

음악 같은 것은 일단 디지털화하면, 구부러질 수 있고 연결될 수 있는 액체가 된다. 처음에 음악이 디지털화했을 때, 음반 회사의 경영진에 게는 청중이 공짜를 원하는 탐욕 때문에 온라인에 이끌리는 듯이 보였다. 하지만 사실 공짜는 그 인력의 일부에 불과했다. 그리고 아마 가장 덜 중요한 부분이었을 것이다. 아마 처음에 공짜였기 때문에 수백 만 명이 음악을 내려받았을지 모르지만, 그 뒤에 그들은 문득 더 나은 무언가를 발견했다. 공짜 음악은 얽매이지 않았다. 새로운 매체, 새로운 역할, 청취자의 삶의 새로운 영역으로 거침없이 옮겨갈 수 있었다. 그 뒤에 온라인 음악을 내려받는 행위가 마구 지속된 것은 디지털화한 소리의 흐르는 힘이 점점 확대된 결과였다.

유동화 이전에, 음악은 고정되어 있었다. 30년 전 음악 애호가로서 우리가 선택할 수 있는 대안은 한정되어 있었다. 소수의 라디오 방송국에서 DJ가 골라서 들려주는 노래를 듣거나 앨범을 사서 음반에 녹음된 노래를 순서대로 들었다. 아니면 악기를 산 뒤, 뒷골목의 가게를 뒤져서 좋아하는 음악의 악보를 구해서 연주할 수도 있었다. 그것이 전부였다.

유동성은 새로운 힘을 제공했다. 라디오 DJ의 독재는 잊어라. 음악이 유동화하자 당신은 한 앨범에 있는, 아니 여러 앨범에 있는 음의 순서를 바꿀 힘을 지니게 되었다. 당신은 한 노래를 짧게 줄이거나 두 배로 늘여서 연주되도록 할 수 있다. 누군가의 노래에 있는 음을 추출하여 원하는 대로 쓸 수도 있다. 오디오에서 가사를 바꿀 수도 있다. 자동차 스피커로 더 잘 들리도록 노래를 재가공할 수도 있다. 훗날 누군가가 했듯이, 한 노래의 2,000가지 판본을 취해서 합창을 만들어낼 수도 있다.[5] 디지털화의 초전도성은 레코드판과 얇은 산화물 테이프라는 협소한 속박에서 음을 해방시켰다. 현재 당신은 4분짜리 포장에 담긴 노래를 풀어 헤쳐서 거르고 구부리고 압축하고 재배치하고 뒤섞고 헝클 수 있다. 음악은 금전적인 면에서만 자유로워진 것이 아니었다. 제약에서도 자유로워졌다. 이제 그 음을 꾸며낼 1,000가지 새로운 방법이 있다.

중요한 것은 사본의 수가 아니라 사본을 연결하고 조작하고 주석을 달고 태그를 붙이고 강조하고 북마크를 하고 번역하고 다른 매체에 옮길 수 있는 방법의 수다. 가치는 사본 자체에서 작품을 회고하고 주석을 달고 개인화하고 편집하고 진본임을 입증하고 화면에 띄우고 표시하고 옮기고 이용하는 다양한 방식 쪽으로 옮겨갔다. 이제 중요한 것은 작품을 얼마나 잘 흐르게 하느냐다.

원래의 냅스터보다 훨씬 더 세련된 음악 스트리밍 서비스업체가 지금은 적어도 30곳은 되며, 그 기업들은 지금 청취자에게 음악의 얽매이지 않은 요소를 갖고 놀 다양한 방법을 제공한다.

그중에 내가 좋아하는 곳은 스포티파이^{Spotify}다. 유동적 서비스가 제공할 수 있는 가능성 중 상당수를 모아놓았기 때문이다. 스포티파이는 3,000만 곡의 음악이 담긴 클라우드다.[6] 나는 이 음악의 대양을 검색하여 가장 특이하고 기이하고 별난 음악을 찾을 수 있다. 조작 단추를 누르면 음악이 연주될 때 가사도 화면에 뜬다. 내가 좋아하는 음악을 골라서 들려주는 나를 위한 가상의 개인 라디오 방송국이라 할 수 있다. 나는 다시 듣고 싶지 않은 노래를 건너뛰거나 순위를 낮춤으로써 그 방송국의 노래 목록을 수정할 수 있다.

한 세대 전의 애호가는 이 정도로 음악과 상호작용하는 것을 보면서 경악했을 것이다. 내가 진정으로 듣고 싶은 것은 내 친구인 크리스가 듣는 멋진 음악이다. 그는 나보다 훨씬 더 진지하게 선곡하기 때문이다. 나는 그의 선곡 목록을 공유하고 싶으며, 구독을 할 수 있다. 즉 실제로 그의 목록에 있는 음악을 듣거나, 더 나아가 크리스가 지금 듣고 있는 음악을 실시간으로 들을 수 있다는 의미다. 그의 목록에서 듣는 어떤 음악이 정말로 마음에 든다면—이를테면, 전에 들어본 적이 없는 밥 딜런의 〈베이스먼트 테이프basement tape〉 중 한 곡—내 선곡 목록으로 복사할 수 있고, 나는 그 선곡 목록을 친구들과 공유할 수 있다.

당연히 이 스트리밍 서비스는 공짜다. 스포티파이가 음악가에게 지불하기 위해 보여주는 시청각 광고를 보거나 듣고 싶지 않다면 월 이용료를 내면 된다. 유료 회원이 되면 디지털 파일을 내 컴퓨터로 내려받을 수 있고 원한다면 곡을 리믹스할 수도 있다. 흐름의 시대이므로, 나는 내 선곡 목록과 개인 라디오 방송국에 스마트폰을 비롯한 다양한 기기를 써서 접속하거나 스트리밍을 통해 거실이나 부엌의 스피커로 직접 들을 수도 있다. 사운드클라우드SoundCloud 같은 스트리밍 서비스업체는 오디오판 유튜브처럼 운영되며, 2억 5,000만 명의 음악 애호가[7]는 그런 사이트에 자신의 음악을 올릴 수 있다.

이 경이로운 유동성을 지닌 선택지를 고작 수십 년 전에 이용 가능했던 몇 가지 정해진 선택지와 비교해보라. 구속될 것이라고 음반업계가 위협을 가해도 애호가가 '공짜'를 향해 우르르 몰려간 것이 전혀 놀랍지 않다.

이런 흐름이 어디로 향할까? 현재 미국에서 음악 판매량의 27퍼센트[8]는 스트리밍 모드가 차지하며, 이 모드는 CD 판매량과 거의 동등하다. 스포티파이는 회원에게 얻는 수익의 70퍼센트[9]를 해당 음악가에게 지불한다. 이렇게 초기에 대성공을 거두었지만, 스포티파이의 음악 목록은 더 늘어날 수 있다. 테일러 스위프트처럼 스트리밍에 반대하는 주요 음악가가 아직 있기 때문이다. 하지만 세계 최대의 음반 회사 대표가 인정했듯이, 스트리밍이 대세가 되는 것은 '불가피하다'.[10] 흐름을 통해 음악은 명사에서 다시금 동사로 나아간다.

유동성은 새로운 방식으로 창작을 용이하게 한다. 대체 가능한 형식의 음악에 자극을 받아서 아마추어는 자신의 음악을 창작하여 올릴 수 있다. 새로운 형식을 창안할 수 있다. 무료로 이용할 수 있고, 온라인에 배포된 새로운 도구를 써서 음악 애호가는 음악을 리믹스하고, 음원을 추출하고, 가사를 새로 쓰고, 합성 악기 음으로 박자를 맞출 수 있다. 비전문가는 작가가 책을 쓰는 것과 동일한 방식으로 음악을 만들기 시작한다. 알려진 요소들(저술가에게는 단어, 음악가에게는 화음)을 자신의 관점에서 재배치함으로써 말이다.

디지털 비트의 초전도성은 음악의 이용되지 않은 선택지를 풀어놓는 윤활제 역할을 한다. 음악은 디지털 주파수 차원에서 방대한 새로운 영토로 흘러들고 있다. 디지털 이전 시대에 음악은 소수의 생태적 지위만을 차지했다. 음악은 레코드판에 들어 있었다. 라디오로 흘러나왔고, 콘서트장에서 들었고, 한 해에 제작되는 약 200편의 영화를 통해 들었다. 디지털 이후의 음악은 깨어 있는 시간 내내 우리의 삶을 차지하려고 시도하면서 우리 삶의 나머지 영역으로 스며들고 있다. 클라우드에 들어감으로써, 음악은 우리가 운동할 때, 로마에서 휴가를 보낼 때, 운전면허를 갱신하기 위해 줄을 서 있을 때 이어폰을 통해 우리에게 쏟아진다. 음악의 생태적 지위는 폭발적으로 확장되어왔다.

새로 부흥기를 맞이하여 연간 수천 편씩 쏟아지는 다큐멘터리에는 각각 사운드트랙이 필요하다. 장편 영화에는 수천 편의 팝송을 비롯하여 다량의 창작곡이 들어간다. 유튜브 창작자도 짧은 동영상에 사운드트랙을 가미하면 감정이 고양된다는 것을 이해한다. 유튜브 창작자는 대부분 대가를 지불하지 않고 기존 작품을 재활용하고 있지만, 맞춤 음악을 창작하는 일이 가치가 있음을 간파한 소수도 점점 늘어나고 있다. 또 대형 비디오 게임에는 수백 시간 분량의 음악이 필요하다.[11] 수만 편의 광고에는 기억에 남을 후렴구가 필요하다.

요즘 최신 유행 매체는 팟캐스트[podcast]다. 일종의 청각 다큐멘터리다. 적어도 매일 27개의 새로운 팟캐스트가 등장하고 있다.[12] 어지간한 팟캐스트라면 주제 음악이 있고, 내용이 길어지면 으레 음악이 깔리곤 한다. 우리의 삶 전체가 음악 사운드트랙이 되고 있다. 이 모든 분야는 비트의 흐름만큼 급속히 팽창하고 있는 성장 시장이다.

소셜 미디어는 한때 텍스트의 영역이었다. 차세대 소셜 미디어는 동영상과 소리를 전달하고 있다. 위챗, 왓츠앱, 바인Vine, 미어캣Meerkat, 페리스코프Periscope를 비롯한 많은 앱을 통해서 당신은 친구들, 그리고 그 친구의 친구로 이루어진 망에서 동영상과 오디오를 공유할 수 있다. 실시간으로 말이다. 곡조를 빠르게 만들거나, 노래를 변형시키거나, 실시간으로 공유하는 음악을 알고리즘으로 생성하는 도구도 머지 않아 나올 것이다. 맞춤 음악—즉 사용자가 생성하는 음악—은 표준이 될 것이고, 실제로 해마다 창작되는 음악의 대부분을 차지할 것이다. 음악은 흐르면서 확장한다.

다른 예술이 꾸준히 민주화하는 사례들을 통해 우리가 깨달아왔듯이, 곧 당신은 음악가가 되지 않아도 음악을 작곡할 수 있을 것이다. 100년 전에는 사진을 찍을 수 있는 기술을 지닌 소수의 사람만이 전문 사진사가 되었다. 놀라울 만치 정교하고 까다로운 과정이었다. 볼 가치가 있는 사진을 찍으려면 엄청난 전문 기술과 더욱 엄청난 인내심이 필요했다. 전문 사진사가 한 해에 찍을 수 있는 사진은 12장쯤 되었다. 지금은 휴대전화를 지닌 사람은 누구나—즉 모든 사람은—한 세기 전의 평균 전문 사진사가 찍은 것보다 대부분의 측면에서 100배 더 나은 사진을 즉시 찍을 수 있다. 우리는 모두 사진사다.

마찬가지로 활판 인쇄술은 예전에 고도의 전문 직업이었다. 깔끔하고 읽기 좋게 지면에 활자를 배치하는 전문 기술을 쌓으려면 여러 해가 걸렸다. 위지위그WYSIWYG(글이 화면에 보이는 그대로 인쇄되는 방식 – 옮긴이) 같은 것이 없었기 때문이다. 아마 자간 조정kerning이 무슨 말인지 아는 사람이 1,000명에 불과했을 것이다. 지금은 중학교에서 자간 조정을 가르치며, 초보자도 디지털 도구를 써서 예전의 평균적인 식자공보다 훨씬 더 나은 인쇄물을 만들 수 있다. 지도 제작술도 마찬가지다.

오늘날 평균적인 웹 전문가는 과거에 최고의 지도 제작자보다 훨씬 더 많은 지도를 다룰 수 있다. 음악도 그렇게 될 것이다. 비트와 복제물의 흐름을 가속화할 새로운 도구가 등장하면서, 우리는 모두 음악가가 될 것이다.

음악이 그렇게 될 때, 다른 매체도 그렇게 될 것이고, 이어서 다른 산업 분야도 그럴 것이다.

그 양상은 영화에서도 재연되었다. 예전에 영화 제작은 드물게 이루어지는 사건이었다. 영화는 제작비가 가장 많이 드는 산물 중 하나였다. B급 영화조차도 고임금 전문가가 필요했다. 보는 데에도 값비싼 영사기가 필요했기에, 영화 관람은 거추장스럽고 희귀한 일이었다. 그러다가 비디오카메라가 파일 공유 망과 함께 출현했고, 이제 언제든 원하면 어떤 영화든 볼 수 있게 되었다. 평생에 한 번 볼까 말까 하던 영화를 이제는 수백 번 보면서 연구할 수 있게 되었다. 영화를 공부하는 사람도 1억 명으로 늘어났다. 그들은 직접 제작한 동영상을 유튜브에 올리는 것으로 시작했고, 유튜브 동영상은 수십억 편으로 늘어났다. 여기서도 시청자 피라미드는 뒤집혔다. 지금 우리는 모두 영화 제작자다.

고착에서 흐름으로의 장엄한 이동은 책의 지위 변화에서 확연히 드러난다. 책은 권위 있는 고착된 걸작으로서 시작했다. 정성껏 대단히 공을 들여서, 대대로 물려줄 수 있도록 제작했다. 크고 두꺼운 종이책은 안정성의 정수다. 책장에서 움직이지도 변하지도 않은 채, 수천 년 동안이라도 그대로 놓여 있을 것이다. 애서가이자 비평가인 닉 카^{Nick Carr}는 책이 고착성을 구현하는 방식을 네 가지로 요약한 바 있다.[13] 책이 어떻게 한 자리에 머무르는지를 내 나름대로 파악하자면 이렇다.

- **쪽의 고착성** : 쪽은 그 상태로 머물러 있다. 펼칠 때마다 같은 모습이다. 그러할 것이라고 확신할 수 있다. 언제나 같을 것이라고 확신하고서, 그 쪽을 참조하거나 인용할 수 있다는 의미다.
- **판본의 고착성** : 책의 어느 사본을 집든 간에, 언제 어디에서 구입하든 간에, 책은 똑같을 것이고(같은 판본이라면), 사람들은 그 안에 적힌 문장을 공유한다. 우리는 똑같은 내용을 보고 있다고 확신하면서 책을 두고 논의를 할 수 있다.
- **대상의 고착성** : 적절히 관리를 하면, 종이책은 아주 오래가며(디지털 형태보다 몇 백 년은 더), 책이 오래되어도 적힌 내용은 변하지 않는다.
- **완결의 고착성** : 종이책은 완성되고 종결되었다는 느낌을 준다. 다 끝났다. 완결되었다. 인쇄물의 매력 중 하나는 거의 맹세처럼 종이에 속박되어 있다는 것이다. 저자는 종이에 의지한다.

이 네 가지 안정성은 매우 매력적인 특성이다. 이 특성에 힘입어서 책은 중요한 무엇, 기념비적인 것이라고 여겨진다. 하지만 종이책을 사랑하는 사람이라면 누구나 인쇄물이 디지털 사본에 비해 점점 더 값이 비싸지고 있음을 알아차린다. 새로운 책이 거의 인쇄되지 않는 날이 오리라는 상상을 하는 것도 어렵지 않다. 현재 대부분의 책은 전자책으로 발행되고 있다. 오래된 책도 스캐닝을 거쳐 인터넷의 구석구석까지 퍼져서 초전도성을 띤 망에서 자유롭게 흘러 다닌다. 이 네 가지 고착성은 전자책에는 없다. 적어도 우리가 현재 보고 있는 형태의 전자책에는 없다. 애서가는 이 고착성을 그리워할 테지만, 우리는 전자책이 그것에 맞서는 네 가지 유동성을 지닌다는 점도 알아야 한다.

- **쪽의 유동성** : 쪽은 유동적인 단위다. 내용은 안경알에 띄우는 작은 화면에서부터 벽에 이르기까지 이용 가능한 모든 공간에 맞게 흐를 것이다. 당신이 선호하는 읽는 기기나 읽는 방식에 적응할 수 있다. 쪽은 당신에게 맞춘다.
- **판본의 유동성** : 책의 내용을 개인화할 수 있다. 당신의 판본은 당신이 학생이라면 새로운 단어를 설명해줄지 모르며, 당신이 이미 읽었다면 그 시리즈의 이전 책을 요약한 부분을 건너뛸 수도 있다. 나를 위한 맞춤형 '내 책'이 된다.
- **그릇의 유동성** : 책은 아주 저렴한 비용으로 클라우드에 저장할 수 있으므로, 사실상 '무료'로 무한한 도서관에 저장되고 어느 누구든 언제든 어디에서든 즉시 볼 수 있다.

- **성장의 유동성** : 책의 내용은 점점 더 수정되고 갱신될 수 있다. 전자책은 결코 완결되지 않는다는 특성(적어도 이상적인 관점에서 볼 때)을 지님으로써 무생물인 돌보다 살아 움직이는 생물을 더 닮아가고, 이 살아 있는 유동성은 창작자이자 독자로서의 우리에게 활기를 불어넣는다.

현재 우리는(당대의 주된 기술을 통해 추진되는) 고착성 대 유동성이라는 이 두 특성 집합을 상반되는 것이라고 본다. 종이는 고착성을 선호한다. 전자는 유동성을 선호한다. 하지만 제3의 방식을 창안하지 못할 이유는 전혀 없다. 전자를 종이나 다른 어떤 물질에 내장하는 방식이다. 휘어지는 얇은 디지털 화면 하나하나가 각각의 쪽이 되고, 그 쪽이 책등으로 묶여 있는 100쪽으로 된 책도 상상할 수 있다. 책등 자체도 전자책이다. 유형의 것은 거의 다 어느 정도 유동성을 띠게 할 수 있고, 유동성을 띤 것은 다 유형물에 끼워 넣을 수 있다.

음악, 책, 영화에서 일어난 일은 현재 게임, 신문, 교육에서도 일어나고 있다. 이 양상은 교통, 농업, 보건 분야로도 확장될 것이다. 차량, 땅, 의약품 같은 고정물도 유동물이 될 것이다. 트랙터는 바퀴 달린 빠른 컴퓨터가 될 것이고, 땅은 감지기의 망을 위한 토대가 될 것이고, 의약품은 환자와 의사 사이에 흐르는 분자 정보의 캡슐이 될 것이다.

흐름은 다음과 같은 4단계로 이루어진다.

1단계 – 고정됨 · 드뭄 : 만드는 데 많은 전문성을 요하는 귀한 생산물이 처음에 기준이 된다. 각 생산물은 완성되고 홀로 존재할 수 있는 예술 작품이며, 창작자는 수준 높은 복제물을 제작하여 보상을 얻을 수도 있다.

2단계 – 무료 · 흔함 : 생산물이 마구, 너무나 무분별하게 복제되어 하나의 일용품이 되는 1차 교란이 일어난다. 저렴한 완벽한 사본은 필요한 모든 곳에 퍼져서 자유롭게 쓰인다. 이렇게 사본이 무분별하게 살포되어 기존 경제를 무너뜨린다.

3단계 – 흐르기 · 공유하기 : 산물이 구성요소별로 해체되고, 각 요소가 흐르면서 자신의 새로운 용도를 발견하고 뒤섞여서 새로운 묶음을 형성하는 2차 교란이 일어난다. 그 산물은 이제 공유 클라우드에서 제공하는 서비스의 흐름이 된다. 부와 혁신의 플랫폼이 된다.

4단계 – 개방하기 · 되어가기 : 이전의 두 교란을 통해 3차 교란이 가능해진다. 적은 비용으로 편리하게 얻는, 강력한 서비스와 이미 나와 있는 단편의 흐름 덕분에 전문성이 거의 없는 아마추어도 새로운 산물과 전혀 새로운 범주의 산물을 만들 수 있다. 창작의 지위가 뒤집어지며, 그리하여 대중은 이제 예술가가 된다. 산출량, 선택지, 질은 급상승한다.

흐름의 이 4단계는 모든 매체에 적용된다. 모든 장르는 어느 정도의 유동성을 보일 것이다. 하지만 고정성은 사라지지 않는다. 우리 문명에서 고정된 좋은 것의 대부분(도로, 고층건물)은 어디로도 가지 않는다. 우리는 아날로그 물품(의자, 접시, 신발)을 계속 제조하겠지만, 그것들은 칩을 내장함으로써 디지털의 핵심적인 요소도 획득할 것이다. (소수의 고가 수제품을 제외하고)

유동적 흐름의 만발은 고정성을 줄이는 과정이 아니라 거기에 부가되는 과정이다. 기존 형식의 매체는 내구성이 있다. 그 위에 새로운 것이 덧씌워지는 것이다. 중요한 차이점은 고정성이 더 이상 유일한 대안이 아니라는 것이다. 좋은 것은 정적이고 불변이어야 할 필요가 없다. 달리 표현하면, 이제는 알맞은 형태의 불안정성이 좋을 수도 있다. 비축에서 흐름으로, 고정성에서 유동성으로의 이동은 안정성을 내치는 일에 관한 것이 아니다. 가변성을 토대로 가능해진 수많은 추가 대안으로 이루어지는 폭넓은 변경을 다스리는 일에 관한 것이다. 우리는 끊임없는 변화와 변모 과정에서 무언가를 산출하는 모든 방법을 탐구하고 있다.

가까운 미래의 하루가 어떠할지 상상해보자. 나는 클라우드에 접속하여 모든 음악, 영화, 책, VR 세계, 게임이 저장된 도서관으로 들어간다. 나는 음악을 선택한다. 노래뿐 아니라, 화음 파트 같은 노래의 한 부분도 얻을 수 있다. 노래의 항목은 각각의 한 채널로 나뉜다. 즉 내가 베이스나 드럼 부분, 목소리만을 얻을 수 있다는 의미다. 혹은 목소리 없는 노래, 즉 노래방용 음악도 얻을 수 있다. 도구 덕분에 음조와 선율을 바꾸지 않고 노래의 길이를 늘이거나 줄일 수 있다. 전문 도구를 써서 내가 찾은 노래의 악기를 바꿀 수도 있다. 내가 좋아하는 음악가 중 한 명은 자기 노래의 다른 판본을 발표하며(비용을 추가로 들여서), 더 나아가 창작하는 동안 만든 모든 판본의 역사 기록도 제공한다.

영화도 비슷하다. 사운드트랙만이 아니라, 각 영화의 많은 구성요소는 분리되어 발표된다. 나는 각 장면의 음향 효과, 특수 효과(적용하기 전과 후), 다른 각도에서 찍은 장면, 해설을 모두 작업 가능한 형태로 구할 수 있다. 일부 영화사는 재편집할 수 있는 삭제 장면도 다 공개한다. 해체된 이 풍부한 항목을 이용하여, 아마추어 편집자라는 하위문화 집단은 원본 감독보다 더 잘 만들겠다고 마음을 먹고서 발표된 영화를 재편집한다. 나도 미디어 강의를 할 때 여기저기서 조금씩 따서 그런 편집을 해왔다. 물론 모든 감독이 재편집에 관심을 보이는 것은 아니지만, 수요가 아주 많고 이 내부 항목의 판매량이 너무 좋아서 영화사는 그것을 보관한다. 성인 등급의 영화를 재편집하여 껄끄러운 장면을 없앤 가족 영화 판본으로 만들거나, G등급 영화를 어둠의 시장에 팔기 위해 불법 포르노 판본으로 편집할 수도 있다. 이미 출시된 수십만 편의 다큐멘터리 중 상당수는 시청자, 애호가, 감독이 추가하는 것을 통해 계속 갱신되고, 그럼으로써 이야기가 계속 이어진다.

내 모바일 기기를 통해 생산되고 공유되는 동영상의 스트림에는 친구가 쉽게 재편집할 수 있도록 채널이 딸려 있다. 친구들은 배경을 추출하고, 등장인물을 별난 장면에 삽입하고, 아주 그럴 듯하게 맥락을 재미있게 조작하다 동영상을 올리며 으레 그것을 토대로 하여 딴 동영상을 편집하여 올리는 식으로 응답한다. 짧은 동영상, 노래, 글―친구가 올린 것이든 전문가가 올린 것이든 간에―을 받으면, 단지 그것을 소비하는 것이 아니라 그것을 토대로 행동하는 반응이 자연스럽게 이어진다. 더하고 빼고 응답하고 변형하고 구부리고 융합하고 번역하고 다른 수준으로 높인다. 흐름을 이어가기 위해서다. 흐름을 최적화하기 위해서다. 내 매체 식성은 조각의 흐름이라고 볼 수도 있으며, 나는 그중 일부는 있는 그대로 소비하고, 대부분은 어느 정도까지 가공에 참여한다.

우리는 이제야 겨우 흐르기 시작했다. 우리는 몇몇 유형의 미디어를 대상으로 이 흐름의 4단계를 시작했지만, 대체로 여전히 1단계에 머물러 있다. 따라서 우리의 일상 활동과 기반 시설 중에는 유동화가 이루어져야 할 부분이 훨씬 더 많이 남아 있다. 그 부분도 유동화하여 흐를 것이다. 비물질화와 탈중심화를 향한 움직임은 꾸준하고 거대하기에 그 흐름은 불가피하게 계속 진행될 것이다.

지금 당장은 우리의 제조 환경에 속한 가장 물질적이고 고정된 기기가 무형의 힘으로 변화한다는 말이 어불성설처럼 보이겠지만, 부드러운 것이 단단한 것을 이길 것이다. 지식은 원자를 지배할 것이다. 생성적인 무형물이 무료를 발판으로 삼아 솟구칠 것이다. 흐르는 세계를 상상해보라.

SCREENING

제4장

현재는 읽지만 미래는

화면 보다

21세기가 시작될 때 모니터, 새로운 TV, 태블릿의 상호연결된 대단히 얇은 멋진 화면은 글쓰기의 대유행을 일으켰고, 그 추세는 계속 확장되고 있다. 사람들이 읽기에 쓰는 시간은 1980년 이래로 거의 세 배 증가했다. 2015년까지 월드와이드웹에는 60조가 넘는 페이지가 추가되었고, 하루에 수십억 페이지씩 늘어나고 있다. 이 페이지 하나하나는 누군가가 쓴 것이다. 현재 보통 사람들은 하루에 8,000건의 블로그 글을 올리고 있다. 전 세계의 젊은이들은 펜 대신 엄지를 써서, 휴대전화로 하루에 5억 건의 토막글을 올린다. 화면이 더 많아지면서 읽기와 쓰기의 양도 계속 늘어난다. 미국의 문해율은 지난 20년 동안 변화가 없었지만, 읽을 수 있는 이들은 더 많이 읽고 더 많이 쓰고 있다. 모든 화면에서 생성되는 모든 단어를 따진다면, 당신은 어디에 살고 있든 간에 당신의 할머니보다 일주일에 훨씬 더 많은 글을 쓰고 있다.

현재 우리는 페이지에 적힌 글을 읽는 것 외에도, 뮤직 비디오의 제멋대로 떠다니는 가사나 영화가 끝날 때 화면 위로 올라가면서 보이는 만든 사람들의 이름도 읽는다. 가상현실 속의 아바타가 말하는 말풍선 속의 대화도 읽고, 비디오 게임에서 사물을 클릭할 때 나오는 설명도 읽고, 온라인 다이어그램에 적힌 단어도 해독한다. 이 새로운 활동에는 읽기보다는 '화면 보기(screening)'라는 용어가 더 적절할 것이다.

고대문화는 구어를 중심으로 돌아갔다. 암기, 암송, 수사학이라는 말하기 기능은 과거, 애매함, 수사, 주관성을 존중하는 마음을 구어 사회에 주입했다. 우리는 말의 사람들이었다. 그러다가 약 500년 전, 기술이 말하기를 대체했다. 1450년 구텐베르크가 이동식 금속 활자를 발명하자, 글쓰기는 문화의 중심으로 격상되었다. 값싸고 완벽한 사본을 통해, 인쇄물은 변화의 엔진이자 안정성의 토대가 되었다. 인쇄를 통해, 언론, 과학, 도서관, 성문법이 출현했다. 인쇄는 사회에 정확성(흰 종이에 검은 잉크로 적힌)을 존중하는 마음, 선형 논리(문장의 행으로 적힌)의 이해, 객관성(인쇄된 사실)을 지키려는 열정, 권위(저자를 통한)를 떠받드는 태도를 주입했고, 권위자가 설파하는 진리는 책만큼 최종적이고 고정된 것이 되었다.

대량 생산된 책은 사람들의 사고방식을 바꾸었다. 인쇄 기술은 가용 단어의 수를 늘림으로써, 약 5만 단어에 불과했던 중세 영어를 지금의 100만 단어로 늘렸다.[1] 단어 선택의 범위가 늘어나면서 의사소통할 수 있는 범위도 확장되었다. 매체 선택의 범위가 늘어나면서, 글로 쓸 수 있는 범위도 확장되었다. 저자들은 육중한 학술서만을 쓸 필요가 없이, 저렴하게 인쇄한 책을 심금을 울리는 사랑 이야기(연애 소설은 1740년에 창안되었다[2])로 '낭비'하거나, 왕이 아니라고 해도 회고록을 발표할 수 있었다. 사람들은 합의된 주류 견해에 반대하는 소책자를 쓰거나, 왕이나 교황을 무너뜨릴 만큼 영향력을 발휘할 비정통적인 견해를 값싼 인쇄물로 발표할 수 있었다.

시간이 흐르면서, 저자의 힘은 저자를, 그리고 권위를 존중하는 태도를 낳았고, 전문성을 존중하는 문화를 낳았다. 완벽함은 '책을 통해' 달성되었다. 법은 공식 법전으로 편찬되었고, 계약은 문서로 작성되었고, 종이에 옮겨 적지 않은 말은 그 어떤 것도 유효하지 않았다. 그림, 음악, 건축, 춤도 중요했지만 서구 문화의 맥박은 책장을 넘길 때 고동쳤다.

1910년경, 미국에서 주민이 2,500명을 넘는 소도시 중 4분의 3에는 공공 도서관이 있었다.[3] 미국의 뿌리는 문서에서 나온다. 헌법, 독립선언문, 간접적으로 성경에서 말이다. 미국의 성공은 높은 수준의 문해율, 확고한 자유 언론, 법규(책에 적힌) 준수, 전국에서 통용되는 공통 언어에 뿌리를 두고 있었다. 미국의 번영과 자유는 읽기와 쓰기라는 문화에서 나왔다. 우리는 책의 사람들이 되었다.

하지만 지금은 50억 개가 넘는 디지털 화면이 우리 삶을 비추고 있다.[4] 디지털 화면 제조사는 연간 38억 대씩 새로운 화면을 바쁘게 만들어내고 있다.[5] 지구의 모든 사람에게 해마다 거의 새로운 화면이 한 대씩 돌아가는 셈이다. 우리는 평평한 표면이라면 어디에든 간에 시청 가능한 화면을 넣기 시작할 것이다. 말은 목재 펄프에서 컴퓨터, 전화기, 노트북, 게임 콘솔, 텔레비전, 광고판, 태블릿의 화소로 옮겨가고 있다. 글자는 더 이상 종이에 검은 잉크로 고정되어 있지 않으며, 우리 눈이 깜박일 수 있는 만큼 빠르게 다채로운 색깔로 유리판 위에서 깜박인다.

화면은 우리의 주머니, 가방, 계기판, 거실 벽, 건물 벽을 채운다. 우리가 일할 때 우리 앞에 놓여 있다. 우리가 어떤 일을 하든 간에 말이다. 현재 우리는 화면의 사람이다.

그 결과 책의 사람과 화면의 사람 사이에 지금 문화적 충돌이 일어나고 있다. 오늘날 책의 사람은 신문, 잡지, 법규, 규제 당국, 금융 규정을 만드는 선량하고 근면한 이들이다. 그들은 책에 기대어, 저자로부터 나온 권위에 기대어 살아간다. 이 문화의 토대는 궁극적으로 글 속에 들어 있다. 말하자면, 그들은 모두 같은 쪽에 의지하고 있다.

책의 엄청난 문화적 힘은 재생산 기구에서 나왔다. 인쇄기는 책을 빠르고 값싸고 충실하게 복제했다. 푸주한조차도 유클리드의 《원론 Stoicheia》이나 성경을 한 부 지닐 수 있었고, 그럼으로써 인쇄본은 귀족을 넘어서 시민의 정신을 계몽했다. 변형력을 지닌 이 동일한 재생산 기구는 미술과 음악에도 적용되면서, 그에 상응하는 동요를 일으켰다.

동판화와 목판화의 인쇄된 복제본은 시각미술의 특징을 대중에게 전파했다. 저렴하게 복사된 도표와 그래프는 과학을 촉진했다. 이윽고 사진과 녹음된 음악의 저렴한 사본은 재생산하라는 책의 명령을 더욱 폭넓게 퍼뜨렸다. 우리는 책만큼 빠르게 값싼 미술품과 음악을 뽑아낼 수 있었다.

지난 약 한 세기에 걸쳐 이 재현 문화는 유례없는 규모로 인류의 성취를 가져왔고, 이로 인해 창작물의 장엄한 황금기가 도래했다. 저렴한 유형의 복제물에 힘입어서 수백만 명의 창작자는 후원자에게 손을 벌려야 하는 껄끄러운 상황에 내몰리는 일 없이 대중에게 직접 예술품을 판매하여 생계를 유지할 수 있었다. 이 체제로부터 혜택을 본 것은 저자와 화가만이 아니라, 대중도 마찬가지였다.

역사상 처음으로 수십억 명의 평범한 사람이 걸작을 일상적으로 접할 수 있게 되었다. 베토벤의 시대에 그의 교향곡을 두 번 이상 들을 수 있었던 사람은 극소수였다. 값싼 오디오 녹음이 등장하면서, 봄베이의 이발사도 온종일 그 음악을 들을 수 있게 되었다.

■■■■■■■■■■■■■■■■■■■■■■■■■■■■■■■■■■■

하지만 현재 우리 대다수는 화면의 사람이 되었다. 화면의 사람은 책의 고전 논리나 복사본을 존중하는 태도를 무시하는 경향이 있다. 그들은 화소의 역동적인 흐름을 선호한다. 그들은 영화 화면, TV 화면, 컴퓨터 화면, 아이폰 화면, VR 안경 화면, 태블릿 화면 쪽으로 기울어져 있고, 가까운 미래에는 모든 표면에서 휘황찬란하게 펼쳐지는 대량의 화면에 빠질 것이다.

화면 문화는 끊임없는 흐름의 세계, 즉 토막글, 짧게 끊은 장면, 설익은 착상이 끊임없이 흐르는 세계다. 트윗, 뉴스 타이틀, 인스타그램, 되는 대로 쓴 글, 첫인상의 산물로 이루어진 흐름이다. 개념은 홀로 있지 않고 다른 모든 것과 대규모로 상호연결되어 있다. 진리는 저자나 권위로부터 전달되는 것이 아니라, 대중 자신을 통해 실시간으로 단편적으로 조립된다. 화면의 사람은 자신의 내용을 만들고 자신의 진리를 구축한다. 고정된 사본보다 흐르는 접근성이 더 중요해진다. 화면 문화는 30초 영화 예고편처럼 빠르며, 위키피디아 페이지처럼 유동적이고 열려 있다.

화면에서 단어는 움직이고, 사진과 융합되고, 색깔을 바꾸고, 심지어 의미조차 바뀔 수 있다. 때로는 단어가 아예 없이, 여러 의미로 해독될 수도 있는 사진이나 다이어그램이나 그림 문자만 있기도 하다. 이 유동성은 문자 논리를 토대로 한 모든 문명을 큰 혼란에 빠뜨린다. 이 신세계에서는 빠르게 움직이는 코드—업데이트가 이루어지는 컴퓨터 코드처럼—가 법보다 더 중요하다. 법은 고정되어 있다. 화면에 펼쳐지는 코드는 사용자가 끊임없이 수정할 수 있는 반면, 책으로 찍어낸 법은 그렇지 않다. 그렇다고 해도 코드는 법보다 더하지는 않다고 할지라도, 법에 못지않게 행동을 야기할 수 있다. 온라인에서, 화면에서 사람이 행동하는 방식을 바꾸고 싶다면, 그저 그 장소를 관장하는 알고리즘을 변경하면 된다. 그러면 사실상 집단행동을 통제하거나 사람들을 원하는 방향으로 내몰 수 있다.

책의 사람은 법을 통한 해결을 선호하는 반면, 화면의 사람은 기술을 모든 문제의 해결책으로서 선호한다. 사실 우리는 과도기에 있으며, 책의 문화와 화면의 문화 사이의 충돌은 개체로서의 우리 내부에서도 일어난다. 당신이 교양 있는 현대인이라면, 당신은 이 두 모드의 충돌을 겪고 있을 것이다. 이 긴장이야말로 새로운 규범이다.

이 모든 일은 50년 전에 우리의 거실로 침입한 최초의 화면에서 시작되었다. 크고 뚱뚱하고 따뜻한 텔레비전의 브라운관에서 말이다. 이 빛나는 제단은 우리의 읽는 시간을 줄였고, 그 결과 그 뒤로 수십 년 동안은 마치 읽기와 쓰기가 사라질 것처럼 보일 정도였다. 지난 세기의 후반기에 교육자, 지식인, 정치인, 부모는 TV 세대가 쓰는 법을 모르게 되지 않을까 몹시 걱정했다. 화면은 놀라울 만치 다양한 사회적 병폐의 원인으로 비난을 받았다. 하지만 물론 우리 모두는 계속 시청을 했다. 그리고 얼마간은 마치 그 누구도 쓰지 않는, 아니 쓸 수 없는 것처럼 보였고, 읽기 점수는 수십 년 동안 하향 추세를 이어갔다.[6]

하지만 모두가 놀랍게도 21세기가 시작될 때 모니터, 새로운 TV, 태블릿의 상호연결된 대단히 얇은 멋진 화면은 글쓰기의 대유행을 일으켰고, 그 추세는 계속 확장되고 있다. 사람들이 읽기에 쓰는 시간은 1980년 이래로 거의 세 배로 증가했다.[7] 2015년까지 월드와이드웹에는 60조가 넘는 페이지가[8] 추가되었고, 하루에 수십억 페이지씩 늘어나고 있다. 이 페이지 하나하나는 누군가가 쓴 것이다. 현재 보통 시민들은 하루에 8,000건의 블로그 글[9]을 올리고 있다. 전 세계의 젊은이들은 펜 대신 엄지를 써서 휴대전화로 하루에 5억 건의 토막글[10]을 올린다. 화면이 더 많아지면서 읽기와 쓰기의 양도 계속 늘어난다. 미국의 문해율은 지난 20년 동안 변화가 없었지만, 읽을 수 있는 이들은 더 많이 읽고 더 많이 쓰고 있다. 모든 화면에서 생성되는 모든 단어를 따진다면, 당신은 어디에 살고 있든 간에 당신의 할머니보다 일주일에 훨씬 더 많은 글을 쓰고 있다.

현재 우리는 페이지에 적힌 글을 읽는 것 외에도, 뮤직 비디오의 제 멋대로 떠다니는 가사나 영화가 끝날 때 화면 위로 올라가면서 보이는 만든 사람들의 이름도 읽는다. 가상현실 속의 아바타가 말하는 말풍선 속의 대화도 읽고, 비디오 게임에서 사물을 클릭할 때 나오는 설명도 읽고, 온라인 다이어그램에 적힌 단어도 해독한다. 이 새로운 활동에는 읽기보다는 '화면 보기Screening'라는 용어가 더 적절할 것이다. 화면 보기는 글을 읽는 것뿐 아니라, 글을 시청하고 이미지를 읽는 것도 포함한다.

이 새로운 활동은 새로운 특징을 지닌다. 화면은 늘 켜져 있다. 책을 읽을 때와 달리, 우리는 결코 화면에서 눈을 떼지 않는다. 이 새로운 플랫폼은 지극히 시각적이고, 글을 움직이는 이미지와 서서히 융합한다. 화면에서 단어는 이미지 위로 떠다니거나 돌아다니면서, 다른 단어나 이미지와 연결하는 각주나 주석 역학을 한다. 이 새로운 매체를 우리가 시청하는 책이나 우리가 읽는 텔레비전이라고 생각할 수도 있다.

이렇게 글이 다시 유행하고 있음에도, 책의 사람은 책―그리고 고전적인 읽기와 쓰기―이 곧 문화 규범으로서는 죽을 것이라고 근거 있는 걱정을 한다. 그런 일이 일어난다면 책 읽기가 함양한 선형 합리성을 고수할 사람이 과연 누가 있겠는가? 법전을 존중하는 태도가 약해진다면, 그리고 그 자리가 우리의 행동을 통제하려는 코드 열$^{\text{lines of}}$ ^{code}로 대체된다면, 누가 법규를 준수하겠는가? 거의 모든 것을 깜박이는 화면에서 공짜로 구할 수 있을 때 누가 글을 쓰는 저자에게 지불을 하겠는가? 그들은 부자만 종이책을 읽지 않을까 걱정한다. 아마 책에 담긴 지혜에 주의를 기울일 이는 극소수에 불과할 것이다. 아마 종이 책에 지불을 할 이는 더욱 적을 것이다.

우리 문화에서 책이라는 확고한 토대를 대신할 수 있는 것이 과연 있을까? 우리는 현재 문명의 토대를 이루는 이 방대한 문자 토대를 그냥 포기하려는 것인가? 기존 읽기 방식—이 새로운 방식이 아니라—은 현대 사회에서 우리가 소중히 하는 것의 대부분을 창조하는 데 핵심적인 역할을 했다. 교양, 합리적인 사고, 과학, 공정성, 법규 같은 것이다. 모두가 화면 보기로 넘어가면, 그것들은 어디로 갈까? 책은 어떻게 될까?

책의 운명은 자세히 살펴볼 가치가 있다. 이유는 그저 책이 화면 보기가 변화시킬 많은 매체 중 첫 번째 것이기 때문이다. 화면 보기는 먼저 책을 변화시킬 것이고, 이어서 책이 있는 도서관을 바꿀 것이고, 그 다음에 영화와 동영상을 변화시킬 것이고, 더 뒤에는 게임과 교육, 궁극적으로는 다른 모든 것을 바꿀 것이다.

책의 사람은 책이 무엇인지 자신이 안다고 생각한다. 옮겨쥘 수 있는 책등이 있는 쪽의 묶음이라고 말이다. 예전에는 두 표지 사이에 인쇄된 것은 거의 다 책이라고 보곤 했다. 전화번호의 목록도 책이라고 했다. 논리적인 시작도 중간도 끝도 전혀 없었음에도 말이다. 빈 쪽을 묶은 것은 스케치북이라고 했다. 안은 텅 비었지만, 양쪽에 표지가 있었기에 책이라고 했다. 사진을 묶어서 커피 탁자에 올려놓은 것은 글자가 아예 없었지만 그래도 책이라고 불렸다.

현재 책의 종잇장은 사라지고 있다. 남아 있는 것은 책의 개념 구조다. 완결되기까지 시간이 걸리는 경험을 하나의 주제로 통합한 기호의 묶음이다.

전통적인 책의 껍데기는 사라지고 있으므로, 그 체제가 그저 화석에 불과한지 여부를 궁금해하는 것도 당연하다. 책의 무형의 그릇이 현재 이용 가능한 다른 많은 글 형식보다 더 이점을 제공할까?

일부 문학가는 책이 사실상 당신이 읽을 때 마음이 가 있는 가상공간이라고 주장한다.[11] 개념상으로는 '문학 공간'이라고 부를 수 있을, 상상 속에 빠진 상태다. 이들은 읽기 공간에 들어가 있을 때, 당신의 뇌가 화면 보기를 할 때와 다른 식으로 작동한다고 본다. 신경학적 연구는 읽기 학습이 뇌의 회로를 바꾼다는 것을 보여준다.[12] 훌쩍 건너뛰면서 산만하게 비트를 수집하는 대신에, 책을 읽을 때 당신은 침잠하고 집중하고 몰입한다.

웹에서는 몇 시간 동안 읽으면서도 이 문학 공간을 결코 마주치지 못할 수 있다. 단편적인 글이나 줄거리를 슬쩍 훑는 식이기 때문이다. 그것은 웹의 큰 매력이다. 잡다한 조각이 엉성하게 결합되어 있다는 점 말이다. 하지만 일종의 그릇이 없다면, 이 엉성하게 결합된 조각은 산산이 흩어지면서 독자의 주의를 다른 곳으로 돌리고 중요한 내용이나 핵심 논리를 놓치게 한다.

독립형 읽기 전용 장치는 도움이 되는 듯하다. 지금까지 우리는 태블릿, 패드, 킨들, 휴대전화를 이용했다. 휴대전화는 가장 놀라운 기기다. 오랫동안 비평가는 폭이 몇 센티미터에 불과한 작은 화면으로 책을 읽고 싶어할 사람은 아무도 없을 것이라고 여겼다. 하지만 그들은 틀렸다. 그것도 엄청나게 말이다. 나를 비롯한 많은 이들은 그 작은 화면으로 행복하게 책을 읽고 있다. 사실, 우리는 책을 읽는 화면이 얼마나 작아질 수 있는지를 아직 알지 못한다. 신속 순차 시각 제시rapid serial visual presentation라는 실험적인 읽기 형태가 있는데, 단어 하나 크기의 화면[13]을 이용한다. 우표만 하다. 당신의 눈은 한 단어에 고정된 채 움직이지 않는다. 화면에서 그 단어는 다음 단어로 순서대로 바뀐다. 따라서 눈은 죽 늘어선 단어를 따라가면서 읽는 것이 아니라 시간적으로 '더 뒤에' 나오는 단어를 순서대로 읽는다. 단어 하나 크기의 작은 화면은 거의 모든 곳에 집어넣을 수 있으므로, 우리가 읽을 수 있는 영역을 확장한다.

전자잉크를 쓰는 킨들을 비롯한 전자책 단말기[14]는 3,600만 대 넘게 팔렸다. 전자책은 한 페이지만으로 이루어진 널빤지다. 한 페이지를 다 읽고서 그 널빤지를 톡 누르면 다음 쪽으로 '넘길' 수 있다. 더 나중 세대의 킨들에 쓰인 반사형 전자잉크는 기존의 종이에 찍힌 잉크만큼 선명하고 가독성이 있다. 하지만 인쇄된 단어와 달리, 전자책은 페이지에 있는 글을 오리고 붙일 수 있고, 하이퍼링크를 따라갈 수 있고, 그림과 상호작용할 수 있다.

하지만 전자책이 굳이 널빤지이어야 할 이유는 전혀 없다. 전자잉크 종이는 종이처럼 얇고 유연하고 값싼, 잘 휘어지는 저렴한 판으로 만들 수 있다. 그런 판을 100개쯤 묶어서 책등을 붙이고 두 장의 멋진 표지로 감쌀 수도 있다. 그 전자책은 기존의 쪽으로 이루어진 두꺼운 종이책과 아주 흡사해 보이겠지만 내용을 바꿀 수 있다. 그 쪽에는 어느 순간에는 시가 적혀 있다가, 다음 순간에는 요리법이 적혀 있다. 하지만 당신은 여전히 이 얇은 쪽을 넘길 수 있다(넘기면서 글 사이를 돌아다니는 이 방식은 개선하기가 쉽지 않다). 책을 다 읽으면, 당신은 책등을 탁 친다. 이제 같은 쪽이 다른 책을 보여준다. 이제는 베스트셀러 추리 소설이 아니라 해파리를 키우는 법을 담은 책이 된다.

현재 단말기는 대단히 잘 만들어져 있고 들고 있기도 좋다. 잘 디자인된 전자책 단말기는 손에 딱 맞게 잘 다듬은 가장 매끄럽고 가장 얇으면서 부드러운 모로코산 가죽 덮개를 사서 감싸고 싶을 만큼 매우 세련되어 보일 수도 있다.

개인적으로 나는 책의 책장이 큰 쪽을 좋아한다. 나는 펼치면 적어도 지금의 신문만 하게 커지는, 종이접기를 하듯이 접고 펼칠 수 있는 전자책이 있으면 좋겠다. 책장이 여러 개인 것도 괜찮다. 다 읽으면 주머니에 들어갈 만한 크기로 다시 접는 데 몇 분이 걸린다고 해도 개의치 않겠다.

나는 한 면에 실린 여러 편의 긴 글들을 제목 사이를 오가면서 훑을 수 있기를 바란다. 많은 연구실에서 주머니에 들어갈 만한 장치에서 주변의 편평한 표면에 레이저를 쏘아서 넓게 투영하는 책[15]의 시제품을 개발하는 중이다. 탁자나 벽은 이 책의 책장이 되고, 손짓으로 책장을 넘길 수 있다. 이 거대한 페이지는 나란히 놓인 여러 편의 글을 눈으로 훑을 때 느끼는 예전의 짜릿함을 맛보게 해준다.

디지털로 태어난 책은 직접적으로는 언제든 어느 화면으로든 흐를 수 있게 하는 효과를 일으킨다. 책은 불러낼 때 출현한다. 읽기 전에 책을 구입하거나 쟁여놓을 필요가 사라진다. 책은 물품이라기보다는 당신의 시야로 흘러드는 흐름에 더 가까워진다.

이 유동성은 소비하기 위해 책을 만들 때에도 똑같이 적용된다. 이 모든 단계에 있는 책을 물품보다는 과정이라고 생각하자. 명사가 아니라 동사라고 말이다. 책은 종이나 글보다는 '책 만들기booking'에 더 가까워진다.

일종의 되어가기다. 생각하기, 쓰기, 조사하기, 편집하기, 고쳐쓰기, 공유하기, 사회화하기, 인지화하기, 해체하기, 홍보하기, 더 공유하기, 화면 보기의 연속적인 흐름이다. 그 과정에서 책을 생성하는 흐름이다. 책, 특히 전자책은 책 만들기 과정의 부산물이다. 화면에 펼쳐지는 책은 단어와 생각의 책 만들기를 통해 생성되는 관계의 그물이 된다. 독자, 저자, 인물, 착상, 사실, 개념, 이야기를 연결한다. 이 관계는 화면 보기라는 새로운 방식을 통해서 증폭되고 강화되고 넓어지고 촉진되고 평가되고 재정의된다.

하지만 책과 화면 사이의 긴장은 아직 펼쳐지고 있다. 현재의 전자책 수탁자—뉴욕의 출판사에서 전자책을 가져오고 일부 베스트셀러

작가의 허락을 받아서 판매하는 아마존과 구글 같은 화면 회사들──는 독자가 글을 쉽게 잘라내고 이어 붙이거나, 책의 많은 부분을 복사하거나, 다른 식으로 본문을 크게 수정하는 일을 못하게끔 전자책의 유동성을 극도로 제한하는 데 동의한 상태다.

현재의 전자책은 화면 보기의 대표적인 텍스트인 위키피디아를 대체할 수 없다. 하지만 결국 전자책의 텍스트는 가까운 미래에 해방될 것이며, 책의 진정한 본성이 활짝 피어날 것이다. 우리는 책이 사실상 전화번호부나 종이에 실린 하드웨어 카탈로그나 이런저런 설명서로 인쇄되기를 결코 원하지 않았음을 깨닫게 될 것이다. 그런 일은 종이에도 이야기에도 적합하지 않으며, 화면과 비트가 훨씬 더 잘한다. 업데이트와 검색을 통해서 말이다. 그런 유형의 책이 늘 원했던 것은 주석이 달리고, 강조되고, 밑줄이 그어지고, 책갈피가 붙고, 요약되고, 교차 참조되고, 하이퍼링크로 연결되고, 공유되고, 대화하는 것이다. 디지털이 됨으로써 그 책은 그런 것뿐 아니라 그 이상의 것도 할 수 있게 되었다.

우리는 킨들과 킨들파이어에서 책이 새로 발견한 자유를 얼핏 엿볼 수 있다. 책을 읽을 때 나는 기억하고 싶은 대목을 강조할 수 있다(좀 수고를 해야 하지만). 나는 그 강조한 부분을 추출했다가(지금은 좀 수고를 함으로써) 가장 중요하거나 기억할 만한 대목을 모은 것들 속에서 다시 읽을 수 있다. 가장 중요한 점은 내가 강조한 대목을 내 허락 하에 다른 독자와 공유할 수 있고, 특정한 친구, 학자, 서평가가 강조한 대목을 내가 읽을 수 있다는 것이다. 우리는 모든 독자에게 가장 인기가 있는 강조 대목만을 걸러낼 수도 있고, 이런 식으로 책을 새로운 방식으로 읽기 시작한다. 그럼으로써 예전에는 희귀 도서 수집가만이 볼 수 있었던, 다른 저자가 책을 꼼꼼히 읽으면서 적었던 방주(본문 옆이나 본문의 한 단락이 끝난 뒤에 써넣는 본문에 대한 주석 - 옮긴이)까지 더 많은 독자가 접할 수 있다(그들의 허락하에).

읽기는 사회적인 것이 되고 있다. 화면을 통해 우리는 읽고 있는 책의 제목만이 아니라, 읽을 때의 반응과 주석까지 공유할 수 있다. 현재 우리는 원하는 대목을 강조할 수 있다. 내일은 그 대목에 링크를 붙일 수 있을 것이다. 우리는 지금 읽고 있는 책의 한 구절을 앞서 읽은 다른 책의 대비되는 구절과, 한 대목의 단어를 잘 기억이 안 나는 어떤 사전과, 한 책의 장면을 영화 속의 비슷한 장면과 링크로 연결할 수 있다(이 모든 기법에는 관련된 대목을 찾는 도구가 필요할 것이다). 우리는 존중하는 누군가가 보내는 방주를 구독할 수도 있고, 그럼으로써 그들의 독서 목록뿐 아니라 방주, 즉 강조, 주, 의문, 고심한 내용까지 얻을 수 있다.

현재 도서 공유 사이트인 굿리즈Goodreads에서 일어나고 있는 형태의 지적인 독서 동호회 토론은 책 자체에서 이루어지거나 하이퍼링크를 통해 책 속에 더 깊이 내장될 수도 있을 것이다. 따라서 누군가가 특정한 대목을 인용할 때, 그 대목에 대한 평과 평에 대한 대목으로 쌍방향 연결이 이루어진다. 조금 좋을 뿐인 책에도 위키피디아에서처럼 실제 텍스트와 긴밀하게 연관된 비평이 축적될 수 있다.

사실 책 사이의 빽빽한 하이퍼링크는 모든 책을 망의 일부로 만들 것이다. 책의 미래를 내다보는 기존의 관점은 책이 공동 도서관의 서가에 꽂혀 있는 그대로 서로 독립된 채, 고립된 항목으로 남아 있을 것이라고 본다. 각 책은 바로 옆에 있는 책을 거의 알아보지 못한다. 저자가 책을 완성할 때, 그 책은 고정되고 완결된다. 책은 독자가 집어들어서 자신의 상상을 통해 활기를 불어넣을 때에만 움직인다. 이 견해에 따르면 다가올 디지털 도서관의 주된 이점은 휴대성이다. 즉 책의 텍스트 전체를 산뜻하게 비트로 옮겨서, 어디에서든 화면으로 읽을 수 있게 해준다는 것이다.

하지만 이 관점은 책을 디지털화할 때 일어나는 주된 혁신을 놓치고 있다. 보편적인 도서관에서는 그 어떤 책도 섬으로 남아 있지 않으리라는 점을 말이다. 모든 책은 연결된다.

잉크로 찍힌 문자를 화면에서 읽을 수 있는 전자 점으로 전환하는 일은 이 새로운 도서관을 구축하는 데 필요한 첫 단계일 뿐이다. 진정한 마법은 제2막에서, 즉 각 책의 각 단어가 교차 연결되고, 이합집산하고, 인용되고, 추출되고, 색인되고, 분석되고, 주석이 붙고, 이전보다 훨씬 더 문화에 깊이 스며들 때 등장할 것이다. 전자책과 전자텍스트의 신세계에서 모든 비트는 서로에게 알려준다. 모든 쪽page은 다른 모든 쪽을 읽는다.

현재 상호연결이라는 측면에서 우리가 할 수 있는 최선의 일은 일부 텍스트를 참고문헌이나 각주에 있는 출처인 책의 제목과 연결하는 것이다. 한 책에서 어느 특정한 대목을 다른 대목과 연결할 수 있다면 훨씬 더 좋겠지만 아직은 기술적으로 가능하지 않다. 하지만 문장 수준에서 텍스트를 깊이 연결할 수 있을 때, 그리고 그 링크가 쌍방향이 될 때, 우리는 망 속의 책을 가지게 될 것이다.

위키피디아를 방문해보면, 그것이 어떤 의미인지 감을 잡을 수 있다. 위키피디아를 한 권의 아주 방대한 책—한 권의 백과사전—이라고 생각하자. 물론 실제로 그렇다. 그 3,400만 페이지는 대부분 파란색으로 밑줄이 그어진 단어로 가득하다. 해당 단어가 백과사전의 다른 어딘가에 있는 개념과 하이퍼링크로 연결되어 있음을 뜻한다.[16] 위키피디아—그리고 웹—에 엄청난 힘을 부여하는 것은 바로 이 관계의 그물이다. 위키피디아는 최초로 망을 이룬 책networked book이다. 시간이 더 흐르면 각 위키피디아 페이지는 모든 문장이 교차 참조되면서 파란 링크로 가득해질 것이다. 시간이 흐르면, 모든 책은 완전히 디지털화가 될 것이고, 각 책 내에서 망으로 연결된 참고문헌이 다른 모든 책으로도 연결되면서 똑같은 파란 밑줄이 쳐진 문장이 쌓일 것이다. 책의 각 쪽은 다른 쪽 및 다른 책과 연결될 것이다. 따라서 책은 제본된 상태에서 벗어나 서로 엮이면서 하나의 거대한 메타책metabook, 즉 보편적인 도서관을 구축할 것이다. 이 신경망처럼 연결된 도서관에서 생겨날 집단 지능에 힘입어서 우리는 하나의 고립된 책에서는 볼 수 없는 것을 보게 될 것이다.

보편 도서관universal library이라는 꿈은 오래된 것이다. 한곳에 과거와 현재의 모든 지식을 모은다는 것이다. 모든 언어로 된 모든 책, 모든 문서, 모든 개념 작업의 산물을 연결한 모든 것을 말이다. 이런 생각은 친숙하다. 어느 정도는 오래전에 우리가 잠시나마 그런 도서관을 구축했기 때문이기도 하다.

기원전 300년경에 세워진 알렉산드리아 대도서관[17]은 당시 알려진 세계에 돌아다니는 모든 두루마리를 보관하기 위해 설계되었다. 그 도서관에는 약 50만 권의 두루마리가 있었다. 당시 세계에 있는 모든 책의 30~70퍼센트에 해당했다. 하지만 이 대도서관이 사라지기 전에도, 모든 지식을 하나의 건물에 모을 수 있었던 시대는 이미 지난 상태였다.

그 뒤로 정보는 정보를 한 곳에 모으는 우리의 능력을 초월하여 끊임없이 팽창을 거듭해왔다. 2,000년 동안 보편 도서관은 투명 망토, 반중력 신발, 종이 없는 사무실 같은 우리의 다른 오랜 갈망과 더불어 미래로 무한정 계속 미루어지기만 하는 신비한 꿈으로 남아 있었다. 하지만 오래전부터 예고되어왔던 모든 지식을 담은 도서관을 진정으로 수중에 넣을 때가 마침내 온 것이 아닐까?

인터넷 전체를 백업[18]하고 있는 기록 보관자 브루스터 케일Brewster Kahle은 보편 도서관이 현재 실현 가능한 차원에 들어섰다고 말한다. "그리스인들보다 한 걸음 더 나아갈 기회가 온 겁니다! 내일이 아니라 오늘의 기술로도 실제로 가능해요. 우리는 세계의 모든 사람에게 인류의 모든 저서를 제공할 수 있어요. 달에 인간을 보낸 일처럼, 영구히 기억될 성취가 될 겁니다." 그리고 엘리트만 이용했던 기존 도서관과 달리, 이 도서관은 모든 언어로 쓰인 모든 책을 지구에 사는 모든 사람에게 제공하는 진정으로 민주적인 곳이 될 것이다.

이런 완전한 도서관에서는 어느 신문, 잡지, 학술지에 실린 어느 기사든 간에 다 읽을 수 있어야 이상적일 것이다. 또 보편 도서관에는 과거와 현재의 모든 예술가가 내놓은 모든 그림, 사진, 영화, 음악의 사본도 있어야 한다. 더 나아가 모든 라디오와 텔레비전 방송 내용도 포함해야 한다. 광고물도 그렇다. 물론 그 대도서관에는 당연히 더 이상 온라인에서 찾을 수 없는 죽은 웹페이지 수십억 쪽과 지금은 사라진 수천만 개의 블로그 포스트, 즉 우리 시대의 덧없는 글의 사본도 필요하다. 요컨대, 역사가 시작된 이후로 인류가 모든 언어로 작성한 모든 작품을 계속해서 모든 사람이 이용할 수 있어야 한다.

그러니 아주 거대한 도서관이다. 수메르의 점토판 시대부터 현재에 이르기까지, 인류는 적어도 3억 1,000만 권의 책,[19] 14억 편의 다양한 글,[20] 1억 8,000만 곡의 노래,[21] 3조 5,000억 장의 이미지,[22] 33만 편의 영화,[23] 10억 시간의 동영상과 TV 쇼와 단편 영화,[24] 60조 쪽의 공개 웹페이지[25]를 '발표해'왔다. 이 모든 것은 현 세계의 모든 도서관과 기록 보관소에 들어 있다. 이것을 전부 디지털화하면, 50페타바이트petabyte 하드디스크[26]에 압축할 수 있을 것이다(지금의 기술 수준에서). 10년 전에는 50페타바이트를 담으려면 소도시만 한 도서관을 지어야 했을 것이다. 지금은 당신의 침실을 채울 정도일 것이다. 얼마 뒤에는 당신의 휴대전화에 산뜻하게 들어갈 것이다. 그렇게 될 때 모든 도서관은 당신의 지갑에 들어갈 것이다. 가느다란 하얀 전선을 뇌에 직접 꽂지 않는다면 말이다. 지금 살고 있는 사람 중에는 그런 일이 일어나기 전에 죽고 싶어할 이들도 분명히 있겠지만, 다른 이들, 특히 젊은이의 대다수는 왜 그렇게 발전이 더딘지 알고 싶어한다.

하지만 글로 쓰인 모든 것의 지구적인 공급원을 우리에게 가져올 기술은 그 과정에서 우리가 현재 책이라고 부르는 것과 그것을 담은 도서관의 본질도 바꿀 것이다. 보편 도서관과 그 '책'은 우리가 지금껏 알던 그 어떤 도서관이나 책과도 다를 것이다. 우리는 그 책을 읽기보다는 화면 보기를 할 것이기 때문이다. 상호연결로 가득한 위키피디아의 성공에 고무된 많은 열광자들은 10억 명의 독자들이 한 번에 하나씩 하이퍼링크를 만든다면 기존 책의 모든 쪽을 충실하게 하나로 엮을 수 있다고 믿는다. 색다른 주제, 잘 알려지지 않은 저자, 좋아하는 책에 열정을 지닌 이들은 시간이 흐를수록 중요한 대목을 연결할 것이다. 수백만 명의 독자가 그 단순하고 평범한 활동을 한다면, 보편 도서관은 애독자에 의해, 애독자를 위해 온전히 통합될 수 있다.

한 단어나 문장이나 책을 다른 단어나 문장이나 책과 명확히 연결하는 링크 외에, 독자는 태그도 붙일 수 있을 것이다. 영리한 AI를 토대로 한 검색 기술로 우리는 복잡하기 그지없는 분류 체계를 이용할 필요없이, 사용자 생성 태그로도 충분히 원하는 대목을 찾을 수 있을 것이다. 사실 쉴 새 없이 작동하는 영리한 AI는 수백만 단위로 텍스트와 이미지에 자동적으로 태그를 붙일 것이고, 그럼으로써 보편 도서관 전체는 찾는 모든 이에게 지혜를 제공할 것이다.

링크와 태그는 지난 50년 동안의 가장 중요한 발명품 중 두 가지일지 모른다. 당신이 무언가에 링크나 태그를 다는 것은 익명으로 웹에 마크업을 함으로써 웹을 더 영리하게 만드는 행위다. 검색 엔진과 AI

는 각 태그가 시사하는 연결과 모든 링크의 끝점 사이의 관계를 강화하기 위해 관심 대상인 비트를 수집하고 분석한다. 웹은 탄생했을 때부터 이런 유형의 지능을 고유한 특성으로 지니고 있었지만, 그 지능은 지금까지 책의 세계에서는 낯선 것이었다. 하지만 이제 링크와 태그를 통해서 보편 도서관의 화면 보기가 가능해지고, 강력해지고 있다.

이 효과는 과학에서 가장 뚜렷하게 드러난다. 과학은 상호연결하고 주석을 달고 동료 심사를 통해서 세계의 모든 지식을 방대한 사실이 엮인 하나의 거대한 그물로 짜는 운동을 장기적으로 펼쳐왔다. 홀로 있는 사실은 설령 자기 분야에서 타당한 것이라고 해도, 과학에는 거의 가치가 없다. (사이비과학이나 심령과학은 과학이라는 커다란 망에 연결되지 않은 작은 지식의 웅덩이에 불과하다. 그것들은 자신의 망에서만 타당하다.) 이런 점에서 과학의 그물로 들어온 모든 새로운 관찰이나 데이터 비트는 다른 모든 데이터 점의 가치를 높인다.

이 연결을 통해 어느 책이 새로 확장된 도서관에 일단 통합되면, 그 텍스트는 더 이상 다른 책의 텍스트와 분리되지 않을 것이다. 예를 들어, 현재 진지한 비소설 책에는 대개 참고문헌과 일종의 각주가 달려 있을 것이다. 책이 깊이 연결될 때, 참고문헌이나 각주에 나온 책제목을 누르기만 하면 그 각주에 언급된 실제 책을 찾을 수 있을 것이다. 그 책의 참고문헌에 언급된 책은 이용 가능해질 것이고, 따라서 당신은 무언가의 밑바닥에 다다를 때까지 각주에서 각주를 거쳐 각주로 나아가면서, 우리가 웹 링크를 따라 건너뛰는 것과 똑같은 방식으로 도서관을 건너뛰어서 돌아다닐 수 있다.

이어서 단어가 나온다. 이를테면 산호초에 관한 웹 글이 어류 용어의 정의와 연결된 단어를 일부 지닐 수 있듯이, 디지털화한 책에 있는 단어는 어떤 것이든 간에 다른 책의 다른 단어와 하이퍼링크로 연결될 수 있다. 소설을 포함하여 책은 이름의 그물과 생각의 공동체가 될 것이다. (물론 당신은 소설을 읽을 때처럼 원하지 않는다면 링크—그리고 그 연결—를 억제할 수 있다. 하지만 소설은 글로 쓴 모든 것 가운데 작은 부분집합일 뿐이다.)

앞으로 30년에 걸쳐, 학자와 애호가는 컴퓨터 알고리즘의 도움을 받아서 세계의 책을 망으로 연결된 단일한 문학 작품으로 엮을 것이다. 독자는 어느 한 생각의 사회적 그래프나, 한 개념의 연표나, 도서관에 있는 어느 개념에 영향을 미치는 요인의 연결망 지도를 생성할 수 있을 것이다. 우리는 그 어떤 작품이나 생각도 홀로 서 있지 않으며, 모든 좋은 것, 참된 것, 아름다운 것이 과거와 현재의 서로 연결된 부분 및 연관된 실체의 생태계임을 이해하게 될 것이다.

한 텍스트의 핵심 내용이 한 고독한 저자가 지은 것일 때에도(많은 소설책이 그렇듯이), 그 책을 둘러싼 참고문헌, 토론, 비평, 하이퍼링크로 이루어진 부수적인 망은 아마 공동 협력의 산물일 것이다. 이 망이 없는 책은 헐벗은 양 느껴질 것이다.

그런 한편으로 일단 디지털화가 이루어지면, 책은 낱낱이 쪽으로 해체되거나 한 페이지의 조각으로 찢겨나갈 수 있다. 이 조각은 뒤섞여 재조합되어 새로운 책과 가상 서가가 될 것이다. 음악 청중이 현재 노래를 만지작거리고 재조합하여 새로운 앨범이나 연주 목록을 만들 듯이, 망을 이룬 보편 도서관은 전문 정보를 지닌 가치 있는 가상 '서가'—한 문단처럼 짧은 것도 있고, 책 전체처럼 긴 것도 있는 텍스트의 집합—가 만들어지도록 자극할 것이다. 그리고 음악 연주 목록처럼, 이 '서가', 즉 책의 목록도 일단 생성되면 발행되어 공유될 것이다. 일부 저자는 조각 형태로 읽히거나 페이지별로 뒤섞일 책을 쓰기 시작할 것이다. 미래의 참고도서(요리책, 설명서, 여행안내서) 분야는 각 페이지나 조각을 구입하고 읽고 조작하는 능력에 의존할 것이 확실하다. 당신은 여러 원천에서 짜깁기한 케이준치킨 요리법의 스크랩북이나 자신만의 '요리책 서가'를 만들 수도 있을 것이다. 웹페이지, 잡지 오린 것, 케이준 요리책 전체로 이루어진 서가다.

이런 일은 이미 일어나고 있다. 온라인 사이트 핀터레스트^{Pinterest}의 경영진은 사용자가 인용문, 이미지, 토막글, 사진의 스크랩북을 금방 만들 수 있게 해준다. 아마존은 현재 특정한 색다른 주제에 관해 당신이 추천하고 싶어하는 책의 주석이 달린 목록이라는 형태로 당신의 서가 '리스트마니아^{Listmania}'를 발표할 기회를 제공한다. 그리고 독자는 이미 구글북스를 써서 특정한 주제별로 작은 도서관을 꾸미고 있다. 이를테면, 스웨덴 사우나에 관한 모든 책이나 시계에 관한 가장 좋은 책의 목록이 그렇다. 책의 조각, 항목, 페이지가 일단 흔해지고 뒤섞이고 옮겨질 수 있다면, 사용자는 좋은 책을 모아서 관리할 특권을 얻고 아마 그로부터 소득까지 올릴 것이다.

도서관(그리고 많은 개인들)은 기존의 종이책을 군이 포기하려 들지 않는다. 인쇄본이 내구성과 신뢰성이 훨씬 더 뛰어난 장기 저장 기술이기 때문이다. 인쇄된 책은 아무런 매개 장치 없이 읽을 수 있고, 따라서 기술이 노후화해도 문제없다. 또 종이는 하드드라이브나 더 나아가 CD에 비해서도 극도로 안정적이다. 뒤섞이고 조합되는 일 없이 저자의 원래 시각을 고스란히 간직한 책은 가장 가치 있는 판본으로 남아 있곤 한다. 이런 면에서 제본된 책의 안정성과 고정성은 하나의 축복이다. 그 책은 한결같이 원래의 창작물로 남아 있다. 하지만 그 책은 홀로 고독하게 앉아 있다.

그렇다면 세계의 모든 책이 상호연결된 단어와 생각의 단일한 유동적인 천이 될 때 어떤 일이 일어날까?

첫째, 대개 지금은 독자가 거의 전무하다시피 한 대중성의 변방에 놓인 작품도 적지만 좀 더 많은 독자를 만나게 될 것이다. 인도 남부 성직자의 채식에 관해 자원봉사자가 쓴 걸작을 만나기도 더 쉬워질 것이다. 분포 곡선의 긴 꼬리에 있는—세계에 있는 책의 대부분이 속해 있는 판매부수가 적거나 아예 없는 길게 뻗은 영역—아리송하기 그지없는 제목의 책도 거의 다 디지털 상호연결을 통해 독자를 얻을 것이다.

둘째, 무명의 발전 과정에서 나온 모든 원본 문서가 스캐닝과 교차연결이 이루어짐에 따라서, 보편 도서관은 역사에 대한 우리의 이해를 심화시킬 것이다. 현재 지하 창고에서 썩고 있는 모든 황색 신문, 쓰이지 않은 전화번호부, 먼지 쌓인 공문서, 장부도 여기에 포함된다. 과거의 많은 것이 점점 더 오늘과 연결됨으로써, 오늘과 과거를 더 잘 이해하게 해준다.

셋째, 모든 책의 보편 망 도서관은 권위를 새로운 관점에서 보게 할 것이다. 특정한 주제에 관한 모든 텍스트—과거와 현재의 모든 언어로 된—를 진정으로 통합할 수 있다면, 문명, 종으로서의 우리가 무엇을 알고 무엇을 모르는지를 더 확실히 알 수 있다. 우리의 집단 무지라는 텅 빈 백지 공간은 집중 조명을 받을 것이고, 그런 한편으로 우리 지식의 금자탑은 완성을 향해갈 것이다. 이 수준의 권위는 오늘날의 학계에서는 극히 드물게 이루어지지만 앞으로 일상적이 될 것이다.

마지막이자 넷째, 모든 작품을 갖춘 완전한 보편 도서관은 단지 검색하기에 더 좋은 도서관이 아니라 그 이상이 된다. 몇 가지 측면에서 책 지식을 문화의 중심으로 다시 돌려놓는, 문화생활의 플랫폼이 된다. 현재 구글 지도와 몬스터닷컴Monster.com을 조합하면, 임금 수준별로 일자리가 어디에 있는지를 보여주는 지도가 나온다. 마찬가지로 대규모 망 도서관에 접속하여, 이를테면 런던의 트라팔가 광장에 관해 지금까지 쓰인 모든 글을 쉽게 찾아서 구글 글라스Google glass 같은 웨어러블 기기를 통해 그 광장에 서서 볼 수도 있을 것이다. 또 지구의 모든 사물, 사건, 위치에 대해서 언제 어떤 언어로 어떤 책에 그 내용이 적혔는지, 모든 것을 '알게' 될 것이다. 지식의 이 심오한 구조로부터 새로운 참여 문화가 나온다. 당신은 보편적인 책과—자신의 몸 전체로—상호작용을 하게 될 것이다.

곧 만물의 보편 도서관 바깥에 있는 책은 웹 바깥에 있는 웹페이지처럼, 공기 부족으로 헐떡이게 될 것이다. 사실 우리 문화에서 책의 권위가 약해지고 있는 상황에서 책의 본질을 보존할 수 있는 방법은 그 텍스트를 보편 도서관에 연결하는 것뿐이다. 새로운 책은 대부분 아예 디지털로 만들어질 것이고, 긴 이야기에 단어가 덧붙여지는 것처럼 보편 도서관으로 흘러들 것이다. 공유 재산인 아날로그 책으로 이루어진 드넓은 대륙과 2,500만 권의 외톨이 작품[27](인쇄되지도 공유되지도 않는)도 결국에는 스캔되어 연결될 것이다. 책의 관습과 화면의 규약이 충돌할 때, 화면이 이길 것이다.

망을 이룬 책의 한 가지 별난 특성은 결코 완성되지 않는다는 것, 즉 불후의 작품이 되기보다는 단어의 흐름이 된다는 것이다. 위키피디아는 편집의 흐름이다. 인용문을 만들려고 시도하는 사람은 누구나 그 점을 깨닫는다. 책은 공간적으로뿐 아니라 시간적으로도 망에 연결될 것이다.

하지만 왜 이것을 굳이 책이라고 부르는 것일까? 망에 연결된 책은 정의상 중앙도 없고 가장자리도 없다. 보편 도서관의 단위는 책 대신에 문장이나, 문단, 혹은 장이 아닐까? 그럴지도 모른다. 하지만 장기적인 형태의 힘이 있다. 자족적인 이야기, 통일된 서사, 닫힌 논증은 우리에게 몹시 매력적으로 다가온다. 그 주변으로 망을 끌어들이는 자연적인 공명이 있다. 우리는 책을 구성요소들로 해체했다가 웹으로 엮겠지만, 우리의 주의를 끄는 것은 책의 더 고차원적인 조직화일 것이다. 그것이야말로 우리 경제에 남아 있는 희소성이다. 책은 주의attention의 단위다. 사실 자료는 흥미로우며, 생각은 중요하지만, 이야기, 좋은 논증, 잘 짜인 서사만이 결코 잊지 못할 경이로움을 안겨준다. 뮤리엘 루카이저Muriel Rukeyser의 말마따나, '우주는 원자가 아니라, 이야기로 이루어져 있다.'[28]

이야기는 이 화면 저 화면에서 펼쳐질 것이다. 시선이 향하는 어디에서든 우리는 화면을 본다. 어느 날 나는 주유를 하면서 영화의 한 대목을 시청했다. 다른 날 밤에는 비행기의 좌석 등에 붙은 화면으로 영화를 봤다. 오늘 이른 저녁에는 전화기로 영화를 봤다.

우리는 어디에서든 볼 것이다. 모든 곳에서 말이다. 동영상을 내보내는 화면은 ATM 기계와 슈퍼마켓의 계산대 앞 등 가장 의외의 곳에서 튀어나온다. 어디에나 있는 이 화면은 3분 동안 지속되는 것 같은 아주 짧은 동영상을 시청하는 이들을 창출했고, 한편 값싼 디지털 창작 도구는 새로운 세대의 영화 제작자에게 힘을 준다. 그들은 이 화면을 빠르게 채우고 있다. 우리는 화면 편재성을 향하고 있다.

화면은 눈 이상의 것을 요구한다. 책을 읽을 때에는 책장을 넘기거나 귀퉁이를 접는 행동이 그나마 가장 활동적인 일이다. 하지만 화면은 우리 몸 전체를 참여시킨다. 터치 화면은 끊임없이 어루만지는 우리 손가락에 반응한다. 닌텐도 위 같은 게임 콘솔에 있는 감지기는 우리의 손과 발을 추적한다. 비디오 게임 화면의 조종간은 빠른 흔들림에 반응한다. 최신 화면—가상현실 헤드셋과 고글 안에서 우리가 보는 것들—은 전신 운동을 이끌어낸다.

그것들은 상호작용을 촉발한다. 최신 화면 중 일부(삼성 갤럭시 전화기 같은)는 우리가 어디를 바라보는지를 감지하여 우리의 시선을 따라갈 수 있다. 화면은 우리가 무엇에, 얼마나 오래 주의를 기울일지 알 것이다.[29] 영리한 소프트웨어는 현재 화면을 읽는 우리의 감정을 읽을 수 있고,[30] 우리의 감정에 반응하여 다음에 보여줄 것을 바꿀 수 있다. 읽기는 거의 체육이 된다. 5세기 전에는 누군가가 말없이 읽는 것이 기이해 보인 것처럼(읽고 쓰는 능력을 지닌 사람이 너무나 드물어서 대부분의 텍스트는 모두를 위해 낭독했다), 미래에는 우리 몸의 어느 부위가 내용에 반응하지 않으면서 화면을 본다는 것이 이상해 보일 것이다.

책은 사색적인 정신을 함양하는 데 뛰어났다. 화면은 더 실용적인 사고를 함양한다. 화면 보기를 하는 동안 드러나는 새로운 생각이나 낯선 사실은 무언가를 하도록 우리의 반사 신경을 자극할 것이다. 조건을 살펴보도록, 화면 '친구들'에게 의견을 묻도록, 다른 견해를 찾도록, 북마크를 하도록, 무언가를 단순히 고심하기보다는 그것과 상호작용을 하거나 트윗을 하도록 말이다.

책 읽기는 한 내용을 각주까지 찾아보도록 자극함으로써, 우리의 분석 기능을 강화한다. 화면 보기는 한 개념을 다른 개념과 연관 짓고, 매일 표출되는 수천 가지의 새로운 생각에 대처하게 함으로써, 빠른 패턴 형성을 자극한다. 화면 보기는 실시간 사고를 부추긴다. 우리는 시청하면서 영화를 평하거나, 논쟁을 하다가 모호한 사실을 찾아보거나, 기기를 집에 가져온 뒤에야 필요한 용도로 쓸 수 없음을 알아차리는 대신에 다른 사람이 쓴 사용 설명서를 미리 읽는다. 화면은 지금 당장을 위한 도구다.

화면은 설득 대신에 행동을 자극한다. 선전 선동은 화면의 세계에서는 효과가 덜하다. 잘못된 정보가 전자의 속도로 빨리 퍼지는 한편으로 수정된 정보도 마찬가지이기 때문이다. 위키피디아가 아주 잘 작동하는 이유는 클릭 한 번으로 오류를 제거하기 때문이다. 애초에 잘못된 내용을 올리는 것보다 잘못된 내용을 제거하기가 더 쉽기 때문이다. 우리는 책에서 밝혀진 진리를 발견한다. 화면에서 우리는 파편들로부터 자신의 신화를 조립한다. 망 속의 화면에서는 모든 것이 다른 모든 것과 연결된다. 새 창작물의 지위는 평론가가 주는 평점이 아니라, 그것이 나머지 세계와 얼마나 연결되어 있느냐에 따라 정해진다. 사람, 물건, 사실은 연결되기 전까지는 '존재하지' 않는다.

화면은 사물의 내면 특성을 드러낼 수 있다. 스마트폰의 카메라 눈을 제조물을 향해 놓고 흔들면, 가격, 원산지, 성분, 심지어 다른 소유자의 평까지 보일 수 있다. 구글 번역기 같은 적절한 앱을 쓰면, 전화기의 화면은 외국에서 식당 차림표나 간판에 적힌 글을 즉시 같은 서체의 자기 모국어로 번역할 수 있다. 아이의 봉제 장난감을 비추면, 화면에서 추가 행동과 상호작용을 증강현실처럼 보여주는 전화기 앱도 있다. 마치 화면이 대상이 지닌 무형의 본성을 드러내는 듯하다.

휴대용 화면은 더 성능 좋고 가볍고 커질수록, 점점 더 이 내면 세계를 보는 데 쓰일 것이다. 태블릿을 손에 들고—또는 마법의 안경이나 콘택트렌즈를 끼고서—거리를 걸으면, 진짜 거리의 모습에 설명이 겹쳐져서 나타날 것이다. 깨끗한 화장실이 어디에 있고, 원하는 물건을 어느 상점에서 파는지, 친구가 어디에 있는지를 말이다. 컴퓨터 칩이 아주 작아지고, 화면이 아주 얇고 저렴해지고 있으므로, 앞으로 30년 안에 반투명한 안경은 현실에 정보 층을 덧붙일 것이다.[31] 이 안경을 쓰고서 어떤 대상을 보면, 그 대상(혹은 장소)의 핵심 정보가 글자로 겹치면서 나타날 것이다. 이런 식으로 화면은 글자만이 아니라 모든 것을 '읽을' 수 있게 해줄 것이다.

구글 글라스가 보여주었듯이, 이 안경이 좀 꼴사나워 보인다는 것은 맞다. 형태가 개선되어 세련되고 편하게 느껴지려면 시간이 좀 걸릴 것이다. 하지만 작년에만 5경(10^{18})의 트랜지스터가 컴퓨터가 아닌 사물에 내장되었다. 조만간 신발에서 수프 깡통에 이르기까지, 제조물의 대다수는 자그마하며 그리 영리하지 못한 지능을 지닐 것이고, 화면은 이 흔한 인지화와 상호작용을 하는 데 쓸 도구를 지닐 것이다. 우리는 지켜보고 싶어질 것이다.

더 중요한 점은 화면도 우리를 지켜보리라는 것이다. 화면은 거울이, 우리 자신을 발견하기 위해 들여다보는 우물이 될 것이다. 얼굴이 아니라 자아를 들여다보는 거울이 될 것이다. 이미 수백만 명이 자신의 휴대용 화면으로 자신의 위치, 먹는 것, 몸무게, 기분, 수면 패턴, 보는 것을 입력하고 있다. 소수의 선구자들은 자신의 생애를 기록하기 시작했다. 대화, 사진, 활동 등 자신의 일상생활을 하나하나 자세히 기록하고 있다. 화면은 이 활동의 데이터베이스를 기록하고 보여주는 일을 둘 다 한다,

이 끊임없는 '자기 추적하기'를 통해 우리는 자기 삶의 완벽한 '기억'을 갖추면서, 어떤 책도 제공하지 못할 경이로운 수준으로 자신을 객관적이고 정량적으로 조망할 수 있다. 화면은 우리 정체성의 일부가 된다.

우리는 아이맥스IMAX에서 애플 워치Apple Watch에 이르기까지, 온갖 규모와 크기의 화면을 보고 있다. 머지않아 우리는 어떤 종류이든 간

에 화면에서 결코 멀리 떨어질 수 없게 될 것이다. 화면은 우리가 답, 친구, 뉴스, 의미, 자신이 누구이며 어떤 사람이 될 수 있는지를 알아보고자 할 때 맨 처음 들여다보는 무언가가 될 것이다.

▪▪▪▪▪▪▪▪▪▪▪▪▪▪▪▪▪▪▪▪▪▪▪▪▪▪▪▪▪▪▪▪▪▪▪▪▪▪

가까운 미래의 내 하루는 이런 식일 것이다.

아침에 나는 침대에서 일어나기 전부터 화면 보기를 시작한다. 몇 시인지, 자명종이 울렸는지, 중요한 속보가 있는지, 날씨가 어떤지 알아보기 위해 손목의 화면을 들여다본다. 침대 옆 작은 화면에는 친구들에게 온 메시지가 떠 있다. 나는 엄지로 메시지를 지운 뒤, 화장실로 향한다. 화장실 벽에 떠 있는 새로운 예술 작품을 본다. 친구들이 찍은 멋진 사진들이다. 어제 찍은 사진보다 더 유쾌하고 밝다. 나는 옷을 입고서 옷장의 화면에 비춰본다. 화면은 내 셔츠에는 빨간 양말이 더 어울릴 것임을 보여준다.

부엌으로 가서 뉴스를 제대로 훑어본다. 나는 식탁에서 수평으로 펼쳐지는 평면 화면으로 뉴스를 보는 것이 좋다. 나는 식탁 위로 팔을 휘저어서 기사를 흐르게 한다. 이어서 찬장에 있는 화면으로 눈을 돌려서, 좋아하는 아침 식사용 곡물이 어디 있는지 찾는다. 여러 문에 붙은 화면에는 그 뒤에 무엇이 있는지를 보여준다. 냉장고 위에 떠 있는 화면은 안에 우유가 있다고 말해준다. 나는 냉장고 문을 열어서 우유를 꺼낸다. 우유갑 옆에 있는 화면은 내게 게임을 하라고 부추기지만 나는 꺼버린다. 나는 식기 세척기에서 확실히 닦였는지 확인하기 위해 그릇의 화면을 본다. 곡물을 먹을 때, 나는 그것이 아직 신선한지, 친구가 들어 있다고 한 유전적 표지가 들어 있는지를 확인하기 위해 포장지에 붙은 화면에 질문을 한다. 식탁을 향해 고개를 끄덕이자, 새로운 뉴스로 넘어간다. 자세히 들여다보자, 화면이 알아차리고는 뉴스를 더 자세히 보여준다. 화면을 더 깊이 들여다보자, 텍스트에 더 많은 링크, 더 심도 있는 사진이 생성된다. 나는 우리 시의 현직 시장을 조사한 아주 긴 심층 보도 기사를 보기 시작하지만, 아들을 학교에 데려다줄 시간이다.

서둘러 차로 향한다. 차 안에서 나는 부엌에서 보다 만 기사를 이어서 본다. 차 안의 화면이 내가 차를 모는 동안 기사를 읽어준다. 도로 옆으로 지나치는 건물에도 화면이 붙어 있다. 대개 나만을 겨냥한 광고가 뜬다. 내 차를 인식하기 때문이다. 레이저 투사 화면들이다. 즉 나만이 볼 수 있도록 맞춤 영상이 투사된다. 다른 통근자는 같은 화면에서 다른 영상을 본다. 나는 대개 그것을 무시한다. 차에서 화면 보기를 하고 있는 기사에 나온 사진이나 다이어그램이 뜰 때를 빼고 말이다. 나는 오늘 아침에는 어느 길이 가장 덜 막히는지를 알아보기 위해 교통 화면을 본다. 차의 길 안내 시스템이 다른 운전자의 주행 경로를 살펴서 가장 좋은 길을 고르지만, 아직 완벽하지가 않기에, 나는 교통 흐름 양상을 화면에 띄우는 쪽을 선호한다.

아들의 학교에서는 복도 옆 벽의 공용 화면 중 하나를 살펴본다. 손바닥을 보여주면서 내 이름을 말하자, 화면은 내 얼굴, 눈, 지문, 목소리로 나를 인식한다. 내 개인 인터페이스로 바뀐다. 복도가 사생활 보호에 취약하다는 점에 개의치 않는다면 메시지도 살펴볼 수 있다. 아니면 내 손목에 달린 작은 화면을 이용할 수도 있다. 메시지를 훑다가 자세히 보고 싶은 것이 나오면 화면은 확대해서 보여준다. 나는 손을 흔들어서 일부는 건너뛰고 일부는 보관함으로 휙 보낸다. 긴급한 것이 하나 있다. 허공을 손가락으로 집자, 가상 회의장 화면이 뜬다. 인도의 동업자가 내게 말한다. 그녀는 벵골어로 내게 말한다. 지극히 현실처럼 느껴진다.

　나는 마침내 사무실에 들어선다. 의자에 앉자, 내 방이 나를 알아보고, 방과 책상에 있는 모든 화면이 내가 이용할 수 있는 준비 상태가 된다. 내가 어제 사무실을 떠난 시점부터 벌어진 일을 보여준다. 내가 일과를 수행할 때 화면은 계속 나를 주시한다. 특히 손과 눈을 많이 지켜본다. 나는 자판 입력뿐 아니라 새로운 수화 명령을 사용하는 데에도 매우 익숙하다. 내가 일하는 모습을 16년 동안 지켜봐왔기에, 화면은 내가 다음에 무엇을 할지 예측할 수 있다. 화면에 있는 기호의 순서는 다른 사람은 알아볼 수 없다. 내 동료의 기호 순서도 내게는 당혹스럽다. 함께 일할 때에도 우리는 전혀 다른 환경에서 화면 보기를 한다. 우리는 서로 다른 도구를 바라보고 쓰면서 방 안을 돌아다닌다. 다른 사람이 보기에는 괴상한 몸짓을 하거나 춤을 추는 듯이 보일 것이다. 나는 좀 구식이라서 아직 더 작은 화면을 손에 들고서 보는 쪽이 좋다. 내가 선호하는 화면은 대학 때 썼던 것과 동일한 가죽으로 감싼 화면이다(화면은 새것이지만, 케이스는 옛날 것이다). 졸업한 뒤에 쇼핑몰에서 노숙하는 이민자를 다룬 다큐멘터리를 제작할 때 썼던 것과 동일한 화면이다. 내 손은 그것에 익숙하며, 그것은 내 손짓에 익숙하다.

일이 끝나자 나는 증강현실 안경을 쓰고서 달리기를 하러 밖으로 나간다. 달리는 경로가 내 앞에 뚜렷이 보인다. 거기에 심박수와 대사 통계 수치 등 운동과 관련된 모든 측정값이 실시간으로 겹쳐서 보이며, 방금 지나친 장소에 관한 최신 주석이 가상 화면에 보일 수도 있다. 한 시간 전에 같은 경로를 달린 한 친구가 남긴 우회로에 관한 정보가 안경의 화면에 가상으로 뜨며, 지역역사동호회(내가 회원인)가 남긴 친숙한 기념물 두 점에 관한 역사적 내용도 뜬다. 언젠가는 공원을 달릴 때 안경에 새의 이름들이 뜨는 조류 식별 앱도 깔아보고 싶다.

집에 돌아와 저녁 식사를 할 때는 식탁에 개인 화면을 띄우지 못하게 정했다. 부엌의 화면에 은은한 색깔을 띠우기는 하지만 말이다. 식사를 한 뒤, 나는 휴식을 취하고자 화면 보기를 한다. 나는 VR 헤드셋을 쓰고서 내가 관심을 가진 세계 건축가가 짓고 있는 새로운 낯선 도시를 탐사한다. 아니면 3D 영화를 보거나 어느 가상현실 세계에 들어간다.

학생들이 대개 그렇듯이, 내 아들도 숙제를 하기 위해, 특히 개인 지도를 받기 위해 화면 보기를 한다. 아들은 화면으로 어드벤처 게임 하기를 좋아하지만, 우리는 주중에는 한 시간만 하도록 정했다. 아들은 한 시간 동안 화면으로 가상현실 세계에 들어가서, 전체를 빠르게 훑으면서 동시에 다른 세 화면으로 메시지와 사진도 훑는다. 한편 나는 속도를 늦추려고 시도한다.

나는 때때로 벽에 붙은 화면에 내 보관함에서 꺼낸 편안한 경치가 서서히 펼쳐지는 동안 무릎에 놓인 패드로 책을 본다. 아내는 침대에 누워서 천장에 있는 화면으로 좋아하는 소설을 읽다가 잠이 드는 것을 가장 좋아한다. 잠을 청할 때, 나는 손목의 화면을 오전 6시로 설정한다. 나는 여덟 시간 동안 화면 보기를 중단한다.

ACCESSING

·

제5장

소유하지 않고
접근하다

나는 복합주거단지에 산다. 많은 친구들처럼 나도 24시간 이용할 수 있는 서비스 때문에 복합단지를 택했다. 내 아파트의 우편함은 하루에 네 번 비워지고 채워진다. 거기에 옷 같은 재생 가능용품을 넣으면 몇 시간 뒤에 다시 새로 채워진다는 의미다. 복합단지에는 지역가공센터에서 드론, 자율주행 밴, 자율주행 자전거를 통해 시간마다 물건이 배달되는 자체 노드도 있다. 내가 내 장치에 필요한 것을 알려주면, 내 우편함(집이나 사무실의)에는 두 시간 이내에, 때로는 그보다 더 빠른 시간에 물품이 배달된다. 중앙 통로에 있는 노드에는 금속, 복합 재료, 생체 조직 등으로 무엇이든 간에 인쇄할 수 있는 경이로운 3D 인쇄기도 있다. 가전제품과 도구가 가득한 꽤 멋진 창고도 있다. 어느 날 나는 칠면조 튀김기를 원했다. 한 시간 뒤 노드의 라이브러리로부터 내 우편함으로 한 대가 와 있었다. 물론 나는 쓴 뒤에 세척할 필요가 없다. 그냥 우편함에 다시 넣으면 된다. 한 친구가 들렀다가, 머리를 깎아야겠다고 마음먹었다. 30분 사이에 우편함에 이발기가 도착했다. 나는 등산용품도 한 벌 구독한다. 등산용품은 해마다 너무 빨리 바뀌고 나는 몇 주 또는 주말에만 쓰므로, 가장 좋은 최신 제품을 우편함에서 얻는 쪽이 훨씬 낫다. 카메라와 컴퓨터도 마찬가지다. 금방 구닥다리가 되므로, 나는 가장 좋은 최신 제품을 구독하는 쪽이 좋다. 내 많은 친구들처럼, 나도 옷을 대부분 구독한다. 좋은 방식이다. 나는 원한다면 매일 다른 옷을 입을 수도 있고, 하루가 끝날 무렵에 입던 옷을 우편함에 그냥 집어넣기만 하면 된다. 그 옷은 세탁되어 다시 배포되며, 때로 사람들의 취향에 맞게 조금씩 수선하기도 한다. 심지어 다른 대부분의 회사에는 없는 명품 티셔츠도 많이 있다. 내가 소유한 몇 벌의 특별한 스마트셔츠에는 칩이 달려 있어서 다음 날이면 세탁 및 다림질이 되어 내게 돌아온다.

〈테크크런치^{TechCrunch}〉의 한 기자는 최근에 이렇게 간파했다. "세계 최대의 택시 회사인 우버에는 택시가 한 대도 없다. 세계에서 가장 인기 있는 미디어 회사인 페이스북은 콘텐츠를 전혀 만들지 않는다. 세계에서 가장 자산 가치가 높은 소매점인 알리바바에는 재고 목록이 아예 없다. 세계 최대의 숙박업체인 에어비앤비^{Airbnb}는 부동산을 전혀 갖고 있지 않다. 무언가 흥미로운 일이 벌어지고 있다."[1]

사실 디지털 매체도 비슷한 부재를 보여준다. 나는 세계 최대의 동영상 허브인 넷플릭스를 통해서 영화를 소유하지 않고서도 시청할 수 있다. 세계 최대의 음악 스트리밍 회사인 스포티파이를 통하면, 음악을 소유하지 않고도 원하는 음악을 다 들을 수 있다. 아마존의 킨들 언리미티드를 이용하면 책을 소유하지 않고도 80만 권에 이르는 도서관의 모든 책[2]을 읽을 수 있고, 플레이스테이션 나우^{PlayStation Now}를 이용하면 게임을 사지 않고서도 할 수 있다. 해가 갈수록 나는 사용하는 것을 덜 소유하게 된다.

소유는 예전보다 덜 중요해지고 있다. 대신에 '접근하기Accessing'가 점점 더 중요해지고 있다.

당신이 세계 최대의 대여점 안에서 살고 있다고 하자. 무언가를 소유할 이유가 어디 있겠는가? 손만 뻗으면 필요한 것은 무엇이든 빌릴 수 있는데? 즉시 빌림으로써 당신은 소유의 혜택을 대부분 얻는 한편으로 소유의 단점은 거의 피한다. 당신은 쓸고 닦고, 고치고, 보관하고, 정리하고, 보험을 들고, 갱신하고, 유지할 책임을 전혀 지지 않는다. 이 대여점이 무한한 공간에 온갖 물건이 가득 들어가 있는 마법의 벽장, 메리 포핀스의 손가방이라면? 당신은 그저 수리수리마수리 하면서 탁 두드려서 불러내기만 하면 된다. 그러면 짠 하고 나타날 것이다.

고도의 기술에 힘입어서 이 마법의 대여점은 점층적으로 구현되어 왔다. 인터넷·웹·전화기의 세계가 바로 그것이다. 이 가상 벽장은 무한하다. 이 극도로 넓은 대여점에서는 가장 평범한 사람도 소유하는 것만큼 빠르게 상품이나 서비스를 구할 수 있다. 때로는 자신의 '보관 창고'에서 찾는 것보다 더 빠를 수도 있다. 상품의 질은 당신이 소유할 수 있는 것과 동일하다. 접근은 현재 경제의 최전선을 확장시키고 있을 만큼 여러 면에서 소유보다 우월하다.

접근을 향하고 소유에서 멀어지는 이 장기적인 운동을 추진하는 심오한 기술 추세가 다섯 가지 있다.

1. 탈물질화Dematerialization

지난 30년 동안의 추세는 더 적은 물질로 더 나은 물건을 만드는 것이었다. 맥주 캔이 고전적인 사례다. 맥주 캔의 기본 형태, 크기, 기능은 80년 동안 전혀 변화가 없었다. 1950년에 맥주 캔은 주석으로 표면 처리를 한 강철로 만들었고, 무게가 73그램이었다.[3] 1972년에는 알루미늄으로 만든 더 가볍고 더 얇고 더 잘 만든 모양의 캔이 등장했다. 무게는 21그램이었다. 그 뒤로 독창적으로 접히고 구부린 부위가 추가되면서 재료의 양이 더욱 줄어들었고, 지금은 13그램에 불과하다. 즉 원래 무게의 5분의 1로 줄어들었다.[4] 그리고 새로운 캔은 따개가 필요 없다. 원래 재료의 20퍼센트만 쓰는 데에도 편리한 점은 더 늘었다. 이것을 '탈물질화'라고 한다.

평균적으로 현대의 제품은 대부분 탈물질화를 겪어왔다. 1970년대 이후로 자동차의 평균 무게는 25퍼센트가 줄었다.[5] 전자제품도 기능당 무게가 줄어드는 경향을 보인다. 물론 탈물질화를 가장 뚜렷이 보여주는 것은 통신 기술이다. 거대하고 볼륨감 있었던 PC 모니터는 얇은 평면 화면으로 줄어들었고(TV의 화면 폭은 커졌지만), 탁자에 놓인 무거운 전화기는 주머니에 들어갈 수 있게 되었다.

무게는 그대로이면서 여러 새로운 기능을 추가한 제품도 나오긴 하지만 전반적인 추세는 원자atom를 덜 쓰면서 제품을 만드는 것이다. 개별 물품이 재료를 덜 쓰긴 해도, 경제가 팽창함에 따라 쓰는 물품이 더 늘어나서 전체적으로 물건이 더 늘어나기 때문에 이 점을 알아차리지 못할 수도 있다. 하지만 GDP 단위 달러당 쓰는 물질의 총량은 줄어들고 있으며, 이는 더 적은 물질로 더 많은 가치를 만들어내고 있다는 의미다. GDP 한 단위를 생산하는 데 필요한 물질의 비율은 150년 동안 줄어들어왔으며, 지난 20년 동안은 더욱 빠른 속도로 줄어들어왔다. 1870년에는 미국의 GDP 한 단위를 생산하는 데 4킬로그램이 들어갔다. 1930년에는 1킬로그램에 불과했다.[6] 더 최근으로 오면, 투입량 1킬로그램당 GDP의 가치는 1977년에는 1.64달러였다가 2000년에는 3.58달러로 상승했다.[7] 23년 사이에 탈물질화가 두 배로 이루어진 것이다.

디지털 기술은 상품에서 서비스로의 이주를 촉진함으로써 탈물질화를 촉진한다. 서비스의 유동적 특성은 물질에 얽매일 필요가 없음을 시사한다. 하지만 탈물질화는 단지 디지털 상품에 관한 것만이 아니다. 소다 캔 같은 유형의 물질 상품이 물질을 덜 쓰면서 더 많은 혜택을 줄 수 있는 이유는 무거운 원자가 질량이 없는 비트로 대체되기 때문이다.

유형물은 예전에 더 많은 알루미늄 원자로 했던 일을 하고 있는 무형물—더 나은 디자인, 혁신적인 과정, 스마트 칩, 궁극적으로 온라인 연결성 같은 무형물—로 대체되고 있다. 지능 같은 부드러운 것은 알루미늄 같은 단단한 것에 내장됨으로써 단단한 것을 더 소프트웨어처럼 행동하게 만든다. 비트와 융합된 물질 상품은 점점 더 무형의 서비스인 양 행동한다. 명사는 동사로 변형되고 있다. 하드웨어는 소프트웨어처럼 행동한다. 실리콘밸리에서는 이런 식으로 말한다. "소프트웨어는 모든 것을 먹어치운다."[8]

이미 자동차에서 무거운 강철은 가벼운 실리콘으로 대체되어왔다.

현재의 자동차는 사실상 바퀴에 올려놓은 컴퓨터다. 영리한 실리콘은 자동차의 엔진 성능, 제동 능력, 안전을 강화한다. 그리고 전기차는 더욱더 그렇다. 이 굴러가는 컴퓨터는 연결되어 인터넷 자동차가 되려 하고 있다. 운전자 없는 주행, 유지와 안전, 가장 최신의 가장 화질 좋은 HD 3D 동영상 재생을 위해 무선으로 연결될 것이다. 연결된 자동차는 새로운 사무실도 될 것이다. 개인 공간에서 운전을 하지 않고 있을 때, 당신은 자동차를 갖고 일하거나 놀 수 있을 것이다. 나는 2025년이면 고급 자율주행 자동차의 대역폭bandwidth(주파수의 범위)이 가정으로 들어가는 대역폭을 초과할 것이라고 예측한다.

자동차는 더 디지털이 될수록, 우리가 디지털 매체 사이를 오가면서 사회 활동을 하는 것과 동일한 방식으로 교환되고 공유되고 사용되는 경향을 보일 것이다. 가정과 사무실의 사물에 지능을 더 많이 내장시켜서 더 영리하게 만들수록, 우리는 그 물건에 사회적 속성을 더 부여하게 될 것이다. 우리는 그것의 여러 다양한 측면(무엇으로 만들어졌고, 어디에 있고, 그것이 무엇을 보는지를)을 공유할 것이다. 이는 우리가 자신을 그런 사물을 공유하는 존재로서 생각하게 될 것이라는 의미다.

아마존 설립자인 제프 베조스Jeff Bezos는 2007년에 킨들 전자책 단말기를 처음 소개할 때, 그것이 제품이 아니라고 주장했다. 읽을거리에 접근할 권리를 파는 서비스라고 말했다. 이 변화는 7년 뒤 아마존이 거의 100만 권에 달하는 전자책을 모두 읽을 수 있는 도서관 유료 회원 서비스를 도입함으로써 더 명확해졌다. 애독자는 더 이상 개별 책을 살 필요가 없었다. 킨들 한 대를 구입하는 것만으로 현재 발행된 책의 대부분에 접근할 권리를 살 수 있게 되었다. (킨들 기본형의 가격은 꾸준히 떨어져왔으며, 곧 거의 공짜가 되려 하고 있다.)

상품은 소유를 부추기지만 서비스는 소유를 단념시킨다. 소유하는 특권에 따라오는 배타성, 통제권, 책임이 서비스에는 없기 때문이다.

'구입하는 소유권'에서 '구독하는 접근권'으로의 전환은 많은 관습을 뒤엎는다. 소유권 획득은 무심결에 변덕스럽게 이루어진다. 더 나은 무언가가 나오면 와락 움켜쥐는 식이다. 반면에 구독은 생산자와 소비자 사이의 끊임없는 상호작용을 일으키는 업데이트, 발행, 판본의 끝없는 흐름을 낳는다. 일회성 사건이 아니다. 지속적인 관계다. 서비스에 접근할 때, 종종 소비자는 한 물품을 구입할 때보다 훨씬 더 강하게 그것에 몰입하곤 한다. 끊기가 어려울 만치 구독에 얽매이기도 한다(자신이 가입한 이동통신망 회사나 케이블 회사를 생각해보라). 그 서비스를 오래 쓸수록, 그 서비스는 당신을 더 잘 알게 된다. 그리고 그것이 당신을 더 잘 알수록, 그것을 떠나서 새로 시작하기가 더 힘들어진다. 결혼과 거의 비슷하다. 자연히 생산자는 이런 유형의 충성도를 소중히하지만, 소비자도 그 관계를 이어감으로써 여러 가지 혜택을 본다(아니 그래야 한다). 끊임없이 유지되는 품질, 지속적인 개선, 전용 상담 창구 등이 그렇다. 좋은 서비스라고 여겨지는 것들이 제공된다.

접근 모드를 통해 소비자는 생산자에게 더 가까워지며, 사실상 소비자가 생산자 역할을 하곤 한다. 즉 미래학자 앨빈 토플러Alvin Toffler가 1980년에 '프로슈머prosumer'라고 말한 존재가 된다.[9] 소프트웨어를 소유하는 대신에 소프트웨어 접근권을 지니면, 당신은 소프트웨어의 개선에 참여할 수 있다.

하지만 그것은 당신이 새로 충원되었다는 의미이기도 하다. 새로운 소비자인 당신은 버그를 찾아서 보고하고(회사의 비용이 많이 드는 QA 부서를 대신할), 게시판에서 다른 소비자에게 기술적 도움을 추구하고(회사의 비용이 많이 드는 상담 창구를 줄이면서), 자신이 기능을 추가하거나 개선하려는(회사의 비용이 많이 드는 개발진을 대신하면서) 의욕을 느낀다. 접근권은 우리가 한 서비스의 모든 부분과 하는 상호작용을 증폭시킨다.

'서비스화한' 최초의 독립형 제품은 소프트웨어였다. 현재 상품 대신에 서비스로서의 소프트웨어Software as Service, SaS를 파는 것이 거의 모든 소프트웨어의 기본 방식이 되어 있다. SaS의 한 예로서 어도비Adobe는 탁월한 포토샵과 디자인 도구를 더 이상 7.0판처럼 특정한 판본 형태의 독립된 상품으로 팔지 않는다. 대신에 소비자는 포토샵, 인디자인, 프리미어 같은 서비스, 또는 그 서비스 전체를 업데이트의 흐름과 함께 구독한다.[10] 당신이 구독 서명을 하면, 당신의 컴퓨터는 매달 구독료를 지불하는 한 최신판을 작동시킬 것이다. 이 새 사업 모델은 무언가를 영구히 소유해야 마음이 편한 소비자의 태도를 변화시킨다.

서비스로서의 TV, 전화, 소프트웨어는 이제 시작에 불과하다. 지난 몇 년 사이에 서비스로서의 호텔(에어비앤비), 서비스로서의 도구(테크샵TechShop), 서비스로서의 옷(스티치픽스Stitch Fix, 밤펠Bombfell), 서비스로서의 장난감(너드블록Nerd Block, 스파크박스Sparkbox)도 등장했다. 얼마 전에는 서비스로서의 식품Food as Service, FaS을 도모하는 신생 기업 수백 곳이 생겨났다. 이 기업 각각은 식품을 구입 대신에 구독하게끔 하는 나름의 방식을 갖고 있다. 특정한 식품을 구입하는 대신에, 당신이 필요하거나 원하는 식품의 혜택에 접근할 권리를 얻는 것도 한 방법이다. 특정한 수준과 품질의 단백질, 영양, 요리법, 맛 등을 말이다.

다른 가능한 새로운 서비스를 꼽자면, 서비스로서의 가구, 서비스로서의 건강, 서비스로서의 보금자리, 서비스로서의 휴가, 서비스로서의 학교가 있다.

물론 당신은 이 모든 서비스에 여전히 지불을 한다. 차이점은 서비스가 소비자와 생산자 사이에서 더 깊은 관계를 부추기고 요구한다는데 있다.

2. 실시간 주문형Real-Time On Demand

접근은 새로운 것을 실시간에 가까운 속도로 전달하는 방식이기도 하다. 무언가가 실시간으로 작동하지 않는다면, 그것은 중요하지 않은 것이 된다.

택시는 편리하지만 충분히 실시간으로 공급되지 않을 때가 종종 있다. 예약 호출하는 택시도 포함하여, 대개 너무 오래 기다리곤 한다. 나중에는 거추장스러운 지불 절차를 놓고 옥신각신하기도 한다. 짜증나기도 하고 더 저렴해져야 한다.

주문형 택시 서비스인 우버는 이 시간 방정식을 바꾸기 때문에, 교통사업을 교란해왔다. 승차 주문을 할 때, 당신은 우버에게 당신이 어디 있는지 말할 필요가 없다. 당신의 전화기가 그 일을 한다. 내릴 때 요금 문제로 실랑이를 할 필요도 없다. 당신의 전화기가 알아서 한다.

우버는 운전자의 전화기를 써서 당신이 얼마나 가까이 있는지를 정확히 파악하여, 당신에게 가장 가까이 있는 운전사를 연결해줄 수 있다. 당신은 택시 도착 시간을 분 단위까지 추적할 수 있다. 돈을 좀 벌고 싶은 사람은 누구나 우버 택시를 몰 수 있으므로, 우버 운전자는 택시보다도 더 많곤 하며, 특히 수요가 최고인 시간에는 더욱 그렇다. 그리고 훨씬 더 저렴하게(평소 이용할 때보다) 타기 위해 합승을 할 의향이 있다면, 우버는 같은 시간에 거의 같은 목적지로 향하는 두세 사람을 짝지워서 요금을 분담하게끔 할 것이다. 이 우버풀UberPool 공동 요금제라면 이용 요금이 4분의 1까지 줄어들 수도 있다. 그러니 누가 우버(또는 리프트 같은 경쟁 기업)를 이용하지 않으려 하겠는가.

우버가 잘 알려져 있긴 하지만, 동일한 주문형 '접근' 모형은 다른 수십 가지 산업을 하나하나 교란하고 있다. 지난 몇 년 사이에 투자를 원하는 수천 명의 기업가가 'X를 위한 우버'를 하겠다고 벤처투자자에게 말해왔다. X는 소비자가 아직 기다려야 하는 사업 분야라면 뭐든 될 수 있다. 꽃을 위한 우버 세 개 기업(플로리스트나우Florist Now, 프로플라워스ProFlowers, 블룸댓BloomThat), 세탁소를 위한 우버 세 개 기업,[11] 잔디 깎기를 위한 우버 두 개 기업(모도Mowdo, 론리Lawnly), 기술 지원을 위한 우버 한 개 기업(기커투Geekatoo), 의사 왕진 요청을 위한 우버 한 개 기업,[12] 합법적인 마리화나 배달을 위한 우버 세 개 기업(이즈Eaze, 커내리Canary, 미도Meadow) 등 100여 기업이 있다. 이들은 제초기나 세탁기나 꽃을 사러 갈 필요가 없다고 소비자에게 약속한다. 다른 누군가가 당신이 거부할 수 없는 가격으로 그 일을 대신할 것이기 때문이다. 당신의 요구에 따라서 당신의 편의를 위해 실시간으로 말이다.

우버형 기업은 직원으로 가득한 건물을 소유하는 대신에 약간의 소프트웨어를 소유하기 때문에 이런 약속을 할 수 있다. 모든 일은 외주를 주고 일할 준비가 된 자유 계약자(프로슈머)가 한다. X를 위한 우버가 하는 일은 이 분산된 일을 조율하고 실시간으로 이루어지도록 하는 것이다. 아마존도 청소부터 장치 설치와 잔디밭의 잡초를 뜯어먹을 염소를 구하는 일에 이르기까지, 가정용 서비스를 필요로 하는 소비자와 공급자를 맺어주는 사업에 뛰어들었다(아마존 홈서비스).

이런 서비스 전선으로 그토록 많은 돈이 흘러드는 한 가지 이유는 어떤 상품보다 서비스를 제공하는 방법이 훨씬 더 많기 때문이다. 교통을 서비스로 재편하는 방법의 수는 거의 무한하다. 우버는 그중 한 형태일 뿐이다. 이미 수십 가지 방식이 나와 있으며, 앞으로 훨씬 더 많이 나올 수 있다. 기업가의 일반적인 접근 방식은 교통(또는 어떤 X)의 혜택을 각각의 구성요소로 해체한 다음 새로운 방식으로 재조합하는 것이다.

교통을 예로 들어보자. A에서 B로 어떻게 갈까? 현재 당신이 차를 이용할 수 있는 방법은 여덟 가지가 있다.

1. 차를 사서 직접 몬다(현재의 기본 방식).
2. 당신을 목적지까지 태워줄 회사를 고용한다(택시).
3. 회사 소유의 차를 빌려서 직접 몬다(렌터카).
4. 당신을 목적지까지 태워줄 동료 운전자를 고용한다(우버).

5. 동료의 차를 빌려서 직접 몬다(릴레이라이즈^{RelayRides}).

6. 정해진 경로를 따라 다른 승객과 함께 당신을 실어줄 회사를 고용한다(버스).

7. 다른 승객과 함께 당신을 목적지로 실어줄 동료 운전자를 고용한다(리프트라인^{Lyft Line}).

8. 다른 승객과 함께 당신을 정해진 목적지까지 실어줄 동료 운전자를 고용한다(블라블라카^{BlaBlaCar}).

이 방식은 더 세분된다. 학교에 있는 아이를 실어오는 것처럼, 다른 누군가를 태울 때에는 셔틀^{Shuddle}이라는 서비스를 이용한다. 일부에서는 이것을 아이용 우버라고 말한다. 사이드카^{Sidecar}는 우버와 비슷하지만, 역경매 방식을 취한다. 당신이 기꺼이 지불할 가격을 제시하면 운전자가 입찰을 한다. 승객 대신에 운전자를 대상으로, 그들이 둘 이상의 시스템을 관리하여 경로를 최적화하도록 돕는 기업(셔파셰어^{Sherpa Share})도 수십 개 생겼다.

이 신생 기업은 비효율성을 새로운 방식으로 이용하려고 시도한다. 그들은 쓰이지 않는 시간(빈 침실, 주차된 차, 쓰이지 않은 사무 공간 같은)의 자산을 바로 그 시간에 그것이 몹시 필요한 사람들과 연결한다. 자유 계약 공급자의 분산망을 이용하여, 그들은 거의 실시간으로 제공할 수 있다. 이제 이 실험적인 사업 모델을 다른 부문에서 되풀이하자.

• **배송** : 자유 계약자의 망이 화물을 가정으로 배송하게 하자(페덱스를

위한 우버).

- **디자인** : 여러 디자이너들이 디자인을 출품하고 우승자가 돈을 받게 하자(크라우드 스프링CrowdSpring).
- **보건** : 인슐린 주입기를 공유하게 하자.
- **부동산** : 당신의 차고를 창고로, 쓰이지 않는 방을 신생 기업을 위한 사무 공간으로 빌려주자(위워크WeWork).

이런 회사들은 대부분 성공하지 못하겠지만, 그 아이디어는 번성할 것이다. 분산형 사업은 시작하기는 아주 쉽지만 진입 장벽이 낮다. 이 혁신적인 사업 모델이 먹힌다는 것이 입증된다면, 기존 기업도 적응할 태세를 갖춘다. 허츠Hertz 같은 렌터카 회사가 자유 계약자 차량을 빌려주지 못할 이유는 전혀 없으며, 택시 회사가 우버의 사업 방식을 차용하지 못할 이유도 없다. 하지만 혜택의 재조합은 계속 번영하고 확장될 것이다.

즉각적인 것을 선호하는 우리 취향은 결코 물리는 법이 없다. 실시간 참여는 몇 년 전에는 상상도 할 수 없었을 수준의 협력과 대규모 조정이 필요한 일이었다. 대다수가 주머니에 슈퍼컴퓨터를 넣고 다니는 지금은 전혀 새로운 경제적 힘이 펼쳐지고 있다. 영리하게 연결된다면, 아마추어의 무리는 평균적인 전문가 한 사람만큼 잘할 수 있다. 영리하게 연결된다면, 기존 제품의 혜택은 예기치 않은 유쾌한 방식으로 해체되고 재조합될 수 있다. 영리하게 연결된다면 제품은 연속적으로 접근할 수 있는 서비스로 융합된다. 영리하게 연결된다면 접근하기는 기본값이 된다.

접근하기는 빌리기와 그리 다르지 않다. 임대차 관계에서 빌리는 사람은 소유의 혜택 중 상당수를 향유하지만, 값비싼 자산을 구입하거나 유지할 필요가 없다. 물론 임차인은 변형할 권리, 장기 접근, 자산 가치 상승 같은 전통적인 소유권의 모든 기본 혜택을 보지 못할 수도 있어 불리한 점도 있다. 임대차는 재산권이 발명된 지 얼마 지나지 않아서 발명되었고, 오늘날 당신은 거의 모든 것을 빌릴 수 있다.

여성의 핸드백은 어떨까? 명품 핸드백은 500달러가 넘는다. 핸드백은 옷차림이나 계절의 유행에 맞추곤 하기 때문에 멋진 핸드백을 비싸게라도 아주 빨리 구할 수 있어야 하므로, 상당한 규모의 핸드백 대여 산업이 출현했다.[13] 대여 가격은 핸드백의 수요에 따라서 주당 약 50달러에서 시작한다. 예상대로, 대여를 더 매끄럽고 수월하게 해주는 앱과 가격 조정 기법들이 출현했다. 여러 면에서 대여는 소유보다 더 낫기 때문에 번성한다. 핸드백은 옷차림에 맞게 교환할 수 있고, 쓴 다음 돌려주므로 저장할 필요가 없다. 단기적인 용도로는 소유의 공유가 이치에 맞는다.

그리고 우리가 미래 세계에서 쓸 것들 중 상당수는 단기적 이용이 표준이 될 것이다. 발명되고 제조되는 물품이 더 늘어남에 따라―하루에 그것을 즐기는 시간의 양은 고정되어 있는 반면―우리가 각 물품에 들이는 시간은 점점 줄어든다. 다시 말해, 대부분의 상품과 서비스를 단기적인 용도로 쓰는 것이 우리 현대 생활의 장기적인 추세다. 따라서 대다수의 상품과 서비스는 대여와 공유의 대상이 될 수 있다.

전통적인 임대차 산업의 단점은 유형의 제품이 '경쟁적' 특성을 지닌다는 것이다. 경쟁은 제로섬 게임이 있다는 의미다. 즉 한쪽만이 이긴다. 내가 당신의 배를 빌린다면, 다른 이들은 빌릴 수 없다. 내가 핸드백을 당신에게 빌려준다면, 같은 핸드백을 다른 사람에게는 빌려줄 수 없다. 물건의 대여 사업을 키우려면, 소유자는 배나 핸드백을 더 많이 구입해야 한다.

하지만 물론 무형의 상품과 용역은 이런 식으로 작동하지 않는다. 그것은 '비경쟁적'이다. 즉 같은 영화를 같은 시간에 대여하고 싶은 사람들 모두에게 대여할 수 있다는 의미다. 무형물의 공유는 엄청난 규모로 커질 수 있다. 대여자 각각의 만족감을 줄이지 않으면서 대규모로 공유하는 이 능력은 혁신적인 변화를 낳는다. 이용하는 데 드는 총비용은 급격히 떨어진다(한 명이 아니라 수백만 명이 공유하므로). 갑자기 소비자의 소유는 중요하지 않게 된다. 대여, 리스, 사용권, 공유를 통해 실시간으로 똑같은 것을 이용할 수 있는 데 굳이 왜 소유하겠는가?

좋든 싫든 간에, 우리 삶은 가속되고 있으며, 무언가가 즉시 이루어져야만 우리는 충분히 빠르다고 생각한다. 미래는 전자의 속도로 움직일 것이다. 이 속도에 올라타지 않는 쪽을 선택하는 것도 여전히 가능하겠지만 평균적으로 통신 기술은 무엇이든 간에 요구하는 대로 움직이도록 편향되어 있다. 그리고 요구는 소유보다는 접근 쪽으로 편향되어 있다.

3. 탈중심화Decentralization

우리는 더 큰 탈중심화를 향한 100년에 걸친 줄달음질의 한가운데에 있다. 대규모의 탈중심화를 겪고 있는 와중에도 제도와 과정을 하나로 묶고 있는 접착제는 값싸고 흔한 통신이다. 사물이 폭넓게 연결된 상태를 유지하면서 망을 이루는 능력이 없다면, 기업은 파산할 것이다. 그 말은 맞긴 하지만 좀 미진하다. 즉각적인 장거리 통신이라는 기술적 수단 덕분에 이 탈중심화 시대가 가능해졌다고 말하는 것이 더 옳다. 즉 사막과 해저를 가로지르면서 끝없이 이어지는 통신선이 일단 지구를 겹겹이 휘감자, 탈중심화는 가능해졌을 뿐 아니라 불가피한 것이 되었다.

중앙 집중적인 조직으로부터 더 흩어진 망의 세계로 나아가자, 전체가 계속 함께 움직이기 위해서 모든 것—유형물과 무형물 모두—이 더 빠르게 흘러야 하는 결과가 빚어졌다. 흐름은 소유하기가 어렵다. 소유하려고 하면 손가락 사이로 그냥 빠져나가는 듯하다. 탈중심화한 체제를 지배하는 유동적 관계에 더 적합한 태도는 접근이다.

현대 문명의 거의 모든 측면은 하나만 빼고 편평해져왔다. 바로 돈이다. 돈을 찍어내는 일은 대다수의 정당이 정당하다고 동의한 중앙정부에게 남겨진 마지막 일 중 하나다. 중앙은행이 그 일을 맡아서 위조와 사기라는 끊임없는 골칫거리와 맞서 싸운다. 누군가는 화폐 발행량을 조절하고, 일련번호를 추적하고, 화폐를 신뢰할 수 있게 해야 한다. 통화가 흔들리지 않으려면 정확성, 조정, 보안, 집행이 필요하다. 그리고 그 모든 일을 맡은 기관이 있어야 한다. 그래서 모든 통화의 배후에는 눈을 부릅뜨고 지켜보는 중앙은행이 있다.

하지만 돈도 탈중심화할 수 있다면 어떻게 될까? 중앙 집중화 없이도 안전하고 정확하고 믿음직한 분산형 통화를 만들 수 있다면? 돈을 탈중심화할 수 있다면, 그 어떤 것도 탈중심화할 수 있다. 하지만 설령 할 수 있다고 해도 그래야 할 이유가 있을까?

돈을 탈중심화할 수 있다면, 그 기술은 다른 중앙 집중적인 많은 제도를 탈중심화하는 데에도 쓸 수 있을지 모른다. 현대 생활의 가장 중앙 집중적인 측면의 탈중심화가 어떻게 이루어지고 있는가 하는 이야기는 서로 무관한 다른 많은 산업 분야에 교훈이 된다.

이를테면, 나는 당신에게 현금으로 지불을 할 수 있고, 중앙은행은 그 탈중심화한 거래를 알지 못한다. 하지만 경제가 세계화하고 있는 마당에 직접 현금을 주고받는 것은 실용적이지 않다.

페이팔을 비롯한 개인 간peer-to-peer 전자거래 시스템은 세계 경제에서 멀리 떨어진 지역 사이에 다리를 놓을 수 있지만, 그 개인 간 지불은 돈이 두 번 이체되지 않았는지, 혹은 사기인지 등을 확인하기 위해 중앙 데이터베이스를 거쳐야 한다.

휴대전화 및 인터넷 기업은 엠페사M-Pesa 같은 휴대전화 앱[14]을 토대로 가난한 지역에서 매우 유용한 지불 체계를 고안했다. 하지만 최근까지 가장 첨단화된 전자화폐 시스템조차도 돈이 진짜임을 확인하기 위해 중앙은행이 필요했다. 그러다가 6년 전 현금의 익명성을 이용하여 온라인에서 마약을 팔고 싶어한 몇몇 암흑세계의 인물이 정부의 간섭을 받지 않는 통화를 찾아 나섰다. 그리고 인권 옹호에 앞장선 몇몇 존경할 만한 인물은 부패하거나 억압적인 정부의 손길이 미치지 않는, 아니 정부의 간섭을 아예 받지 않는 통화 체제를 구축할 방법을 찾고 있었다. 그들의 시선이 모인 곳은 바로 비트코인Bitcoin이었다.

비트코인은 정확성, 집행, 규제를 담당하는 중앙은행이 필요 없는 철저히 탈중심화한 분산형 통화다. 2009년에 출범한 이래로, 비트코인은 30억 달러가 통용되고 있고,[15] 10만 명의 판매상이 비트코인을 지불화폐로 받아들이고 있다.[16] 비트코인의 명성은 주로 그것이 부추기고 있는 익명성과 암시장에서 비롯되는 것일 수도 있다. 하지만 익명성은 잊어라. 그것은 부수적인 특성일 뿐이다. 비트코인의 가장 중요한 혁신은 그것을 추진하는 수학적 기술인 '블록체인blockchain'이다. 블록체인은 화폐뿐 아니라 다른 많은 시스템을 탈중심화할 수 있는 근본적인 발명품이다.

내가 신용카드나 페이팔 계정으로 당신에게 미국 돈 1달러를 보낼 때, 중앙은행이 그 거래를 검증해야 한다. 적어도 내가 1달러를 당신에게 보냈다는 사실은 확인해야 한다. 반면에 내가 비트코인을 하나 당신에게 보낼 때에는 중앙은행의 개입 같은 것이 전혀 없다. 우리 거래는 전 세계의 모든 비트코인 소유자에게 분산된 공개 원장─블록체인─에 기록된다.

이 공유되는 데이터베이스에는 존재하는 모든 비트코인과 그 소유자의 거래 역사가 긴 '사슬' 형태로 담겨 있다. 각 거래는 누구나 살펴볼 수 있다. 믿어지지 않을 만치 온전히 담겨 있다. 1달러를 지닌 사람이 전 세계에 통용되는 모든 달러 지폐의 온전한 역사를 지니는 것과 비슷하다. 비트코인의 이 공개 분산형 데이터베이스는 시간당 6회 갱신[17]되면서 비트코인의 새로운 거래 내역을 기록한다. 우리가 거래한 것과 같은 새로운 거래 내역은 다른 여러 소유자를 통해 수학적으로 확인을 거친 뒤에야 합당하다고 받아들여진다.

이런 식으로 블록체인은 개인 간 상호결산에 의존하여 신뢰를 쌓는다. 그 체계 자체—수만 명의 개인 컴퓨터에서 작동하는—가 비트코인의 안정성을 확보한다. 비트코인을 옹호하는 이들은 비트코인에서는 정부 대신에 수학을 신뢰하는 것이라고 말하곤 한다.

많은 신생 기업과 벤처투자자는 블록체인 기술을 화폐만이 아니라 범용 신뢰 확보 수단으로 쓸 방법을 꿈꾸고 있다. 부동산 안전 결제 시스템Escrow과 주택담보대출 계약처럼 낯선 사람 사이에 신뢰도가 높아야 하는 거래에서는 예전에 전문 중개인이 이 확인 작업을 제공했다.

하지만 주택 매매 같은 복잡한 거래에서 권리 문제를 확인하기 위해 기존 중개 회사에 많은 돈을 지불하는 대신에, 온라인 개인 간 블록체인 시스템은 훨씬 더 적은 비용으로, 아니 아마도 무료로 같은 거래를 할 수 있을 것이다. 일부 블록체인 열광자는 확인 조회를 필요로 하는 일련의 복잡한 거래(수출입 거래 같은)를 자동화한 분산형 블록체인 기술만을 써서 수행하는 도구를 창안하자고 주장한다. 그러면 중개인에게 의존하는 많은 산업은 혼란에 빠질 것이다. 비트코인 자체가 성공하느냐 여부를 떠나서, 낯선 사람들 사이에 극도로 높은 수준의 신뢰를 형성할 수 있는 블록체인이라는 혁신 기술은 제도와 산업을 더욱 탈중심화할 것이다.

블록체인의 한 가지 중요한 측면은 그것이 공용이라는 것이다. 그것은 모두가 소유하므로, 사실상 어느 누구의 소유도 아니다. 어느 창작물이 디지털이 될 때, 그것은 공유되는 경향을 보인다. 그리고 공유될 때 소유자가 없어진다. 우리는 공공재나 공용물이라는 말을 종종 그런 의미로 쓴다. 나는 내가 소유하지 않은 도로를 이용한다. 나는 전세계의 도로와 고속도로 중 99퍼센트를 즉시 이용할 수 있다(몇 가지 예외가 있긴 하지만). 그 도로가 공용물이기 때문이다. 우리는 지방세를 냄으로써 이 도로를 출입할 권리를 얻는다. 내가 생각할 수 있는 거의 모든 목적에 대하여, 세계의 도로는 마치 내가 소유한 양 내게 봉사한다. 소유한 것보다 더 낫다. 나는 유지·관리할 책임을 지지 않기 때문이다. 그 공공 기반 시설은 '소유할 때보다 더 나은' 혜택을 제공한다.

탈중심화한 웹·인터넷은 현재 핵심 공용물이다. 웹이라는 물품은 마치 내가 소유한 양 내게 봉사하지만, 그것을 유지·관리하는 데 내가 해야 할 일은 거의 없다. 나는 언제든 손가락 하나만 까딱함으로써 그것을 불러낼 수 있다. 나는 소유에 따르는 부담을 지지 않은 채, 단순히 그것에 접근함으로써, 그 놀라운 일—질문에 천재처럼 답하고, 마법사처럼 항해를 하고, 전문가처럼 향유하는—의 혜택을 온전히 누린다. (인터넷 접근권을 구독함으로써 요금을 지불한다.) 우리 사회가 탈중심화할수록 접근하기가 더 중요해진다.

4. 플랫폼 시너지Platform Synergy

오랫동안 인간의 일을 조직하는 기본 방식은 두 가지였다. 기업과 시장이었다. 주식회사 같은 기업은 경계가 명확했고, 인가를 받아서 일을 했고, 기업 바깥에서 일하는 것보다 협력을 통해 더 효율성을 높이도록 사람들을 조직했다. 시장은 경계를 드나들기가 더 쉬웠고, 참가하는 데 허가를 받을 필요가 없었고, '보이지 않는 손'을 이용하여 자원을 더 효율적으로 할당했다. 그런데 최근에 일을 조직하는 제3의 방식이 출현했다. 바로 플랫폼이다.

플랫폼은 한 기업이 만들어서 다른 기업이 거기에서 상품과 용역을 제공할 수 있게 한 토대다. 그것은 시장도 기업도 아닌, 새로운 무언가다. 백화점처럼 플랫폼은 자신이 생산하지 않는 물건을 제공한다. 최초로 널리 성공한 플랫폼 중 하나는 마이크로소프트^{Microsoft}의 운영 체제다. 야심 있는 사람은 누구나 마이크로소프트가 소유한 운영 체제에서 작동하는 소프트웨어 프로그램을 만들어서 팔 수 있었다. 많은 이들이 그렇게 했다. 최초의 스프레드시트인 로터스 1-2-3^{Lotus 1-2-3}처럼, 엄청난 판매고를 올리고, 그 자체가 소형 플랫폼이 되어, 플러그인을 비롯한 제품을 판매하는 서드파티 기업을 낳은 것도 있었다. 고도로 상호의존적인 상품과 용역은 그 플랫폼 위에서 일종의 '생태계'를 형성한다. '생태계'는 탁월한 묘사다. 숲에서와 마찬가지로, 한 종(제품)의 성공은 다른 제품의 성공에 의존하기 때문이다. 소유를 단념시키고 대신 접근을 촉진하는 것은 플랫폼의 깊은 생태적 상호의존성이다.

더 뒤의 2세대 플랫폼은 시장의 속성을 더 많이 수용함으로써, 시장과 기업의 혼합물이 되었다. 아이폰을 위한 아이튠즈가 그 첫 사례 중 하나다. 기업인 애플은 그 플랫폼을 소유했고, 그 플랫폼은 휴대전화 앱을 위한 시장도 되었다. 판매상은 가상의 좌판을 펼쳐놓고 아이튠즈용 앱을 팔았다. 애플은 쓰레기 같거나 소비자를 갈취하거나 작동하지 않는 앱을 솎아냄으로써 시장을 통제했다. 규칙과 절차를 정했다. 금융 거래를 감독했다.

따라서 애플의 신제품은 시장 자체였다고 말할 수 있다. 아이튠즈는 휴대전화에 담긴 기능을 토대로 구축된 앱의 생태계였고, 대성공을 거두었다. 애플이 카메라, GPS, 가속도계 같은 새로운 감지기를 포함하여 휴대전화와 상호작용하는 독창적인 새로운 방식을 계속 추가함에 따라, 수천 가지의 새로운 종류의 혁신이 아이폰 생태계를 울창하게 만들었다.

3세대 플랫폼은 시장의 힘을 더욱 확대했다. 기존의 쌍방향 시장—예를 들어, 파는 사람과 사는 사람이 만날 수 있는 시골 장터—과 달리, 플랫폼 생태계는 다면적인 시장이 되었다. 페이스북이 대표적인 사례다. 페이스북은 몇 가지 규칙과 절차를 제시함으로써 독립된 판매자(대학생)가 자신의 프로파일을 생산할 시장을 구축했다. 친구들과 프로파일을 맞춰볼 수 있는 시장이었다. 학생들이 어디에 관심을 갖느냐 하는 정보는 광고업자에게 팔렸다. 게임 회사는 학생들에게 게임을 팔았다. 서드파티 앱은 광고업자에게 광고 지면을 팔았다. 또 서드파티 앱을 이용하는 다른 서드파티 앱도 생겨났다.

그런 식으로 다양한 방식으로 연결이 이루어졌다. 이 상호의존적인 종의 생태계는 확장을 거듭하고 있으며, 페이스북이 자신의 규칙을 관리하고 기업으로서 성장을 계속할 수 있는 한 계속 확장될 것이다.

오늘날 가장 부유하면서 가장 파괴적인 조직은 거의 모두 다면적 플랫폼이다. 즉 애플, 마이크로소프트, 구글, 페이스북이다. 이 모든 거대 기업은 서드파티 판매자를 동원하여 자기 플랫폼의 가치를 높인다. 모두 남들이 갖고 놀도록 촉진하고 장려하는 API를 포괄적으로 활용한다.

우버, 알리바바, 에어비앤비, 페이팔, 스퀘어, 위챗, 안드로이드는 파생적이지만 상호의존적인 상품과 서비스의 탄탄한 생태계가 구축될 수 있는, 한 기업이 운영하는 대단히 성공한 더 새로운 다면적인 시장이다.

생태계는 공진화에 좌우되며, 공진화는 생물학적 상호의존성의 한 형태, 경쟁과 협력의 혼합물이다. 진정한 생태적인 방식으로, 한 차원에서 협력하는 판매자는 다른 차원에서는 서로 경쟁할 수도 있다. 예를 들어, 아마존은 출판사가 공급하는 새 책도 팔지만, 중고 서점이라는 생태계를 통해서 더 값싼 중고책도 판다. 중고책 판매자는 서로, 그리고 출판사와 경쟁한다. 플랫폼의 역할은 그들이 서로 협력하든 경쟁하든 간에 돈을 벌도록(그리고 가치를 덧붙이도록!) 하는 것이다. 아마존은 그 일을 잘 해낸다.

플랫폼의 거의 모든 수준에서 공유는 기본값이다. 설령 그것이 경쟁의 규칙에 불과하다고 할지라도 말이다. 당신의 성공은 다른 사람의 성공에 의존한다. 한 플랫폼 내에서 소유권 개념을 유지하려다가는 문제가 생긴다. 그것은 '사유 재산' 개념에 토대를 두기 때문이다. '사유'도 '재산'도 이 생태계에서는 별 의미가 없다. 공유가 더 많아질수록, 무언가가 재산처럼 행동할 가능성은 줄어든다. 사생활의 감소(내밀한 생활의 지속적인 공유)와 해적 행위의 증가(지적 재산권의 무시)가 둘 다 플랫폼의 산물인 것은 결코 우연이 아니다.

하지만 소유에서 접근으로 나아가는 데에는 대가가 따른다. 소유권을 지님으로써 자신이 지니게 되는 것 중 일부는 자기 재산의 용도를 변경하거나 통제할 권리—그리고 능력—다. 현재의 인기 있는 디지털 플랫폼 중 상당수는 그 변경 권리를 아예 제외시켰다. 서비스 표준 약관에 금지한다고 명시하고 있다. 당신이 사는 것과 접근하는 것을 대상으로 할 수 있는 일은 법적으로 정해져 있다. (변경할 권리는 고전적인 소매품 구매에서도 제한된다. 압축 포장을 뜯는 순간 환불은 불가하다고 적힌 글귀를 생각해보라.)

하지만 변경하고 통제할 권리와 능력은 리눅스Linux OS나 널리 알려진 아두이노Arduino 하드웨어 플랫폼 같은 오픈 소스 플랫폼과 도구에서 존재하며, 그 점이 바로 그것이 지닌 큰 매력의 일부다. 공유되는 것을 개선하거나 개인화하거나 전용할 능력과 권리는 다음 세대의 플랫폼에서 핵심 문제가 될 것이다.

탈물질화와 탈중심화 및 대규모 통신은 더 많은 플랫폼을 낳는다. 플랫폼은 서비스를 위한 공장이다. 그리고 서비스는 소유보다는 접근을 선호한다.

5. 클라우드Clouds

당신이 접근하는 영화, 음악, 책, 게임은 모두 클라우드에 산다. 클라우드는 하나의 커다란 컴퓨터로서 작동하도록 솔기 하나 없이 하나로 엮인 수백만 대의 컴퓨터로 이루어진 군체다. 현재 당신의 웹과 전화기에서 하는 많은 일들은 클라우드 컴퓨팅을 통해 이루어진다. 비록 보이지 않지만 클라우드는 우리의 디지털 삶을 운영한다.

클라우드는 코어가 역동적으로 분산되기 때문에 기존의 슈퍼컴퓨터보다 더 강력하다. 기억과 작업이 대규모로 중복되는 방식으로 많은 칩에 퍼져 있다는 의미다.

당신이 장편 영화를 스트리밍으로 보고 있는데, 갑자기 소행성이 떨어져서 클라우드를 구성하는 기계들 중 10분의 1이 파괴되었다고 하자. 그래도 당신이 영화를 보는 데에는 아무런 문제가 없을 것이다. 그 영화 파일은 어느 특정한 컴퓨터에 들어 있는 것이 아니라, 중복되어 여러 프로세서에 분산되어 있고, 클라우드는 어느 특정한 프로세서가 망가지면 알아서 회로를 재배치할 수 있기 때문이다. 생물의 자가 치유와 거의 흡사하다.

웹은 하이퍼링크로 연결된 문서들이다. 클라우드는 하이퍼링크로 연결된 자료다. 클라우드에 올리는 주된 이유는 자료를 깊이 공유하기 위함이다. 함께 엮인 비트는 홀로 있을 때보다 훨씬 더 영리하고 강력해진다. 클라우드를 위한 단일한 아키텍처 같은 것은 없으므로, 클라우드의 특성은 지금도 빠르게 진화하고 있다. 하지만 일반적으로 클라우드는 거대하다. 한 클라우드는 수천 킬로미터 떨어져 있는 수십 개 도시에 있는, 컴퓨터로 가득한 축구장 여러 개만 한 창고로 이루어져 있을 만큼 거대하다. 또 클라우드는 탄성이 있다. 즉 망에 컴퓨터를 추가하거나 뺌에 따라 실시간으로 확장되거나 축소될 수 있다. 그리고 본래 중복되고 분산되어 있기 때문에, 클라우드는 가장 신뢰할 수 있는 기계에 속한다. 9가 다섯 개나 있을 만큼(99.999퍼센트) 거의 완벽한 서비스 수행 능력을 제공할 수 있다.

클라우드의 한 가지 핵심 이점은 그것이 더 커질수록, 우리가 지닌 장치는 더 작아지고 더 얇아질 수 있다는 것이다. 모든 일은 클라우드가 하고, 우리가 든 장치는 그저 클라우드의 작업을 들여다보는 창에 불과해진다.

내 전화기 화면을 통해 라이브 동영상 스트림을 볼 때, 나는 클라우드를 들여다보고 있는 것이다. 내 태블릿으로 책의 지면을 훑고 있을 때, 나는 클라우드를 돌아다니고 있는 것이다. 내 스마트워치와 화면에 메시지가 뜰 때, 그 메시지는 클라우드에서 오고 있다. 내 클라우드북cloud book을 열 때, 내가 작업하는 모든 것은 사실상 다른 어딘가, 즉 클라우드에서 이루어진다.

내 것이 있는 위치의 모호함과 그것이 실제로 '나의 것'인가 여부는 구글 문서를 예로 들어서 설명할 수 있다. 나는 대개 구글 드라이브 앱을 써서 홍보 편지를 작성한다.

'나의' 편지는 내 노트북이나 전화기에 뜨지만, 그것은 본질적으로 멀리 떨어진 많은 기계에 분산된 구글의 클라우드에 산다. 내가 구글 드라이브를 쓰는 주된 이유는 협력하기 쉽기 때문이다. 10여 명의 공동 작업자가 자신의 태블릿으로 그 편지를 보면서, 마치 '자신의' 편지인 양 편집하고 덧붙이고 삭제하고 수정하면서 작업할 수 있다. 그 사본 중 어느 하나에서 수정한 것은 세계 어딘가에 있는 다른 모든 사본에서도 동시에―실시간으로―수정될 것이다. 마치 기적 같다. 이 분산형 클라우드가 존재한다는 것이 말이다. 이 편지의 각 사본은 불활성 재현물을 의미하는 단순한 사본이 아니다. 그와 달리, 각자는 분산된 사본을, 자기 장치에 있는 것을 원본으로 경험한다! 그 10여 개의 사본 하나하나는 내 노트북에 있는 것만큼 진짜다. 진본성은 분산된다. 이 집단적 상호작용과 분산된 존재는 그 편지를 덜 나의 것이자 더 '우리의 것'으로 만든다.

클라우드에 살기에, 구글은 미래의 우리 이메일에 클라우드 기반 AI를 쉽게 적용할 수 있을 것이다. 구글은 철자와 중요한 문법을 자동적으로 교정하는 것 외에도, 지식 기반 신뢰Knowledge-Based Trust라는 새로운 진리 검사기를 통해서 편지에 적힌 내용의 사실 여부도 검사할지 모른다.[18] 적절한 용어에 하이퍼링크를 덧붙이고, 영리하게 내용을 추가하여(내 동의를 얻어서) 이메일 내용을 상당히 개선할 수도 있으며, 그럴수록 내 소유 의식은 더욱 마모될 것이다. 우리의 일과 놀이는 AI를 비롯한 클라우드 기반 힘을 온전히 활용할 수 있도록, 점점 더 개인의 소유라는 고립된 세계를 떠나서 클라우드라는 공유된 세계로 이주할 것이다.

나는 이미 URL, 아니 심지어 어려운 단어의 철자를 기억하려고 애쓰기보다는 클라우드에게 답하라고 구글을 한다. 내가 뭐라고 말했는지 알기 위해 내가 쓴 이메일(클라우드에 저장된)을 재구글하거나(종종 그렇게 한다), 내 기억을 클라우드에 의존한다면, 나의 '나'가 끝나고 클라우드가 시작되는 지점은 어디일까?

내 삶의 모든 이미지, 내 관심사의 모든 단편, 내가 적은 모든 것, 친구와 나눈 모든 잡담, 내가 한 모든 선택, 내가 한 모든 추천의 말, 내 모든 생각, 내 모든 소망, 이 모든 것이 어느 지점이라고 콕 찍을 수는 없는 어딘가에 들어 있다면, 내가 자신을 생각하는 방식이 바뀔 것이다. 나는 전보다 더 커지지만, 더 얇아질 것이다. 나는 더 빨라지지만, 때로 더 알팍해질 것이다. 나는 변화에 열려 있고 모순으로 가득한, 경계가 더 적은 클라우드와 더 비슷하게 생각할 것이다. 나는 다양한 모습을 지닐 것이다! 이 전체 혼합물은 기계의 지능과 AI를 통해 더욱 강화될 것이다. 나는 단지 '강화된 나Me Plus'가 아니라 '강화된 우리We Plus'가 될 것이다.

하지만 클라우드가 사라지면 어떤 일이 일어날까? 엄청나게 확산되어 있던 나도 사라질 것이다. 내 친구들은 10대의 자녀가 심한 말썽을 부리면 외출을 금지했다. 그들은 휴대전화를 압수했다. 그러다가 자녀가 토하는 등 앓는 모습을 보이자 경악했다. 마치 신체의 일부가 잘려나간 듯한 모습이었다. 한 가지 의미에서는 그러했다. 클라우드 기업이 우리 행동을 제한하거나 검열하면 우리는 아픔을 느낄 것이다. 클라우드가 제공하던 위안 및 새로운 정체성과의 결별은 끔찍하고 견딜 수가 없을 것이다. 도구가 우리 자아의 확장[19]이라는 맥루한의 말이 옳다면—바퀴는 확장된 다리이고, 카메라는 확장된 눈이다—클라우드는 우리의 확장된 영혼이다. 원한다면, 우리의 확장된 자아라고 말해도 좋다. 단 그것은 우리가 지니고 있는 확장된 자아가 아니라, 우리가 접근해야 하는 확장된 자아다.

지금까지의 클라우드는 대체로 상업적인 것이다. 오라클의 클라우드, IBM의 스마트 클라우드, 아마존의 일래스틱컴퓨트 클라우드Elastic Compute Cloud, EC2가 그렇다. 구글과 페이스북은 내부적으로 거대한 클라우드를 운영한다. 우리는 클라우드가 우리보다 더 믿음직하기에 클라우드로 계속 돌아간다. 클라우드는 확실히 다른 유형의 기계보다 더 신뢰할 수 있다. 아주 안정적인 내 맥도 한 달에 한 번은 먹통이 되어 다시 켜야 한다. 하지만 구글의 클라우드 플랫폼은 2014년에 겨우 14분 동안 먹통이 되었을 뿐이다.[20] 그것이 제공하는 엄청난 양의 트래픽을 생각하면 거의 사소한 장애다. 그 클라우드는 백업이다. 우리 삶의 백업이다.

현재 모든 사업과 사회의 상당 부분은 컴퓨터상에서 돌아간다. 클라우드는 경이로운 신뢰성, 빠른 속도, 확장 가능한 깊이, 사용자에게 유지 관리 부담을 전혀 주지 않는 컴퓨터를 제공한다. 컴퓨터를 소유한 사람은 누구나 그런 유지 관리 부담을 지게 된다. 컴퓨터는 공간을 차지하고, 계속 전문가의 주의가 필요하고, 즉시 낡은 것이 된다. 누가 과연 자신의 컴퓨터를 소유하고 싶어하겠는가? 원하는 이가 점점 줄어들다가 이윽고 아무도 원하지 않게 된다는 것이 답이다. 자신의 발전소를 소유하는 대신에 전력망에서 전기를 사는 것과 마찬가지다. 클라우드는 소유에 따르는 성가신 부담을 질 필요 없이 컴퓨터의 혜택에 접근하게 해준다. 저렴한 가격의 확장 가능한 클라우드 컴퓨팅은 신생 기술 회사의 탄생을 100배 더 쉽게 해주었다. 그들은 자신의 복잡한 컴퓨팅 기반 설비를 구축하는 대신에 클라우드 기반 설비를 구독한다. 산업계 용어를 쓰자면, 서비스로서의 기반 설비다. 상품으로서의 컴퓨터가 아니라 서비스로서의 컴퓨터다. 소유 대신에 접근이다. 클라우드에서 운영함으로써 최고의 기반 설비에 저렴하게 접근할 권한을 획득할 수 있게 된 것이 지난 10년 동안 실리콘밸리에서 수많은 신생 기업이 폭발적으로 생겨난 주된 이유다. 그들은 빠르게 성장하면서, 자신이 소유하지 않은 것에 더욱더 많이 접근한다. 성공함에 따라 규모를 키우기도 쉽다.

클라우드 기업은 이 성장과 의존성을 환영한다. 사람들이 클라우드를 더 많이 사용하고 같은 서비스에 더 많이 접속할수록, 그 서비스는 더 영리해지고 더 강력해진다.

한 기업의 클라우드가 커질 수 있는 크기에는 실질적으로 한계가 있으므로, 앞으로 수십 년 사이에 클라우드 성장의 다음 단계는 클라우드가 하나의 인터클라우드^{intercloud}로 융합하는 것일 것이다.

인터넷이 연결망의 망인 것처럼, 인터클라우드는 클라우드들의 클라우드다. 서서히 하지만 확실하게 아마존의 클라우드와 구글의 클라우드와 페이스북의 클라우드를 비롯한 다른 모든 기업의 클라우드는 서로 얽혀서 일반 사용자나 기업에 하나의 클라우드처럼 행동하는 거대한 클라우드가 되고 있다. 이 융합에 저항하는 힘은 인터클라우드가 상업 클라우드에게 데이터를 공유할 것을 요구하는 데(클라우드는 연결된 데이터들의 망이다) 반해, 현재 데이터는 금괴처럼 깊이 간직되는 경향이 있다는 점이다.

데이터 축적은 경쟁 우위처럼 비치며, 데이터의 자유로운 공유는 법으로 제한되므로, 기업이 자신의 데이터를 창의적이고 생산적이고 책임 있게 공유하는 법을 터득하기까지는 여러 해(어쩌면 수십 년)가 걸릴 것이다.

탈중심적 접근을 향한 거침없는 행군의 마지막 단계가 있다. 인터클라우드를 향해 나아가는 동시에, 우리는 완전히 탈중심화한 개인 간 인터클라우드를 향해서도 나아갈 것이다. 아마존, 페이스북, 구글의 거대한 클라우드는 분산되어 있긴 해도, 탈중심화해 있지는 않다. 그 기계는 거대 기업이 운영하는 것이지, 당신의 별난 동료가 쓰는 컴퓨터의 별난 망을 통해 운영되는 것이 아니다.

하지만 탈중심화한 하드웨어에서 작동하는 클라우드를 만드는 방법이 있다. 우리는 탈중심화한 클라우드가 작동할 수 있음을 안다. 2014년 홍콩의 학생 시위 때 실제로 그런 일이 있었기 때문이다. 시민의 통신을 강박적일 정도로 감시하는 중국 정부의 시선을 피하기 위해, 홍콩 학생들은 웨이보Weibo(중국판 트위터)나 위챗(중국판 페이스북)이나 이메일처럼 휴대전화 중앙 기지국이나 회사 서버를 거쳐서 메시지가 전달되는 방식을 쓰지 않고 의사소통을 하는 방법을 고안했다. 그들은 파이어챗FireChat이라는 저용량의 앱을 전화기에 설치했다.[21] 파이어챗이 설치된 두 전화기끼리는 휴대전화 기지국을 통하지 않고서 무선 와이파이를 통해 직접 통화를 할 수 있었다. 더 중요한 점은 두 전화기 중 어느 한쪽이 파이어챗이 설치된 다른 전화기로 메시지를 중계할 수 있었다는 것이다. 파이어챗이 설치된 전화기를 추가로 계속 연결하면 기지국 없는 전화기의 온전한 망이 구축되었다. 메시지는 다른 전화기를 거쳐서 원하는 수신자에게로 전송되었다. 이 집약된 형태의 개인 간 연결망—메시mesh라고 하는—은 효율적이지 않지만 작동한다.

이 거추장스러운 전달 방식은 인터넷이 한 수준에서 어떤 식으로 작동하는지, 왜 그렇게 탄탄한지를 잘 보여준다. 파이어챗 메시를 토대로 학생들은 어느 누구도 소유하지 않은(따라서 억압하기 어려운) 무선 클라우드를 구축했다. 자신의 개인 기기로 이루어진 메시에 전적으로 의존하여, 그들은 중국 정부를 몇 달 동안 따돌리면서 통신 시스템을 운영했다. 그 아키텍처의 규모를 키우면 어떤 클라우드든 작동시킬 수 있을 것이다.

이런 식의 탈중심화한 통신 시스템을 구축할 지극히 타당한 비혁명적인 이유도 있다. 송전선이 끊기는 대규모의 위기 상황에서, 개인 간 휴대전화 메시는 유일하게 작동하는 시스템이 될 수도 있다. 개별 전화기는 태양전지를 통해 충전할 수 있으므로, 통신 시스템은 전력망 없이도 작동할 수 있다. 통화 범위가 한정되겠지만 건물 지붕에 작은 휴대전화 '리피터repeater'를 설치하고, 마찬가지로 태양전지로 충전시킬 수도 있다.

리피터는 휴대전화보다 더 먼 거리까지 메시지를 중계한다. 일종의 소형 중계국이지만 기업이 소유한 것이 아니다. 지붕 리피터와 수백만 대의 휴대전화기로 이루어진 망은 소유자 없는 망을 구축할 것이다. 이런 유형의 메시 서비스를 제공하겠다고 나선 신생 기업도 있다.

소유자 없는 망은 현재 우리 통신 기반 시설에 적용되는 규제와 법망의 상당수를 뒤엎는다. 클라우드는 많은 지역에 걸쳐 있다. 누구의 법이 적용될까? 당신 주거지의 법인가, 서버가 있는 지역의 법인가, 국제 교환에 관한 법인가? 모든 작업이 클라우드에서 이루어진다면, 누가 당신에게 세금을 매길 것인가? 자료는 누구의 소유일까? 당신인가 클라우드인가? 당신의 모든 이메일과 음성 통화가 클라우드를 거친다면, 전달되는 내용을 책임지는 것은 누구일까? 클라우드가 새롭게 우리 곁에 바짝 다가와 있는 상황에서 당신이 설익은 생각이나 기이한 몽상을 할 때, 당신이 진짜로 믿는 것과 다른 식으로 그것을 다루어야 할까? 당신은 자신의 생각을 소유할까? 아니면 단지 그것에 접근하고 있을 뿐일까?

이 모든 질문은 클라우드와 메시뿐 아니라 모든 탈중심화한 시스템에 적용된다.

●●●

앞으로 30년 동안 탈물질화, 탈중심화, 동시성(실시간 주문형), 플랫폼 활용, 클라우드를 향한 추세는 계속될 것이다. 기술의 발전으로 통신과 컴퓨터 계산 비용이 떨어지는 한 이 추세는 불가피하다. 이 추세는 통신망이 세계적이고 흔해질 때까지 확장한 결과이며, 망은 심화됨에 따라 서서히 물질을 지능으로 대체한다. 세계의 어디에서든지 간에(미국에서든 중국에서든 팀북투Timbuktu에서든 간에) 이 전환은 일어날 것이다. 바탕이 되는 수학과 물리학은 변함이 없다. 탈물질화, 탈중심화, 동시성, 플랫폼, 클라우드가 증가함에 따라, 이 모든 것이 한꺼번에 증가함에 따라, 접근성은 소유를 계속 대체할 것이다. 일상생활의 대다수 영역에서 접근하기가 소유하기를 이길 것이다.

하지만 개인이 아무것도 소유하지 않는 세계는 과학소설 속에서나 있을 것이다. 대다수는 무언가에 접근하는 한편으로 다른 무언가를 소유할 것이다. 그 혼합 양상은 사람마다 다를 것이다. 하지만 아무것도 소유하지 않고 모든 것에 접근하는 사람이라는 극단적인 시나리오도 탐구할 가치가 있다. 기술이 어느 쪽으로 나아가는지를 명확히 보여주기 때문이다. 머지않은 미래에 어찌될지를 사례로 들어보자.

나는 복합주거단지에 산다. 많은 친구들처럼 나도 24시간 이용할 수 있는 서비스 때문에 복합 단지를 택했다. 내 아파트의 우편함은 하루에 네 번 비워지고 채워진다. 거기에 옷 같은 재생 가능용품을 넣으면 몇 시간 뒤에 다시 새로 채워진다는 의미다. 복합단지에는 지역가 공센터에서 드론, 자율주행 밴, 자율주행 자전거를 통해 시간마다 물건이 배달되는 자체 노드도 있다. 내가 내 장치에 필요한 것을 알려주면, 내 우편함(집이나 사무실의)에는 두 시간 이내에, 때로는 그보다 더 빠른 시간에 물품이 배달된다.

중앙 통로에 있는 노드에는 금속, 복합 재료, 생체 조직 등으로 무엇이든 간에 인쇄할 수 있는 경이로운 3D 인쇄기도 있다. 가전제품과 도구가 가득한 꽤 멋진 창고도 있다. 어느 날 나는 칠면조 튀김기를 원했다. 한 시간 뒤 노드의 라이브러리로부터 내 우편함으로 한 대가 와 있었다. 물론 나는 쓴 뒤에 세척할 필요가 없다. 그냥 우편함에 다시 넣으면 된다. 한 친구가 들렀다가, 머리를 깎아야겠다고 마음먹었다. 30분 사이에 우편함에 이발기가 도착했다. 나는 등산용품도 한 벌 구독한다. 등산용품은 해마다 너무 빨리 바뀌고 나는 몇 주 또는 주말에만 쓰므로, 가장 좋은 최신 제품을 우편함에서 얻는 쪽이 훨씬 낫다. 카메라와 컴퓨터도 마찬가지다. 금방 구닥다리가 되므로, 나는 가장 좋은 최신 제품을 구독하는 쪽이 좋다.

내 많은 친구들처럼, 나도 옷을 대부분 구독한다. 좋은 방식이다. 나는 원한다면 매일 다른 옷을 입을 수도 있고, 하루가 끝날 무렵에 입던 옷을 우편함에 그냥 집어넣기만 하면 된다. 그 옷은 세탁되어 다시 배포되며, 때로 사람들의 취향에 맞게 조금씩 수선하기도 한다. 심지어 다른 대부분의 회사에는 없는 명품 티셔츠도 많이 있다. 내가 소유한 몇 벌의 특별한 스마트셔츠에는 칩이 달려 있어서 다음 날이면 세탁 및 다림질이 되어 다시 내게 돌아온다.

나는 몇몇 식품 라인을 구독한다. 신선 식품은 인근 농민이 직접 재배하는 것을 구독하고, 조리된 뜨거운 식품을 문 앞까지 배달하는 라인도 구독한다. 노드는 내 시간표, 통근하는 위치, 내 선호도를 알기에, 배달 시간은 아주 정확하다. 직접 요리를 하고 싶을 때에는 필요한 재료를 얻을 수 있다. 내 복합 단지에는 예약한 냉장고나 찬장에 필요한 모든 식품과 세척된 식기를 하루 전에 공급하는 설비가 있다. 돈이 많다면 고급 아파트를 빌리겠지만, 내가 집을 비우는 시간에는 내 방이 대여되므로 내 집에서도 꽤 많은 돈을 번다. 내가 떠날 때보다 돌아오면 집이 더 깨끗하게 청소가 되어 있으므로 나로서는 더 좋다.

나는 그 어떤 음악도, 영화도, 게임도, 책도, 미술품도, 현실 세계의 물품도 소유한 적이 없다. 만물상점Universal Stuff에서 구독할 뿐이다. 내

벽에 있는 예술적인 그림은 계속 바뀌기 때문에 나는 늘 새로운 기분을 느낀다. 나는 핀터레스트에 있는 내 컬렉션을 벽에 띄우게 하는 특별한 온라인 서비스를 이용한다.

부모님은 실제 역사적인 미술 작품을 돌아가면서 빌려주는 박물관 서비스를 구독하고 계시지만, 나는 그럴 능력이 안 된다. 요즘 나는 매달 저절로 변형됨으로써 계속 시선을 끄는 3D 조각품을 구독해 감상하고 있다. 내가 어릴 때 갖고 놀던 장난감도 만물상점에서 대여한 것이었다. 어머니는 이렇게 말하곤 하셨다. "몇 달만 갖고 놀 건데 살 필요가 뭐가 있니?" 그래서 두 달마다 장난감은 우편함에 들어가고 새로운 장난감이 오곤 했다.

만물상점은 대단히 영리해서 주문이 밀려들 때에도 나는 차를 빌리는 데 30초 이상 기다리는 일이 없다. 내 시간표를 알고, 내 문자 메시지, 달력, 전화 통화에서 내 일정을 추론할 수 있기 때문에 차가 제시간에 도착한다. 나는 돈을 아끼기 위해 때로 두세 명과 합승한다. 대역폭이 넓어 우리는 각자 화면을 볼 수 있다. 나는 운동을 하기 위해 몇몇 체육관과 자전거 서비스를 구독한다. 말끔히 닦이고 조정된 신형 자전거가 내 출발 지점에 대기한다. 나는 장거리 여행을 할 때는 새로운 개인용 드론을 선호한다. 아주 최신 제품이라서 당장 필요할 때 구하기가 어렵지만, 여객기보다 훨씬 더 편리하다. 상호대여 서비스가 가능한 다른 도시의 복합 단지로 여행할 때는 짐을 그다지 꾸릴 필요도 없다. 그 지역의 노드에서 모든 것—내가 흔히 쓰는 물품과 똑같은 것—을 얻을 수 있기 때문이다.

아버지는 내게 아무것도 소유하지 않으면 책임감도 소속감도 느끼지 못하지 않냐고 묻곤 하신다. 나는 정반대라고 답한다. 원시시대와 깊이 연결되어 있다는 느낌을 받는다. 나는 아무것도 소유하지 않은 채, 당장 쓸 도구를 고안하여 쓰고 떠날 때에는 그냥 버리면서 자연의 복합단지를 돌아다니던 고대의 수렵채집인 같은 느낌을 받는다. 쌓아놓을 헛간이 필요한 쪽은 농민이다. 디지털 원주민은 자유롭게 앞으로 달려가서 미지의 세계를 탐험한다. 소유가 아니라 접근을 통해 나는 다음에 무엇이 나오든 준비가 된, 민첩하고 활기찬 상태를 유지한다.

SHARING

제6장
·
나만의 것이 아닌 우리 모두의 것,
공유하다

앞으로 30년 동안, 최고의 부—그리고 가장 흥미로운 문화적 혁신—는 이 방향에서 나올 것이다. 2050년에 가장 크고 가장 빨리 성장하고 가장 이익이 나는 기업은 현재 눈에 띄지 않고 알지도 못하는 공유의 측면을 활용하는 법을 터득한 회사일 것이다. 공유할 수 있는 모든 것—생각, 감정, 돈, 건강, 시간—은 적절한 조건에서 공유될 것이고, 적절한 혜택을 제공할 것이다. 공유될 수 있는 것은 우리가 지금 알고 있는 것보다 100만 가지 더 많은 방식으로 더 잘, 더 빨리, 더 쉽게, 더 오래 공유될 수 있다. 우리 역사의 이 시점에서는 이전까지 공유되지 않았거나 전에 없던 새로운 방법으로, 무언가를 공유하는 것이 그 가치를 증가시키는 가장 확실한 방법이다.

빌 게이츠Bill Gates는 자본주의자가 생각할 수 있는 최악의 단어를 써가면서 무료 소프트웨어 옹호자를 조롱했다. 그는 무료 소프트웨어를 원하는 무리가 '새로운 현대판 공산주의자'라고, 즉 미국의 꿈을 뒷받침하는 데 기여하는 독점하려는 동기를 파괴하는 악의 세력이라고 했다. 게이츠의 말은 몇 가지 점에서 틀렸다. 우선, 무료 오픈 소스 소프트웨어 열광자는 빨갱이가 아니라 정치적 자유주의자에 훨씬 더 가깝다. 하지만 그의 말에도 일부 맞는 점이 있다. 모든 사람을 늘 연결하려는 세계적인 광풍은 조용히 사회주의의 기술적인 개정판을 빚어내고 있다.

디지털 문화의 공동체적 측면은 깊고도 넓게 뻗어 있다. 위키피디아는 출현하는 집산주의의 눈에 띄는 한 사례에 불과하다. 사실 위키피디아만이 아니라 온갖 종류의 위키wiki가 다 마찬가지다. 위키는 집단적으로 생산된 문서의 집합이다. 그 텍스트는 누구든, 그리고 모든 사람이 쉽게 만들고 추가하고 편집하고 수정할 수 있다. 서로 다른 위키 엔진이 서식 형성 능력이 제각기 다른 다양한 플랫폼과 운영 체제에서 돌아가고 있다. 1994년에 최초로 공동 협력 웹페이지[2]를 창안한 워드 커닝햄Ward Cunningham은 현재 150개의 위키 엔진을 가동[3] 중이며, 각각은 수많은 사이트를 지원한다. 널리 채택되고 있는 크리에이티브 커먼스Creative Commons라는 공유 친화적인 저작물 사용권은 사람들이 추가 허락을 받을 필요 없이 자신의 이미지, 글, 음악을 다른 사람이 쓰고 개선할 수 있도록 법적으로 허용한다. 다시 말해, 내용을 공유하고 추출하는 것이 새로운 표준이 되고 있다.

2015년에 크리에이티브커먼스Creative Commons의 이용 허락 건수는 10억 건이 넘었다.[4] 복제될 수 있는 거의 모든 것의 사본을 구할 수 있는 토르Tor 같은 널리 퍼진 파일 공유 사이트의 출현은 협업을 향해 나아가는 또 한 단계다. 이미 창작된 것을 토대로 하면 자신의 창작을 시작하기가 아주 쉬워지기 때문이다. 디그Digg, 스텀블어폰StumbleUpon, 레딧Reddit, 핀터레스트, 텀블러Tumblr 같은 집단 비평 사이트는 수억 명의 평범한 사람이 전문가와 친구들에게서 나온 사진, 이미지, 새로운 항목, 착상을 찾고, 집단적으로 그것에 순위를 매기고, 평가하고, 공유하고, 전달하고, 해설을 달고, 스트림이나 보관함에 넣어서 관리할 수 있게 한다. 이 사이트는 어느 순간에 가장 좋은 것을 추천함으로써 집단 여과지 역할을 한다. 거의 매일같이 공동체의 행동을 활용하는 새로운 방식을 자랑스럽게 내놓는 신생 기업이 출현한다. 이런 발전 양상은 망으로 연결된 세계에 맞게 조율된 일종의 디지털 '사회-주의social-ism'

를 향해 우리가 꾸준히 나아가고 있음을 시사한다.

당신의 할아버지 세대의 정치적 사회주의를 말하는 것이 아니다. 사실, 이 새로운 사회주의가 그런 것이 아니라고 제쳐놓을 수 있는 과거의 운동 목록은 길다. 이것은 계급 전쟁이 아니다. 반미 운동도 아니다. 사실 디지털 사회주의는 미국의 가장 새로운 혁신일 수도 있다. 기존의 정치적 사회주의가 국가의 일부였다면 디지털 사회주의는 국가 없는 사회주의다. 이 참신한 사회주의는 현재 정부보다는 문화와 경제 분야에서 돌아간다. 지금으로서는 그렇다.

빌 게이츠가 리눅스나 아파치 같은 공유 소프트웨어의 창작자에게 오명을 씌우고 싶어한 형태의 구식 공산주의는 중앙 집중적인 통신, 자본 집약적인 산업 공정, 강화된 국경의 시대에 태어났다. 지난 세기 초의 그런 제약은 모든 권력을 틀어쥔 전문가 집단이 고안한 면밀한 과학적 5개년 계획으로 자유 시장의 혼란과 실패를 대체하려고 시도한 일종의 집단 소유를 낳았다. 하지만 그런 유형의 정부 운영 체제는 실패했다. 좀 온건히 표현하자면 그렇다. 산업 시대의 하향식 사회주의는 민주적인 자유 시장이 제공하는 빠른 적응, 끊임없는 혁신, 자생적인 에너지를 따라올 수 없었다. 사회주의적 명령 경제와 중앙 집중화한 공산주의 체제는 역사의 유물이 되었다. 하지만 붉은 깃발을 흔드는 낡은 유형의 사회주의와 달리, 이 새로운 디지털 사회주의는 망 통신을 통해 국경 없는 인터넷상에서 돌아가면서 긴밀하게 통합된 세계 경제 전체에서 무형의 서비스를 생성한다. 개인의 자율성을 높이고 중앙 집중화를 억제하도록 고안되어 있다. 탈중심화의 극단적인 형태다.

우리는 집단 농장에 모이는 대신에 집단 세계에 모인다. 국립 공장 대신에 가상의 협동조합으로 연결된 개인용 컴퓨터라는 공장을 지닌다. 곡괭이와 삽 대신에 스크립트와 API를 공유한다. 얼굴 없는 권력 집단 대신에 그때그때 중요하다고 여기는 일만을 하는 얼굴 없는 능력주의 집단이 있다. 국민 생산 대신에 개인 생산이 있다. 정부의 무료 배급과 보조금 대신에 많은 무료 상품과 용역이 있다.

나는 '사회주의'라는 용어에 많은 독자가 껄끄러워할 것을 안다. 그 용어는 엄청난 문화적 짐을 안고 있으며, 그와 관련된 '공산주의적', '공산주의자', '집단적' 같은 용어도 마찬가지다. 내가 '사회주의'를 택한 이유는 사회적 상호작용에 의존함으로써 힘을 얻는 다양한 기술을 가리키기에 가장 좋은 단어이기 때문이다. 소셜 미디어social media에 '사회적social'이라는 수식어가 붙은 것도 같은 이유다. 그것은 사회적 활동의 일종이다. 대체로 사회적 활동은 웹사이트와 망에 연결된 앱이 소비자, 참여자, 이용자, 또는 한때 대중이라고 했던 존재의 아주 커다란 망에서 나오는 입력을 다스릴 때 생성되는 것이다. 물론 그런 불붙기 쉬운 명칭하에 아주 많은 유형의 조직을 묶는 일에는 수사학적 위험이 따른다. 하지만 이 공유의 세계에서 쓸 만한 오염되지 않은 용어는 전혀 없으므로, 이 가장 직설적인 용어로 대신하는 것도 괜찮을 듯하다. 사회적, 사회적 행동, 소셜 미디어, 사회주의. 생산 수단을 소유한 많은 이들이 공동의 목표를 향해 일하고 자신의 산물을 공유할 때, 임금을 받지 않고 노동력을 제공하고 그 과실을 공짜로 즐길 때, 그것을 새로운 사회주의라고 부르는 것도 불합리하지 않다.

그들의 공통점은 '공유하다Sharing'라는 동사다. 사실 일부 미래학자들은 새로운 사회주의의 이 경제적 측면을 '공유 경제sharing economy'라고 한다. 이 세계의 주된 통화가 공유이기 때문이다.

1990년대 말에 활동가이자 선동가이며, 늙은 히피족인 존 페리 발로우John Perry Barlow는 이 변화를 좀 농담조로, '닷공산주의dot-communism'[5]라고 부르기 시작했다. 그는 닷공산주의를 '전적으로 무보수 행위자로 이루어진 노동력'[6], 즉 재산 소유도 전혀 없고 기술적 아키텍처가 정치 공간을 정의하는, 돈 없는 탈중심화한 재능 기부 또는 물물 교환 경제라고 정의했다. 트위터와 페이스북이 퍼뜨리는 내용이 무보수 기여자들, 즉 당신 같은 이용자가 창작한 것이므로, 가상의 돈을 말한 부분에서는 그가 옳았다. 그리고 발로우는 앞장에서 설명했던 소유의 결여라는 부분에서도 옳았다. 우리는 넷플릭스나 스포티파이 같은 공유 경제 서비스가 대중을 무언가를 소유하지 않은 쪽으로 이동시키고 있음을 본다. 하지만 한 가지 측면에서 '사회주의'는 현재 일어나고 있는 일을 기술하기에 맞지 않는 용어다. 이념이 아니므로 '주의ism'가 아니다. 그것은 엄격한 신조를 요구하지 않는다. 오히려 그것은 협동, 공유, 모이기, 조정, 애드호크라시ad hocracy(경직된 관료제와 반대로 융통성과 적응성을 지닌 임시 조직 - 옮긴이)를 비롯하여 새로 가능해진 다양한 유형의 사회적 협력을 촉진하는 태도, 기술, 도구의 스펙트럼이다. 설계의 최전방이자, 혁신을 위한 유달리 비옥한 공간이다.

미디어 이론가 클레이 셔키Clay Shirky는 2008년 저서 《끌리고 쏠리고 들끓다Here Comes Everybody》에서 이 새로운 사회 체제를 협력의 수준에 따라 분류하는 유용한 계층구조를 제안했다.[7] 사람들의 집단은 최소한의 협조 수준에서 단순히 공유하는 것으로 시작하여, 점점 협조 수준이 높아지면서 협력을 거쳐 집산주의에 이르기까지 나아간다. 이 사회주의의 각 단계마다, 추가로 요구되는 협조의 양이 늘어난다. 온라인 경관을 살펴보면 이 현상의 증거가 충분히 드러난다.

공유Sharing

온라인 대중은 믿어지지 않을 만큼 기꺼이 공유하려 한다. 페이스북, 플리커Flicker, 인스타그램 같은 사이트에 올리는 개인 사진의 수는 하루에 18억 장[8]이라는 천문학적인 수준이다. 이 디지털 사진의 대다수는 어떤 식으로든 공유되고 있다고 말해도 무리가 없다. 그리고 개인 정보 업데이트, 지도상의 위치, 설익은 생각도 온라인에 올라간다. 여기에 매일 유튜브에서 내보내는 수십억 편의 동영상[9]과 팬픽fanfic 사이트에 올라오는 팬이 창작한 수백만 편의 소설[10]도 추가하자. 공유 조직의 목록은 거의 끝이 없다. 평가는 옐프Yelp, 위치는 포스퀘어Foursquare, 스크랩북은 핀터레스트가 대표적이다. 내용 공유는 현재 어디에나 흔하다.

공유하기는 가장 온건한 형태의 디지털 사회주의이지만, 이 동사는 공동체 참여의 모든 더 상위 수준의 토대 역할을 한다. 망 세계 전체의 기초 요소다.

협력Cooperation

개인이 더 큰 목표를 위해 함께 일할 때, 집단 수준에서 출현하는 결과가 산출된다. 아마추어는 플리커와 텀블러에서 수십억 장의 사진을 공유할 뿐 아니라, 그것들을 범주, 꼬리표, 키워드로 표시를 해왔다. 그 공동체의 다른 사람이 그 사진을 추려내어 모음과 게시판에 올린다. 크리에이티브커먼즈 사용권이 인기가 있다는 것은 어떤 의미에서 당신의 사진이 내 사진이기도 하다는 의미다. 공동체 주민이 공동체의 수레를 사용하듯이, 누구든 올려진 사진을 사용할 수 있다. 나는 에펠탑 사진을 또 찍을 필요가 없다. 공동체가 내가 찍을 수 있는 것보다 더 나은 사진을 제공할 수 있기 때문이다. 그것은 내가 홀로 일하지 않기 때문에 훨씬 더 나은 발표 자료, 보고서, 스크랩북, 웹사이트를 만들 수 있다는 의미다.

수천 군데의 집단 사이트가 3중의 혜택을 보기 위해 비슷한 사회적 동역학을 이용한다. 첫째, 사회적 기술은 사이트 이용자가 찾아낸 항목을 자신이 이용하기 위해 태그, 북마크, 순위 평가, 보관을 하도록 허용함으로써 직접적으로 돕는다. 공동체 구성원은 자신의 컬렉션을 더 쉽게 관리하고 유지할 수 있다. 예를 들어, 핀터레스트에서는 다양한 태그와 '핀pin'이라는 범주 분류를 통해서 사용자가 검색하고 추가하기가 대단히 쉬운 특정한 스크랩북을 아주 빨리 만들 수 있다. 둘째, 누군가의 태그, 핀, 북마크는 다른 이용자에게 혜택을 줄 것이다. 그런 것들 덕분에 다른 이용자도 비슷한 항목을 찾기가 더 쉬워진다. 어떤 이미지가 핀터레스트의 태그, 페이스북에서의 '좋아요', 트위터에서의 해시태그를 더 많이 얻을수록, 그 이미지는 다른 사람에게 더 유용해진다. 셋째, 집단 활동은 집단 전체에서만 나올 수 있는 부가 가치를 창출할 수 있다. 예를 들어, 관광객이 서로 다른 시간에 서로 다른 각도에서 찍고, 각각 태그가 많이 붙은 에펠탑 사진들을 조합하여(마이크로소프트의 포토신스photosynth 같은 소프트웨어를 써서) 개별 스냅 사진보다 훨씬 더 복잡하고 가치 있는, 전체 구조를 담은 놀라운 3D 렌더링을 만들 수 있다. 좀 신기한 방식으로, 이 방식은 '각자 능력에 따라 일하고 필요에 따라 얻는다'라는 사회주의의 전제[11]를 초월한다. 필요한 것보다 더 많은 것을 기여하고 전달하는 데 사회주의보다 더 뛰어나기 때문이다.

공동체 공유는 놀라울 만치 경이로운 힘을 발휘할 수 있다. 이용자가 가장 중요한 항목(뉴스, 웹 링크, 평가)에 투표를 하거나 리트윗을 할 수 있게 허용하는 레딧과 트위터 같은 사이트는 신문이나 TV 방송망만큼, 아니 아마 그 이상으로 대중 담론을 이끌 수 있다. 열성 기여자는 이 기구가 발휘하는 폭넓은 문화적 영향력 때문에 계속 기여를 하게 되는 것이다. 공동체의 집단 영향력은 기여자의 수에 비례하여 커진다. 그것은 사회 제도의 핵심이다. 합이 부분을 능가한다. 전통적인 사회주의는 민족국가를 통해 이 동력을 이끌어냈다. 현재 디지털 공유는 정부와 분리되어 있고 국제적인 규모에서 작동한다.

협업Collaboration

조직화한 협업은 임시 협력이 이루는 것을 넘어서는 결과를 내놓을 수 있다. 대다수의 웹 서버와 대다수 스마트폰의 토대를 이루는 리눅스 운영 체제를 비롯한 수백 가지의 오픈 소스 소프트웨어 계획을 훑어보라. 이런 계획에서, 세밀하게 조정된 공동체 도구는 수천 명 또는 수만 명의 구성원의 공동 작업을 통해 수준 높은 산물을 내놓는다. 임시 협력이라는 이전 범주와 정반대로, 대규모의 복잡한 계획에서의 협업은 참여자에게 간접적인 혜택만 주는 경향이 있다. 집단의 각 구성원은 최종 산물의 작은 부분과만 상호작용을 하기 때문이다. 열성적인 한 사람은 그 프로그램이 제대로 돌아가려면 몇 년이 더 남아 있는 상황에서 서브루틴 하나의 코드를 작성하면서 몇 달을 보낼 수도 있다. 사실, 노력 대비 보상의 비율이 자유 시장의 관점에서 보면 너무나 안 좋기에─작업자는 아무런 대가도 받지 못한 채 엄청난 양의 시장 가치가 높은 일을 한다─이 공동 노력은 자본주의 내에서는 무의미하다.

경제적 불균형뿐 아니라, 우리는 이 협업의 산물을 공짜로 이용하는 데 익숙해져 왔다. 현재 전 세계 웹사이트의 절반[12]은 무료 아파치 소프트웨어가 돌아가는 3,500만 대 이상의 서버[13]에 올라가 있다.[14] 아파치 소프트웨어는 공동체가 만든 오픈 소스다. 3D 웨어하우스3D Warehouse라는 무료 자료 교환소는 매우 숙련된 열광자가 만들어서 자유롭게 주고받는 상상할 수 있는 모든 형태(부츠에서 육교에 이르기까지)의 복잡한 3D 모형 수백만 점을 제공한다.[15] 각급 학교와 취미 생활을 하는 이들은 공동체가 설계한 거의 100만 대에 이르는 아두이노[16]와 600만 대의 라즈베리파이Raspberry Pi 컴퓨터[17]를 써왔다. 그들의 설계는 자유롭게 복사되어 새로운 제품의 토대로 쓰인다. 이런 제품과 서비스를 만드는 동료 생산자는 돈 대신에 신용, 지위, 평판, 즐거움, 만족, 경험을 얻는다.

물론 협업 자체에는 그다지 새로운 것이 없다. 하지만 온라인 협업의 새로운 도구는 자본 투자자를 피하고 생산자—종종 소비자이기도한—가 소유권을 간직할 수 있는 공동체 방식의 생산을 지원한다.

집산주의Collectivism

나를 포함하여 서구인의 대부분은 개인의 힘이 커지면 필연적으로 국가의 힘은 줄어들고, 그 반대도 마찬가지라는 개념을 주입받았다. 하지만 현실적으로, 대다수의 국가는 일부 자원을 사회화하고, 다른 자원은 개인화하고 있다. 대다수의 자유 시장 국가 경제는 교육과 치안을 사회화한 반면, 오늘날의 가장 극단적으로 사회화한 나라조차도 일부 사유 재산을 허용한다. 이 혼합 양상은 지역마다 다르다.

기술적 사회주의를 자유 시장 개인주의와 중앙 집중화한 권력 사이의 제로섬 게임의 일환으로 보기보다는, 기술적 공유를 개인과 집단 모두를 고양시키는 새로운 정치 운영 체제라고 볼 수도 있다. 이는 대개 명시되지 않았지만 우리가 직관적으로 이해하고 있는 공유 기술의 목표이기도 하다. 개인의 자율성과 협력하는 사람의 힘을 둘 다 최대화하자는 것이다. 따라서 디지털 공유는 기존 상식의 많은 부분과 무관한 제3의 길이라고 볼 수 있다.

제3의 길이라는 개념은 《네트워크의 부The Wealth of Networks》의 저자 요하이 벤클러Yochai Benkler의 주장에 호응한다. 그는 어느 누구보다도 연결망의 정치를 깊이 생각한 인물일 것이다. 그는 이 활동이 "창의성, 생산성, 자유를 강화할 수 있다"는 데 주목하면서, "나는 사회적 생산과 동료 생산의 출현이 국가 기반 및 시장 기반의 닫힌 소유권 체제의 대안이라고 본다"라고 썼다.[18] 이 새로운 운영 체제는 사유 재산권이 없이 중앙 집권적인 계획에 따르는 고전적인 공산주의도, 자유 시장이라는 순수한 이기심이 난무하는 혼돈도 아니다. 탈중심화한 대중의 협조를 통해서 문제를 해결할 수 있고 순수한 공산주의도 순수한 자본주의도 만들 수 없는 것을 만들 수 있는, 새로 출현하는 설계 공간이다.

시장과 비시장 메커니즘을 융합한 하이브리드 시스템은 새로운 것이 아니다. 수십 년 동안 여러 연구자가 이탈리아 북부와 스페인 북서부 바스크 지역의 산업 협동조합이 채택한 탈중심화한 사회적 생산 방식을 연구해왔다. 국가의 통제 없이, 직원이 주인이 되어 관리 방식을 선택하고 이익 배분을 정하는 방식이다. 하지만 저비용이면서 즉각적이고 편재하는 온라인 협업이 등장한 뒤에야, 이 개념의 핵심이 기업용 소프트웨어를 짜거나 참고도서를 쓰는 일 같은 새로운 다양한 분야로 확산되는 것이 가능해졌다. 더 중요한 점은 공유 기술 덕분에 협업과 집산주의가 예전보다 훨씬 더 큰 규모에서 작동할 수 있다는 것이다.

이 제3의 길을 지역 실험 차원을 넘어서 확대하려는 꿈을 지닌 사람들이 있다. 탈중심화한 협업은 얼마나 규모가 커질 수 있을까? 오픈 소스 산업의 흐름을 추적하는 블랙덕오픈허브Black Duck Open Hub에는 약

65만 명[19]이 50만 건이 넘는 계획에 참여하고 있다고 나와 있다.[20] 제너럴모터스[GM]의 인력보다 세 배 더 많은 규모다.[21] 설령 온종일 그 일에 매달려 있지 않다고 해도, 놀라울 만치 많은 사람이 무보수로 일을 하고 있다는 의미다. GM의 모든 직원이 봉급을 받지 않으면서 자동차를 만드는 일을 계속한다고 상상해보라!

지금까지 가장 큰 규모의 온라인 협업 노력은 오픈 소스 계획이며, 그중에서 아파치처럼 가장 규모가 큰 계획에는 수백 명의 기여자[22]가 참여한다. 한 마을 규모다. 한 연구에 따르면, 페도라 리눅스 9가 나오기까지 6만 인년person-year[23]이 소요되었다고 한다. 따라서 우리는 공유의 동역학과 자기 조직화가 소도시 규모의 계획을 관리할 수 있다는 증거를 지닌 셈이다.

물론 온라인 공동 작업에 참여하는 인원의 총수는 훨씬 더 많다. 협업 걸러내기 사이트인 레딧에는 월간 1억 7,000만 명이 방문하며, 1만 개의 공동체가 활동하고 있다.[24] 유튜브는 월 이용자가 10억 명[25]에 달한다. 그들은 현재 TV와 경쟁하는 동영상을 생산하는 인력이다. 위키피디아에 기여하는 등록된 사용자는 거의 2,500만 명에 달한다.[26] 그중 활발하게 활동하는 사람은 13만 명이다. 인스타그램에서 실제로 활동하는 사용자는 3억 명을 넘으며,[27] 페이스북 그룹에는 월간 7억 개 이상의 그룹이 참여한다.[28]

집단 소프트웨어 농장이나 집단적인 결정을 요하는 계획에 참여하는 사람의 수는 아직 한 국가 수준에는 미치지 못한다. 하지만 사회화한 미디어에서 사는 인구는 엄청나며 계속 늘고 있다. 페이스북의

14억 명이 넘는 주민[29]은 정보 공동체에서 자신의 삶을 자유롭게 공유한다. 페이스북이 국가라면, 지구 최대의 국가일 것이다. 하지만 이 가장 큰 나라의 경제 전체는 무보수 노동력으로 돌아간다. 10억 명이 무보수로 콘텐츠를 만들면서 하루의 많은 시간을 쏟는다. 그들은 주변에서 일어나는 사건을 알리고, 소설 줄거리를 요약하고, 견해를 덧붙이고, 그래픽을 창작하고, 농담을 지어내고, 멋진 사진을 올리고, 동영상을 찍는다. 그들은 신원을 입증할 수 있는 14억 명의 연결된 개인으로부터 도출되는 의사소통과 인간관계의 가치를 통해 '보상'을 받는다. 그들은 공동체에 머물도록 허락을 받음으로써 보상을 받는다.

유급 노동의 대안을 구축하고 있는 이들로부터 많은 정치적 입장이 개진될 것이라고 예상할지도 모르겠다. 하지만 공유 도구를 설계하는 코드 작성자, 해커, 프로그래머는 자신을 혁명가라고 여기지 않는다. 무급으로 일하는 동기 중 가장 흔한 것(오픈 소스 개발자 2,784명에게 설문 조사를 한 자료[30]를 토대로)은 '새로운 기술을 배우고 발전시키기 위해서'였다. 한 학생은 그것을 이렇게 표현했다(비유적으로). "무료로 일하는 주된 이유는 내 자신의 같잖은 소프트웨어를 개선하기 위해서다."[31] 기본적으로 노골적인 정치적 태도는 실용적이지 않다. 인터넷은 경제를 통해 규정되는 것이라기보다는 재능 공유를 통해 규정되는 창작물이다.

하지만 시민들은 공유, 협력, 협업, 집산주의라는 정치적 밀물에 동요할지도 모른다. 협업에서 얻는 혜택이 많을수록, 우리는 정부의 사회화한 제도에 마음을 더 열 것이다. 북한을 통제하는 강압적이고 정신을 말살하는 체제는 죽은 것이다(북한 바깥에서는). 미래는 위키피디아와 이를테면 스웨덴의 온건한 사회주의 양쪽을 본뜬 잡종 형태다. 으레 의심부터 하는 이들은 이 변화에 몹시 반발하겠지만 공유 증가는 불가피하다. 그것을 뭐라고 부를지를 놓고 진실한 논쟁이 벌어지고 있지만, 공유의 기술은 이제 겨우 시작되었을 뿐이다. 내 가상의 공유지수Sharing Meter Index에 따르면, 우리는 10등급 중에서 아직 2등급에 와 있다. 현대인이 공유하지 않을 것이라고 예전에 전문가들이 믿었던 것의 목록—우리의 금융, 우리의 건강 문제, 우리의 성생활, 우리의 내면의 두려움—은 길지만, 적절한 조건에서 적절한 기술과 적절한 혜택이 주어진다면 우리는 모든 것을 공유하게 될 것이다.

　이 운동이 비자본주의적인 오픈 소스 동료 생산 사회에 얼마나 가까이 우리를 데려갈 수 있을까? 이 질문이 제기될 때마다, 답은 늘 같았다. 우리가 생각하는 것보다 더 가까이라고 말이다. 크레이그리스트를 생각해보라. 그저 광고를 분류했을 뿐이라고? 크레이그리스트는 그보다 훨씬 많은 일을 했다. 각 동네의 물물교환 게시판을 확장하여 광역 게시판으로 만들고, 사진을 추가하여 광고를 보강했다. 고객이 자신의 광고를 스스로 입력할 수 있게 했고, 더 중요한 점은 실시간 업데이트를 통해 광고를 실시간으로 유지하고, 게다가 무료로 광고할 수 있도록 했다. 공짜로 전국에 광고를 낼 수 있었다! 부채에 허덕이는 신문이 과연 경쟁할 수 있을까? 국가의 지원이나 통제 없이 대체로 무료로 운영되고, 전 세계의 시민을 매일 직접 연결하는 이 시장은 모든 정부나 전통적인 기업이 깜짝 놀랄 만큼 효율적으로(전성기에도 직원이 30명에 불과했다)[32] 공공 선을 달성했다. 개인 간 광고가 신문의 사업 모델을 훼손하는 것은 분명하지만 동시에 공유 모형이 수익을 추구하는 기업과 세금으로 유지되는 공공기관 양쪽의 생존 가능한 대안임을 논란의 여지없이 보여준 사례다.

모든 공중 보건 전문가는 사진을 공유하는 것은 좋지만, 자신의 의료 기록을 공유하려 할 사람은 아무도 없을 것이라고 자신만만하게 선언했다. 하지만 환자가 자신의 치료에 도움을 얻고자 자기 치료 결과를 공유하는 페이션츠라이크미PatientsLikeMe 같은 사이트는 집단 활동이 의사와 사생활 노출의 두려움 양쪽을 이길 수 있음을 입증한다. 당신이 생각하는 것을 공유하고(트위터), 당신이 읽고 있는 것을 공유하고(스텀블어폰), 당신의 금융 상황을 공유하고(모스틀리풀캡스Motley Fool Caps), 당신의 모든 것을 공유하는(페이스북) 습관이 점점 일반화하면서 우리 문화의 토대가 되고 있다. 그러면서 어느 계층에 속하든 상관없이 여러 대륙에 흩어져 있는 알지 못하는 사람들과 협력하여 공동으로 백과사전, 언론 매체, 동영상 보관소, 소프트웨어도 만든다. 그렇게 따지면, 정치적 사회주의가 논리적으로 다음 단계인 양 여겨진다.

지난 세기에 걸쳐 자유 시장에서도 비슷한 일이 일어났다. 이렇게 묻는 이들이 매일 같이 나타났다. 어떻게 해야 시장을 더 개선할 수 있을까? 우리는 합리적인 계획이나 정부의 개입을 필요로 하는 듯한 문제인데도 대신에 시장 논리가 적용되고 있는 사례를 많이 들 수 있다.

예를 들어, 정부는 전통적으로 통신, 특히 희소한 전파 자원을 관리했다. 하지만 통신 주파수를 시장에서 경매에 붙이자, 대역폭의 최적화가 일어났고 혁신과 새로운 사업의 출현이 가속되었다. 정부가 우편 업무를 독점하는 대신에, DHL, 페덱스, UPS 같은 업체가 시장에 참여했을 때에도 같은 일이 일어났다. 시장을 통한 해법으로 바꾸었을 때 상당히 더 나아진 사례가 많다. 최근 수십 년 동안 이루어진 번영의 상당 부분은 사회적 문제에 시장의 힘이 적용됨으로써 이루어졌다.

지금 우리는 협업적인 사회적 기술을 같은 방식으로 적용하려 시도하고 있다. 디지털 사회주의를 점점 더 많은 욕망의 목록—때로는 자유 시장이 해결할 수 없는 문제들—에 적용하면서 그것이 먹히는지 알아보려 한다. 지금까지 나온 결과는 경악할 수준이다. 우리는 협업 기술을 이용하여 빈곤층의 보건 수준을 향상시키고, 무료 대학 교재를 개발하고, 희귀한 질병의 약을 개발할 자금을 모으는 데 성공했다. 거의 모든 사례에서 공유, 협력, 협업, 개방성, 무료화, 투명성은 자본주의자가 가능하다고 여긴 것보다 더욱 현실적인 힘을 발휘했다. 매번 시도할 때마다 우리는 공유하기가 우리가 상상한 것 이상의 힘을 지니고 있음을 발견한다.

공유의 힘은 비영리 부문에서만 발휘되는 것이 아니다. 지난 10년 사이에 상업적으로 가장 큰 부를 일군 기업 중 세 곳—구글, 페이스북, 트위터—은 의외의 방식으로 유례없는 공유를 통해 가치를 끌어냈다.

구글의 최초 형태는 아마추어 창작자가 만든 웹페이지의 링크를 이용함으로써 당시의 잘나가던 검색 엔진을 이겼다. 일반인이 웹에서 하이퍼링크를 만들 때마다 구글은 그 링크와 연결된 페이지를 믿을 수 있다는 신뢰도 투표로 간주하여 집계했고, 이 투표 결과를 이용하여 웹 전체에 있는 링크에 가중치를 부여했다. 따라서 어느 특정한 웹페이지에 연결된 페이지가 다른 믿을 만한 페이지와 연결된 페이지에도 연결되어 있다면, 그 페이지는 구글 검색 결과에서 더 높은 신뢰 등급을 얻었다. 이 기이한 순환 논리를 뒷받침하는 증거는 구글이 만든 것이 아니라, 수백만 개의 웹페이지가 공유하는 공개 링크에서 나온 것이다. 구글은 소비자가 눌러 공유되는 검색 결과에서 가치를 추출한 최초의 기업이었다. 일반 사용자의 클릭 하나하나가 그 페이지가 유용하다는 투표였다. 따라서 일반 사용자는 단지 구글을 이용함으로써, 구글을 더 낫게 만들었고, 구글의 경제적 가치를 더 높였다.

페이스북은 가치가 있다고 본 사람이 거의 없는 것—우리 친구들의 웹—을 취해서 그것을 공유하도록 격려하는 한편으로, 새로 연결된 사람과 쉽게 쪽지와 잡담을 공유할 수 있게 했다. 이를 통해 개인이 얻는 혜택은 미미했지만, 전체적으로는 엄청나게 복잡한 혜택을 낳았다. 이 유례없는 공유가 얼마나 강력한 효과를 발휘할지를 예측한 사람은 아무도 없었다. 페이스북의 가장 강력한 자산은 이 공유 체제를 작동시키기 위해서 우리가 창안할 필요가 있었던 지속적인 온라인 정체성임이 드러났다. 세컨드라이프Second Life의 가상현실 같은 미래주의적 방식이 자신의 가상 모습을 공유하기 쉽게 만들었다고 한다면, 페이스북은 자신의 진짜 신원을 공유하기 쉽게 함으로써 훨씬 더 많은 돈을 벌었다.

단순히 140자의 '업데이트'를 공유하는 방식을 택한 트위터의 전략도 제대로 인식되지 못한 힘을 이용한다는 점에서 비슷했다. 트위터는 사람들이 토막글을 공유하게 하고, 느슨한 인맥을 맺도록 함으로써 놀라울 만치 거대한 사업을 구축했다. 그 전까지 이 수준의 공유는 소중하기는커녕, 가치가 있다고 여겨지지도 않았다. 트위터는 한 개인에게 잠깐 눈에 띈 반짝이는 것을 전체적으로 모아서 가공한 다음, 체계화하여 다시 개인에게 전달하고, 분석한 통계 자료는 기업에 팔면 공유되는 것을 황금으로 만들 수 있음을 입증했다.

■■■■■■■■■■■■■■■■■ ■■■■■■■■■■■■■■■■■

계층 구조에서 망으로, 집중화한 중심부에서 공유하기가 기본값인 탈중심화한 웹으로의 이동이야말로 지난 30년 동안 인류 문화에 펼쳐진 주된 이야기였다. 그리고 그 이야기는 아직 끝나지 않았다. 상향식 힘은 앞으로도 우리를 더 추진할 것이다. 하지만 상향만으로는 충분치 않다.

우리가 원하는 최상의 것을 얻으려면, 하향식 지능도 약간 필요하다. 사회적 기술과 공유 앱이 대유행하고 있으므로, 다시금 언급하는 것도 가치가 있다. 상향만으로는 우리가 진정으로 원하는 것을 이루는 데 부족하다. 우리는 하향도 필요하다. 몇 년 이상 유지되는 모든 주요 상향식 조직은 모두 상향식에다가 하향식을 일부 조합했기 때문에 존재 가능했다.

나는 개인적인 경험을 통해 이러한 결론에 이르렀다. 나는 〈와이어드〉잡지를 공동 창간한 편집자였다. 편집자는 하향식 기능을 수행한다. 저자의 결과물을 선별하고 다듬고 졸라대고 빚어내고 인도하는 일을 한다. 우리가 〈와이어드〉를 창간한 것은 웹이 발명되기 직전인 1993년이었기에, 우리는 웹이 출현할 때 언론의 꼴을 빚어낼 특권적인 위치에 놓였다. 사실 〈와이어드〉는 최초의 상업적인 언론 웹사이트 중 하나를 만들었다. 우리가 웹에서 뉴스 기사를 만들고 퍼뜨리는 새롭게 가능해진 방식을 실험하고 있을 때, 한 가지 미해결된 핵심 질문은 이것이었다. 편집자가 얼마나 영향력을 휘둘러야 할까? 새로운 온라인 도구가 대중이 글쓰기에 기여하는 일뿐 아니라, 내용을 편집하는 일도 더 수월하게 해준다는 점은 명백했다. 우리는 한 자기 단순한 사항을 되풀이하여 깨닫고 있었다. 기존 모델을 뒤집어서 대중·소비자가 맡게 한다면 어떤 일이 일어날까? 그들은 토플러가 말한 프로슈머, 즉 생산자이기도 한 소비자가 될 것이다. 예전에 혁신 전문가인 래리 킬리Larry Keeley가 간파했듯이 말이다! "모든 사람들만큼 영리한 사람은 없다."[33] 클레이 셔키도 같은 말을 했다. "여기 모든 이들이 온다!"[34] 우리가 대중 속의 '모든 사람'에게 온라인 잡지를 만드는 일을 그냥 맡기면 안 될까? 편집자는 뒤로 물러나서, 그저 군중의 지혜가 만드는 것을 승인만 해야 하는 것이 아닐까?

〈와이어드〉보다 10년 전부터 온라인에서 활동한 저술가이자 편집자인 하워드 라인골드Howard Rheingold는 이제 편집자를 잊어도 될 때가 왔다고 주장한 전문가 가운데 한 명이었다. 군중에게 맡기자. 라인골드는 당시 전적으로 아마추어와 대중의 집단 활동에서 콘텐츠를 모을 수 있다는 급진적인 신념을 앞장서서 제시한 인물이다. 나중에 그는 《똑똑한 군중Smart Mobs》이라는 책도 썼다. 우리는 그를 〈와이어드〉의 온라인 콘텐츠 사이트인 핫와이어드의 책임자로 뽑았다. 처음에 핫와이어드를 구상할 때의 혁신적인 개념은 독자들로 이루어진 군중에게 다른 독자가 읽을 콘텐츠를 작성하게 한다는 것이었다. 그런데 더욱 급진적인 개념이 채택되었다. 뒤쪽에서 웅성거리던 소리가 점점 커지다가 이윽고 저자에게는 더 이상 편집자가 필요 없다는 선언이 나왔다. 아무도 글을 발표하는 데 허락을 얻을 필요가 없었다. 인터넷에 연결된 사람은 누구나 자신의 글을 올리고 대중을 끌어 모을 수 있었다. 입구를 통제하는 출판업자의 종말이었다. 이것은 혁명이었다! 그리고 그것이 혁명이었기에, 〈와이어드〉는 기존 미디어의 종말을 선언하는 '사이버공간의 독립 선언문'을 발표했다.[35] 뉴미디어는 확실히 빠르게 퍼졌다. 슬래시닷Slashdot, 디그, 더 후발 주자인 레딧 같은 링크 집합체도 거기에 속했다. 그런 사이트는 사용자가 항목에 '좋다', '나쁘다'를 투표할 수 있게 했고, "남들이 이 글을 좋아합니다"라는 한 상호추천을 통한 공동 합의 필터 역할을 하게끔 했다.

라인골드는 〈와이어드〉가 필자의 의욕을 꺾는 편집자를 없애서 사람들이 강력한 목소리와 많은 열정과 의욕을 고스란히 발휘할 수 있게 하면 일이 더욱 빨리 진척될 것이라고 믿었다. 현재 우리는 그런 기고가를 '블로거blogger'라고 부른다. 트위터tweeter라고 부르기도 한다. 라인골드는 이 점에서는 옳았다. 페이스북과 트위터를 비롯한 모든 소셜 미디어 사이트를 유지하는 콘텐츠 전체는 편집자 없이 사용자가 창작한다. 10억 명의 아마추어 이용자가 매초마다 엄청난 양의 글을 쏟아낸다. 사실 현재 온라인 상태에 있는 사람은 평균적으로 예전의 많은 직업 저술가보다 연간 훨씬 더 많은 글을 쓴다. 이 쏟아지는 글은 편집되지도 관리되지도 않으며, 철저히 상향적이다. 그리고 이 엄청난 양의 프로슈머 콘텐츠는 상당한 주목을 받는다. 2015년에 광고업자가 이런 콘텐츠에 내건 광고는 240억 달러에 달한다.[36]

나는 이 혁명의 반대편에 섰다. 당시 나는 편집되지 않은 아마추어 글의 대부분이 흥미롭지도 한결 같은 믿음도 주지 못한다고 반론을 펼쳤다. 100만 명이 일주일에 100만 번 글을 쓰는(혹은 블로그나 웹에 올리는) 상황에서, 이 가용 텍스트의 홍수 속을 헤쳐나갈 어떤 지적 지침은 큰 가치가 있을 것이다. 사용자 생성 콘텐츠의 양이 늘어날수록 일부 하향식 선택이 이루어져야 할 필요성도 더 높아질 것이다. 시간이 흐를수록, 사용자 생성 콘텐츠를 제공하는 기업은 질을 유지하고 관심을 받도록 하기 위해서 콘텐츠의 대양에 편집, 선별, 관리라는 층을 덧씌워야 할 것이다. 바닥이라는 순수한 무정부 상태 외에 다른 무언가가 있어야 했다.

이 말은 다른 유형의 편집자에게도 적용된다. 편집자는 창작자와 대중 사이에 놓인 중간층의 전문가—아니 오늘날 '큐레이터curator'라고 부르는 것—다. 이 중간층은 출판사, 음악사, 화랑, 영화사에서 일한다. 이들의 역할은 급격히 바뀔 수밖에 없겠지만, 그 중간층의 수요는 사라지지 않을 것이다. 군중으로부터 뭉게뭉게 솟구치는 창작의 구름을 다듬을 중간층이 어떤 형태로든 필요하다.

하지만 1994년에는 그런 것을 알 턱이 없었다. 원대한 실험을 한다는 열기에 휩싸인 채 우리는 온라인 잡지인 〈핫와이어드〉를 주로 사용자 생성 콘텐츠 사이트 형태로 출범시켰다. 하지만 그 방식은 먹히지 않았다. 우리는 재빨리 편집자의 개입과 편집자가 의뢰하여 작성된 기사를 조금씩 추가하기 시작했다. 사용자는 콘텐츠를 제출할 수 있었지만, 편집을 거친 뒤에야 사이트에 올렸다. 그 뒤로 10년마다 몇몇 소수의 상업 언론사가 이 실험을 다시금 시도하곤 했다. 〈가디언The Guardian〉은 뉴스 블로그에 독자가 기사를 올리는 방식을 시도[37]했지만, 2년 뒤에 그 사업을 접었다. 한국의 〈오마이뉴스〉[38]는 그런 시도를 한 대다수 언론사보다 더 잘해냈고, 독자가 쓰는 뉴스 체제를 여러 해 동안 유지했지만, 2010년에 편집자 방식으로 돌아갔다. 노련한 경영 잡지인 〈패스트컴퍼니Fast Company〉는 등록된 블로거 독자 2,000명[39]에게 편집자 없이 기사를 쓸 수 있게 했다가 1년 뒤 그 실험을 접었고, 지금은 다시 독자가 아이디어를 제공하면 편집자가 맡아서 쓰는 방식으로 돌아갔다. 사용자 생성과 편집자 보완이라는 이 잡종 형태는 아주 흔하다. 페이스북은 이미 지적 알고리즘을 통해서 사용자가 입력하는 상향식 뉴스의 홍수를 걸러내기 시작했다. 시간이 흐르면 중재의 층이 계속 추가될 것이고, 다른 상향식 서비스도 마찬가지일 것이다.

정확히 꼼꼼하게 살펴보면, 사용자 생성 콘텐츠의 모범 사례라고 여겨지는 위키피디아조차도 순수한 상향식과는 거리가 멀다. 사실 위키피디아의 누구에게나 열려 있는 과정에는 골방에서 일하는 엘리트도 포함되어 있다. 누군가가 더 많은 항목을 편집할수록, 그 사람이 쓰는 항목은 오래 견디고 수정되지 않을 가능성이 더 높아진다. 그것은 시간이 흐를수록 노련한 편집자가 오래가는 편집본을 내놓기가 더 쉬워지고, 그 과정이 다년간 많은 시간을 헌신한 소수의 편집자[40]를 선호한다는 의미다. 이 오랜 경력자는 이 열린 애드호크라시에 연속성과 편집자의 판단이라는 얇은 층을 덧씌우는 일종의 관리자 역할을 한다. 사실 스스로 임명한 편집자로 이루어진 이 소집단이야말로 위키피디아가 30년째 계속 작동하고 성장하고 있는 이유다.

위키피디아에서처럼, 어떤 공동체가 공동으로 백과사전을 집필할 때, 어느 한 항목에서 합의에 도달하지 못하면 아무도 책임을 지지 않는다. 그 틈새는 조만간 메워질 수도 있고 아닐 수도 있는 불완전한 상태로 있다. 이런 실패 사례는 그 사업 전체에는 위협이 되지 않는다. 그런 한편으로, 집단 활동의 목적은 자발적인 동료가 중요한 과정에 책임을 지고, 우선순위를 정하는 것 같은 어려운 결정을 모든 참여자가 내리는 체제를 구축하기 위해서다. 인류 역사 내내, 무수한 소규모 집산주의 집단이 집행 기능을 고위직에 두지 않는 이 탈중심화 운영 방식을 시도해왔다. 결과는 그다지 고무적이지 않았다. 몇 년 이상 유지된 공동체는 거의 없다.

사실 위키피디아, 리눅스, 오픈오피스Open Office 같은 것의 핵심 관리 기구를 자세히 살펴보면, 이런 노력이 겉으로 보이는 것보다 집산주의적 열반 상태와 좀 거리가 있다는 점이 드러난다. 위키피디아에 기여하는 작가가 수백만 명이긴 해도, 편집의 대부분은 훨씬 적은 수의 편집자(약 1,500명)가 맡고 있다. 공동으로 코드를 작성하는 쪽도 마찬가지다. 엄청나게 많은 기여자를 소수의 조정자 집단이 관리한다. 모질라Mozilla 오픈 소스 코드 공장의 창립자인 미치 카포Mitch Kapor가 간파한 바와 같다. "굴러가는 모든 무정부 상태의 내부에는 경험자의 망이 있다."[41]

이것이 반드시 나쁜 일은 아니다. 집산주의 유형 중에는 약간의 계층구조를 추가할 때 혜택을 보는 것도 있고, 피해를 입는 것도 있다. 인터넷, 페이스북, 민주주의 같은 플랫폼은 상품을 생산하고 용역을 제공하는 장소 역할을 하도록 고안된 것이다. 이런 기반 시설에 해당하는 장소는 진입 장벽을 최소화하고 권리와 책임을 균등하게 배분함으로써 가능한 비계층적으로 만들 때 유리하다. 이런 체제에서는 어떤 강력한 행위자가 등장해서 좌지우지할 때, 체제 전체가 위기에 처한다. 반면에 플랫폼이 아니라 상품을 생산하도록 구축된 조직은 일정표를 중심으로 배치된 계층구조와 강력한 지도자가 필요한 경우가 많다. 하층 노동력은 매시간 필요한 일에 초점을 맞춘다. 그보다 한 단계 높은 수준의 노동력은 하루에 해야 할 일에 초점을 맞춘다. 더 위의 단계에서는 주 단위나 월 단위의 일에 초점을 맞추고, 더 상위 단계(흔히 경영진)에서는 5년 앞을 내다봐야 한다. 많은 기업의 꿈은 제품을 만드는 일에서 졸업하여 플랫폼을 창출하는 것이다. 하지만 성공을 할 무렵에 (페이스북처럼), 그들은 요구되는 자기 역할을 전환할 준비가 안 되어 있을 때가 많다. 그들은 기회를 '평준화하고' 평등하게 유지하고, 계층구조를 최소화하는 기업보다는 정부에 더 가깝게 행동해야 한다.

예전에는 계층구조를 활용하면서 집산주의를 최대화하는 조직을 구축하기가 거의 불가능했다. 그렇게 많은 거래 업무를 관리하기에는 비용이 너무 엄청났다. 지금은 디지털 네트워킹이 필요한 개인 간 통신을 저렴하게 제공한다. 계층구조가 전권을 휘두르는 것을 연결망이 막음으로써, 제품 중심 조직은 집단적으로 기능할 수 있게 된다. 예를 들어, 오픈 소스 데이터베이스인 MySQL의 배후에 있는 조직은 일부 계층구조를 지니고 있긴 해도, 오라클 같은 거대 데이터베이스 기업보다도 훨씬 더 집산주의적이다. 마찬가지로 위키피디아는 완벽한 평등의 요새는 아니지만,[42] 브리태니커 백과사전보다는 훨씬 더 집산주의적이다. 새로운 집산주의적 조직은 잡종 조직이지만, 대다수의 전통적인 기업보다는 훨씬 더 비계층구조적인 쪽으로 기울어져 있다.

시간이 좀 걸리긴 했지만, 우리는 하향식이 필요하지만, 그리 많이는 아니라는 것을 배웠다. 무리마음의 어리석음은 영리한 설계가 씹어 먹을 수 있는 식품 원료다. 편집과 전문성은 식품의 비타민과 같다. 많이 필요하지 않고, 커다란 몸에 미량이면 된다. 너무 많으면 독성을 띠거나 그냥 배출될 것이다. 계층구조를 적당한 양으로 주입하는 것만으로도 아주 거대한 집단에 활기를 충분히 불어넣을 수 있다.

대량의 통제 부재에 소량의 하향 통제를 혼합할 수 있는 방법은 무수히 많으며, 지금 변경에서는 그것을 찾아내는 일이 활발하게 일어나고 있다. 이 시대에 들어서기 전까지, 기술은 주로 오로지 통제, 그것도 오로지 하향식 통제에 관한 것이었다. 이제 기술은 통제와 혼란을 둘 다 지닐 수 있다. 그 전까지 우리는 몹시 혼란스러운 준통제 상태를 지닌 시스템을 만들 수가 없었다. 우리는 전에는 기술적으로 가능하지가 않았기에 결코 접근할 수 없었던 탈중심화와 공유라는 팽창하고 있는 가능성의 공간을 향해 달려가고 있다. 인터넷이 등장하기 전까지는 100만 명의 활동을 실시간으로 조정하거나 10만 명이 일주일 동안 한 계획을 협력하여 진행하도록 할 방법이 아예 없었다. 지금은 가능하며, 그래서 우리는 통제와 군중을 조합할 수 있는 무수한 방법을 앞다투어 찾고 있다.

하지만 대규모의 상향식 노력은 우리가 원하는 목적지로 중간까지만 데려다줄 것이다. 삶의 대다수 측면에서 우리는 전문성을 원한다. 하지만 전문가를 전혀 원하지 않으면서 전문성을 획득할 성싶지는 않다.

그것이 바로 위키피디아가 자신의 발전 과정에서 진화를 거듭하는 법을 배운다고 해서 놀랄 필요가 없는 이유다. 해가 갈수록 덧씌워지는 구조가 점점 늘어난다. 논란이 되는 항목은 고위 편집자를 통해 '동결'될 수 있고, 그러면 더 이상 아무나 편집할 수 없고 지정된 편집자만이 편집할 수 있다. 쓸 수 있게 허용되는 것이 무엇인지를 정하는 규칙, 요구되는 형식, 승인이 필요한 것이 더 늘어난다. 하지만 품질도 향상된다. 나는 50년 안에 위키피디아 항목 중에 통제된 편집, 동료 심사, 검증을 거친 확정, 진위 증명서 등을 갖춘 것이 상당한 비율을 차지할 것이라고 추측한다. 독자에게는 다 좋은 일이다. 이 단계 하나하나는 소량의 하향식 영리함을 적용하여 대규모의 상향식 시스템의 어리석음을 상쇄시키는 사례다.

하지만 무리마음이 그렇게 어리석다면, 왜 굳이 그런 것을 붙들고 씨름하는 것일까? 이유는 어리석긴 해도 많은 일을 할 만큼은 영리하기 때문이다.

방식은 두 가지다. 첫째, 상향식 무리마음은 언제나 우리의 상상을 훨씬 더 초월하여 나아갈 것이다. 위키피디아는 비록 이상적인 것은 아니지만, 모든 이들이 가능하다고 생각한 수준보다 훨씬 더 낫다. 이 점에서 우리를 계속 놀라게 한다. 다른 수백만 명의 시청 경험에서 나오는 넷플릭스의 개인 맞춤 추천은 대다수 전문가가 예상한 수준을 뛰어넘는 성공을 거두었다. 영화평의 범위, 깊이, 신뢰도 면에서 평균적인 사람의 영화평보다 훨씬 더 유용하다. 낯선 이들이 가상의 장터에서 만나는 이베이의 방식은 작동하지 않을 것이라고 여겨졌지만, 완벽하지는 않더라도 대다수 소매상이 가능하다고 여긴 수준을 훨씬 뛰어넘는다. 우버의 개인 간 주문형 택시 서비스는 투자자조차 놀랄 만큼 아주 잘 작동한다. 시간이 충분하면 탈중심적인 형태로 연결된 어리석은 마음은 우리가 생각하는 것보다 더 영리해질 수 있다.

둘째, 설령 탈중심화한 힘만으로는 우리를 끝까지 데려가줄 수 없을지라도, 시작할 때에는 그 힘을 이용하는 것이 거의 언제나 가장 좋은 방법이다. 빠르고, 저렴하고, 통제를 벗어난 방식이다. 새로운 무리의 힘을 이용한 서비스는 진입 장벽이 낮으며, 점점 더 낮아지고 있다. 무리마음은 경이로울 만치 매끄럽게 규모가 확대된다. 2015년에 공유되는 탈중심화한 개인간 망의 힘을 이용하려고 하는 신생 기업이 9,000개나 생긴 이유도 그 때문이다.[43] 그것들이 시간이 흐르면서 어떻게 변하는지는 중요하지 않다. 아마 앞으로 100년 안에 위키피디아 같은 공유 과정은 관리의 층들이 너무나 많이 겹겹이 쌓이면서 기존의 중앙 집중화한 사업과 비슷해질 것이다. 설령 그렇다고 해도, 상향식은 여전히 시작하기에는 가장 좋은 방법이다.

■■■■■■■■■■■■■■■■■■■■■■■■■■■■■■■■

우리는 현재 황금기에 살고 있다. 앞으로 10년 동안 나올 창작물의 양에 비하면 지난 50년 동안 나온 양은 미미해 보일 것이다. 지금은 전보다 더 많은 화가, 저자, 음악가가 활동하고 있고, 그들은 해마다 상당히 더 많은 책, 노래, 영화, 다큐멘터리, 사진, 미술품, 오페라, 앨범을 창작하고 있다. 지금처럼 책이 값싸고 많았던 시대는 없었다. 음악, 영화, 게임 등 디지털 복제가 가능한 다른 모든 창작물도 마찬가지다. 이용할 수 있는 창작물의 양과 다양성은 폭발적으로 증가해왔다. 희귀 도서실이나 기록 보관소에 깊이 수장되어 있는 대신에 어디에서든 클릭 한 번으로 이용할 수 있는 인류 문명의 옛 창작물도 점점 늘어나고 있다. 추천과 검색의 기술에 힘입어서 가장 눈에 띄지 않았던 작품도 찾아내기가 대단히 쉬워졌다. 6,000년 전 바빌로니아의 수금 연주에 따라 부르던 찬가도 원한다면 찾아볼 수 있다.[44]

그런 한편으로, 디지털 창작 도구가 너무나 흔해지는 바람에 책이나 노래, 게임, 심지어 동영상을 창작하는 데에도 자원이나 특별한 재주가 거의 필요하지 않을 정도가 되었다. 그 점을 입증이라도 하는 듯, 최근에 한 광고회사는 스마트폰을 이용하여 아주 멋진 TV 광고를 찍었다.[45] 전설적인 화가 데이비드 호크니David Hockney는 아이패드를 이용한 그림[46] 연작을 그려서 호평을 받았다. 유명 음악가들은 싸구려 키보드 제품을 써서 인기곡을 만든다. 10여 명의 무명 저자가 낡은 싸구려 노트북만으로 써서 자비로 출판한 전자책은 총 수백만 부가 팔려나갔다. 빠른 세계적인 상호연결망은 여태껏 없던 가장 큰 규모의 대중을 낳았다. 인터넷에서 가장 큰 성공을 거두는 사례는 점점 더 규모가 커지고 있다. 한국의 팝 댄스 비디오인 '강남 스타일'[47]은 시청 횟수가 24억 번에 이르고 지금도 계속 늘어나고 있다. 이런 규모의 대중은 이 행성에서 유례가 없었다.

자작을 통해 베스트셀러가 된 사례가 계속 언론의 표제기사로 오르곤 하지만, 진정한 뉴스는 다른 쪽에 있다. 디지털 시대는 비베스트셀러의 시대다. 인정받지 못한, 잊힌 작품의 시대다. 공유 기술 덕분에, 가장 관심을 덜 받은 작품도 더 이상 잊힌 채로 있지 않다. 그저 클릭 한 번이면 만난다. 인터넷이 모든 가정으로 빠르게 침투하고, 최근에는 전화기를 통해 모든 사람의 주머니로 스며듦에 따라, 다수 대중의 지배 체제는 종식을 고하고 있다. 대다수의 창작물이 거의 항상 나름의 생태적 지위를 차지하고 있는 세계가 왔다. 왼손잡이 문신시술사는 서로를 찾고 자신의 경험과 비법을 공유할 수 있다. 야하게 속삭이는 동영상을 찾는 이들(실제로 많다)은 취향이 같은 사람들이 만들고 공유하는 속삭이는 동영상을 시청할 수 있다.

이 자그마한 생태적 지위 하나하나는 아주 미미하지만, 그런 생태적 지위가 수천만 개는 된다. 그리고 설령 이 수많은 생태적 지위 가운데 하나에 관심을 보이는 애호가가 고작 200명에 불과할지라도, 새롭게 관심을 가져볼까 하는 사람은 구글만 하면 찾아낼 수 있다. 다시 말해, 어느 특정한 관심사도 베스트셀러만큼 쉽게 찾을 수 있게 되었다. 현재 우리는 있을 법하지 않은 열정을 공유하는 소규모 공동체가 있다는 것을 알게 되어도 놀라지 않는다. 오히려 그런 것이 없다면 놀란다. 우리는 아마존, 넷플릭스, 스포티파이, 구글의 오지를 조사하면 우리가 거의 관심을 갖지 않을 작품이나 포럼을 기대하는 이도 나올 것임을 확신할 수 있다. 각 생태적 지위는 인기 있는 생태적 지위와 그저 클릭 한 번만큼 떨어져 있다.

현재 대중은 왕이다. 하지만 창작자는 어떨까? 이 공유 경제에서 누가 그들에게 돈을 지불할까? 중간층이 사라진다면, 그들의 창작 활동은 어떻게 대가를 받을까? 놀라운 답이 나와 있다. 새로운 공유 기술을 통해서라는 것이다. 크라우드 펀딩crowd funding이야말로 창작자에게 가장 유리한 방법이다. 대중은 크라우드 펀딩을 통해 작품에 투자를 한다. 애호가는 자신이 애호하는 것에 공동으로 자금을 댄다. 공유 기술 덕분에 어느 화가나 저자에게 기꺼이 미리 대가를 지불하려는 애호가는 다른 수백 명의 애호가와 집단을 이루어서(거의 힘들이지 않고) 상당한 자금을 모을 수 있다.

가장 잘 알려진 크라우드 펀딩 기업인 킥스타터Kickstarter가 설립된 이래로 7년 동안 900만 명의 애호가가 8만 8,000건의 사업 계획[48]에 자금을 댔다. 킥스타터는 전 세계에 있는 약 450개의 크라우드 펀딩 플랫폼 중 하나다. 인디고고Indiegogo 같은 다른 사이트도 거의 그에 못지않게 잘나가고 있다. 전체적으로 크라우드 펀딩 플랫폼은 다른 식으로는 자금을 모으지 못했을 사업 계획에 해마다 340억 달러가 넘는

자금을 끌어 모은다.[49]

2013년에 나는 킥스타터를 통해 모금을 한 약 2만 명 중에 속했다.[50] 나는 몇몇 친구와 총천연색 그래픽 노블graphic novel을 창작했다. 즉 예전에는 성인용 만화책이라고 했던 것을 말이다. 우리는《실버 코드The Silver Cord》라는 그 소설의 2권을 창작하고 인쇄하는 데까지 작가와 화가에게 4만 달러가 들어갈 것이라고 계산했다. 그래서 우리는 킥스타터에 등록하고 무슨 이유로 돈이 필요한지를 설명하는 짧은 동영상을 제작했다.

킥스타터는 정한 액수(우리는 4만 달러)에 도달하기 전까지는 창작자에게 모금액을 전달하지 않는 독특한 대금 예치 서비스를 운영한다.[51] 30일 내에 모인 돈이 목표로 정한 금액에서 1달러라도 모자라면, 그 돈은 즉시 투자자에게 반환되고, 모금 당사자(우리)는 한 푼도 받지 못한다. 애호가를 보호하기 위한 조치다. 모금액을 채우지 못하는 사업 계획은 실패할 운명이기 때문이다. 또 이 방식은 자신의 애호가를 주요 마케터로 전환하는 고전적인 네트워크 경제를 활용한다. 일단 모금에 기여를 하면, 당신의 모금 활동에 자기 친구를 끌어들임으로써 당신이 목표를 채울 수 있게 만들 동기를 갖게 되기 때문이다.

이따금 애호가에게 모금을 하는 킥스타터 사업 계획이 의외로 인기를 끌어서 목표액을 100만 달러 이상 초과하는 일이 벌어지기도 한다. 킥스타터에서 가장 모금액이 많았던 사업 계획[52]은 디지털 시계였는데, 미래의 애호가에게 2,000만 달러를 모았다. 제시된 사업 계획 중 목표액을 채운 것은 약 40퍼센트에 달한다.[53]

약 450개의 애호가 모금 플랫폼은 창작자 집단이나 모금 결과에 차별성을 두기 위해 나름의 규정이 있다. 음악가에 최적화한 크라우드 펀딩 사이트도 있고(플레즈뮤직PledgeMusic, 셀라밴드SellaBand), 비영리사업(펀들리Fundly, 펀드레이저FundRazr), 응급 의료(고펀드미GoFundMe, 랠리Rally), 심지어 과학(페트리디시Petridish, 익스페리먼트Experiment)에 초점을 맞춘 사이트들도 있다. 몇몇 사이트(패트레온Patreon, 서배블Subbable)는 잡지나 비디오 채널 같은 지속성을 띤 사업 계획에 꾸준히 지원을 하는 쪽이다. 이미 나온 작품을 애호가가 모금을 통해 지원하는 플랫폼도 두 군데(플래터Flattr, 언글루Unglue) 있다.

하지만 앞으로 크라우드 셰어링이 해야 할 훨씬 더 강력한 역할은 애호가 기반의 지분 확보다. 후원자가 어떤 제품에 투자하기보다는 기업에 투자하는 것이다. 한 기업의 애호가가 그 회사의 주식을 산다는 개념이다. 주식 시장에서 주식을 살 때 하는 일과 똑같다. 당신은 크라우드 소싱을 통해 소유권의 일부를 얻는다. 당신의 지분은 기업 전체로 보면 미미하고, 공공 소유 주식을 통해 모금한 돈은 기업의 성장에 쓰인다. 기업은 자신의 고객에게 돈을 모금하는 것이 이상적이다. 현실에서는 거대 연금 기관과 헤지펀드가 큰손이지만 말이다. 공개 기업은 정부의 심한 규제와 집중 감독을 받아서 일반 주주의 안전이 얼마간 담보되기 때문에, 은행 계좌를 지닌 사람은 누구나 주식을 살 수 있다. 하지만 위험을 무릅쓰는 신생 기업, 독자적인 창작자, 광기에 사로잡힌 예술가, 차고에서 꿈을 실현시키려 애쓰는 두 젊은이는 공개 기업에 일반적으로 적용되는 겹겹이 쌓인 금융 관료주의와 서류 작업을 견더낼 수 없다. 해마다 자금 지원을 충분히 받은 극소수의 기업은 기업 공개를 시도하겠지만, 그 이후에는 고임금 변호사와 회계사라는 높은 수수료를 받은 한 쌍이 부지런히 기업을 벗겨먹는다. 따라서 회사의 공공 소유 주식을 누구에게나 제공할 수 있도록 한(어느 정도의 규제를 받으면서) 공개 개인 간 체제는 기업을 혁신할 것이다. 크라우드 펀딩이 없었다면 나오지 못했을 수만 가지의 신제품을 우리가 봤듯이, 새로운 주식 공유 방식은 그것이 없었다면 태어나지 못했을 수만 가지의 혁신적인 기업을 태동시킬 것이다. 공유 경제는 이제 소유권 공유를 포함할 것이다.

이점은 분명하다. 당신이 어떤 아이디어를 갖고 있다면, 당신은 마찬가지로 그 가능성을 알아보는 사람에게 투자를 받을 수 있다. 당신은 은행가, 즉 부자의 승낙을 구할 필요가 없다. 당신이 열심히 일해서 성공한다면, 당신의 후원자도 당신과 함께 번영할 것이다. 화가는 애호가의 투자를 받아서 장기간에 걸쳐 자신의 작품을 파는 회사를 설립할 수도 있다. 차고에서 놀라운 새 장치를 고안한 두 젊은이는 매번 새 장치를 고안할 때마다 크라우드 펀딩을 할 필요 없이 더 많은 장치를 만드는 사업 과정을 지속하는 데 필요한 돈을 모을 수도 있을 것이다. 단점도 마찬가지로 명백하다. 일종의 심사, 감시, 규제가 없다면, 개인 간 투자는 어중이떠중이와 사기꾼을 끌어들이는 자석이 될 것이다. 사기꾼은 혹할 만한 보상을 제시하면서, 당신의 돈을 가져가고 실패한 이유를 늘어놓을 것이다. 노인은 평생 모은 돈을 잃을 수도 있다. 하지만 이베이가 새로운 혁신적인 기술을 써서 보이지 않는 낯선 사람이 보이지 않는 낯선 사람에게 물건을 팔 때의 오래된 사기 문제를 해결한 것처럼, 주식 크라우드 셰어링의 위험도 보험풀, 대금 예치 계정, 신뢰를 얻는 다른 기술적 수단 같은 기술적 혁신을 통해 최소화할 수 있다. 미국에서 주식 크라우드 펀딩을 처음으로 시도한 두 기업 시드인베스트SeedInvest와 펀더스클럽FundersClub[54]은 여전히 부유한 '자격 있는 투자자'에 의존하며, 2016년 초에 일반 시민[55]을 위한 주식 크라우드 펀딩을 합법화하도록 법이 개정되기를 기다리고 있다.

거기에서 그칠 이유가 어디 있는가? 가난한 농부가 지구 반대편의 낯선 사람에게 공동으로 100달러를 대출받을 수 있다고, 그리고 그들이 그 돈을 돌려받을 수 있다고 과연 누가 믿었겠는가? 키바Kiva가 개인 간 대출을 통해 하는 일이 바로 그것이다. 수십 년 전, 국제 은행은 부유한 국가의 정부에 고액을 빌려줄 때보다 가난한 이들에게 소액을 빌려줄 때가 회수율이 더 높다는 것을 알아냈다. 즉 볼리비아 정부보다는 볼리비아의 농민에게 대출을 하는 편이 더 안전했다. 수백 달러 규모로 이루어지는 이 미소금융이 수십만 건씩 이루어지면, 개발도상국의 경제도 바닥에서 탈출하곤 했다. 가난한 여성에게 식품 노점상을 시작하는 데 필요한 물품을 살 돈 95달러를 대출하면, 그녀의 안정적인 소득이 주는 혜택은 그 아이들, 지역 경제로 물결처럼 퍼지면서, 머지않아 더 복잡한 신생 기업이 출현할 토대를 구축하곤 했다. 지금까지 창안된 발전 전략 중 가장 효율적이었다. 키바는 공유하기를 한 단계 더 진척시켜서, 어디에서든 누구나 미소금융 대출을 할 수 있게 함으로써 미소금융을 개인 간 대출로 전환시켰다. 따라서 지금 당신은 커피숍에 앉아서 뜨개질 사업을 시작하기 위해 털실을 구입할 계획이 있는 어느 볼리비아 여성에게 120달러를 빌려줄 수 있다. 당신은 그녀가 빌린 돈을 갚을 때까지 그녀의 진행 상황을 주시할 수 있다. 그녀가 돈을 갚으면 그 돈을 다시 누군가에게 대출할 수도 있다. 2005년에 키바가 출범한 이래로 200만 명이 넘는 사람이 공유 플랫폼을 통해 7억 2,500만 달러가 넘는 미소금융 대출을 했다.[56] 회수율은 약 99퍼센트다. 그 결과 다시 대출을 할 의욕이 생긴다.

개발도상국에서 키바가 먹힌다면, 선진국에도 개인 간 대출을 이식하지 못할 이유가 어디 있단 말인가? 웹을 토대로 한 두 회사 프로스퍼Prosper와 렌딩클럽Lending Club이 그 일을 한다. 이 기업은 평범한 중산층 시민 대여자를 적절한 이율로 기꺼이 대출을 할 의향이 있는 평범한 시민 대출자와 연결한다. 2015년 기준으로, 이 두 개인 간 대출 기업은 총액 100억 달러가 넘는 20만 건이 넘는 대출을 중개했다.[57]

혁신 자체도 크라우드 소싱을 할 수 있다. 〈포천Fortune〉 500대 기업에 속한 제너럴일렉트릭은 소속 기술자가 주변의 급속한 혁신 속도를 따라잡지 못하지나 않을까 걱정해서 퀴키Quirky라는 플랫폼을 출범시켰다. 누구든 온라인으로 새로운 GE 제품을 위한 아이디어를 제출할 수 있었다. GE 간부는 매주 한 차례 그 주에 가장 좋은 아이디어가 무엇인지 투표했고, 선정된 제안을 실현시킬 방안에 착수하곤 했다. 어떤 아이디어가 제품으로 나오면, 그 아이디어를 낸 사람은 보상금을 받았다. 지금까지 GE는 이 크라우드 소싱 방법으로 400건이 넘는 신제품을 내놓았다.[58] 에그마인더Egg Minder가 한 예다. 달걀을 다시 주문할 때가 되면 당신에게 문자를 보내는 냉장고의 달걀 보관 용기다.

크라우드 소싱의 또 하나 인기 있는 형태는 언뜻 볼 때 협업보다는 경쟁에 더 가까워 보인다. 상업적 욕구를 이용하여 최선의 해결책을 찾으려는 경쟁을 부추기는 방식이다. 기업은 참여한 군중 가운데 최선의 해결책을 선정하여 상금을 준다. 예를 들어, 넷플릭스는 자사의 알고리즘보다 10퍼센트 더 개선된 영화 추천 알고리즘을 창안할 수 있는 프로그래머에게 100만 달러의 상금을 주겠다고 발표했다.[59] 4만 개 집단이 개선된 아주 좋은 해결책을 제시했지만,[60] 한 팀만이 목표를 달성하여 상금을 수상했다. 다른 팀은 무료로 일을 한 셈이었다. 99디자인99Designs, 탑코더TopCoder, 스레드레스Threadless 같은 사이트는 당신을 위해 공모전을 열 것이다. 당신이 로고가 필요하다고 하자. 당신은 가장 좋은 디자인에 사례를 제공한다. 사례하는 액수가 클수록, 더 많은 디자이너가 참여할 것이다. 제출된 시안 100개 중에서 당신은 가장 좋아하는 시안 하나를 선정하여 그 디자이너에게 사례를 지불한다. 하지만 공개 플랫폼은 모두의 작품이 공개된다는 의미이며, 따라서 각 참가자는 다른 사람의 창의성을 토대로 하여 그보다 더 나은 작품을 만들 수 있다. 고객의 관점에서 보면, 군중이 같은 가격으로 단지 한 디자이너에게서 얻을 수 있는 것보다 더 나은 디자인을 만들어내는 셈이다.

군중이 자동차도 만들 수 있을까? 그렇다. 피닉스에 있는 로컬모터스Local Motors는 적은 배기량의 맞춤 성능 (빠른) 차를 설계하고 제조하는 데 오픈 소스 방법을 적용한다. 자동차 열광자 15만 명[61]의 공동체가 경주용 차에 필요한 수천 가지 부품 각각에 대한 계획을 제출했다. 기존의 다른 차량에 있는 부품을 전용하자는 제안도 있었고, 미국 전역의 몇몇 소규모 공장에서 제작되는 맞춤 설계 부품도 있었고, 어디에서는 3D 프린터로 인쇄할 수 있게 설계된 부품도 있었다. 로컬모터스의 가장 최신 자동차는 모든 부품을 3D 프린터로 인쇄해 만든 전기차[62]인데, 마찬가지로 공동체를 통해서 설계와 제작을 했다.

물론 너무 복잡하거나 너무 낯설거나 너무 장기간이거나 너무 위험도가 높아서 잠재적인 소비자가 돈을 대거나 만들 수 없는 것도 많다. 화성행 우주 여객선이나, 알래스카와 러시아를 잇는 다리나, 트위터를 기반으로 한 소설은 가까운 미래에 크라우드 펀딩을 할 수 없을 것이다.

하지만 소셜 미디어에서 얻은 교훈을 다시 떠올려보라. 군중의 공유는 우리가 상상하는 것 이상의 결과를 내놓곤 하며, 거의 언제나 가장 좋은 출발점 역할을 한다.

우리는 군중이 어떤 놀라운 일을 할 수 있는지를 탐구하는 일을 아직 거의 시작도 하지 않은 상태다. 군중을 통해 어떤 아이디어를 모으거나, 그것을 구현할 자금을 모으거나, 그것을 제작하는 방법은 200만 가지는 될 것이다. 예기치 않은 것을 예기치 않은 방식으로 공유하는 더 새로운 방식은 100만 가지는 될 것이다.

앞으로 30년 동안, 최고의 부―그리고 가장 흥미로운 문화적 혁신―는 이 방향에서 나올 것이다. 2050년에 가장 크고 가장 빨리 성장하고 가장 이익이 나는 기업은 현재 눈에 띄지 않고 알지도 못하는 공유의 측면을 활용하는 법을 터득한 회사일 것이다. 공유할 수 있는 모든 것—생각, 감정, 돈, 건강, 시간—은 적절한 조건에서 공유될 것이고, 적절한 혜택을 제공할 것이다. 공유될 수 있는 것은 우리가 지금 알고 있는 것보다 100만 가지 더 많은 방식으로 더 잘, 더 빨리, 더 쉽게, 더 오래 공유될 수 있다. 우리 역사의 이 시점에서는 이전까지 공유되지 않았거나 전에 없던 새로운 방법으로, 무언가를 공유하는 것이 그 가치를 증가시키는 가장 확실한 방법이다.

가까운 미래에 내 하루는 이런 시나리오를 따를 것이다. 나는 전 세계의 다른 기술자와 함께 설립한 협동조합의 기술자로 일하고 있다. 우리 조합은 투자자나 주주가 아니라 1,200명의 기술자가 공동으로 소유하고 관리하고 있다. 나는 내 기술을 이용한 시설 개량으로 돈을 번다. 최근에 나는 한 전기차의 회생 제동장치에 쓰이는 플라이휠의 효율을 개선할 방법을 고안했다. 내 디자인이 최종 제작에 쓰이면, 나는 보상을 받는다. 사실, 내 디자인이 쓰이는 모든 곳에서, 설령 다른 차에 복제되든 다른 목적으로 쓰이든 상관없이, 자동적으로 내게 보상금이 흘러든다. 그 자동차가 잘 팔릴수록, 내가 받는 미미한 보상금의 액수도 늘어난다. 내 창작물이 바이러스처럼 퍼진다면 나는 행복할 것이다. 더 공유될수록 더 낫다. 현재 사진술이 작용하는 방식과 똑같다. 내가 사진을 망에 올릴 때, 사진 안에 내 개인 정보도 암호로 담기므로, 웹은 그것을 추적하며 그 사진을 다시 올리는 모든 사람들의 계정에서 내 계정으로 아주 소액의 보상금이 이체될 것이다. 그 사진이 얼마나 많이 복제되든 간에, 명예는 내게 돌아온다. 지난 세기와 비교할 때, 지금은 사용 설명 동영상을 만들기가 너무나 쉽다. 다른 뛰어난 창작자에게서 이용 가능한 부분을(이미지, 장면, 심지어 레이아웃까지) 가져와서 조립할 수 있기 때문이다. 그리고 그 작품에 지불할 소액의 보상금은 자동적으로 그들에게 흘러간다. 우리가 만드는 전기차는 크라우드소싱이 되겠지만, 수십 년 전과 달리, 그 차에 기여하는 모든 기술자는 기여분이 아무리 작든 간에 적절히 보상을 받는다.

나는 1만 개의 협동조합 중 어딘가를 골라 기여할 수 있다. (우리 세대의 사람 중에 기업에서 일하고 싶어하는 사람은 많지 않다.) 협동조합마다 수익률이 달라서 보상률도 다르지만 가장 중요한 점은 누구와 함께 일하느냐다. 나는 내가 선호하는 협동조합에 많은 시간을 투자하려 애쓴다. 보수가 더 좋기 때문이 아니라, 최고의 동료와 함께 일하는 것이 정말로 좋기 때문이다. 설령 현실에서 만나는 일이 전혀 없어도 말이다. 당신의 업무가 수준 높은 협동조합에 받아들여지기가 사실상 어려울 때도 있다. 당신이 이전에 기여한 부분들―물론 모두 웹에서 추적 가능하다―이 정말로 최고 수준이었어야 한다. 그런 협동조합은 다년간에 걸쳐 몇 가지 계획에 공헌하고 이 공유 경제에서 일을 잘한다는 표시인 자동적인 지불의 흐름이 여러 경로로 일어나는 적극적인 사람을 선호한다.

기여하지 않을 때 나는 최대로 확장된 가상 세계에서 논다. 이 세계는 전적으로 사용자가 구축한 것이고, 통제도 사용자가 한다. 나는 이

산꼭대기 마을을 건설하느라 6년을 보냈다. 벽의 돌 하나하나, 이끼가 낀 지붕 타일 하나하나까지 내가 만들었다. 눈에 뒤덮인 모퉁이를 짓기 위해 신용 점수도 많이 쌓았다. 하지만 내게 더 중요한 점은 그것을 우리가 만들고 있는 가상 세계 전체에 완벽하게 들어맞도록 하는 것이다. 모든 유형(폭력·비폭력, 전략·슈터)이 3만 가지가 넘는 게임이 충돌 없이 이 세계 플랫폼에서 돌아가고 있다. 표면적을 따지면 거의 달만 하다. 현재 2억 5,000만 명이 이 세계를 구축하고 있다. 각각은 이 방대한 세계의 특정한 구역을 만들며, 필요한 계산 작업은 망에 연결된 자신의 칩 상에서 처리된다. 내 마을은 내 스마트하우스 모니터에서 돌아간다. 예전에 게임 호스트 회사의 컴퓨터상에서 작업을 했다가 그 회사가 파산하는 바람에 헛수고가 된 일이 있었기에, 지금은 (다른 수백만 명이 하듯이) 내가 통제할 수 있는 영역과 칩에서만 작업한다. 우리 모두는 지붕에 설치된 중계기의 메시 망을 통해 연결된 공유되는 그레이터월드Greater World에 자신의 작은 CPU 사이클과 저장 공간을 제공한다. 내 지붕에는 인근 지붕에 설치된 다른 중계기와 통신을 하는 태양전지로 충전되는 소형 중계기가 있다. 따라서 우리—그레이터월드 건축가들—는 한 회사의 망이 멈춰도 계속할 수 있다. 우리는 공동으로 망을 운영한다. 어느 누구의 소유도 아닌, 아니 모두의 소유인 망이다. 우리가 기여한 부분이 남에게 팔린다거나 광고를 봐야 한다는 걱정 없이, 우리는 상호연결된 하나의 드넓은 공간 내에서 만들고 게임을 한다. 그레이터월드는 역사상 가장 큰 협동조합이며, 역사상 처음으로 우리는 행성 규모의 통치가 어떤 것인지 감을 잡고 있다. 이 게임 세계의 정책과 예산은 전자 투표로 결정되고, 한 줄 한 줄마다 많은 설명, 개별 지도, 심지어 AI까지 따라붙는다. 현재 2억 5,000만 명이 넘는 사람이 자국의 예산도 이런 식으로 투표해서 정하지 못하는 이유를 알고 싶어한다.

한 가지 기이하게 반복되는 양상은 사람들이 현실 세계에서 무언가를 만들기 위해 그레이터월드 내에서 단체와 협동조합을 만든다는 것이다. 그들은 협업을 위한 도구가 가상공간에서 더 빨리 개선된다는 점을 안다. 나는 화성을 왕복할 탐사선을 공동으로 설계하고 크라우드펀딩을 하는 장기 계획에 기여하고 있다. 최초로 화성의 암석을 채취하여 지구로 가져오는 것이 목표다. 지질학자에서 그래픽 미술가에 이르기까지, 다양한 사람이 참여한다. 모든 첨단 기술 협동조합이 그렇듯이, 여기에서도 그들은 자원, 심지어 노동력까지 기여하고 있다. 이런 식으로의 대규모 협업을 할 때 가장 새롭고 가장 좋은 도구가 창안된다는 것을 오래전에 깨달았기 때문이다.

수십 년 동안 우리는 자신의 산물을 공유해왔다. 사진, 동영상, 정교한 트윗의 흐름이다. 본질적으로 우리는 자신의 성공을 공유해왔다. 하지만 우리가 실패도 공유할 때 더 빨리 배우고 일을 더 잘해낼 수 있다는 사실을 깨달은 것은 겨우 10년 전부터였다. 그래서 내가 일하는 모든 협업에서, 우리는 모든 이메일, 모든 대화, 모든 서신, 모든 중간 판본, 모든 초안을 기록하고 공유한다. 전체 역사를 공개한다. 우리는 최종 산물만이 아니라 과정도 공유한다. 모든 설익은 아이디어, 막다른 골목, 실패, 재시도의 기록은 내 자신뿐 아니라 더 잘하기를 바라는 다른 이들에게 실제로 가치가 있다. 전체 과정을 공개하기 때문에 자신을 속이기는 더 어려워지고 어떤 일이 올바로 진행되었는지를 알아보기가 더 쉬워진다. 과학조차도 이 개념을 받아들였다. 어떤 실험이 잘 되지 않을 때, 과학자는 부정적인 결과를 공유하도록 요구받는다. 나는 협업에서는 앞서 했던 과정을 공유할 때, 학습과 성공이 더 일찍 나타난다는 것을 깨닫고 있다. 요즘 나는 계속 연결된 채로 산다. 내가 공유하는 것들, 그리고 나와 공유하는 것들은 조금씩―끊임없는 미미한 업데이트, 미미하게 개선된 판본, 미미한 개량―이긴 하지만 꾸준히 나아가면서 내게 자양분이 된다. 공유는 장시간 차단하기가 불가능하다. 침묵조차 공유될 것이다.

FILTERING

제7장

나를 나답게 만들기 위해

걸러내다

구글은 당신이 보는 모든 검색 결과에 관해 온갖 유형의 정교한 판단을 내리는 세계 최고의 여과기다. 웹을 걸러낼 뿐 아니라, 스팸을 매우 효과적으로 걸러내고 꼬리표와 우선순위를 할당하면서 하루에 350억 건의 이메일을 처리한다. 구글은 수천 가지의 상호의존적인 역동적 체를 갖춘, 세계 최대의 협업 필터다. 당신이 거기에서 선택을 하면, 구글은 검색 결과를 당신에게 맞추어 개인화하며, 질의할 때 당신이 정확히 어느 지점에 있었는지에 맞추어서 결과를 보여줄 것이다. 지금은 검증된 협업 걸러내기(collaborative filtering)의 원리를 이용한다. 이 답이 유용하다고 생각하는 이들은 다음 답도 유용하다고 생각한다는 식이다(비록 그런 식으로 꼬리표를 붙이지는 않지만). 구글은 매분 약 200만 번에 걸쳐서 60조 쪽의 웹페이지에 있는 콘텐츠를 거른다. 하지만 우리는 구글이 어떻게 추천하는지는 그다지 묻지 않는다. 내가 질의를 할 때, 구글이 보여주는 것은 가장 있기 있는 페이지일까, 가장 신뢰받는 페이지일까, 가장 독특한 페이지일까, 아니면 내가 만족할 가능성이 가장 높은 페이지일까? 나는 알지 못한다. 나는 이 네 가지 방식으로 나온 결과들 각각에서 순위를 선택하고 싶을 것이라고 스스로에게 말하지만, 구글은 내가 하는 일이 그저 처음 몇 개의 결과만 훑어보고 클릭할 것임을 안다. 그래서 구글은 이렇게 말한다. "이것이 하루 30억 건의 질문에 답하면서 얻은 심오한 경험을 토대로 삼아 최고의 답이라고 생각하는 것이다." 그래서 나는 클릭한다. 구글은 내가 돌아와서 다시 질의할 확률을 최대화하기 위해 노력한다.

　　　　독자, 시청자, 청취자, 아니 어떤 표현 형식이
든 간에 참여자가 되기에 지금처럼 좋은 시대는 없었다. 해마다 흥미
진진한 새로운 것들이 산더미처럼 쏟아진다. 12개월 동안 새로운 노
래 800만 곡,[1] 새 책 200만 권,[2] 새 영화 1만 6,000편,[3] 블로그 포스트
300억 개,[4] 트윗 1,820억 개,[5] 신제품 40만 개가 나온다.[6] 현재 보통 사
람은 거의 아무런 노력 없이, 손목 한 번 까딱이는 것만으로, 만물 도
서관Library of Everything을 불러낼 수 있다. 마음만 먹으면 고전 시대에 가
장 특권을 누리던 그리스 귀족보다도 더 그리스어로 적힌 원본을 많
이 읽을 수 있다. 고대 중국어가 적힌 두루마리도 마찬가지다. 당신은
고대 중국의 황제보다 더 많은 두루마리를 집에서 볼 수 있다. 르네상
스 시대의 동판화도, 모차르트의 협주곡 실황도 당시에는 너무 희귀해
서 보기 힘들었지만 지금은 쉽게 접할 수 있다. 모든 차원에서 오늘날
의 미디어는 유례없는 풍요의 정점에 와 있다.

내가 찾아낸 가장 최근의 집계에 따르면, 지구에서 지금까지 녹음된 노래[7]는 총 1억 8,000만 곡이다. 표준 MP3 압축 기술을 쓰면 인간을 위해 녹음된 이 음악 전부는 20테라바이트의 하드디스크에 들어갈 것이다. 현재 20테라바이트 하드디스크의 가격은 약 2,000달러다. 5년 내에 60달러로 떨어지고 주머니에 들어갈 만큼 작아질 것이다. 곧 당신은 바지 주머니에 인류의 모든 음악을 넣고 다닐 수 있게 될 것이다. 그런데 이 도서관이 그렇게 작아진다고 해도, 주문하기만 하면 클라우드로부터 전 세계의 모든 음악을 스트리밍으로 들을 수 있을 텐데 굳이 귀찮게 가지고 다닐 이유가 있을까?

음악에서 일어나는 일은 비트로 바꿀 수 있는 다른 모든 것에서도 일어난다. 우리 생전에 모든 책, 모든 게임, 모든 영화, 지금까지 인쇄된 모든 글을 모은 도서관 전체를 한 화면이나 한 클라우드 경로를 통해서 매일 24시간 이용할 수 있을 것이다. 그리고 그 도서관은 날이 갈수록 계속 팽창한다. 우리가 직면하는 가능성의 수는 인구 증가에 따라 불어나왔으며, 창작을 용이하게 하는 기술에 힘입어서 더욱 불어났다. 지금 인구는 내가 태어났을 때(1952년)보다 세 배나 더 많다. 앞으로 10년 뒤에는 10억 명이 더 늘어나 있을 것이다. 그리고 내가 태어난 이래로 늘어난 50~60억 명 가운데 현대의 발전으로 말미암아 생긴 잉여물과 여유 시간에 힘입어서 새로운 아이디어를 떠올리고 새로운 예술품을 창작하고 새로운 것을 만드는 자유를 누리는 이들의 비율이 점점 늘어나왔다. 지금은 10년 전보다 간단한 동영상을 만들기가 10배는 더 쉬워졌다. 한 세기 전보다 작은 기계 부품을 고안하여 제작하는 일도 100배는 쉬워졌다. 1,000년 전에 비해 책을 쓰고 출판하기도 1,000배는 쉬워졌다.

그 결과 무한한 대안이 생겨났다. 모든 방면에서 선택의 여지가 무수히 늘어났다. 자동차용 안테나 제작자처럼 사라지는 직업도 있지만, 선택할 수 있는 직업의 수는 불어난다. 해마다 갈 만한 휴양지나 식당의 수, 심지어 음식의 종류도 늘어나고 있다. 투자할 기회도 폭발적으로 늘고 있다. 들을 강좌, 배울 과목, 즐길 방법도 천문학적으로 팽창하고 있다. 인생은 짧으므로 이 각 대안의 가능성을 하나하나 따져본다는 것은 시간적으로 불가능하다. 지난 24시간 동안 창안되거나 생산된 새로운 것만을 그냥 죽 훑어보는 것만으로도 1년이 넘게 걸릴 것이다.

만물 도서관이 지닌 방대함은 우리 자신의 소비 습관이라는 아주 협소한 틀을 압도한다. 그 야생의 세계를 헤쳐나가려면 도움이 필요할 것이다. 인생은 짧고, 읽을 책은 너무 많다. 결정하는 데 도움이 되도록 골라주거나 우리 귀에 속삭여줄 누군가 혹은 무언가가 있어야 한다. 우리에게는 선별할 방법이 필요하다. 우리가 유일하게 선택할 수 있는 것은 선택을 해주는 무언가의 도움을 받는 것이다. 우리는 당혹스러울 만치 넓은 대안의 폭을 줄여줄 온갖 걸러내는 방식을 채택한다. 이 필터의 상당수는 전통적으로 있었던 것이고 지금도 기능을 하고 있다.

• 우리는 문지기를 통해 거른다 : 당국, 부모, 성직자, 교사는 나쁜 것을 차

단하고 '좋은 것'만을 통과시킨다.

- **우리는 매개자를 통해 거른다** : 출판사, 음악사, 영화사의 사무실에는 거절된 것들이 산더미처럼 쌓인다. 그들은 승낙보다 거절을 훨씬 더 많이 하면서 잘 나갈 만한 것을 걸러낸다. 신문의 기사 제목은 이 정보는 좋다고 말하고 다른 정보는 무시하는 필터다.

- **우리는 큐레이터를 통해 거른다** : 소매점은 모든 물품을 들여놓지 않고, 박물관은 모든 소장품을 전시하지 않고, 공공 도서관은 모든 책을 구입하지 않는다. 이런 곳에서는 큐레이터가 물품을 선택하고 필터 역할을 한다.

- **우리는 상표를 통해 거른다** : 비슷한 상품이 늘어선 선반 앞에 섰을 때, 처음 구입하는 사람은 친숙한 상표를 고른다. 노력을 덜 들이고도 구입의 위험을 줄이는 방법이기 때문이다. 상표는 혼란을 걸러내는 필터다.

- **우리는 정부를 통해 거른다** : 금기는 금지된다. 혐오 표현이나 지도자 비판, 종교 비판은 삭제된다. 애국적인 발언은 장려된다.

- **우리는 문화 환경을 통해 거른다** : 아이들은 자신이 속한 학교, 가정, 사회의 기대에 따라서 서로 다른 말, 콘텐츠, 대안을 접한다.

- **우리는 친구를 통해 거른다** : 또래는 우리의 선택지를 크게 뒤흔든다. 우리는 친구가 선택한 것을 선택할 가능성이 매우 높다.

- **우리는 스스로를 통해 거른다** : 우리는 자신의 선호도, 자신의 판단을 토대로 선택한다. 전통적으로 이것은 가장 희귀한 필터다.

이 방법 가운데 어느 것도 초풍부한 세계에서 사라지지 않는다. 하지만 앞으로 수십 년에 걸쳐 일어날 대안의 폭증에 대처하기 위해, 우리는 훨씬 더 많은 유형의 '걸러내기Fitering'를 발명할 것이다.

당신이 지금까지 나온 모든 위대한 영화, 책, 노래를 마치 '무료'인 양 손가락을 까딱함으로서 이용하고, 정교한 필터 체계가 저급한 것, 쓰레기, 당신을 지루하게 만들 것을 모두 솎아내는 세계에 살고 있다면? 평론가가 찬사를 보낸 창작물도 당신 개인에게 아무런 의미가 없다면 다 잊어라. 대신에 당신을 진정으로 짜릿하게 만들 것에만 초점을 맞춰라. 당신에게는 자신을 계속 놀라게 할 '무작위적인' 선택지를 약간 포함하면서 최고의 친구가 추천하는 것들, 최고 중의 최고만 모은 것을 선택하는 것이 유일한 대안일 것이다. 다시 말해, 매 순간에 당신에게 완벽하게 맞는 것만 접하는 식이다. 그래도 당신의 삶에는 시간이 부족하다.

예를 들어, 당신은 가장 위대한 작품만 읽음으로써 책을 거를 수 있다. 많은 책을 읽은 전문가가 선택한 책에만 집중하고, 그들이 서구 문명의 걸작 중의 걸작이라고 제시하는 책 60권만 읽는다면?《서구 문명 걸작 선집Great Books of the Western World》이 대표적이다. 평균 독자가 총 2,900만 단어[8]를 모두 읽으려면 약 2,000시간이 걸릴 것이다.[9] 서구 문명만 그 정도다. 우리 대다수는 걸러내기가 더 필요할 것이다.

문제는 애초에 후보가 너무 많기에, 100만 권 중에 거의 한 권씩만 골라낸다고 해도 여전히 너무 많은 책이 남아 있다는 것이다. 별점 다섯 개인 대단히 뛰어난 영화도 당신이 평생을 시청해도 다 못 볼 만큼 많다. 당신에게 완벽하게 맞는 유용한 도구도 너무나 많아서 다 숙달할 시간이 없다. 당신의 주의를 빼앗을 멋진 웹사이트도 다 볼 수 없을 만큼 많다. 사실 당신의 욕구에 딱 들어맞는, 당신의 취향을 사로잡을 위대한 음악 밴드, 책, 멋진 기기는 설령 당신이 그 분야의 직업을 갖고 있다고 해도 일일이 관심을 쏟을 수 없을 만큼 많다.

그렇긴 해도 우리는 흡족한 수준으로 이 풍부도를 줄이려 시도할 것이다. 이상적인 경로에서 시작하자. 그런 다음에 개인적인 것으로 만들어보자. 다음에 주의를 기울일 것을 어떻게 선택하면 좋을까?

첫 번째로 나는 내가 좋아한다는 사실을 알고 있는 것을 더 많이 접하고 싶다. 이 개인적인 필터는 이미 존재한다. 추천 엔진이 바로 그것이다. 그것은 아마존, 넷플릭스, 트위터, 링크드인, 스포티파이, 비츠Beats, 판도라Pandora를 비롯한 많은 집합체에서 널리 쓰인다. 트위터는 내가 이미 팔로우한 사람을 토대로 팔로우를 해야 할 사람을 제시하는 추천 시스템을 사용한다. 판도라는 내가 이미 '좋아요'를 누른 것을 토대로 내가 좋아할 만한 새로운 음악을 추천하는 비슷한 시스템을 사용한다. 링크드인에서 이루어지는 연결의 절반 이상은 팔로워 추천자에게서 나온다. 아마존의 추천 엔진은 '이 물품을 좋아한 사람은 이 물품도 좋아합니다'라는 잘 알려진 배너를 만든다. 넷플릭스는 같은 시스템을 써서 내게 영화를 추천한다. 똑똑한 알고리즘은 내 행동을 면밀히 예측하기 위해 모든 이들이 한 행동의 대규모 역사를 훑는다. 그런 추측은 얼마간은 내 과거 행동을 토대로 하므로, 아마존의 배너는 사실상 이렇게 적혀야 한다. "당신의 역사 및 당신과 비슷한 이들의 역사를 토대로 할 때, 이것도 좋아할 겁니다." 그 제안은 내가 샀던 것과 더 나아가 사려고 생각했던 것(설령 내가 선택을 하지 않았어도, 곰곰이 생각하느라 그 페이지에 머물렀던 시간까지 추적한다)에 고도로 맞추어져 있다. 과거에 구매를 했던 10만 명의 유사성을 계산함으로써 놀라울 만치 선견지명이 엿보이는 예측을 할 수 있다.

추천 필터는 내 주된 발견 메커니즘 중 하나다. 내가 보기에 그 필터는 평균적으로 전문가나 친구의 추천보다도 훨씬 더 신뢰할 수 있다. 사실 이 걸러낸 추천이 유용하다고 보는 이들이 너무나 많기에, '이것도 좋아합니다' 하는 식의 추천이 아마존 매출의 3분의 1을 차지할 정도다.[10] 그 비중이 2014년에는 약 300억 달러에 달했다.[11] 이 방식이 너무나 가치가 있기에 넷플릭스는 추천 시스템을 전담하는 인력 300명을 두고 있으며,[12] 그 예산이 1억 5,000만 달러에 달한다. 물론 일단 작동을 시작하면 이 필터에는 사람이 개입할 필요가 없다. 그 인지화는 잠이 없는 강박적인 기계만이 알아차릴 나(그리고 다른 이들)의 행동에 있는 미묘한 세부 사항을 토대로 한다.

하지만 당신이 이미 좋아하는 것으로만 보상을 받는다면, 마찬가지로 좋아했을 법한 조금 다른 무언가를 보지 못하게 되면서 자기중심적인 세계로 빠져들 위험이 있다. 이것을 필터 버블filter bubble이라고 한다. 전문 용어로는 '과적합overfitting'이라고 한다. 주변 환경을 외면한 채 정상에 오르는 것처럼 행동하기 때문에, 당신은 최적 봉우리보다 더 낮은 곳에 이르게 된다. 정치 세계에서도 이런 일이 일어난다는 증거는 많다. '이것도 좋아합니다'라는 단순한 필터에만 의존하여 한

쪽 정치적 견해만을 읽는 독자들은 그 정견 바깥의 책은 거의 읽지 않는다. 이 과적합은 그들의 마음을 더 경직시키는 경향이 있다. 여과가 유도하는 이런 자기강화는 대체로 과학, 예술, 문화 부문에서도 나타난다. 따라서 '이것도 좋아합니다' 필터가 더 효과를 발휘할수록, 다른 유형의 필터를 조합하는 것이 더 중요해진다. 예를 들어, 야후의 몇몇 연구자는 선택지의 장에서 당신이 어느 위치에 있는지를 시각적으로 자동적으로 지도로 보여줌[13]으로써, 버블을 가시화하는 방법을 개발했다. 이를 통해 당신은 특정한 방향으로 조금 움직임으로써 필터 버블에서 쉽게 빠져나올 수 있다.

이상적인 접근의 두 번째로, 나는 친구들이 좋아하지만, 나는 좋다는 점을 모르고 있는 것을 알고 싶다. 트위터와 페이스북은 여러 방법으로 이 필터를 제공한다. 친구를 팔로윙함으로써 당신은 그들이 공유할 만큼 멋지다고 여긴 것에 관한 사항을 손쉽게 업데이트할 수 있다. 휴대전화로 글이나 사진을 통해 쉽게 추천할 수 있기에 우리는 누군가가 어떤 신제품을 좋아하면서 그 정보를 공유하지 않을 때 놀랄 정도가 되었다. 하지만 친구들이 당신과 너무나 비슷하다면, 그들은 필터 버블처럼 행동할 수도 있다. 절친한 이들은 같은 선택을 증폭시키는 공명실이 될 수 있다. 다음 동아리, 즉 친구의 친구로 넘어가기만 해도 대안의 범위가 예상을 넘어선 수준으로 확대되곤 한다는 연구 결과가 나와 있다.[14]

이상적인 필터의 세 번째 요소는 내가 좋아하지 않지만 좋아할 가능성이 있는 것을 제시하는 흐름일 것이다. 내 취향이 변했는지 알아보기 위해 이따금 덜 선호하는 치즈나 채소를 시도해보는 것과 좀 비슷하다. 나는 분명히 오페라를 좋아하지 않지만, 몇 년 전에 다시금 시도한 적이 있다. 메트로폴리탄 오페라 극장에서 하는 〈카르멘〉 공연 실황을 실시간으로 다른 극장의 거대한 화면에 자막과 함께 상영하는 것을 관람했다. 가길 잘했다는 생각이 들었다. 누군가가 싫어하는 것을 찾아내는 일을 전담한 필터는 섬세해야 하겠지만, 대규모 협업 데이터베이스의 힘을 토대로 "이런 것을 싫어하는 사람이 이것은 좋아했습니다"라는 추천 시스템을 구축할 수도 있다. 다소 같은 맥락에서 나도 이따금 싫어하지만 좋아하는 법을 배우고 싶은 것도 좀 있다. 나로서는 영양제, 정치가 어떻게 돌아간다는 세세한 이야기, 힙합 음악에 관한 것이 그렇다. 탁월한 교사는 하기 싫어하는 이에게 마음에 안 드는 것을 경계하지 않도록 하면서 전달하는 요령이 있다. 뛰어난 필터도 같은 일을 할 수 있다. 하지만 그런 필터를 구입할 사람이 있을까?

지금으로서는 어느 누구도 이런 필터를 구입하지 않는다. 주로 플랫폼이 설치하기 때문이다. 평범한 페이스북 구성원인 당신의 평범한 친구 200명[15]은 이미 페이스북이 당신에게 전달되는 소식을 자르고 편집하고 토막내고 걸러서 더 관리하기 좋은 흐름으로 만들어야 한다고 느낄 만큼 엄청난 양의 자료를 올리고 있다. 당신은 친구가 올리는 모든 것[16]을 다 보지 않는다. 어느 것이 걸러졌을까? 어떤 기준으로? 페이스북만이 알며, 그 공식은 영업 비밀로 여겨진다. 페이스북이 최적화하는 것은 고른 의사소통이 아니다. 그 회사는 구성원의 만족감을 높이기 위해서라는 식으로 말하지만, 당신이 페이스북에서 보내는 시간을 최대로 늘리기 위해 당신의 소식 흐름을 걸러낸다고 추정하는 쪽이 타당하다. 당신이 얼마나 행복한가 하는 것보다 그쪽이 계량하기가 훨씬 더 쉽다. 하지만 그것은 당신이 페이스북에서 최적화하기를 원하는 것과는 다를 수 있다.

아마존은 판매량을 최대화하기 위해 필터를 쓰며, 거기에는 당신이 보는 페이지에 있는 콘텐츠를 걸러내는 일도 포함된다. 어떤 물품이 추천되는가만이 아니라, 할인, 제공, 메시지, 제안을 비롯하여 페이지에 있는 다른 것도 거른다. 페이스북처럼, 아마존도 콘텐츠를 소비자 수백만 명의 실제 이용 양상에 맞추어 개인화하려고 애쓰면서, A가 B에 어떤 영향을 미치는지 필터를 바꿔가면서 하루에 수천 가지 실험을 한다. 그들은 결과를 얻을 수 있을 만한 사소한 사항을 미세 조정한다. 소비자로서 나는 아마존으로 계속 돌아간다. 내가 하고자 하는 바로 그 일을 아마존이 최대화하려고 애쓰기 때문이다. 내가 좋아할 만한 물품을 값싸게 접할 수 있게 해준다. 늘 들어맞지는 않지만, 들어맞을 때 우리는 아마존으로 돌아간다.

구글은 당신이 보는 모든 검색 결과에 관해 온갖 유형의 정교한 판단을 내리는 세계 최고의 여과기다. 웹을 걸러낼 뿐 아니라, 스팸을 매우 효과적으로 걸러내고 꼬리표와 우선순위를 할당하면서 하루에 350억 건의 이메일[17]을 처리한다. 구글은 수천 가지의 상호의존적인 역동적 체를 갖춘, 세계 최대의 협업 필터다. 당신이 거기에서 선택을 하면 구글은 검색 결과를 당신에게 맞추어 개인화하며, 질의할 때 당신이 정확히 어느 지점에 있었는지에 맞추어서 결과를 보여줄 것이다.

지금은 검증된 협업 걸러내기collaborative filtering의 원리를 이용한다. 이 답이 유용하다고 생각하는 이들은 다음 답도 유용하다고 생각한다는 식이다(비록 그런 식으로 꼬리표를 붙이지는 않지만). 구글은 매분 약 200만 번[18]에 걸쳐서 60조 쪽의 웹페이지에 있는 콘텐츠를 거른다.[19] 하지만 우리는 구글이 어떻게 추천하는지는 그다지 묻지 않는다. 내가 질의를 할 때, 구글이 보여주는 것은 가장 인기 있는 페이지일까, 가장 신뢰받는 페이지일까, 가장 독특한 페이지일까, 아니면 내가 만족할 가능성이 가장 높은 페이지일까? 나는 알지 못한다. 나는 이 네 가지 방식으로 나온 결과들 각각에서 순위를 선택하고 싶을 것이라고 내 스스로에게 말하지만, 구글은 내가 하는 일이 그저 처음 몇 개의 결과만 훑어보고 클릭할 것임을 안다. 그래서 구글은 이렇게 말한다. "이것이 하루 30억 건의 질문[20]에 답하면서 얻은 심오한 경험을 토대로 삼아 최고의 답이라고 생각하는 것이다." 그래서 나는 클릭을 한다. 구글은 내가 돌아와서 다시 질의를 할 확률을 최대화하기 위해 노력한다.

필터 시스템은 성숙함에 따라, 미디어를 넘어서 다른 탈중심화한 시스템으로, 우버와 에어비앤비 같은 서비스로 확장될 것이다. 당신이 호텔의 유형, 등급, 서비스 측면에서 기존에 보였던 선호 양상은 베네치아에 있는 숙소를 구할 때 수월하게 적용됨으로써 당신을 만족시킬 것이다. 심하게 인지화한, 놀라울 만치 영리한 필터는 많은 선택지를 지닌 모든 분야에 적용될 수 있고, 점점 더 많은 분야가 그렇게 될 것이다. 개인화를 원하는 어디에서든 걸러내기가 뒤따를 것이다.

20년 전 많은 전문가는 대규모의 개인화가 곧 출현할 것이라고 예견했다. 조지프 파인Joseph Pine은 1992년 저서 《대량 맞춤 생산Mass Customization》에서 그 예측을 했다. 한때 부자만의 것이었던 맞춤 작업이 적절한 기술에 힘입어서 중산층까지 확장될 것이라는 예측은 타당성이 있어 보였다. 예를 들어, 디지털 스캔과 로봇을 이용한 유연 생산이라는 독창적인 시스템은 상류층만을 위한 맞춤 셔츠 대신에 중산층을 위한 맞춤 셔츠를 제공할 수 있었다. 몇몇 신생 기업은 1990년대 말에 청바지, 셔츠, 아기 인형을 위한 '대량 맞춤 생산'을 실행하려고 시도했지만 실패했다. 주된 장애물은 사소한 변경(색깔이나 길이를 고르는 식의)을 제외하고는 가격을 사치품 수준으로 높이지 않고서는 의미 있는 특색을 부여하거나 그런 제품을 생산하기가 아주 어렵다는 것이었다. 전망이 기술을 한참 앞서 있었다. 하지만 지금 기술은 그 전망을 따라잡고 있다. 최신 세대의 로봇은 신속 생산agile manufacturing을 할 수 있고, 첨단 3D 프린터는 부속품을 빠르게 생산할 수 있다. 우리는 어디에나 있는 추적하기, 상호작용하기, 걸러내기를 이용하여 자신의 다차원적 프로파일을 저렴하게 구축할 수 있을 것이고 우리가 원하는 모든 맞춤 서비스를 받을 수 있을 것이다.

이 힘이 우리를 어디로 데려갈지 상상해보자. 가까운 미래의 내 하루는 이런 틀에 박힌 일들을 수반할 것이다. 내 부엌에는 알약 제조기가 있다. 토스터기보다 조금 작다. 안에는 작은 병이 수십 개 들어 있는데, 각각에는 처방 받은 약이나 영양제가 가루 형태로 들어 있다. 제조기는 매일 가루약을 알맞은 용량으로 섞어서 하나(또는 둘)의 맞춤 알약을 만들며, 나는 그것을 먹는다. 낮 동안 착용형 감지기는 내 생체 신호를 추적하며, 약효를 시간마다 측정하여 분석을 위해 클라우드로 보낸다. 지난 24시간의 결과에 따라 다음날 약물의 용량이 조정되고 새로운 맞춤 알약이 제조된다. 그런 식으로 하루하루가 이어진다. 이 장치는 수백만 대가 생산되어 맞춤 약을 대규모로 조제하고 있다.

내 개인 아바타는 온라인에 저장되어 모든 소매상이 접근할 수 있다. 내 몸의 모든 부위와 곡선의 정확한 치수가 담겨 있다. 설령 실제 상점에 가더라도, 나는 가기 전에 가상의 탈의실에서 각 제품을 착용해본다. 상점에는 가장 기본적인 색상과 디자인만 갖추어져 있기 때문이다. 가상 거울을 통해 나는 어떤 옷을 입으면 어떻게 보일지를 놀라울 만치 현실감 있게 미리 본다. 사실 옷을 입은 내 자신의 모습을 회전시킬 수 있기 때문에, 탈의실에서 실제 거울로 보는 것보다 더 많은 것을 알 수 있다. (새 옷이 얼마나 편할지를 예측하는 데에도 더 나을 수 있다.) 내 옷은 아바타의 치수(시간이 흐르면서 수정되는)를 토대로 맞추어진다. 내 의상 서비스는 과거에 내가 입었던 옷이나 내가 가장 오랫동안 탐나는 시선으로 바라본 옷이나 내 가장 친한 친구가 입었던 옷을 토대로 새롭게 스타일에 변화를 준다, 스타일을 걸러내는 것이다, 다년간에 걸쳐 나는 내 행동의 심층 프로파일을 훈련시켜왔으며, 그것을 원하는 어느 쪽으로도 적용할 수 있다.

내 아바타처럼 내 프로파일도 유니버설 유Universal You가 관리한다. 그것은 내가 휴가를 떠날 때면 저렴한 호스텔에 묵곤 하지만, 개인 욕실, 최대 대역폭, 버스 정류장에 가까우면서도 전통이 남아 있는 가장 오래된 구시가지를 늘 택한다는 것을 안다. 그것은 AI와 협력하여 가장 좋은 요금으로 숙소를 찾고 일정을 확인하고 예약한다. 그것은 단순히 저장된 프로파일이 아니다. 오히려 내가 전에 갔던 곳, 갔던 곳에서 내가 찍은 사진과 올린 트윗의 종류에 따라서 끊임없이 수정되는 진행형 필터로서, 내가 새로 읽는 책과 보는 영화도 고려한다. 책과 영화는 여행 욕구의 원천이 되곤 하기 때문이다. 그것은 내 절친한 친구와 그 친구의 친구의 여행에도 많은 주의를 기울이며, 그 많은 데이터 풀을 토대로 종종 특정한 식당과 숙소를 찾아가라고 추천한다. 대개 추천한 대로 하면 흡족한 결과가 나온다.

내 친구들이 유니버설 유에게 자신의 쇼핑, 음식, 동호회 참석, 영화 스트리밍, 뉴스 선별, 운동 양상, 주말 나들이를 추적하도록 허용하기 때문에, 유니버설 유는 내게 아주 상세하게 추천할 수 있다. 친구들에게는 거의 부담을 주지 않으면서 말이다. 내가 아침에 일어나면 유니버설은 내 업데이트 흐름을 통해서 내가 아침에 즐겨 읽는 유형의 가장 중요한 뉴스를 걸러서 전달한다. 내가 대개 다른 사람에게 재전송하거나, 북마크를 하거나, 답장을 하는 것을 토대로 걸러낸다. 찬장에서 나는 영양소가 가득한 새로운 종류의 곡물을 발견한다. 친구들이 금주에 먹어보겠다고 시도하는 것인데, 유니버설 유가 어제 나를 위해 주문했다. 먹어보니 나쁘지 않다. 내 자동차 서비스는 오늘 아침에 어디서 교통 정체가 일어나는지 알아차려서, 평소보다 내 차의 출발 시각을 좀 늦추고, 더 먼저 출근하는 몇몇 동료의 경로를 토대로 평소와는 다른 길로 내가 오늘 일할 장소까지 갈 것이다. 나는 사무실이 어디인지 확실히 알지 못한다. 우리 신생 기업은 그날 쓸 수 있는 공동 작업 공간에서 만나기 때문이다. 내 개인 장치는 그 공간의 화면을 내 맞춤 화면으로 전환한다. 오늘 내 작업은 고객에 맞추어서 건강 진단을 내릴 수 있도록 몇몇 AI를 조정하는 것이다. AI의 진단과 권고의 실효성을 높이기 위해서 극단적인 사례(믿음 치료에 의지하는 이들 같은) 중 일부를 AI가 이해하도록 돕는 일이다.

나는 앨버트가 나를 위해 준비했을 몇 가지 재미있는 3D 동영상과 게임을 몹시 기대하면서 집에 온다. 나는 나를 위해 미디어를 걸러주는 유니버설 유의 아바타에 앨버트라는 이름을 붙였다. 앨버트는 늘 기막힌 것을 준비한다. 그런 일을 아주 잘하게 내가 훈련을 시켰기 때문이다. 고등학교 이후로 나는 적어도 매일 10분을 앨버트의 선택을 바로잡고 모호한 영향을 추가하여 필터를 실질적으로 조정하는 데 투자했다. 모든 새로운 AI 알고리즘과 내 친구의 친구의 친구의 평점까지 다 고려한 덕분에, 지금 나는 가장 놀라운 채널을 가지고 있다. 많은 사람들이 매일 내 앨버트를 팔로우한다. 앨버트는 VR 세계 필터 목록 중 상위에 속한다. 내 앨버트의 인기가 너무나 좋기에, 유니버설 유는 내게 약간의 수수료도 준다. 적어도 내 모든 구독료를 낼 만큼은 된다.

█████████████████████████████████████

우리는 어떻게 무엇을 걸러낼 것인가 하는 문제에서는 아직 초기 단계에 있다. 이 강력한 컴퓨터 기술은 만물인터넷에 적용될 수 있으며, 그렇게 될 것이다. 우리가 원한다면 가장 사소한 제품이나 서비스도 개인화할 수 있을 것이다(하지만 원하지 않는 사례가 많을 것이다). 앞으로 30년 안에, 클라우드 전체가 걸러지면서 개인화 수준이 높아질 것이다.

하지만 모든 필터는 좋은 것을 내치기도 한다. 걸러내기는 일종의 검열이며, 그 역도 마찬가지다. 정부는 원치 않은 정치사상을 제거하고 언론을 제약하는 전국적인 필터를 집행할 수 있다. 페이스북이나 구글처럼, 정부도 대개 자신이 무엇을 걸러내고 있는지를 밝히지 않는다. 소셜 미디어와 달리, 시민은 갈아탈 대안 정부를 지니고 있지 않다. 하지만 온화한 걸러내기에서도, 설계상 우리는 보여지는 모든 것 중 극히 일부만을 본다. 이는 희소성 이후 시대의 저주다. 우리는 존재하는 모든 것들 가운데 그저 가느다란 한 가닥과만 연결될 수 있다. 매일 3D 인쇄, 휴대전화 앱, 클라우드 서비스 같은 제작자 친화적 기술은 가능성의 하늘을 몇 도씩 더 넓히고 있다. 따라서 이 풍부함에 인간적인 규모에서 접근하려면 더 넓은 필터가 필요하다. 더 많은 걸러내기로부터 물러날 곳은 없다. 필터의 미흡함은 필터를 없애는 것으로 해결할 수가 없다. 필터의 미흡함은 그것을 보완하는 필터를 덧씌움으로써만 해결이 가능하다.

인간의 관점에서 볼 때, 필터는 콘텐츠에 집중한다. 하지만 거꾸로 콘텐츠의 관점에서 보면, 필터는 인간의 주의에 집중한다. 콘텐츠가 더 많아질수록, 주의를 더 집중하게 만들어야 한다. 노벨 경제학상을 받은 사회과학자 허버트 사이먼Herbert Simon은 일찍이 1971년에 이렇게 간파했다. "정보가 풍부한 세계에서, 정보의 풍요는 다른 무언가의 부족을 의미한다. 바로 그 정보가 소비하는 무언가의 희소성이다. 정보가 무엇을 소비하는지는 다소 명확하다. 바로 수신자의 주의를 소비한다. 따라서 정보의 풍요는 주의의 빈곤[21]을 낳는다." 사이먼의 통찰은 한 문장으로 요약되곤 한다. "풍요의 세계에서, 희소성을 띠는 것은 인간의 주의뿐이다."

우리의 주의는 우리가 훈련 없이 개인적으로 생산하는 유일하게 가치 있는 자원이다. 공급은 딸리는데, 모두가 그것의 일부를 원한다. 잠을 전혀 자지 않는다 해도 주의를 기울일 수 있는 시간은 하루 24시간에 불과하다. 그 어떤 것도—돈도 기술도—그 양을 결코 늘릴 수가 없다. 따라서 주의의 최대 잠재력은 정해져 있다. 그 생산량은 다른 모든 것이 풍부해질 때 본질적으로 한정되어 있다. 그것이 마지막 남은 희소성이므로, 주의가 흐르는 곳마다 돈이 따를 것이다.

하지만 그토록 소중함에도, 우리의 주의를 사로잡는 데 드는 비용은 비교적 저렴하다. 싼 이유는 사실 매일 그것을 써버려야 하기 때문이다. 우리는 주의를 저장하거나 저축할 수 없다. 매초마다 실시간으로 써버려야 한다.

미국에서는 아직 TV가 우리 주의의 대부분을 사로잡고 있고,[22] 그 다음이 라디오, 세 번째가 인터넷이다. 이 세 가지가 우리 주의의 대다수를 차지하는 반면, 다른 것들—책, 신문, 잡지, 음악, 홈비디오, 게임—은 주의 총량 중 미미한 부분만을 소비한다.

하지만 모든 주의가 동등한 것은 아니다. 광고업계에서 주의의 양은 종종 1,000회당 비용인 CPM(M은 '1,000'을 뜻하는 라틴어의 첫 글자)이라는 단위로 나타내곤 한다.[23] 본 횟수가 1,000번이거나, 독자나 청취자가 1,000명이라는 뜻이다. 평균 CPM 추정값은 미디어 플랫폼에 따라 크게 다르다. 값싼 야외 광고판은 평균 3.5달러인 반면, TV는 7달러, 잡지는 14달러, 신문은 32.5달러다.

우리의 주의가 얼마나 가치 있는지를 계산하는 방법이 또 있다. 각 주요 미디어 산업이 버는 연간 총수익과 각 미디어에 소비하는 시간의 총량을 집계한 뒤, 주의 1시간당 수익이 얼마나 되는지를 계산하여 시간당 얼마라고 나타낸다. 놀라운 답이 나온다.

첫째, 놀랄 만치 적다. 소비자가 쓴 주의 시간당 그 산업이 번 돈은 주의가 미디어 산업에 별 가치가 없음을 보여준다. 연간 TV에 무려 5,000만 시간이나 쓰지만(미국에서만),[24] 그 콘텐츠 소유자에게 돌아가는 수익은 시간당 평균 20센트밖에 안 된다. 당신이 TV를 시청할 때 이런 비율로 돈을 받는다고 하면, 제3세계의 시급 정도로 벌 것이다. 텔레비전 시청은 값싼 노동이다. 신문은 우리 주의의 더 적은 비율을 차지하지만 시간당 수익은 더 높다. 시간당 약 93센트다. 놀랍게도 인터넷은 상대적으로 더 비싸며, 해마다 주의의 질이 높아지고 있다. 주의 시간당 평균 3.6달러를 생성한다.[25]

시청자가 TV 회사에 '벌어주는' 변변찮은 시간당 20센트나 더 고소득인 신문의 시간당 1달러는 내가 '상품 주의commodity attention'라고 하는 것의 가치를 반영한다. 우리가 쉽게 복제되고 쉽게 전송되고 거의 어디에나 있고 늘 연결되어 있는 오락 상품에 기울이는 형태의 주의는 그다지 가치가 없다. 우리가 상품 콘텐츠—책, 영화, 음악, 뉴스 등 쉽게 복제할 수 있는 모든 콘텐츠—를 구입하는 데 얼마나 많은 주의를 기울여야 하는지까지 따지면 그 비율이 좀 더 높아지지만, 그래도 우리의 주의가 마지막 남은 희소성이라는 사실을 반영하지는 못한다. 책을 예로 들어보자. 양장본은 읽는 데 평균 4.3시간이 걸리고[26] 구입하는 데 23달러가 든다.[27] 따라서 읽는 시간을 고려하여 소비자가 내는 평균 비용은 시간당 5.34달러다. 음악 CD는 평균적으로 평생에 수십 번 들으므로, 소매가를 듣는 총 시간으로 나누면 시간당 비용이 나온다. 극장에서 상영하는 두 시간짜리 영화는 단 한 번만 보므로 시간당 비용은 영화표 값의 절반이다. 이 비율은 대중인 우리가 자신의 주의에 얼마나 많은 가치를 부여하는지를 보여주는 것이라고 생각할 수 있다.

1995년에 나는 음악, 책, 신문, 영화를 포함한 다양한 미디어 플랫폼의 시간당 평균 비용을 계산한 바 있다. 미디어마다 차이가 있지만, 가격은 거의 같은 단위에 머물러 있었고, 평균 시간당 2.0달러로 수렴하고 있었다. 1995년에 우리는 미디어 이용의 대가로 시간당 평균 2달러를 지불하는 경향이 있었다.

15년 뒤인 2010년, 그리고 2015년에 나는 같은 방법을 써서 비슷한 미디어의 가치를 다시 계산했다. 인플레이션을 감안하여 2015년의 화폐 가치로 따졌을 때, 1995년, 2010년, 2015년의 시간당 미디어 평균 소비 비용은 각각 3.08, 2.69, 3.37달러였다. 이는 우리 주의의 가치가 20년 동안 놀라울 만치 안정되어 있었음을 의미한다. 우리는 직감적으로 미디어 경험의 비용이 얼마여야 '마땅한지' 아는 듯하며, 그 값에서 그다지 벗어나지 않는다. 또 우리의 주의로부터 돈을 버는 기업

(많은 인상적인 기술 기업 같은)이 주의 시간당 평균 3달러를 번다는 의미이기도 하다. 수준 높은 콘텐츠를 지닌다고 할 때 말이다.

앞으로 20년은 더 높은 수준의 주의를 함양하는 쪽으로 걸러내기 기술을 활용할 도전과 기회가 넘치는 시대가 될 것이다. 현재 인터넷 경제의 대부분은 조 단위 시간의 저급 상품 주의를 통해 추진된다. 한 시간 그 자체는 별 가치가 없지만, 더하면 산맥도 움직일 수 있다. 상품 주의는 바람이나 대양의 조석과 같다. 거대한 장치를 써야 포획할 수 있는 확산된 힘이다.

■■■■■■■■■■■■■■■■■■■■■■■■■■■■■■■■

구글, 페이스북 같은 인터넷 플랫폼의 엄청난 대성공의 배후에 있는 영리함은 상품 주의를 걸러내는 대규모 기반 시설이다. 플랫폼은 엄청난 계산 능력을 이용하여 광고주의 팽창하는 우주와 소비자의 팽창하는 우주를 연결한다. 플랫폼의 AI는 최적의 장소에서 최적의 시간에 최적의 방식으로 최적의 빈도로 반응하는 최적의 광고를 추구한다. 때로 이를 개인 맞춤 광고라고도 하지만 사실 단지 개인을 표적으로 삼는 광고보다는 훨씬 더 복잡한 양상을 띤다. 그것은 걸러내기의 생태계라고 할 수 있다. 따라서 광고한다는 차원을 넘어서 다양한 결과를 낳는다.

누구든 구글에서 온라인 서식을 채움으로써 광고주가 될 수 있다. (이 광고의 대부분은 신문 1단 광고처럼 문자 형태다.) 즉 잠재적인 광고주가 수십억 명에 달한다는 의미다. 당신은 채식주의자 배낭 여행자를 위한 요리책이나 자신이 발명한 새로운 야구 장갑을 광고하는 임시 사업가가 될 수 있다. 반대로 어떤 이유로든 웹페이지를 운영하는 사람은 누구나 자신의 웹페이지에 어떤 광고주가 광고를 내도록 허용하고 그 대가로 수입을 올릴 수 있다. 그 웹페이지는 개인 블로그일 수도 있고, 기업 홈페이지일 수도 있다. 나는 약 8년 동안 내 개인 블로그에 구글 애드센스Google AdSense 광고를 달았다. 광고를 보여주는 대가로 매달 100달러쯤 벌었다. 수백억 달러를 버는 기업에게는 어울리지 않는 껌값이지만, 구글에게는 거래액이 소규모라도 상관이 없다. 모두 자동화되어 있고 총계도 자동적으로 계산되기 때문이다. 애드센스 망은 아무리 소액이든 간에 모든 신참자를 받아주므로 광고를 할 만한 곳이 수십억 군데로 불어난다. 이 수십억 가지의 가능성—광고를 원하는 수십억 명과 광고를 기꺼이 실을 수십억 군데의 장소—을 수학적으로 맺어주기 위해서는 천문학적인 수의 잠재적인 해결책이 필요하다. 게다가 최적의 해결책은 하루 중 시간이나 지리적 위치에 따라 바뀔 수 있다. 그래서 구글(그리고 마이크로소프트와 야후 등 다른 검색 기업들)은 해결책을 찾아낼 거대한 클라우드 컴퓨터가 필요하다.

광고주와 독자를 맺어주기 위해, 구글의 컴퓨터는 웹을 하루 24시간 돌아다니면서 웹에 있는 60조 쪽의 페이지 하나하나[28]의 모든 내용을 수집하여 그 정보를 거대한 데이터베이스에 저장한다. 당신이 질문할 때마다 구글이 즉시 답을 내놓는 이유가 바로 이 때문이다. 웹에 있는 모든 단어, 어구, 사실의 위치를 이미 색인했기 때문이다. 웹 소유자가 작은 애드센스를, 광고를 허용하여 자신의 블로그 페이지에 뜨도록 원할 때, 구글은 그 페이지에 어떤 내용이 있는지에 관한 자신의 기록을 불러낸 다음, 자신의 초두뇌를 사용하여 그 내용과 관련이 있는 광고를 내고 싶어하는 사람을 찾는다. 바로 그 순간에 말이다. 짝짓기가 이루어질 때, 웹페이지의 광고는 그 페이지의 내용을 반영할 것이다. 웹사이트가 소도시의 소프트볼 팀의 것이라고 하자. 그 맥락에는 혁신적인 야구 미트의 광고가 매우 적절할 것이다. 그 웹페이지를 읽는 사람은 스노클링 장비 광고보다는 야구 미트 광고를 누를 가능성이 훨씬 높다. 그래서 구글은 내용물의 맥락[29]에 따라서, 소프트볼 웹사이트에 야구 미트 광고를 할 것이다.

하지만 그것은 복잡성의 시작에 불과하다. 구글은 세 방향의 일치를 시도할 것이다. 광고는 웹페이지의 맥락만이 아니라, 그 페이지를 방문하는 독자의 관심[30]에도 들어맞아야 이상적이다. 당신이 종합 뉴스 사이트—이를테면 CNN—에 접속했는데, 그 사이트가 당신이 소프트볼 리그에서 활약한다는 것을 안다면, 당신은 가구보다는 스포츠 장비의 광고를 더 많이 보게 될 것이다. 사이트는 당신에 관해 어떻게 아는 것일까? 사람들은 대개 알지 못하지만, 당신이 어떤 웹사이트에 접속할 때, 당신은 어디에서 왔다고 알려주는 보이지 않는 표지를 목에 잔뜩 휘감고 있다. 이 표지(전문 용어로 쿠키라고 하는)는 당신이 접속한 웹사이트만이 아니라, 웹 전체에 손가락을 뻗고 있는 구글 같은 대형 플랫폼 중 상당수도 읽을 수 있다. 거의 모든 상업적 웹사이트는 구글 제품을 이용하므로, 구글은 웹 전체에 걸쳐 당신이 어느 페이지를 방문했는지 추적할 수 있다. 또한 당신이 무언가를 구글할 때, 거기에서부터 당신이 어디로 향하는지도 추적할 수 있다. 구글은 당신의 이름, 주소, 이메일을 알지 못하지만(아직은), 당신이 웹에서 한 행동은 기억한다. 따라서 당신이 소프트볼 팀 페이지를 방문하거나 '소프트볼 미트'를 구글한 뒤 뉴스 사이트에 들어가면 구글은 몇 가지 가정을 할 수 있다. 이 추측을 토대로 삼고 몇 가지 계산을 추가하여 당신이 방금 방문한 웹페이지에 어떤 광고가 있었는지를 파악한다. 거의 마법 같지만, 당신이 한 웹사이트에서 지금 보는 광고는 당신이 거기에 접속하기 전까지는 추가되지 않는다. 따라서 구글과 뉴스 사이트는 실시간으로 당신이 볼 광고를 선택한 것이다. 그럼으로써 당신은 나와 다른 광고를 보게 된다. 이 필터의 생태계 전체가 작동한다면 당신이 보는 광고는 당신의 최근 웹 방문 역사를 반영할 것이고, 당신의 관심사에 더 맞을 것이다.

하지만 그것만이 아니다! 구글 자체는 이 다면적인 시장에서 제4자가 된다. 광고주, 웹페이지 게시자, 독자를 만족시키는 것 외에, 구글은 자신의 품질도 최적화하려 시도한다. 일부 대중의 주의는 다른 대중의 주의보다 광고주에게 더 가치가 있다. 건강 관련 웹사이트의 독자는 장기적으로 볼 때 알약과 치료에 더 많은 돈을 쓸 가능성이 있으므로 가치 있는 반면, 걷기 동호회 게시판의 독자는 이따금 한 번씩 신발을 산다. 따라서 각 웹페이지의 배후에서는 콘텐츠 키워드의 가치('천식'이 '걷기'보다 훨씬 더 가치가 높을 것이다)를 실제로 광고를 클릭하는 독자의 행동 수준에 따라 광고주가 기꺼이 지불하려는 가격비용과 일치시키기 위한 아주 복잡한 경매가 이루어지고 있다. 누군가가 광고를 클릭한다면 광고주는 웹페이지 소유자(그리고 구글)에 몇 센트를 지불하므로, 알고리즘은 광고의 위치, 요금률, 이용률을 최적화하려 애쓴다. 12번 클릭이 이루어지는 5센트짜리 소프트볼 글러브 광고는 한 번 클릭이 이루어지는 65센트 천식 흡입기 광고보다 더 가치가 있다. 하지만 그 다음날 소프트볼 팀 블로그에 올 봄 꽃가루 발생량이 심하다는 경고문이 올라오자, 갑자기 소프트볼 블로그의 흡입기 광고는 가치가 85센트로 뛴다. 구글은 그 시점에 맞는 최적 광고를 배치하기 위해서, 실시간으로 즉시 수억 가지 요소를 처리해야 할지도 모른다. 모든 것이 매우 유동적인 4자 일치가 이루어진 상태에서 돌아갈 때, 구글의 수익도 최대화한다. 2014년에 구글 총 수입의 21퍼센트인 140억 달러가 이 애드센스 광고 시스템을 통해 나왔다.[31]

주의가 상호작용하는 방식이 이루는 이 복잡한 양상은 2000년 이전에는 거의 상상조차 할 수 없었다. 그 정도의 인지화와 계산이 이루어지려면 실행 불가능한 수준으로 각 벡터를 추적하고 분류하고 걸러내야 했다. 하지만 추적하기와 인지화하기와 걸러내기의 시스템이 계속 개선됨에 따라, 주의—제공하고 받는 양쪽으로—를 배치하는 가능한 방법 중에 실현할 수 있는 것이 점점 늘어난다. 이 시기는 새롭게 다세포 생물이 출현한, 진화의 캄브리아기에 비유할 수 있다. 당시 아주 짧은 기간 동안(지질학적으로 말해서), 생명은 이전까지 시도되지 않았던 가능성 중 상당수를 체현했다. 기이한 양상을 띠는 새로운 생물이 너무나 많이 너무나 갑자기 쏟아져나왔기에, 우리는 생물학적 혁신이 이루어진 이 역사적 시기를 캄브리아기 대폭발이라고 부른다. 새롭고도 색다른 유형의 주의와 걸러내기가 시도되고 있는 지금, 우리는 주의 기술에서 캄브리아기 대폭발에 해당하는 문턱에 와 있다.

예를 들어, 다른 상업 부문에서 진행되는 탈중심화라는 동일한 추세를 광고 부문도 따른다면 어떻게 될까? 소비자가 광고를 만들어서 올리고 대가를 지불한다면?

이 기이한 방식을 이런 식으로 생각해보자. 광고 유치를 통해 먹고 사는 모든 기업—현재 대다수의 인터넷 기업들—은 광고주에게 필요한 고객에게 맞추어서 광고를 한다는 점을 확신시킬 필요가 있다. 게시자, 협회, 블로그, 플랫폼은 기업을 상대로 다른 어느 누구도 접촉할 수 없는 대중에게 자신은 접촉할 수 있다거나, 자신들만큼 대중과 좋은 관계를 맺는 곳은 없다는 주장을 펼친다. 광고주는 돈을 지니고 있으므로, 누구에게 광고를 줄지를 결정할 때 까다롭게 군다. 어떤 출판물이든 가장 원하는 광고주를 설득하려고 애쓰겠지만, 어느 광고를 실을지를 출판물이 선택하는 것은 아니다. 광고주, 아니 그 대행사가 한다. 광고로 가득한 잡지나 TV 쇼는 대개 광고의 매체로 자신이 선택되어서 운이 좋다고 여긴다.

하지만 대중을 확보한 누군가가 허락을 구할 필요 없이, 자신이 신기를 원하는 광고를 고를 수 있다면 어떻게 될까? 당신이 아주 멋진 운동화 광고를 보고서 당신의 스트림에 그 광고를 넣고 싶어졌다고 하자. 그리고 TV 방송국처럼 광고를 실은 대가도 얻고 말이다. 어떤 플랫폼이 그냥 자신의 마음에 드는 최고의 광고를 모은 뒤에, 각 광고가 일으키는 트래픽의 양과 질에 따라서 그 광고를 실은—그리고 시청한—대가를 받는다면? 동영상, 정지 화상, 음성 파일 형태의 광고는 어디에 게재되었고 몇 번이나 봤는지를 추적하는 코드가 내장되어 있곤 하며, 따라서 몇 번이나 복제되었는지에 상관없이 광고를 게재한 이는 대가를 받을 수 있을 것이다. 한 광고의 입장에서는 가능한 많은 플랫폼에 게재되고 반복 시청되면서 바이러스처럼 퍼지는 것이 가장 좋다. 당신의 사이트에 게재된 광고가 당신 사이트에 약간의 수익을 발생시킬 수 있기 때문에, 당신은 기억에 남을 광고를 싣기 위해 찾아다닐 것이다. 광고를 모아놓은 핀터레스트 게시판을 상상해보라. 거기에 있는 어떤 광고를 독자가 시청하거나 들으면 모아놓은 이에게 수익이 생길 것이다. 잘 된다면, 대중은 멋진 콘텐츠뿐 아니라 멋진 광고도 접하게 될 것이다. TV로 슈퍼볼을 시청하는 수백만 명이 광고도 시청하는 것처럼 말이다.

그 결과 콘텐츠뿐 아니라 광고를 관리하는 플랫폼도 나올 것이다. 편집자는 새로운 기사거리를 찾는 데 보내는 시간만큼 알려지지 않은, 거의 보지 않은, 주의를 집중시키는 광고를 찾아내는 데에도 시간을 쓸 것이다. 하지만 대단히 대중적인 광고가 범위가 한정된 광고보다 수익이 적을 수도 있다. 불쾌한 광고가 익살스러운 광고보다 더 많이 벌 수도 있다. 따라서 돈을 못 버는 멋져 보이는 광고 대 밋밋하지만 수익이 나는 광고 사이에 균형이 이루어져야 할 것이다. 그리고 물론 수익이 많이 나는 재미있는 광고는 많이 접할 가능성이 높고, 그러면서 멋지다는 인상은 점점 줄어들고 아마 그에 따라 광고 단가도 낮아질 것이다. 광고만을 솜씨 좋게 배치한 잡지/출판물/온라인 웹사이트가 나올지 모른다. 그리고 수익도 올릴 것이다. 현재 영화 예고편이나 인기 있는 광고 동영상만을 모은 웹사이트가 있지만, 게재했다고 해서 그 동영상의 원천으로부터 받는 돈은 전혀 없다. 하지만 곧 충분히 받게 될 것이다.

이 양상은 기존 광고 산업의 권력 관계를 완전히 뒤엎는다. 우버를 비롯한 탈중심화 시스템처럼, 소수의 전문가가 하던 고도로 섬세한 일은 아마추어의 개인 간 망 전체로 분산된다. 오늘의 그 어떤 광고 전문가도 그것이 작동할 수 있다고 믿지 않으며, 합리적인 이들조차도 그것이 미친 소리라고 여기지만, 지난 30년 동안에 걸쳐 우리가 깨달은 것 중 하나는 영리하게 연결될 때 아마추어의 무리가 불가능해 보이는 것을 이룰 수 있다는 것이다.

최근에 설립된 두 독특한 기업은 현재의 주의 체계를 교란하려 시도하지만, 이 근본적으로 새로운 양식 중 일부가 먹히려면 많은 시도가 이루어져야 할지 모른다. 이 환상과 현실을 잇는 고리 중에 방문을 추적하고, 기만을 솎아내고, 복제하는 광고가 얻는 주의를 정량화하고, 적절한 지불이 이루어지도록 이 자료의 교환을 보장하는 기술이 아직 빠져 있다. 이는 구글이나 페이스북 같은 거대 다면 플랫폼이 할 계산 작업이다. 돈벌이가 됨을 알아차리면 사기꾼과 창의적인 스팸 발송자가 몰려들 것이므로 많은 규제가 필요할 것이다. 하지만 일단 그 시스템이 작동하기 시작하면, 광고주는 광고를 바이러스처럼 웹 전체로 퍼뜨릴 것이다. 당신은 광고를 하나 구해서 자신의 사이트에 끼워넣기만 하면 된다. 그러면 독자가 클릭을 할 때 광고주는 당신에게 비용을 지불할 것이다.

이 새 체제에서 광고주는 독특한 입장에 놓인다. 광고 창작자는 더 이상 광고가 어디에 게재될지 통제하지 못한다. 이 불확실성은 광고의 구성을 통해 어떤 식으로든 보완할 필요가 있을 것이다. 어떤 광고는 시청자를 통해 빠르게 복제되고 행동(구입)을 유도하도록 고안되어야 할 것이다. 한편 돌아다니지 않고 기념비처럼 앉아서 상표를 알리는 쪽으로 서서히 영향을 미치도록 고안되는 것도 있을지 모른다. 이론상 광고는 사설처럼 쓰일 수 있으므로, 사설 내용물과 비슷할 수도 있다. 모든 광고가 마구 돌아다니지는 않을 것이다. 많이는 아니겠지만 전통적인 방식으로 정해진 위치에 놓이는 광고도 있을 것이다(희귀해지겠지만). 이 체제는 전통적인 광고 방식에 추가되고 덧씌워질 때에만 성공할 수 있다.

탈중심화의 물결은 구석구석까지 퍼져나간다. 아마추어가 광고를 실을 수 있다면, 소비자와 애호가가 스스로 광고를 창작하지 못할 이유는 어디 있겠는가? 기술은 개인 간 광고 창작 망을 지원할 수도 있을 것이다.

사용자 생성 광고의 한정된 형태를 실험한 기업이 두 군데 있다. 도리토스Doritos는 2006년 슈퍼볼에서 방영될 소비자 생성 비디오 광고를 공모했다. 2,000건의 비디오 광고가 접수되었고, 200만 명 이상이 투표하여 최고의 작품이 선정되어 방영되었다. 그 뒤로 해마다 평균 5,000건의 사용자 생성 동영상이 접수되고 있다.[32] 현재 도리토스는 우승자에게 100만 달러의 상금을 주는데,[33] 전문가가 광고를 만드

는 데 드는 비용보다 훨씬 적다. 2006년에 GM은 쉐비 타호^{Chevy Tahoe}

SUV에 사용자 생성 광고를 내겠다고 공모를 냈고, 2만 1,000건이 접수되었다(4,000건은 SUV에 관한 부정적인 광고였다).³⁴ 이 사례들은 제한적이다. 진정한 개인 간 광고가 아니라, 기업 경영진이 승인한 광고만 방영되기 때문이다.

온전히 탈중심화한 개인 간 사용자 생성 크라우드 소스 광고 네트워크에서는 광고를 사용자가 만들고, 사용자—게시자가 자기 사이트에 놓이길 원하는 광고를 선택한다. 실제로 클릭을 일으키는 사용자 생성 광고는 유지되거나 공유될 것이다. 유효하지 않은 광고는 탈락할 것이다. 사용자는 다른 모든 것이 되어왔듯이, 광고 대행자가 될 것이다. 사진을 찍어서 올리거나 이베이 경매에서 사소한 것을 사고팔면서 생계를 유지하는 아마추어가 있는 것처럼, 주택담보대출 광고를 끝없이 바꿔대면서 생계를 유지할 이들도 많아질 것이 확실하다.

그런데 실제로 누가 자신의 광고를 만들까? 최고의 창의력을 발휘하여 한 편의 광고를 내놓는 값비싼 스튜디오 전문가를 고용하는 편이 나을까, 당신 제품의 광고를 무수히 수정하고 시험하는 창의적인 1,000명의 아이들을 고용하는 편이 나을까? 늘 그렇듯이, 그런 문제는 대중에게도 골칫거리다. 신뢰할 수 있는 베스트셀러를 위한 광고를 제작해야 할까—그리고 같은 아이디어를 가진 1,000명과 더 나은 광고를 만들기 위해 경쟁해야 할까—아니면 제대로 이해하기 전까지는 전혀 모를 수도 있는 다품종 소량 생산 제품의 광고를 택해야 할까? 어느 상품의 애호가는 그 상품을 위한 광고를 기꺼이 창작할 것이다. 당연히 그들은 그 상품을 자신만큼 잘 아는 사람은 없다고 믿으며, 현재의 광고(있다고 한다면)는 미흡하며, 자신이 더 잘 만들 수 있다고 확신하며 기꺼이 나설 것이다.

대기업이 자신의 광고를 풀어놓는다는 예상이 과연 얼마나 현실성이 있을까? 그다지 높지 않다. 대기업은 앞장서서 그렇게 하지는 않을 것이다. 한편 그런 일에 쏟을 광고 예산이 거의 또는 전혀 없기에, 자신만만한 신생 기업도 그렇게 하기까지 여러 해가 걸릴 것이다. 대기업은 애드센스를 쓰면 되기 때문에, 그런 일에 굳이 나서지 않는다. 오히려 광고 공간의 이 새로운 영역은 중소규모의 기업을 해방시킨다. 멋진 광고 방법을 개발하기는커녕 그런 생각을 해본 적도 없는 10억 개의 사업체들이 그렇다. 개인 간 시스템을 이용하는 이 광고는 열정을 지닌(그리고 탐욕적인) 사용자가 만들 것이고 바이러스처럼 블로그로 퍼질 것이고, 최고의 광고는 검증과 디자인 수정을 거치면서 효과를 발휘할 것이다.

주의의 대안 경로를 추적하면, 아직 이용되지 않은 주의의 형식이 많이 있음을 알 수 있다. 초기 인터넷의 개척자이자 투자자인 에스더 다이슨Esther Dyson은 오래전부터 이메일에서 주의가 비대칭성[35]을 띤다는 사실을 불만스러워했다. 그녀는 인터넷을 관리할 방안을 구축하고 많은 혁신적인 신생 기업에 투자하는 일을 해왔다. 그래서 그녀의 우편함에는 모르는 사람들에게 오는 편지가 넘친다. 그녀는 이렇게 말한다. "이메일은 내 할 일 목록에 남들이 추가하는 시스템이다." 현재는 누군가의 우편함에 이메일을 추가하는 데 비용이 전혀 들지 않는다. 20년 전에, 그녀는 이메일을 읽으면 보낸 사람에게 요금이 부과되는 시스템을 제안했다. 다시 말해, 당신이 보낸 이메일을 에스더가 읽으면 그녀에게 요금을 지불해야 한다. 일부—학생 등—에게는 25센트라는 적은 요금을 물리고, 홍보 회사의 보도 자료에는 더 많이(이를테면 2달러) 물릴 수도 있다. 친구와 가족에게는 아마 요금을 물리지 않겠지만, 기업에서 보내는 성가신 광고에는 5달러를 물려도 될 것이다. 편지를 읽은 뒤, 물렸던 요금을 취소할 수도 있다. 물론 에스더는 인기 있는 투자자이므로, 그녀의 기본 필터는 높게 설정될 것이다. 즉 읽은 우편에 3달러씩 부과할 수도 있다. 보통 사람에게는 같은 요금을 부과하지 않겠지만, 어떤 요금이든 필터로 작용한다. 더 중요한 점은 읽어도 좋을 만큼의 요금은 수신자에게 그 메시지가 '중요하다'는 신호 역할을 한다는 것이다.

수신자가 반드시 에스더처럼 편지를 읽도록 주의를 끌 가치가 있는 유명한 사람일 필요는 없다. 더 미미한 영향을 미치는 사람일 수도 있다. 클라우드의 극도로 강한 힘을 활용하면 발신자와 수신자로 뒤엉킨 망을 풀 수 있다. 대규모 인지화는 누가 누구에게 영향을 미치는가라는 조합을 낱낱이 추적할 수 있다. 타인에게 영향을 미치는 소수의 사람에게 영향을 미치는 사람은 타인에게 영향을 미치지 않는 많은 사람에게 영향을 미치는 사람과 등급이 다를 수 있다. 지위는 아주 국소적이고 개별적이다. 자신의 패션을 충실히 따르는 친구가 많은 10대 소녀는 기술 기업의 CEO보다 훨씬 더 큰 영향을 미치는 등급에 놓일 수 있다. 이 관계망 분석은 폭발적으로 계산이 복잡해지겠지만, 3단계와 4단계까지도(친구의 친구의 친구) 갈 수 있다. 이 복잡한 계산을 토대로, 영향과 주의 정도에 따라 다양한 유형의 점수를 매길 수 있다. 높은 점수를 지닌 사람은 자신이 읽는 이메일에 더 많은 요금을 매길 수도 있겠지만, 발신자의 점수를 토대로 요금을 조정하는 쪽을 선택할 수도 있다. 그러면 계산이 더 복잡해지고 총합을 계산하는 비용도 더 든다.

주의를 얻기 위해 당사자에게 직접 지불한다는 원리는 광고에도 적용될 수 있다. 우리는 광고에 무료로 주의를 소비한다. 왜 상업 광고를 본 대가로 해당 기업에 요금을 물리지 않는 것일까? 에스더의 구상을 따른다면, 광고의 원천에 따라서 사람마다 다른 요금을 물릴 수도 있다. 그리고 광고주가 탐을 내는 정도는 소비자마다 다를 것이다. 많은 가치가 있는 시청자도 있을 것이다. 소매상은 소비자의 생애 총 소비 total lifetime spending[36]를 척도로 삼는다. 어느 소매점에서 평생에 걸쳐 1만 달러를 쓸 것으로 예상되는 소비자는 일찌감치 200달러의 할인을 받을 가치가 있을 것이다. 마찬가지로 소비자의 입장에서는 생애 총 영향total lifetime influence을 말할 수 있을 것이다. 자신의 영향이 팔로워의 팔로워의 팔로워로 물결처럼 퍼지니 말이다. 그 영향을 생애에 걸쳐 집계하여 합계를 추정할 수 있다. 추정된 생애 총 영향이 높은 주의 집중자가 있을 때, 기업은 광고업자에게 지불을 하는 대신에 그에게 직접 지불하는 편이 가치 있다고 여길지도 모른다. 기업은 현금이나 가치 있는 상품이나 서비스로 지불할 수도 있다. 오스카상 시상식에서 주는 스웨그백swag bag이 그런 사례다. 2015년에 일부 수상자는 16만

8,000달러어치의 홍보용품[37]이 가득 들어 있는 가방을 받았다. 립글로스, 막대사탕, 여행용 베개, 고급 호텔 숙박을 포함한 여행 패키지 상품권이 들어 있었다. 기업이 오스카상 수상자가 영향력이 큰 인물이라고 합리적인 계산을 한 결과다. 받은 사람에게는 군이 필요 없는 물품일지도 모르지만, 어쨌든 그들은 팬과 그 선물을 놓고 수다를 떨지도 모른다.

오스카상은 분명 극단적인 사례다. 하지만 더 작은 규모에서도 지역에서 유명한 사람은 꽤 충실히 따르는 이들을 모을 수 있고, 생애 총영향이 상당히 높아질 수 있다. 하지만 최근까지는 인구 수억 명 사이에서 어느 정도 인기가 있는 많은 이들을 콕 찍어내기가 불가능했다. 지금은 걸러내기 기술과 공유 미디어의 발달로 그들을 찾아내고 한꺼번에 그들에게 접근할 수 있다. 오스카상 대신에 소매상은 더 작은 영향력을 지닌 이들의 거대한 망을 겨냥할 수 있다. 정상적으로 광고하던 기업은 광고를 아예 뺄 수도 있다. 그들은 100만 달러에 달하는 광고 예산을 작은 영향력을 미치는 수만 명의 주의를 끌기 위해 직접 지불하는 쪽으로 돌릴 것이다.

우리는 주의와 영향을 교환하고 관리할 가능한 모든 방법을 아직 다 탐사하지 못한 상태다. 미지의 대륙이 열리고 있다. 당신의 주의나 영향을 얻기 위해 대가를 지불하는 것 같은, 가능성 있는 가장 흥미로운 양상 가운데 상당수는 아직 탄생하지도 않았다. 미래의 주의 형태는 추적하기, 걸러내기, 공유하기, 뒤섞기가 일어나면서 난무할 영향의 흐름들로부터 출현할 것이다. 이 주의의 춤을 조직화하는 데 필요한 자료의 규모는 복잡성을 새로운 수준으로 끌어올릴 것이다.

우리 삶은 이미 5년 전보다도 상당히 더 복잡하다. 우리는 자신의 일을 하고, 배우고, 양육하고, 심지어 즐기기 위해서도 훨씬 더 많은 원천에 주의를 기울일 필요가 있다. 우리가 주의를 기울여야 하는 요인과 가능성의 수는 해가 갈수록 거의 기하급수적으로 증가한다. 따라서 영구히 산만한 상태에서 이것저것으로 끊임없이 주의를 옮기는 듯한 우리의 모습은 재앙의 징후가 아니라, 현재의 이 환경에 필수적인 적응 양상이다. 구글은 우리를 더 멍청하게 만들지 않는다. 오히려 우리는 다음에 어떤 새로운 것이 나올지 계속 정신을 바짝 차린 채, 더 민첩하게 웹을 돌아다닐 필요가 있다. 우리 뇌는 엄청난 수를 다룰 수 있도록 진화하지 않았다. 이 세계는 우리의 자연적인 능력을 초월하며, 우리가 그것과 접촉하려면 기계에 의존해야 한다. 우리가 만들어 온 대안의 폭발 속에서 제대로 활동하려면 필터에 필터가 겹친 실시간 시스템이 필요하다.

이 초풍부함—걸러내기를 계속 증가시킬 것을 요구하는 초풍부함—의 폭발을 일으키는 주된 촉매로 모든 것들이 점점 더 저렴해지는 추세를 들 수 있다. 평균적으로 기술은 시간이 흐르면서 무료가 되는 경향이 있다. 그리하여 사물은 풍부해지는 경향이 있다. 기술이 무료가 된다는 말을 처음에는 믿기가 어려울지도 모른다. 하지만 우리가 만드는 대부분의 것이 실제로 그렇다. 어떤 기술이 충분히 오래 지속된다면, 시간이 흐르면서 그 비용은 0에 접근하기 시작한다(하지만 결코 0에 다다르지는 않는다). 시간이 흐르면서 개별 기술은 마치 무료인 양 행동할 것이다. 무료를 향해가는 이 추세는 식품과 원료(종종 상품이라고 하는) 같은 기본적인 것뿐 아니라, 가전제품 같은 복합적인 것, 서비스와 무형물에도 들어맞는 듯하다. 이 모든 것의 비용(고정비용)은 시간이 흐르면서, 특히 산업혁명 이래로 줄어들어 왔다. 국제통화기금IMF이 2002년에 펴낸 논문에는 이렇게 적혀 있었다. "지난 140년 동안 해마다 약 1퍼센트씩 상품의 실질 가격은 하향 추세를 보였다."[38] 즉 한 세기 반에 걸쳐 가격은 0을 향하고 있다.

컴퓨터 칩과 첨단기기만의 이야기가 아니다. 모든 산업 분야에서, 우리가 만드는 모든 것은 날이 갈수록 더 싸지면서 동일한 경제적 방향으로 나아가고 있다. 구리 가격의 하락이 한 예다.[39] 장기간에 걸쳐 (1800년부터) 그래프에 표시하면, 가격의 하향 추세가 드러난다. 0을 향하고 있지만(상하 요동이 있긴 해도), 가격은 결코 완전히 공짜라는 극한에 도달하지는 않을 것이다. 대신에 점점 좁아지는 틈새라는 무한급수 형태로, 그 이상적인 극한에 꾸준히 점점 더 다가간다. 극한과 나란히 뻗으면서 결코 극한과 교차하지 않는 이 양상을 점근선에 다가간다고 말한다. 여기서 가격은 0이 아니지만, 사실상 0이다. 흔히 '너무 싸서 계산할 수가 없다'라고 표현한다. 0에 너무 가까워서 추적조차 할 수 없다는 것이다.

여기서 저렴한 풍요의 시대에 관한 한 가지 큰 의문이 남는다. 진정으로 가치 있는 것은 과연 무엇일까? 역설적으로 상품에 대한 우리의 주의는 별 가치가 없다. 우리의 원숭이 마음心猿은 저렴한 비용으로 끌어들일 수 있다. 풍요 사회에서 남아 있는 희소성은 상품에 이끌리거나 집중하지 않는 유형의 주의다. 다른 모든 것이 0을 향해갈 때 비용이 증가하는 것은 인간의 경험뿐이다. 그것은 복제될 수 없다. 다른 모든 것은 상품화하고 걸러질 수 있다.

경험의 가치는 증가하고 있다. 사치스러운 여가 활동은 해마다 6.5퍼센트씩 증가하고 있다.[40] 식당과 술집에서 쓰는 돈[41]은 2015년에만 9퍼센트가 증가했다. 음악회 입장권의 평균 가격[42]은 1981년부터 2012년 사이에 거의 400퍼센트가 증가했다. 미국에서는 보건 의료비도 마찬가지다. 1982년부터 2014년 사이에 400퍼센트가 증가했다.[43] 미국에서 아이를 돌보는 비용[44]은 시간당 평균 15달러로, 최소 임금의 2배다. 미국의 대도시에서는 부모가 저녁에 외출하는 동안 아이를 돌보는 비용으로 100달러를 쓰는 일이 드물지 않다. 신체적 경험을 위해 개인에게 특별히 주의를 기울이는 개인 코치는 가장 빨리 성장하는 직업에 속한다. 호스피스 분야에서 약과 치료에 드는 비용은 줄어들고 있지만 가정 방문 비용[45]은 기하급수적으로 증가하고 있다. 결혼 비용에는 상한이 없다. 이것들은 상품이 아니다. 경험이다. 우리는 그것들에 소중하고 희귀하고 순수한 주의를 기울인다. 그런 경험을 만들어내는 이들에게, 우리 주의는 많은 가치가 있다. 인류가 경험을 빚어내고 소비하는 일에 뛰어난 것도 우연의 일치가 아니다. 로봇은 이 방면에서는 결코 따라오지 못한다. 로봇이 우리의 현재 직업을 앗아갈 때 우리 인간이 무엇을 할지를 엿보고 싶다면 경험을 보라. 우리가 돈을 쓸 곳이 바로 거기이며(무료가 되지 않을 것이기 때문에) 우리가 돈을 벌 곳도 거기다. 우리는 상품을 생산하기 위해 기술을 쓸 것이고, 우리 자신이 상품이 되는 것을 피하기 위해 경험을 빚어낼 것이다.

경험과 개인화를 강화하는 기술 전체에 관해서 재미있는 점은 그것이 우리 자신이 누구인지 알라고 엄청난 압력을 가한다는 것이다. 우리는 곧 만물 도서관 한가운데 처박혀서, 단지 손가락 끝만 움직여서 유동성을 띤 인류의 모든 기존 작품을 무료로 접하면서 살아갈 것이다. 엄청난 필터들이 우리 곁에서, 말없이 우리를 인도하면서, 우리가 원하는 대로 우리에게 봉사할 준비를 한 채로 있을 것이다. 필터는 묻는다. "뭘 원해? 뭐든지 선택할 수 있어. 뭘 고르고 싶어?" 필터는 여러 해 동안 우리를 지켜봤다. 필터는 우리가 무엇을 물을지 예상한다. 즉시 거의 자동적으로 예측을 완성할 수 있다. 문제는 내가 뭘 원하는지를 내 자신이 모른다는 것이다. 우리는 자기 자신을 그다지 잘 모른다. 우리는 어느 정도까지는 자신이 원하는 것이 무엇인지를 알려줄 필터에 의존할 것이다. 노예 주인으로서가 아니라 거울로서다. 우리는 자신이 누구인지를 듣기 위해, 알기 위해, 자신의 행동이 빚어내는 제안과 추천에 귀를 기울일 것이다. 그런 필터는 인터클라우드의 서버 수백만 개에서 가동되는 수억 줄의 코드는 걸러내고 걸러내고 또 걸러냄으로써, 독특한 무언가가 남을 때까지, 자신의 개성을 최적화할 때까지 우리 자신을 증류하는 일을 돕는다. 기술이 우리를 더 균질화하고 더 대량 상품화할 것이라는 두려움은 옳지 않다. 우리가 개인화할수록, 더 구별되기 때문에 필터가 실질적으로 구별하기가 더 쉬워진다. 현대 경제는 본질적으로 구별과 차이의 힘을 토대로 움직인다. 필터와 기술은 그 구별을 더 강화할 수 있다. 우리는 자신이 누구인지를 더 명확히 해줄 대량 걸러내기를 사용할 수 있다. 자신의 개인화를 위해서 말이다.

우리가 새로운 것을 만드는 일을 멈출 수 없으므로, 걸러내기가 더 늘어나는 것도 불가피하다. 우리가 만들 새로운 것 가운데 최고는 걸러내고 개인화하는, 즉 나를 더 나답게 만드는 새로운 방법일 것이다.

REMIXING

뒤섞기—기존 것의 재배치와 재활용—는 전통적인 재산권과 소유권 개념에 혼란을 일으킨다. 어떤 선율이 당신의 집처럼 당신이 소유한 재산이라면, 내가 허락이나 보상 없이 그것을 이용할 권리는 몹시 제한된다. 하지만 앞서 설명했듯이, 디지털 비트는 무형적이고 비경쟁적임이 널리 알려져 있다. 비트는 부동산보다 관념에 더 가깝다. 일찍이 1813년에 토머스 제퍼슨(Thomas Jefferson)은 생각이 사실상 재산이 아니라는 것, 아니 재산이라고 해도 부동산과는 다르다는 것을 이해했다. "내게 어떤 아이디어를 받은 사람은 내 생각을 줄이지 않으면서 배움을 얻는다. 그가 내 초를 써서 자신의 심지에 불을 붙일 때, 그는 나를 어둡게 하지 않으면서 불빛을 받는다." 제퍼슨이 몬티셀로의 자기 집을 당신에게 준다면, 당신은 그의 집을 갖고 그는 집이 없어질 것이다. 하지만 그가 당신에게 어떤 아이디어를 준다면, 당신은 그 아이디어를 지니고 그도 여전히 그 아이디어를 지닐 것이다. 그 기이함이야말로 오늘날 지적 재산권이 불확실한 처지에 놓이게 된 근원이다.

경제 성장론을 연구하는 뉴욕대학교의 경제학자 폴 로머Paul Romer는 진정한 지속 가능한 경제 성장은 새로운 자원에서 나오는 것이 아니라, 기존 자원을 재배치하여 더 가치 있게 만드는 데에서 나온다고 말한다.[1] 성장은 '뒤섞기Remixing'에서 나온다. 기술 성장의 동역학을 연구하는 샌타페이 연구소Santa Fe Institute 경제학자 브라이언 아서Brian Arthur는 모든 새로운 기술이 기존 기술의 조합[2]에서 나온다고 말한다. 현재의 기술을 더 이전의 원시적인 기술을 재배치하고 뒤섞어서 조합한 것이다. 누군가가 수백 가지의 더 단순한 기술을 수십만 가지의 더 복잡한 기술로 조합할 수 있으므로, 가능한 신기술의 수는 무한하다. 하지만 그것들은 모두 뒤섞인다. 경제 및 기술 성장에 참인 것은 디지털 성장에도 참이다. 우리는 생산적인 뒤섞기의 시대에 와 있다. 혁신가는 이전의 단순한 미디어 장르를 더 나중의 복잡한 장르와 재조합하여 무한히 많은 수의 새로운 미디어 장르를 만들어낸다. 새로운 장르가 늘수록, 그것을 뒤섞어서 더욱 새로운 장르를 만들어낼 수 있다. 가능한 조합의 비율은 기하급수적으로 증가하면서 문화와 경제를 확장시킨다.

우리는 새 매체의 황금기에 산다. 지난 수십 년 동안, 기존 장르의 뒤섞기를 통해서 수백 개의 미디어 장르가 탄생했다. 신문 기사, 30분 TV 시트콤, 4분 팝송 같은 예전의 매체는 여전히 존속하면서 엄청난 인기를 끌고 있다. 하지만 디지털 기술은 새로운 방식으로 재조합할 수 있도록 이 형태를 각 구성 요소로 해체한다. 웹 목록형 기사인 리스티클listicle이나 140자의 트윗 폭풍은 최근에 새로 탄생한 형태에 속한다. 이 재조합된 형태 중 일부는 현재 아주 튼튼히 자리를 잡아서 새로운 장르가 되었다. 앞으로 수십 년 안에 이 새로운 장르 자체도 뒤섞이고 해체되고 재조합되어 다른 수백 가지의 새로운 장르를 낳을 것이다. 일부는 이미 주류가 되었다. 적어도 100만 명의 창작자와 수억 명의 대중이 참여하고 있으니 말이다.

예를 들어, 모든 베스트셀러 책의 뒤에는 자신이 좋아하는 작가의 등장인물을 조금 변형한 세계에 등장시켜서 자기 나름의 속편을 쓰는 팬이 많이 있다. 상상력을 극도로 확장한 이 이야기를 팬 픽션fan fiction 또는 팬픽이라고 한다. 그 작품은 비공식적이며—원저자의 협력이나 승인을 받지 않았으므로—둘 이상의 책이나 작가에게서 차용한 요소를 뒤섞기도 한다. 그 작품의 주요 독자는 주로 다른 열성 팬이다. 한 팬픽 사이트에 실린 목록을 보면 지금까지 팬이 창작한 작품이 150만 권에 달한다.[3]

휴대전화로 빨리 찍을 수 있는 극도로 짧은 동영상(6초 이내의)은 바인Vine이라는 앱을 통해 쉽게 공유되고 재공유될 수 있다. 6초면 농담이나 재난 소식을 바이러스처럼 퍼뜨리기에 충분하다. 이 짧은 동영상은 최대 효과를 얻기 위해 고도로 편집할 수도 있다. 6초짜리 바인을 이어서 편집한 형태도 인기가 높다. 2013년에 트위터에는 매일 1,200만 편의 바인 동영상[4]이 올라왔고, 2015년에는 시청 회수가 하루에 15억 회[5]에 이르렀다. 바인에는 팔로워가 100만 명에 이르는 스타들이 있다.[6] 하지만 더욱 짧은 형태의 동영상도 있다. 움직이는 GIF 파일은 작은 움직임을 반복해서 보여주는 움짤 그래픽이다. 반복 주기는 1~2초에 불과하므로, 1초 동영상이라고 생각할 수도 있다. 어떤 움직임이든 되감기를 할 수 있다. 별난 표정이나 영화의 유명한 장면도 움직이는 GIF 파일을 써서 반복되는 움직임으로 나타낼 수 있다. 끝없이 반복되고 있으므로 자세히 들여다보고 싶게 만들며, 그럼으로써 다른 더 큰 무언가로 생각의 전이가 일어난다. 물론 움직이는 GIF 파일만을 올리는 웹사이트도 있다.

이 사례들은 앞으로 수십 년 안에 새로운 형태들이 폭발적으로 출현할 것임을 시사할 뿐일 수도 있다. 이 장르 중 아무거나 골라서 불리자. 그런 뒤, 그것들끼리 상호교배를 시키자. 우리는 출현할지도 모르는 새로운 것의 윤곽을 언뜻 볼 수 있다. 손가락으로 우리는 영화에서 대상을 끌어낸 다음, 우리 자신의 사진과 뒤섞을 것이다. 휴대전화의 카메라를 누르는 것으로 풍경을 찍고, 찍은 내역을 문자로 표시하며, 그 내역을 사진의 주석으로 활용할 수 있다. 문자, 소리, 움직임은 계속 융합될 것이다. 앞으로 나올 새로운 도구들을 통해 우리는 주문하는 대로 광경을 만들어낼 수 있게 될 것이다. 황금 장식이 새겨진 화병에 이슬로 반짝이는 청록색 장미의 진짜 같은 이미지를 몇 초면 만들어내게 될 것이다. 아마 이 대목을 쓰는 데 걸리는 시간보다 더 짧은 시간에 말이다. 그리고 그것은 겨우 서막에 불과하다.

디지털 비트의 경이로운 융통성에 힘입어서, 형태는 쉽게 변형되어 돌연변이와 잡종을 형성할 수 있다. 비트의 빠른 흐름은 한 프로그램이 다른 프로그램을 흉내 낼 수 있게 해준다. 다른 형태를 모사하는 일은 디지털 미디어가 가진 본연의 기능이다. 이 다중성은 피할 수 없는 현실이다. 미디어 선택의 폭은 계속 증가하기만 할 것이다. 장르와 하위장르의 다양성은 계속 폭발적으로 늘 것이다. 인기를 얻는 것도 있고 쇠락하는 것도 있겠지만, 완전히 사라지는 것은 거의 없을 것이다. 앞으로 한 세기 뒤에도 오페라 애호가는 여전히 있을 것이다. 하지만 10억 명의 비디오 게임 팬과 1억 개의 가상현실 세계도 있을 것이다.

비트의 점점 가속되는 유동성은 앞으로 30년 사이에 미디어를 계속 정복할 것이고, 그에 따라 뒤섞기도 더욱 심해질 것이다.

■■■

그와 동시에, 값싸고 보편적인 창작 도구들(휴대전화의 메가화소 카메라, 유튜브 캡처, 아이무비iMovie)은 동영상을 창작하는 데 필요한 노력을 빠르게 줄이고 있고, 모든 미디어에 고유했던 거대한 비대칭성을 뒤엎고 있다. 원래 책은 쓰기보다 읽기가 더 쉽고, 노래는 작곡하는 것보다 듣기가 더 쉽고, 놀이는 만들어내기보다 하는 편이 더 쉽다. 특히 장편 고전 영화는 오랫동안 이 사용자 비대칭성에 시달려 왔다. 화학적으로 처리된 필름 조각을 이어 붙여서 영화로 만드는 데에는 엄청난 협업이 필요했기에, 영화는 만들기보다는 시청하기가 훨씬 더 쉬웠다. 할리우드 대작은 만드는 데 100만 인시person-hour가 필요할 수도 있지만, 소비하는 데에는 두 시간이면 된다. 그런데 시청자가 등을 기댄 수동적인 자세를 버리고 벌떡 일어나는 일은 없을 것이라고 자신만만하게 주장했던 전문가들에게는 몹시 당혹스럽게도, 최근에 수천만 명이 자신이 구상한 영화를 만드는 일에 무수한 시간을 쏟고 있다. 준비가 되어 있고 다가갈 수 있는 잠재 시청자가 수십억 명이라는 점도 거기에 한몫을 하며, 다양한 창작 방식 중에서 고를 수 있다는 점도 그렇다. 새로운 소비자 제품, 공동체 훈련, 동료의 격려, 가공할 만치 똑똑한 소프트웨어 덕분에, 지금 동영상 제작은 글쓰기만큼 쉬운 것이 되고 있다.

물론 할리우드가 영화를 만드는 방법은 이와 다르다. 대작 영화는 손으로 맞춤 제작한 거대한 창작물이다. 시베리아 호랑이처럼, 영화는 우리의 주의를 요구하며, 마찬가지로 아주 드물기도 하다. 해마다 미국에서는 약 600편의 장편 영화가 개봉된다.[7] 약 1,200시간 분량의 움직이는 이미지다. 이 1,200시간은 현재 연간 생산되는 수억 시간 분량의 움직이는 이미지에 비하면 미미한 수준이다. 사소한 반올림 오차 수준이다.

우리는 호랑이가 동물계를 대변한다고 생각하는 경향이 있지만, 사실 통계적으로 보면 메뚜기가 더 동물계의 대표적인 사례다. 수작업을 통해 나온 할리우드 영화는 희귀한 호랑이다. 그것은 사라지지 않겠지만, 활동사진의 미래를 보고 싶다면, 우리는 호랑이라는 정점에 서 있는 소수의 존재만이 아니라, 밑에서 우글거리는 작은 것들을 연구할 필요가 있다. 유튜브, 독립영화, TV 연속극, 다큐멘터리, 상업 광고, 정보 광고, 곤충 규모의 극도로 짧게 편집한 동영상의 정글 속을 말이다. 유튜브 동영상은 매달 120억 번 이상 시청되고 있다.[8] 가장 많이 시청된 동영상은 그 어떤 대작 영화보다도 많이[9] 수십억 번 시청된다. 극소수의 대중들 사이에 매일 망을 통해 공유되는 짧은 동영상도 1억 편이 넘는다.[10] 동영상이 전체적으로 모으는 주의의 양과 부피만으로 판단할 때, 그것들은 현재 우리 문화의 중심을 이룬다. 물론 동영상의 수준은 큰 차이를 보인다. 할리우드 영화에 맞먹는 수준의 동영상도 있지만, 대부분은 아이들이 부엌에서 휴대전화로 만든 것이다. 할리우드가 피라미드의 정점에 있다면 바닥은 군중 활동이 일어나는 곳이며, 움직이는 이미지의 미래는 바닥에서 시작된다.

할리우드 영화 외의 동영상은 대다수가 뒤섞기에 의존하고 있다. 뒤섞기를 이용하면 창작이 훨씬 쉽기 때문이다. 아마추어들은 온라인에서 사운드트랙을 얻거나 침실에서 녹음을 하고, 장면을 자르고 순서를 바꾸고, 문자를 삽입하고, 새로운 이야기나 새로운 관점 속에서 펼쳐 보인다. 상업 광고의 뒤섞기도 난무한다. 장르별로 지정된 형식을 따르기도 한다.

뒤섞인 영화 예고편이 한 예다. 영화 예고편 자체는 최근의 예술 형식이다. 이야기를 간결하게 압축한 것이기 때문에, 영화 예고편은 다른 이야기가 나오도록 재편집하기가 쉽다. 가상의 영화에 대한 예고편인 양 말이다. 무명의 아마추어는 코미디 영화를 공포 영화로, 혹은 그 반대로 바꿀 수도 있다. 예고편의 사운드트랙 뒤섞기는 이 짧은 영화를 갖고 노는 흔한 방법 중 하나다. 일부 팬들은 팝송 사운드트랙을 잘 알려지지 않은 컬트영화의 장면을 편집한 동영상과 섞어서 뮤직 비디오를 만든다. 좋아하는 영화나 영화배우가 나오는 장면을 잘라서 편집하여 맞지 않을 것 같은 노래와 조합한다. 환상적인 우주장면이 펼쳐지는 뮤직 비디오도 나온다. 팝 밴드의 열광적인 팬은 좋아하는 노래가 담긴 동영상에 커다란 활자로 가사를 집어넣는다. 가사가 담긴 동영상은 인기가 워낙 좋아서 일부 밴드는 가사를 담은 공식 뮤직 비디오를 내놓기 시작했다. 노래에 맞추어서 장면 위로 글자가 떠다니는 이 동영상은 글자와 이미지의 진정한 뒤섞기와 수렴이다. 당신은 동영상을 읽고 음악을 시청한다.

　동영상 뒤섞기는 일종의 단체 스포츠가 될 수도 있다. 전 세계의 열렬한 일본 아니메^{anime} 팬 수십만 명(물론 온라인에서 만나는)은 일본 만화 영화를 뒤섞는다. 그들은 만화 영화의 장면을 잘게, 때로는 서너 프레임 길이로 잘라서, 동영상 편집 소프트웨어로 재배치한 다음 새로운 사운드트랙과 음악을 집어넣고 때로 영어 자막까지 입힌다. 원작을 그릴 때 요구된 것보다 훨씬 더 많은 일이 수반되겠지만 30년 전에 단순한 짧은 동영상을 만드는 데 요구되었던 것보다는 훨씬 덜하다. 이 새로운 아니메 동영상에는 완전히 새로운 이야기가 담겨 있다. 이 하위

문화에서는 아이언에디터Iron Editor 공모전[11]에서 우승하는 것을 진정한 성취라고 여긴다. 요리 경쟁을 하는 TV 쇼 〈아이언셰프Iron Chef〉처럼, 아이언에디터에서도 참가자들은 관중 앞에서 실시간으로 동영상을 뒤섞으면서 누구의 시각 예술 실력이 더 뛰어난지 경쟁한다. 최고의 편집자는 당신이 자판을 두드리는 속도만큼 빠르게 동영상을 뒤섞을 수 있다.

사실 뒤섞는 습관은 문예 활동에서 빌린 것이다. 우리는 한 지면에 있는 단어를 자르고 붙인다. 우리는 전문가의 함축된 글을 인용한다. 멋진 표현을 고쳐 쓴다. 다른 곳에서 찾아낸 상세한 내용을 덧붙인다. 한 작품의 얼개를 빌려서 자신의 얼개로 삼는다. 그런 식으로 마치 어구인 양 프레임을 옮긴다. 이제 우리는 새로운 시각 언어를 써서 움직이는 이미지를 대상으로 이 모든 문예 활동을 수행할 것이다.

셀룰로이드 필름 대신 디스크 기억 장치에 저장된 이미지는 마치 사진이 아니라 단어인 양 조작이 가능해지는 유동성을 띤다. 조지 루카스George Lucas 같은 할리우드의 이단자들은 일찌감치 디지털 기술을 받아들여서(루카스는 픽사Pixar를 설립했다) 더 유동적인 영화 제작 방식을 개척했다. 루카스는 〈스타워즈Star Wars〉를 찍을 때, 기존 영화 촬영술보다는 책이나 그림을 만드는 방법과 공통점이 더 많은 제작 방식을 고안했다.[12]

고전적인 촬영 방식에서는 영화를 미리 장면 별로 나눈다. 그런 뒤 각 장면을 찍는다(대개 두 번 이상). 차고 넘치도록 찍은 장면을 이어 붙여서 영화를 만든다. 때로 영화감독은 찍은 필름에 담기지 않은 내용이 있을 때에는 다시 촬영장으로 돌아가서 장면을 새로 찍어야 한다. 하지만 디지털 기술로 가능해진 새로운 화면 유동성에 힘입어서, 영화 장면은 더 수월하게 조작할 수 있게 되었다. 끊임없이 수정되는, 저술가의 문단과 비슷하다. 장면은 포착되는(사진에서처럼) 것이 아니라, 그림이나 텍스트처럼 점진적으로 구축되는 것이 되었다. 움직임의 엉성한 스케치 위에 시각적 및 청각적 세부 사항의 층이 덧씌워지고, 그 혼합물은 언제든 바꿀 수 있는 유동적인 상태로 남아 있다. 조지 루카스가 마지막으로 만든 영화 〈스타워즈〉는 이 저술 방식으로 층층이 쌓아서 제작된 것이다. 장면이 펼쳐지는 속도와 시간을 정확히 맞추기 위해, 루카스는 먼저 엉성한 모형을 써서 장면을 찍은 뒤, 세부 사항과 해상도를 점점 더 늘리면서 다듬었다. 광선검을 비롯한 특수 효과는 디지털 기술로 한 겹 한 겹 칠했다. 최종 완성본에서 조작을 거치지 않은 프레임은 단 하나도 없었다. 본질적으로 그의 영화는 화소 하나하나를 쓴 것이었다. 사실 오늘날 대규모 예산이 들어가는 할리우드 액션 영화에서 모든 프레임은 활동사진이라기보다는 활동그림이라고 봐야 할 만큼 세부 사항을 겹겹이 덧씌워서 만든다.

대규모의 무리마음이 이미지를 창작하는 정지 사진 분야에서도 비슷한 일이 이미 일어나고 있다. 매분마다 수많은 사진사가 인스타그램, 스냅챗, 왓츠앱, 페이스북, 플리커 같은 웹사이트와 앱에 자신의 최신 사진을 올리고 있다. 지금까지 우리가 상상할 수 있는 모든 대상을 담은 1조 5,000억 장이 넘는 사진이 올라왔다.[13] 나는 아직까지 사이트를 뒤져서 원하는 이미지를 찾지 못한 적이 없었다. 플리커에는 금문교 사진만 50만 장이 넘는다. 상상할 수 있는 모든 각도와 빛과 시점에서 찍은 금문교의 사진이 올라와 있다. 자신의 동영상이나 영화에 그 다리의 사진을 쓰고 싶을 때, 사실상 새로 사진을 찍을 이유가 전혀 없다. 이미 찍혀 있으니까. 그저 쉽게 검색해서 찾기만 하면 된다.

3D 모델 분야에서도 비슷한 발전이 이루어져 왔다. 스케치업 SketchUp이라는 소프트웨어로 만든 3D 모형을 모아놓은 사이트에 가면, 세계의 주요 건축 구조물의 대부분이 놀라울 만치 상세한 3차원 가상 모형으로 올라와 있다. 뉴욕의 어느 거리를 담은 모형이 필요하다고? 영화에 쓸 만한 가상 세트가 있다. 가상 금문교가 필요하다고? 대갈못 하나하나까지 묘사한 기가 막힌 모형이 있다. 강력한 검색과 상세 설명서를 이용하면, 세계의 모든 다리의 고해상도 동영상을 재이용할 공통의 시각 사전으로 삼을 수 있다. 이미 만들어진 '어구들'과 쉽게 구할 수 있는 동영상이나 가상 세트를 조합하여 영화를 만들 수 있다. 미디어 이론가 레브 마노비치Lev Manovich는 이것을 '데이터베이스 시네마'[14]라고 부른다. 구성 이미지의 데이터베이스는 활동사진을 위한 완전히 새로운 문법을 구성한다.

아무튼 이것은 저자가 일하는 방식이기도 하다. 우리는 사전이라는 기존 단어의 유한한 데이터베이스를 파헤쳐서, 그 단어를 재조립하여 이전까지 어느 누구도 본 적이 없는 기사, 소설, 시를 짓는다. 즐거움은 그것을 재조합하는 데에서 나온다. 사실 어쩔 수 없이 새로운 단어를 창안해야 하는 작가는 극소수다. 가장 위대한 작가들조차도 기존에 쓰였던 단어들, 널리 공유되는 단어를 뒤섞음으로써 마법을 부린다. 우리는 지금 단어를 갖고 하는 일을 머지않아 이미지를 갖고 하게 될 것이다.

이 새로운 영화 촬영술 언어로 말하는 감독은 가장 실사적인 장면조차도 프레임별로 조작하고 수정하고 적는다. 그리하여 영화 제작은 사진술의 족쇄로부터 해방된다. 값비싼 필름에 한두 장면씩 현실을 포착하려고 애쓰는 속 타는 방법은 사라지고, 무엇으로든 자신의 환상을 창조한다. 저자가 한 번에 한 단어씩 적어서 소설을 짓듯이, 한 번에 화소 하나씩 찍어서 현실, 즉 환상을 구축한다. 사진술은 있는 그대로의 세계를 찬미하지만, 글쓰기와 그림그리기와 비슷한 이 새로운 화면 양식은 어떤 세계가 있을지를 탐험하러 나선다.

하지만 영화를 쉽게 제작한다는 것만으로는 부족하다. 구텐베르크의 인쇄술로 책을 쉽게 제작할 수 있게 되었다고 해서 텍스트가 온전히 해방된 것이 아니듯이 말이다. 진정한 문해력에는 평범한 독자와 저자가 유용한 방식으로 텍스트를 조작할 수 있게 해준 혁신과 기법의 기나긴 목록도 필요했다. 예를 들어, 인용 기호는 다른 저자에게서 빌린 텍스트가 어디에 있는지를 알리는 방법을 단순화했다. 아직 영화에서는 그와 비슷한 표기법이 없지만 필요하긴 하다. 문서의 분량이 많으면 훑는 일을 도와줄 차례가 필요하다. 그러려면 쪽 번호를 매겨야 한다. 누군가가 13세기에 그것들을 창안했다.[15] 동영상에는 그에 해당하는 것이 있을까? 더 긴 텍스트에는 자모 순서로 된 찾아보기도 필요하다. 찾아보기는 그리스인이 고안했고, 나중에 도서관에 필요했기에 발전되었다. 머지않아 AI의 도움으로 우리는 한 영화의 내용 전체를 찾아보기에 담을 방법을 찾아낼 것이다. 12세기경에 창안된 각주는 본문의 선형 논리 바깥에서 지엽적인 정보를 보여줄 수 있다.[16] 각주는 동영상에서도 유용할 것이다. 그리고 참고문헌[17](13세기에 창안된)은 학자와 비판자가 본문에 영향을 미치거나 기여한 원천을 체계적으로 조사할 수 있게 해준다. 참고문헌이 딸린 동영상을 상상해보라. 현재 텍스트의 한 대목을 다른 대목과 연결하는 하이퍼링크와 나중에 분류에 쓰기 위해 선택한 단어나 어구를 이용하여 범주화하는 태그도 동영상에 쓸 수 있다면?

이 모든(그리고 앞으로의 더 많은) 창안물은 읽고 쓰는 사람이 생각을 자르고 이어 붙이고, 자신의 생각을 주석으로 달고, 관련된 생각을 연결하고, 작품의 방대한 도서관을 검색하고, 주제를 빠르게 훑고, 텍스트를 다시 훑고, 원전을 다시 찾아보고, 생각을 뒤섞고, 전문가의 글을 인용하고, 좋아하는 예술가의 대목을 골라 뽑을 수 있게 해준다. 이 도구는 단지 읽기만이 아니라 문해력의 토대가 된다.

텍스트 문해력이 텍스트를 파악하고 조작할 수 있는 능력을 의미한다면, 뉴미디어 유창력fluency은 활동사진을 마찬가지로 쉽게 파악하고 조작할 수 있는 능력을 의미한다. 하지만 지금까지 시각성의 이 '판독reader' 도구는 대중화하지 못했다. 예를 들어, 내가 최근의 은행 지불 유예 사건을 〈멋진 인생It's a Wonderful Life〉이라는 고전 영화에 나온 대규모 인출 사태 장면을 언급하면서 비슷한 역사적 사건과 시각적으로 비교하고 싶다고 할 때, 그 장면을 정확히 가리킬 수 있는 손쉬운 방법은 전혀 없다. (몇몇 연속 장면 중 어느 것을, 그리고 그중에서 어느 부분을 가리키는 것인가?) 나는 방금 했듯이 언급은 할 수 있고 영화 제목을 말할 수도 있다. 그 장면(새로운 유튜브 영상)의 세부 특징을 가리킬 수도 있을 것이다. 하지만 이 문장을 온라인 영화 속의 정확한 '대목'과 연결할 수는 없다. 영화의 하이퍼링크에 해당하는 것은 아직 나와 있지 않다. 진정한 화면 유창력을 갖춘다면, 나는 어느 영화의 특정한 프레임이나 한 프레임 속의 특정한 항목을 이용할 수 있을 것이다. 내가 동양 의상에 관심이 있는 역사가이고 영화 〈카사블랑카Casablanca〉에서 누군가가 쓴 터키모자를 언급하고 싶다고 하자. 나는 텍스트에서 터키모자를 그 참고문헌과 쉽게 연결할 수 있는 것처럼, 그 모자가 여러 프레임을 거쳐 '움직일' 때 그 이미지를 링크함으로써 모자 자체(모자를 쓴 머리가 아니라)를 가리킬 수 있을 것이다. 더 나아가 그 영화의 터키모자에 다른 영화에 나온 터키모자를 참고문헌으로 주석을 달고 싶을 수도 있다.

시각성이 온전히 발휘되려면 활동사진의 모든 대상, 프레임, 장면에 다른 활동사진의 그 어떤 대상, 프레임, 장면이든 주석으로 달 수 있어야 한다. 한 영화의 시각적 색인을 검색하거나, 시각적 차례를 읽거나 영화 전체의 시각적 요약을 훑을 수 있어야 한다. 그런데 어떻게 해야 그런 것이 가능할까? 어떻게 하면 책을 훑듯이 영화를 훑을 수 있을까?

인쇄술의 발명 이후에 텍스트 문해력을 활용할 소비자 도구가 구현되기까지 수백 년이 걸렸지만, 최초의 시각적 문해력 도구는 이미 연구실과 디지털 문화의 변경에서 출현하고 있다. 장편 영화를 훑는 문제를 생각해보자. 영화를 훑는 한 가지 방법은 두 시간 분량을 대단히 빠르게 돌려서 몇 분 만에 보는 것이다. 예고편과 비슷한 방식으로 압축한 형태를 보는 방법도 있다. 이 두 방법은 시간 단위를 분 단위로 압축할 수 있다. 하지만 책의 차례를 보는 것처럼, 영화의 내용을 금방 파악할 수 있는 이미지로 압축할 방법이 있을까?

학계 연구자들은 몇 가지 흥미로운 동영상 요약 시안을 내놓았지만, 영화 전체를 요약하는 데 적합한 것은 없다. 엄청난 양의 영화를 모아놓은 몇몇 인기 있는 웹사이트(포르노 사이트 같은)는 사용자가 몇 초 사이에 빠르게 영화 전체의 내용을 훑을 수 있는 방법을 고안했다. 사용자가 한 영화의 제목 장면을 누르면, 마치 영화의 플립북flip book처럼 한 주요 프레임에서 다음 주요 프레임으로 화면이 넘어가면서 빠른 슬라이드 쇼가 나타난다. 축약된 슬라이드 쇼는 몇 시간 분량의 영화를 몇 초 분량으로 시각적으로 요약한다. 요약의 효과를 최대화하기 위해 영화의 주요 프레임을 식별하는 전문 소프트웨어를 쓸 수도 있다.

시각성의 성배는 발견성findability, 즉 구글이 웹을 검색할 수 있는 것과 같은 방식으로 모든 영화의 도서관을 검색하여 그 깊숙한 곳에 있는 특정한 무언가를 찾아내는 능력이다. 우리는 키워드를 입력하거나 단순히 '자전거와 개'라고 말하면, 개와 자전거가 나오는 모든 영화 장면을 검색할 수 있기를 원한다. 〈오즈의 마법사The Wizard of OZ〉에서 서쪽 마녀가 토토와 자전거를 타는 장면을 즉시 찾아낼 수 있기를 말이다. 더 나아가 구글에서 모든 영화 속 그 장면과 비슷한 장면을 검색할 수 있기를 원한다. 그 능력은 거의 등장하기 직전에 와 있다.

구글의 클라우드 AI는 급속하게 시각 지능을 향상하고 있다.[18] 나 같은 사람이 올린 사적인 스냅 사진 수십억 장에 있는 모든 대상을 인식하고 기억하는 구글의 능력은 괴이하게 느껴질 정도다. 비포장도로에서 모터바이크를 타는 소년의 사진을 올리면 AI는 그것에 '비포장도로에서 모터바이크를 타는 소년'이라는 꼬리표를 붙일 것이다. '스토브 안의 피자 두 판'이라는 제목이 붙은 사진은 그 설명 그대로의 모습을 담고 있다. 구글과 페이스북의 AI는 사진을 보고서 거기에 찍힌 사람의 이름을 말해줄 수 있다.

현재 사진에서 할 수 있는 일은 활동사진에서도 할 수 있다. 영화는 그저 정지 화상을 한 줄로 길게 죽 이어놓은 것에 불과하기 때문이다. 물론 영화를 인식하는 데에는 훨씬 더 많은 처리 능력이 필요하다. 시간이라는 차원이 추가되었기 때문이기도 하다(카메라가 움직일 때 대상이 존속하는가?). 몇 년 안에 우리는 AI를 통해서 일상적으로 동영상을 검색할 수 있게 될 것이다. 그럴 때, 우리는 활동사진 속에서 구텐베르크적인 가능성을 탐사하기 시작할 것이다. 스탠퍼드 인공지능 연구소의 페이페이 리Fei-Fei Li 소장은 이렇게 말한다. "나는 이미지와 동영상 속의 화소 자료가 인터넷의 암흑물질이라고 봅니다. 지금 우리는 그것을 조명하기 시작하고 있습니다."

활동사진을 만들고, 저장하고, 주석을 달고, 조합하여 복잡한 이야기를 구성하기가 점점 쉬워짐에 따라, 대중이 재조작하기도 더 쉬워지고 있다. 그 결과 이미지는 단어와 비슷한 유동성을 띤다. 유동성을 띤 이미지는 뉴미디어로 이주하고 기존 미디어로 스며들 준비를 한 채로 새로운 화면으로 빠르게 흘러간다. 알파벳 비트처럼, 활동사진도 검색 엔진과 데이터베이스에 적합하게 늘어놓거나 링크로 압축할 수 있다. 그리고 이 유연한 이미지는 텍스트에서와 똑같이 창작과 소비 양쪽으로 흡족함을 주는 참여를 유도한다.

발견성 외에 미디어 내에서 진행되고 있는 또 하나의 혁명은 '되감기성rewindability'이라고 할 수 있을 것이다. 구전 시대에는 누군가가 말할 때, 주의 깊게 들어야 했다. 일단 입에서 나온 단어는 사라지기 때문이다. 기록하는 기술이 출현하기 전에는 놓친 것을 다시 듣게 해줄 여벌 기록도 두루마리도 없었다.

수천 년 전에 일어난 구전에서 문자 의사소통으로의 역사적 대전환은 대중(독자)에게 다시 읽음으로써 '말'을 처음부터 다시 들을 수 있는 가능성을 제공했다.

책의 혁신적인 특성 중 하나는 원할 때면 몇 번이라도 독자를 위해, 독자의 요구에 따라 내용을 반복하는 능력이다. 사실 쓴 책이 다시 읽힌다는 것이야말로 저자에게 최고의 찬사다. 그리고 저자는 다시 읽히도록 하기 위해 책의 이 특성을 여러 방법으로 개발해왔다. 두 번 읽을 때에야 의미가 이해되도록 전환점을 삽입하거나, 다시 읽을 때에야 드러나는 역설을 숨기거나, 자세히 살피고 다시 읽어야만 해독이 가능한 세세한 내용을 잔뜩 집어넣을 수도 있다. 블라디미르 나보코프Vladimir Nabokov는 이렇게 주장했다. "책은 읽을 수 있는 것이 아니다. 다시 읽기만 할 수 있다."[19] 나보코프의 소설에는 신뢰할 수 없는 화자가 등장하곤 한다(《창백한 불꽃Pale Fire》과 《에이다 또는 아더Ada, or Ardor》가 그렇다). 그리하여 독자가 나중에 더 잘 알게 된 상태에서 이야기를 다시 검토하도록 강력하게 부추긴다. 최고의 추리 소설과 스릴러는 두 번 읽을 때에야 예고되었음이 명백히 드러나는 마지막의 숨겨진 반전으로 끝나는 경향이 있다. 일곱 권의 《해리 포터Harry Potter》 시리즈는 숨겨진 단서가 너무 많아 다시 읽을 때 가장 큰 즐거움을 얻는다.

지난 세기 우리의 화면 기반 미디어는 책과 공통점이 훨씬 더 많았다. 책처럼 영화도 한 줄기의 이야기가 이끌어간다. 하지만 책과 달리, 영화는 다시 보는 일이 거의 없었다. 가장 인기 있는 대작조차도 특정한 날에 극장에 개봉되어 동네 극장에서 한 달 동안 상영되었다가 밀려나면 다시 보는 일이 거의 없었다. 수십 년 뒤 심야에 텔레비전에서 방영될 때를 제외하면 말이다. 비디오테이프가 등장하기 전까지 한 세기 동안 재생이라는 것이 없었다. 텔레비전은 그 기간에 거의 변함이 없었다. 일정표에 따라 쇼가 방영되었다. 제시간에 보지 않으면 결코 볼 수 없었다. 막 개봉된 영화를 두 번 이상 보는 일은 드물었고, 극소수의 텔레비전 드라마만이 여름에 재방영되곤 했다. 재방영될 때에도 방영되는 날 그 시간에 텔레비전 앞에 있지 않으면 시청할 수 없었다.

영화와 텔레비전의 이 '구전적인' 특징 때문에, 쇼는 단 한 번만 본다는 가정하에 만들어졌다. 그 합리적인 가정은 장편으로 구현되었다. 첫인상 때 가능한 많은 것을 전달하도록 영화의 이야기를 구성할 수밖에 없었기 때문이다. 하지만 두 번째와 세 번째 만남에 훨씬 더 많은 것을 전달하도록 꾸며낼 수 있게 되자 장편도 줄어들었다.

먼저 VHS, 이어서 DVD, TiVo(하드디스크에 텔레비전 프로그램을 자동으로 녹화할 수 있는 디지털 비디오 리코더 - 옮긴이)를 거쳐, 지금의 스트리밍 비디오는 화면을 아주 쉽게 되감을 수 있다. 무언가를 다시 보고 싶다면 볼 수 있다. 몇 번이라도. 영화나 텔레비전 프로그램의 일부만 보고 싶다면 언제든 그렇게 할 수 있다. 이 되감기 능력은 상업 광고, 뉴스, 다큐멘터리, 짧은 동영상 등 사실상 온라인상의 모든 것에 적용된다. 되감기성은 다른 무엇보다도 더 상업 광고를 새로운 예술 형식으로 변모시켰다. 재시청할 능력은 상업 광고를 덧없는 쇼들의 중간에 덧없이 언뜻 보일 뿐인 감옥에서 빼내, 책처럼 읽고 다시 읽을 수 있는 쇼의 도서관으로 옮겼다. 그러자 상업 광고는 다른 것들과 공유되고, 논의되고, 분석되고, 연구되는 것이 되었다.

현재는 화면 기반 뉴스도 동일한 불가피한 되감기성을 드러낸다. 예전에 TV 뉴스는 결코 분석이나 기록을 염두에 두지 않은 덧없는 흐름이었다. 단순히 빨아들이는 것만 염두에 두었다. 지금은 되감을 수 있다. 뉴스를 되감을 때, 우리는 그것의 정확성, 동기, 가정을 비교할 수 있다. 공유하고, 사실인지 검증하고, 뒤섞을 수 있다. 군중이 앞서 들었던 말을 되감을 수 있으므로, 정치인, 현자 등 주장을 펼치는 모든 이의 태도가 바뀐다.

〈로스트Lost〉, 〈와이어The Wire〉, 〈배틀스타 갤럭티카Battlestar Galactica〉 같은 120시간에 걸친 시리즈물을 만들고 즐길 수 있는 것은 영화의 되감기성 덕분이다. 이런 시리즈물은 세부 사항이 너무 많아 처음 시청할 때는 일일이 다 파악할 수가 없다. 어느 시점에서든 되감기가 필수적이다.

음악도 녹음되고 되감기가 가능해졌을 때 변모했다. 생음악은 그 순간에 즐기도록 되어 있었고, 공연할 때마다 달랐다. 처음으로 되감아서 음악을 다시 듣는—똑같은 공연을 다시 듣는—능력이 출현하자, 음악은 영구히 바뀌었다. 노래는 평균적으로 더 짧아지고 더 흥얼거리게 하고 후렴구를 반복하게 되었다.

현재 게임에도 재현, 되돌리기, 되살리기 등 유사한 개념을 구현한 되감기 기능이 있다. 한 단계를 숙달할 때까지 조금씩 변화를 주어가면서 반복하여 시도함으로써 경험을 되풀이할 수 있다. 최신 레이싱 게임에서는 말 그대로 행동을 역행시켜서 이전 지점까지 되감을 수 있다. 모든 주요 소프트웨어 패키지에는 되감을 수 있는 되돌리기 단추가 있다. 최고의 앱에는 무한정 되돌리기를 할 수 있는 기능이 있다. 따라서 원하는 만큼 멀리까지 되감을 수 있다. 포토샵이나 일러스트레이터 같은 현존하는 가장 복잡한 소비자 소프트웨어는 비파괴 편집 nondestructive editing이라고 하는 것을 채택하고 있다. 얼마나 많은 수정을 가했든 간에, 어느 시점에든 원하는 어느 지점으로든 되감아서 다시 시작할 수 있다는 뜻이다. 위키피디아의 놀라운 특징은 마찬가지로 비파괴 편집을 채택하고 있다는 것이다. 한 항목의 모든 이전 판본은 영구히 보존되어 있으므로, 독자는 사실상 어떤 변화가 이루어져왔는지를 되감아볼 수 있다. 이 '되돌리기' 기능은 창의성을 함양한다.

미래의 몰입 환경과 가상현실도 불가피하게 더 이전의 상태로 되감을 수 있는 기능을 포함할 것이다. 사실 디지털인 것은 모두 뒤섞기뿐 아니라 되돌리기와 되감기성을 지닐 것이다.

　미래에 우리는 식사를 하는 것 같은 되돌리기 단추가 없는 경험을 견디기 힘들어할 가능성이 높다. 우리는 음식의 맛과 냄새를 사실상 재현할 수 없다. 하지만 재현할 수 있다면, 우리의 요리는 바뀔 것이 분명하다.

　사본이라는 측면에서 미디어를 완벽하게 복제하는 분야는 잘 탐구되어 있다. 하지만 되감기라는 측면에서 미디어를 완벽하게 복제하는 방식은 아직 덜 탐구되어 있다. 그러나 일상 활동의 라이프로그^{lifelog}를 시작하고, 삶의 흐름을 포착하기 시작함에 따라, 우리 삶에서 되감을 수 있는 부분이 점점 더 늘어날 것이다. 대개 나는 받은 우편함이나 보낸 우편함을 하루에 몇 차례 들여다봄으로써, 내 삶의 이전 일화를 일부 되돌아보곤 한다. 우리가 삶을 되감을 수 있다고 기대한다면 애초에 무엇을 할 것인가도 달라질 것이다. 쉽게, 정확하게, 깊이 되감을 수 있는 능력은 미래의 생활 방식에 깊은 변화를 가져올지도 모른다.

　가까운 미래에 우리는 대화 중에서 원하는 만큼 기록할 수 있는 대안을 지니게 될 것이다. 어떤 장치를 지니는(또는 착용하는) 한 전혀 비용을 들이지 않고 기록할 수 있을 것이고, 되감기도 무척 쉬울 것이다. 기록 보조 수단으로서 모든 것을 기록하는 이들도 나올 것이다. 회상을 둘러싼 사회 예절은 유동적인 상태가 될 것이다. 사적인 구역은 출입 금지 구역이 될 가능성이 높다. 하지만 공개 장소에서 일어나는 일은 휴대전화 카메라, 모든 차량의 계기판에 달린 웹캠, 가로등에 붙은 감시 카메라를 통해 점점 더 많이 기록될―재시청될―것이다. 경찰관은 직무를 수행하는 동안 착용 가능한 장치를 통해 모든 활동을 기록하도록 법으로 정해질 것이다. 경찰관 기록의 되감기는 여론을 바꿀 것이다. 경찰을 옹호할 때도 있고 그렇지 않을 때도 있을 것이다. 정치인과 유명인의 일상 활동은 여러 시점에서 되감기의 대상이 될 것이고, 그럼으로써 모든 사람의 과거가 재연될 수 있는 새로운 문화가 형성될 것이다.

되감기성과 발견성은 활동사진이 겪고 있는 구텐베르크적 변화의 두 가지 사례일 뿐이다. 이 두 가지를 비롯한 뒤섞기의 많은 요소는 가상현실, 음악, 라디오, 발표 등 새롭게 디지털화한 모든 미디어에 적용된다.

뒤섞기—기존 것의 재배치와 재활용—는 전통적인 재산권과 소유권 개념에 혼란을 일으킨다. 어떤 선율이 집처럼 당신이 소유한 재산이라면, 내가 허락이나 보상 없이 그것을 이용할 권리는 몹시 제한된다. 하지만 앞서 설명했듯이, 디지털 비트는 무형적이고 비경쟁적임이 널리 알려져 있다. 비트는 부동산보다 관념에 더 가깝다. 일찍이 1813년에 토머스 제퍼슨Thomas Jefferson은 생각이 사실상 재산이 아니라는 것, 아니 재산이라고 해도 부동산과는 다르다는 것을 이해했다. "내게 어떤 아이디어를 받은 사람은 내 생각을 줄이지 않으면서 배움을 얻는다.[20] 그가 내 초를 써서 자신의 심지에 불을 붙일 때, 그는 나를 어둡게 하지 않으면서 불빛을 받는다." 제퍼슨이 몬티셀로의 자기 집을 당신에게 준다면, 당신은 그의 집을 갖고 그는 집이 없어질 것이다. 하지만 그가 당신에게 어떤 아이디어를 준다면, 당신은 그 아이디어를 지니고 그도 여전히 그 아이디어를 지닐 것이다. 그 기이함이야말로 오늘날 지적 재산권이 불확실한 처지에 놓이게 된 근원이다.

우리 법 체계의 대부분은 여전히 농경 원리에 토대를 두고 있다. 재산권이 실재한다고 보는 체계다. 법 체계는 디지털 시대를 따라오지 못하고 있다. 노력이 부족하기 때문이 아니라, 소유가 덜 중요한 세상에서 소유권을 어떻게 적용해야 할지 정리하기가 어렵기 때문이다.

선율을 어떻게 '소유한다'는 것일까? 당신이 내게 어떤 선율을 줄 때, 당신은 여전히 그것을 지닌다. 하지만 그 선율이 1,000년 된 비슷한 선율과 그저 음 하나가 다를 뿐이라면, 애초에 그것이 어떤 식으로 당신의 것이었단 말인가? 누군가가 음 하나를 소유할 수 있을까? 당신이 내게 그 음의 사본을 판다면, 무엇을 사본이라고 해야 할까? 백업본은? 스트림은? 난해한 이론적인 질문이 아니다. 음악은 수십억 달러가 오가는 산업[21]이며, 미국의 주요 수출품 중 하나다. 그리고 무형의 음악에서 어떤 측면이 소유가 가능하고 어떻게 뒤섞을 수 있느냐 하는 딜레마는 오늘날 문화의 전면이자 핵심에 놓여 있다.

음악의 일부를 표본 추출할—뒤섞을—권리를 둘러싼 법적 논쟁이 벌어지고 있다. 추출한 노래나 빌린 노래가 많은 돈을 벌어줄 때 더욱 그렇다. 한 뉴스 원천에서 따온 기사를 뒤섞어서 다른 뉴스에 재활용하는 것이 적절한가 하는 논란은 신생 언론 매체의 활동에 큰 제약을 가한다. 구글이 스캔하여 올린 책의 일부를 재활용하는 것을 놓고 벌어진 법적 논란[22]은 구글이 야심적인 책 스캐닝 계획을 접은 주된 이유였다(비록 법원은 2015년 말에야 뒤늦게 구글의 손을 드는 판결을 내렸지만). 지적 재산권은 불확실한 세계다.

현재의 지적 재산권 법규에는 그 밑바탕을 이루는 기술의 실제 작동 양상에 들어맞지 않는 측면이 많이 있다. 한 예로, 미국 저작권법은 후속 창안을 장려하기 위해 창작자가 일시적으로 자신의 창작물을 독점할 권리를 허용하지만, 그 독점은 창작자의 사후 최소 70년[23]까지로 연장되었다. 창작자의 시신이 뼈만 남은 뒤로도 오랜 세월 동안 말이다. 이 비생산적인 '일시적' 독점이 100년까지 늘어난 사례도 많으며, 지금도 늘어나는 중이다. 따라서 결코 일시적이지 않다. 인터넷의 속도로 돌아가는 세계에서, 한 세기 동안 법적으로 잠금 장치를 설치하는 것은 혁신과 창의성에 몹시 해롭다. 그것은 원자에 토대를 둔 이전 시대가 물려준 흔적 기관이다.

세계 경제 전체는 물질을 떠나 무형의 비트로 넘어가는 중이다. 소유에서 접근으로 옮겨가고 있다. 복제물의 가치에서 망의 가치 쪽으로 추가 기울어지고 있다. 끊임없고 가차 없고 점증하는 뒤섞기의 불가피성을 향해 나아가고 있다. 법은 느릿느릿 따라갈 테지만 결국은 따라갈 것이다.

그렇다면 뒤섞기의 세계에 걸맞은 새로운 법은 어떤 것일까?

기존 물질을 전용하는 것은 훌륭하고 필요한 행위다. 경제학자 폴 로머와 브라이언 아서가 내게 상기시키듯이, 재조합은 사실상 혁신—그리고 부—의 유일한 원천이다. 나는 우리가 다음과 같은 질문을 따라가야 한다고 주장하련다. "빌린 이가 변형시켰나?" 뒤섞기, 짜깁기, 표본 추출, 전용, 대여를 통해서? 그냥 복제한 것이 아니라 원본을 변형시켰나? 앤디 워홀Andy Warhol이 캠벨 수프 깡통을 변형시켰나? 그렇다면 그 파생물은 사실상 '복제물'이 아니다. 그것은 변형되고 변이되고 개선되고 진화한 것이다. 사례마다 판정을 내리기가 여전히 곤란하지만 변형되었는가라고 묻는 것은 올바른 질문이다.

'변형'은 되어가기의 다른 이름이다. 변형은 강력한 시험대 역할을 한다. '변형'은 현재 우리가 만드는 창작물이 내일 다른 무언가가 될 것이고, 되어야 한다고 인정한다. 손대지 않고 달라지지 않은 채로 남아 있을 수 있는 것은 전혀 없다. 내 말은 가치가 있는 모든 창작물이 궁극적으로 불가피하게, 다른 무언가로 변형될—일부 판본에서—것이라는 의미다. J. K. 롤링J. K. Rowling이 1997년에 펴낸《해리 포터》판본은 계속 구할 수 있겠지만, 앞으로 수십 년에 걸쳐 열렬한 아마추어가 그 책의 수천 가지 팬픽션을 쓰리라는 것은 불가피하다. 발명품이나 창작물이 더 강력할수록, 남들이 그것을 변형할 가능성은 더 높아지고 그 변형은 중요해진다.

앞으로 30년 안에, 가장 많은 뒤섞기가 일어난 것들이 가장 중요한 문화 작품과 가장 강력한 매체가 될 것이다.

INTERACTING

제9장

사람에게 하듯 사물과
상호작용하다

내 친구 한 명은 다섯 살이 채 안 된 딸이 있다. 현재 많은 가정이 그렇듯이, 그 집도 TV가 없고, 컴퓨터 화면만 있을 뿐이다. 그런데 친구네가 다른 집을 방문했는데 TV가 있었다. 딸은 커다란 화면에 혹했다. 딸은 TV 앞으로 가더니 그 밑을 여기저기 살폈다. 그러더니 뒤를 돌아보면서 물었다. "마우스는 어디 있어요?" TV와 상호작용할 방법이 있어야 했다. 한 지인의 아들은 두 살 때부터 컴퓨터를 접했다. 어느 날 아들과 함께 슈퍼마켓에서 장을 보다가, 그녀는 한 상품의 라벨을 읽으려고 그 앞에 멈춰 섰다. 그러자 아들이 말했다. "엄마, 그냥 눌러." 시리얼 상자는 당연히 상호작용을 해야 한다! 한 젊은 친구는 놀이 공원에서 일했다. 어느 날 한 여자아이가 사진을 찍어달라고 해서 즉석카메라로 찍었다. 그러자 아이가 말했다. "하지만 진짜 카메라가 아니잖아요. 뒤에 화면이 없어요." 또 한 친구는 이제 겨우 말문이 트이기 시작한 아기에게 아이패드를 빼앗겼다. 아기는 거의 걷기도 전부터 아이패드로 그림을 그리고 앱을 써서 복잡한 과제도 쉽게 해낼 수 있었다. 어느 날 아빠가 사진 인화지에 고해상도의 사진을 인쇄하여 커피 탁자에 올려놓았다. 그러자 아기가 다가가서 사진에 대고 두 손가락을 벌리면서 확대하려고 시도했다. 몇 번 시도했지만 안 되자, 아기는 당혹스러운 표정으로 아빠를 쳐다보면서 말했다. "아빠, 고장 났어." 그렇다. 무언가가 상호작용을 하지 않으면 고장 난 것이다.

VR은 절대적으로 진짜처럼 느껴지는 가짜 세계다. 입체 음향에 잠겨 거대한 아이맥스 화면으로 3D 영화를 볼 때 VR을 감질나게나마 경험할 수 있다. 때때로 당신은 다른 세계에 완전히 몰입할 것이다. 그것이 바로 가상현실이 목표로 하는 바다. 하지만 이 영화 감상 경험은 온전한 VR이 아니다. 극장에서 당신의 상상이 다른 세계로 여행하는 동안, 당신의 몸은 그렇지 않기 때문이다. 몸은 당신이 좌석에 앉아 있다고 느낀다. 사실 극장에서 당신은 몰입 마법이 작동하도록 수동적으로 앞을 바라보면서 한 자리에 앉아 있어야 한다.

훨씬 더 발전된 VR 경험은 영화 〈매트릭스The Matrix〉에서 네오가 직면하는 세계와 비슷할 것이다. 네오는 컴퓨터로 구현된 세계에서 달리고 도약하고 1,000명의 클론과 싸울 때에도, 그 세계를 지극히 현실적으로 느낀다. 아니 현실보다 더 현실적인 초현실hyperreal로 느낄 것이다. 그의 시각, 청각, 촉각이 너무나 철저히 인공 세계에 강탈당해서 그는 그 인위성을 전혀 알아차리지 못한다. 더욱 발전한 형태의 VR은 〈스타 트렉〉에 나오는 홀로덱holodeck이다. 만지면 촉감까지 느껴질 만큼 너무나 사실적으로 투영된 사물과 사람의 홀로그램을 말한다. 마음대로 드나들 수 있는 모사된 환경은 과학소설에서 반복해서 등장하는 꿈이지만 오랫동안 실현되지 못했다.

오늘날의 가상현실은 3D 아이맥스 영화의 초보적인 느낌과 홀로덱 시뮬레이션이라는 궁극적인 형태의 중간쯤에 있다. 2016년의 VR 경험은 실제로는 1,000킬로미터 떨어진 부동산 중개인의 사무실에서 헬멧을 쓰고 서 있으면서, 온갖 화려한 가구가 있는 말리부의 억만장자 저택을 방마다 둘러보는 느낌을 실감나게 전달할 수 있다. 나는 최근에 그런 경험을 했다. 혹은 특수 안경을 쓰면 유니콘이 뛰어다니는 환상적인 세계 위를 진짜로 날고 있는 듯한 느낌을 받기도 한다. 공중에 터치 화면이 떠 있고 멀리 있는 공동 작업자의 아바타가 바로 옆에서 이야기를 하는 가상의 사무실에 앉아 있는 느낌을 주는 형태일 수도 있다. 이런 사례는 당신이 가상 세계에 실제로 가 있는 듯한 느낌을 아주 강하게 준다. 주된 이유는 '실제로 거기에' 있다고 당신을 설득하는 일들—둘러보거나 어느 방향으로든 자유롭게 움직이거나 사물을 옮기는 등—을 VR 기기가 할 수 있기 때문이다.

최근에 나는 VR 시제품이 보여주는 세계를 여러 번 체험해봤다. 최고의 제품은 확고한 존재 감각을 제공한다. 당신이 어떤 이야기를 할 때 현실감을 높이기 위해 흔히 쓰는 목표는 불신을 유예하는 것이다. VR의 목표는 불신을 유예하는 것이 아니라, 믿음을 끌어올리는 것이다. 당신이 다른 곳에 있다고, 아마 다른 누군가일 것이라고 믿게 하는 것이다. 설령 당신의 지적인 마음이 당신이 사실은 회전의자에 앉아 있음을 인식할 수 있다고 해도, 당신의 체현된 '나'는 당신이 늪지를 헤치고 나아가고 있다는 확신을 당신에게 심어줄 것이다.

지난 10년 동안 VR 연구자는 이 강렬한 현존 경험의 표준적인 시연 방법을 구축했다. 시연을 할 방문자는 실제로는 아무런 특징도 없는 방의 한가운데에 선다. 원형 의자에 커다란 검은 고글이 놓여 있다. 고글을 쓰는 즉시, 똑같이 아무런 특징이 없는 벽과 의자가 있는 똑같은 방으로 이루어진 가상현실로 빠져든다. 방문자가 보기에는 그다지 변한 것이 없다. 방문자는 주변을 둘러볼 수 있다. 고글을 통해 보는 방의 모습은 좀 거칠다. 그런데 서서히 방의 바닥이 꺼지기 시작한다. 방문자는 이제 30미터 깊이로 가라앉은 바닥의 위에 떠 있는 널빤지에 서 있다. 이제 발을 떼어 너무나도 진짜 같은 구덩이 위로 걸어보라는 말을 듣는다. 방의 모습은 오랜 세월에 걸쳐 지극히 현실감을 주도록 개선되었기 때문에, 방문자가 어떻게 반응할지 충분히 예측할 수 있다. 발을 아예 떼지 못하거나, 손바닥에 땀이 흥건해지면서 덜덜 떨리는 발을 몇 센티미터 내밀거나 한다.

직접 이 경관 속으로 뛰어들었을 때, 나도 같은 식으로 반응했다. 내 정신은 혼란에 빠졌다. 의식적인 마음은 스탠퍼드 연구실의 흐릿한 방'에 있다고 내게 계속 속삭였지만, 원시적인 마음이 이미 내 몸을 강탈한 뒤였다. 내가 공중 높이 떠 있는 아주 좁다란 널빤지 위에 서 있으며, 이 널빤지 뒤쪽으로 즉시 물러나야 한다고 주장하고 있었다.

당장! 내 고소공포증이 발동했다. 무릎이 덜덜 떨리기 시작했다. 거의 토할 지경이었다. 곧이어 나는 어리석은 짓을 했다. 나는 가상현실 속 널빤지에서 좀 더 아래쪽에 튀어나와 있는 발판으로 뛰어내리기로 결심했다. 하지만 물론 '아래쪽'은 없었으므로, 내 진짜 몸은 서 있던 바닥으로 뛰었다. 나는 실제 바닥에 서 있었으므로, 실제 방에서 대기하고 있던 두 사람이 내가 쓰러지기 전에 잡아주었다. 바로 그 일을 하기 위해 대기하고 있던 사람이었다. 내 반응은 지극히 정상이었다. 거의 모든 사람이 바닥에 나자빠진다.

전적으로 믿을 만한 가상현실은 거의 우리 곁에 와 있다. 하지만 나는 예전에 VR을 잘못 생각했다. 1989년 내 친구의 친구가 캘리포니아 레드우드시티에 있는 자신의 연구실로 나를 초청했다. 자신이 발명한 장치를 보여주겠다는 것이었다. 연구실은 한 사무실 건물에 방 두 개로 이루어져 있었는데, 책상을 대부분 빼버린 상태였다. 벽에는 온갖 전선이 다닥다닥 붙은 네오프렌 바디슈트, 전자 부품이 가득한 커다란 장갑, 관들을 테이프로 덕지덕지 붙인 수영 고글이 가득 걸려 있었다. 나를 초청한 인물인 재런 래니어Jaron Lanier는 곱슬곱슬한 금발을 어깨까지 내려뜨리고 있었다. 나는 괜히 왔나 하는 생각이 들었지만, 재런은 새로운 경험을 하게 될 것이라고 약속했다. 그는 그 경험을 가상현실이라고 불렀다.

몇 분 뒤 래니어는 내게 검은 장갑 한 짝을 건넸다. 손가락에서 12개의 전선이 뱀처럼 뻗어나와서 방 저편에 있는 평범한 탁상용 PC까지 이어져 있었다. 나는 장갑을 꼈다. 래니어는 여러 개의 띠로 검은 고글을 내 머리에 고정시켰다. 헤드기어에서 굵고 검은 케이블이 내 등을 따라 내려가서 컴퓨터에 연결되었다. 눈이 고글 안의 풍경에 초점을 맞추자, 나는 그 안에 빠져들었다. 나는 파란 빛이 퍼져 있는 공간에 들어와 있다. 내 실제 손이 느껴지는 바로 그 지점에 장갑의 만화 버전을 볼 수 있었다. 가상 장갑은 내 손의 움직임에 맞추어서 움직였다. 그것은 이제 '내' 장갑이었고, 나는 연구실에 있지 않다는 느낌을 강하게 받았다. 머리만이 아니라 몸 자체가 말이다. 래니어도 자신의 창작물 안으로 들어왔다. 그는 자신의 헬멧과 장갑을 쓰고 소녀 아바타 형태로 자신이 만든 세계로 들어왔다. 원하는 어떤 모습으로든 아바타를 디자인할 수 있다는 점이 그 시스템의 장점이었으니까. 우리 둘은 이 최초의 상호 꿈의 공간에 머물렀다. 때는 1989년이었다.

래니어는 '가상현실'이라는 용어를 널리 퍼뜨렸지만, 1980년대 말에 몰입 시뮬레이션을 연구한 사람이 그만은 아니었다. 몇몇 대학교, 몇몇 신생 기업, 미국 국방부도 그에 필적하는 시제품을 개발했고, 조금 다른 접근법을 써서 동일한 현상을 구현한 곳도 있었다. 나는 그의 미시 우주로 빠져들었을 때 미래를 봤다고 느꼈고, 가능한 많은 친구와 동료 전문가가 내가 느낀 경험을 하기를 바랐다. 당시 내가 편찬하고 있던 잡지인 〈홀어스 리뷰Whole Earth Review〉의 도움을 받아서, 우리는 1990년 가을에 존재하는 모든 VR 기기를 모아서 최초의 공개 시연 행사를 개최했다. 토요일 정오부터 일요일 정오까지 24시간 동안, 입장권을 산 사람은 누구나 원하는 대로 약 24개의 VR 시제품을 경험해볼 수 있었다. 한밤중에 나는 환각제 전문가인 팀 리어리Tim Leary가 VR을

LSD에 비교하는 말을 들었다. 그 별난 장치가 자아내는 압도적인 인상은 너무나 진짜 같았다. 이 시뮬레이션은 현실이었다. 시야는 거칠었고, 끊기곤 했지만, 의도한 효과가 나타난다는 데에는 논란의 여지가 없었다. 쓰는 순간 다른 세계로 빠져들었다. 다음날 아침, 처음으로 사이버공간을 탐사하기 위해 밤을 샌 정력적인 과학소설 작가 윌리엄 깁슨William Gibson은 인공 세계로 들어가는 이 새로운 관문을 어떻게 생각하냐는 질문을 받자, 지금은 유명해진 말을 했다. "미래는 이미 와 있습니다. 균일하게 퍼져 있지 않을 뿐이지요."

하지만 VR은 너무나 균일하지 못했고, 쇠락했다. 다음 단계는 결코 일어나지 않았다. 내 자신을 포함하여 우리 모두는 VR 기술이 약 5년 안에 널리 퍼질 것이라고 예측했다. 적어도 2000년까지는 말이다. 하지만 재런 래니어의 선구적인 연구가 이루어진 지 25년이 지난 2015년까지도 더 이상의 발전은 전혀 이루어지지 않았다. VR의 문제점은 충분히 가까워도 충분히 가깝지 않다는 것이었다. VR에 10분 이상 머물면 거친 시야와 끊기는 움직임 때문에 욕지기가 일었다. 욕지기를 극복할 만큼 성능이 좋고 빠르고 편안한 장치를 만들려면 수만 달러가 필요했다. 그래서 VR은 소비자에게 도달할 수 없는 상태로 남았고, 그 장치의 구입을 촉발할 VR 콘텐츠를 만드는 일에 뛰어들고자 했던 많은 신생 기업 개발자조차도 얻을 수가 없었다.

25년 뒤, 가장 있을 법하지 않은 구원자가 등장했다. 바로 휴대전화였다! 스마트폰이 파죽지세로 세계적인 성공을 거두면서 그 작은 고해상도 화면의 질은 점점 높아지고 생산 단가는 점점 낮아졌다. VR 고글의 눈 화면은 크기와 해상도가 스마트폰 화면과 엇비슷하므로, 현재의 VR 헤드셋은 기본적으로 값싼 스마트폰 화면 기술을 토대로 만든다. 또한 전화기의 동작 감지기도 성능 향상과 비용 감소라는 동일한 경로를 따라갔고, 이 감지기들도 VR 디스플레이에 채택되어 머리, 손, 몸의 아주 사소한 움직임까지 추적할 수 있게 되었다. 사실 삼성과 구글이 내놓은 최초의 소비자용 VR 모델은 머리에 쓰는 빈 디스플레이 공간²에 일반 스마트폰을 끼우도록 되어 있었다. 삼성 기어 VR을 쓰고서 전화기 화면을 들여다보라. 전화기는 당신의 움직임을 추적하면서 당신을 다른 세계로 보낸다.

VR이 머지않아 영화의 주류가 되리라고 내다보는 것은 어렵지 않다. 공포, 성애, 스릴러처럼 이야기가 본능적인 감각을 사로잡는 자극적인 장르에서 특히 그럴 것이다. VR이 비디오 게임에서 주된 역할을 하리라는 것도 상상하기 어렵지 않다. 수억 명의 열정적인 게이머들이 기꺼이 옷, 장갑, 헬멧을 착용하고서 홀로 또는 친구들과 무리를 지어서 머나먼 장소로 전송되어 숨거나 쏘거나 죽이거나 탐험하러 나설 것이다. 물론 현재 게임업계는 소비자용 VR 개발을 지원하는 큰손이다. 하지만 VR은 거기에서 그치지 않는다.

■■

현재 VR의 급격한 발전을 추진하는 두 가지 혜택은 실재감presence과 상호작용interaction이다. '실재감'은 VR이 내세우는 특징이다. 영화 기술에서의 모든 역사적 추세는 음향에서, 색채, 3D, 더 빠르고 매끄러운 프레임 속도에 이르기까지, 사실성을 높이는 방향으로 진행되었다. 현재 이 추세는 VR 내에서 가속되고 있다. 한 주 한 주가 지날수록 해상도는 높아지고, 프레임 속도는 비약하고, 명암 대비는 깊어지고, 색 공간은 넓어지고, 하이파이 음향은 선명해지며, 이 모든 개선이 커다란 화면에서보다 훨씬 더 빠르게 일어나고 있다. 즉 VR은 영화보다 더 빠르게 '사실적'이 되고 있다. 현재의 첨단 가상현실 디스플레이를 고려할 때, 10년 안에 당신의 눈이 진짜 창 너머로 현실 세계를 들여다보고 있다고 생각할 정도로 VR은 발전할 것이다. 화면은 더 밝아질 것이다. 깜박임도 없고, 개별 화소가 눈에 띄지도 않을 것이다. 정말로 진짜 현실이라고 느낄 것이다. 진짜가 아니라는 점만 다를 뿐이다.

2세대 VR 기술은 새롭고 혁신적인 '라이트 필드light field' 투영[3]에 의존한다. (최초로 상업화한 라이트 필드 제품[4]은 마이크로소프트가 만든 홀로렌즈 HoloLens와 구글이 지원한 매직리프Magic Leap다.) 이 장치에서는 VR이 홀로그래프와 흡사하게 반투명 안경에 투영된다. 그리하여 투사된 '현실'이 고글 없이 정상적으로 보는 현실에 겹쳐질 수 있다. 부엌에 서서 바로 앞에 놓인 완벽한 해상도의 R2-D2 로봇을 볼 수도 있다. 그 옆으로 걷고, 가까이 다가가고, 그것을 움직이면서 살펴볼 수도 있으며, 그럴 때에도 로봇은 계속 진짜처럼 느껴질 것이다. 이 겹침을 증강현실 Augmented Reality, AR이라고 한다. 일상적으로 보는 세계의 모습에 인위적인 세계가 덧붙여지기 때문에, 당신의 눈은 눈 가까이 있는 화면이 아니라 더 먼 곳에 초점을 맞추며, 그럼으로써 이 기술적 환영은 실재감으로 충만해진다. 당신은 실제로 거기에 있다고 맹세까지도 할 것이다.

마이크로소프트는 미래의 사무실을 구축한다는 목표를 갖고 라이트 필드 AR을 개발하고 있다. 사무실 칸막이 안에서 모니터 화면을 마주한 채 앉아 있는 대신에, 탁 트인 공간에서 홀로렌즈를 끼고 앉아서 가상 화면으로 둘러싸인 거대한 벽을 본다. 화면을 하나 누르면 서로 다른 도시에 사는 12명의 동료가 모이는 3D 회의실로 전송될 수도 있다. 다른 화면을 누르면 응급 구조 훈련 교실로 전송된다. 강사는 수강생과 함께 걸으면서 수강생의 아바타에게 적절한 절차에 따라 조치를 취하는 방법을 지도할 것이다. "봤지요? 이제 실습해봐요." 대개 AR 수업은 현실 세계의 수업보다 더 나을 것이다.

영화적 사실주의가 영화 자체에서보다 VR에서 더 빨리 발전하고 있는 이유는 머리에 쓰는 디스플레이가 일으키는 교묘한 착시 현상 덕분이다. 현실을 들여다보는 창문일 뿐이라는 확신을 줄 정도의 해상도와 밝기로 거대한 아이맥스 영화관 화면을 채우려면, 엄청난 양의 계산과 조명이 필요하다. 60인치 평면 화면을 똑같이 창으로 내다보는 듯한 사실적인 장면으로 채우는 일은 그보다 좀 덜 어렵겠지만, 그래도 여전히 엄청난 과제다. 그 정도 화질을 보여주는 작은 고글을 눈에 씌우는 편이 훨씬 쉽다. 머리에 씌우는 디스플레이가 당신이 어디를 보든 간에 시선을 따라가므로—늘 당신의 눈앞에 있다—당신은 늘 완벽한 실재를 본다. 따라서 창밖을 내다보는 듯이 선명한 완벽한 3D 시야를 만들고 당신이 어디를 보든 간에 계속 보이게 한다면, VR 안에 가상 아이맥스를 창조할 수 있다. 화면의 어디를 보든 간에, 장치가 당신의 얼굴에 물리적으로 접촉하고 있으므로 사실적인 세계가 당신의 시선을 따라간다. 사실상 360도 가상 세계가 똑같은 궁극적인 해상도로 당신의 눈앞에서 계속 펼쳐진다. 그리고 당신의 눈앞에 있는 것이 작은 표면일 뿐이므로, 약간의 품질 개선을 통해서 훨씬 더 쉽고 저렴하게 큰 효과를 볼 수 있다. 이 작은 면적은 엄청나게 파괴적인 실재감을 일으킬 수 있다.

하지만 '실재감'이 VR이 내세우는 것이긴 해도, VR의 지속적인 혜택은 상호작용성에서 나온다. VR 기기의 불편함을 우리가 얼마나 편안하게, 아니면 거북하게 여길지는 불분명하다. 선글라스보다 그다지 크지 않은 매우 가벼운 AR 디스플레이인 유선형의 구글 글라스(나는 써보았다)조차도 초기 형태는 대다수의 사람들에게 몹시 불편했다. 실재감은 사용자를 끌어들이겠지만 그것을 계속 사용하게 만드는 것은 VR의 상호작용성이라는 특성이다. '상호작용하기Interacting'는 많든 적든 모든 수준에서 기술 세계 전체로 퍼져나갈 것이다.

■■■■■■■■■■■■■■■■■■■■■■■■■■■■■■■■■■

약 10년 전에는 세컨드라이프가 인터넷에서 큰 인기를 끄는 장소였다. 세컨드라이프 회원은 '제1의 삶'을 흉내 낸 가상 세계에서 전신 아바타를 창조했다. 그들은 자신의 아바타를 세련된 옷을 입은 아름다운 사람으로 꾸미고, 믿어지지 않을 만큼 아름다운 다른 아바타와 사교 활동을 하는 일에 많은 시간을 쏟았다. 대단히 아름다운 집과 멋진 술집과 나이트클럽을 짓느라 많은 시간을 보냈다. 주변 환경과 아바타는 온전한 3D로 구축되었지만, 기술적 한계 때문에 회원들은 그 세계를 평면 컴퓨터 화면에서 2D로만 볼 수 있었다. (세컨드라이프는 2016년에 프로젝트 산사Project Sansar라는 이름으로 새로운 3D 세계를 내놓았다.) 아바타는 소유자가 입력한 내용을 말풍선 형태로 머리 위에 띄워서 의사소통을 했다. 만화책 속을 돌아다니는 것과 비슷하다. 이 투박한 인터페이스는 깊이 있는 실재감을 방해했다. 세컨드라이프의 주된 매력은 준 3Dquasi-3D 환경을 구축할 완벽하게 열린 공간이었다. 당신의 아바타는 버닝맨Burning Man 축제가 벌어지는 검은 벌판 같은 텅 빈 평원으로 걸어가서, 가장 멋지고 가장 별난 건물, 방, 색다른 공간을 구축하는 일을 시작할 수 있었다. 물리학 법칙에 구애받지 않았고, 재료는 모두 공짜였고, 모든 것이 가능했다. 하지만 난해한 3D 도구를 숙달하기까지 많은 시간이 걸렸다. 2009년에 스웨덴의 게임 회사가 준 3D로 비슷한 세계를 구축하는 마인크래프트Minecraft라는 게임을 내놓았다. 하지만 거대한 레고 블록 같은 블록을 쌓아서 아무나 쉽게 건설할 수 있다는 점이 달랐다. 학습 따위는 불필요했다. 많은 자칭 건축가들이 마인크래프트로 이주했다.

세컨드라이프는 창의적인 정신을 지닌 사람들을 끼리끼리 모이게 함으로써 성공을 거두었지만, 그 사회적 마력이 모바일 세계로 옮겨가자 문제가 생겼다. 세컨드라이프의 정교한 3D를 다루기에는 스마트폰의 연산 능력이 떨어졌기에, 많은 이들이 떨어져나갔다. 더 많은 이들은 마인크래프트로 이동했다. 마인크래프트는 거칠고 해상도가 낮아 스마트폰에서 충분히 작동시킬 수 있었다. 그래도 세컨드라이프에는 아직 수백만 명이 남아 있으며, 현재 언제든 약 5만 명의 동시 접속자[5]는 사용자가 구축한 가상의 3D 세계를 돌아다닌다. 그들 중 절반은 가상 섹스 때문에 접속한다.[6] 즉 사실성보다는 사회적 요소에 더 의존한다. 몇 년 전 세컨드라이프의 설립자인 필 로즈데일Phil Rosedale은 열린 가상 세계의 사회적 기회를 활용하고 더 실감나는 VR을 창안하기 위해 새로운 VR 회사를 설립했다.

최근에 나는 로즈데일의 신생 기업 하이피델리티High Fidelity를 방문했다. 명칭이 시사하듯이, 그 회사의 사업 목표는 수천—아마 수만—명의 아바타가 동시에 접속하는 가상 세계의 사실성을 높이는 것이다. 현실인 양 번성하는 가상 도시를 만드는 것이다. 재런 래니어의 선구적인 VR은 동시 접속 가능 인원이 두 명이었고, 나(그리고 방문한 모든 이들)는 그 VR에서 그 어떤 사물들보다 사람이 훨씬 더 흥미롭다는 사실을 깨달았다. 2015년에 다시 실험을 해본 나는 단위 면적에 가장 많은 화소를 집적시킴으로써가 아니라 다른 사람들을 가장 많이 참여시킴으로써 깊은 실재감을 촉발하는 것이 인공 세계를 구축하는 최고의 방법임을 깨달았다. 그 목적을 위해 하이피델리티는 기막힌 묘책을 연구하고 있다. 저렴한 감지기의 추적 능력을 이용하면, 현실과 가상이라는 양쪽 세계에서 시선 방향을 똑같이 모사할 수 있다. 머리를 어디로 돌리느냐가 아니라, 눈이 어디로 향하는지를 추적하는 것이다. 헤드셋에 설치된 나노 규모의 미세한 카메라는 당신의 실제 눈이 어디를 보는지를 파악해서 타인의 아바타에 그 시선 방향을 그대로 전달한다. 즉 누군가가 당신의 아바타에게 말을 걸면, 그의 시선은 당신의 눈을 응시하고, 당신의 눈은 그의 눈을 응시한다는 의미다. 당신이 움직임으로써 그가 머리를 돌려야 할 때에도 그의 눈은 계속 당신의 눈을 향하고 있다. 이 시선 접촉은 대단히 매혹적이다. 친밀함을 자극하고 실재감을 흩뿌린다.

MIT 미디어랩 소장인 니콜라스 네그로폰테는 1990년대에 남자 화장실의 소변기[7]가 자신의 컴퓨터보다 더 영리하다고 비꼰 바 있다. 소변기는 자신이 앞에 있다는 것을 알고 떠날 때 물을 내리지만, 컴퓨터는 자신이 온종일 앞에 앉아 있든 말든 전혀 모른다는 것이다. 이 말은 지금도 어느 정도는 참이다. 노트북, 심지어 태블릿과 스마트폰도 소유자가 자신을 쓰고 있는지 여부를 대체로 알지 못한다. VR 헤드셋에 있는 것과 같은 저렴한 눈 추적 메커니즘으로 이 상황은 변하기 시작했다. 삼성의 최신 갤럭시 스마트폰에는 시선 추적 기술이 들어 있어서, 당신이 화면의 어디를 보고 있는지를 정확히 안다. 시선 추적은 여러 용도로 쓰일 수 있다. 당신은 손가락이나 마우스를 움직여서 확인을 하기 전에 무언가를 바라보곤 하기 때문에, 시선 추적은 화면 이동 속도를 높일 수 있다. 또 수천 명이 한 화면을 응시하는 시간을 측정함으로써, 소프트웨어는 주의가 더 집중되고 덜 집중되는 영역을 구분하는 지도를 만들 수 있다. 따라서 웹사이트 소유자는 대문의 어느 부분에 실제로 시선이 모이고 어느 부분이 간과되는지를 구분할 수 있고, 그 정보를 토대로 디자인을 개선할 수 있다. 앱 제작자는 방문자의 응시 패턴을 이용하여 앱 인터페이스의 어느 부분이 주의를 너무 많이 요구하는지를 찾아낼 수 있다. 그 부분은 이해하기가 어려워서 수정할 필요가 있음을 시사한다. 차량의 계기판에 내장된 시선 추적 기술은 운전자가 즐거나 딴 생각을 하고 있을 때 감지할 수 있다.

어느 화면에서든 거꾸로 우리를 바라보고 있는 작은 카메라 눈은 추가 기술을 통해 훈련시킬 수 있다. 처음에 그 눈은 디지털 카메라에서 초점 맞추는 일을 돕는 용도로 쓰이면서 얼굴을 검출하도록 훈련되었다. 이어서 특정한 얼굴—이를테면 당신의 얼굴—을 검출하여 신원 확인에 쓰는 법을 배웠다. 당신의 노트북은 당신의 얼굴, 이어서 홍채를 들여다보고서, 당신임을 확인한 뒤에야 화면을 띄운다. 최근에 MIT의 연구진은 인간의 감정을 검출하도록 기계의 눈을 훈련시켰다. 우리가 화면을 볼 때, 화면은 우리를 지켜본다. 어디를 보는지, 어떻게 반응하는지를 살피면서 말이다. MIT 미디어랩의 로잘린드 피카드Rosalind Picard와 라나 엘 칼리오비Rana el Kaliouby는 사람의 미묘한 감정을 식별할 수 있는 소프트웨어를 개발했으며, 누군가가 침울할 때 알아차릴 수 있다고 주장한다. 이 소프트웨어는 약 24가지 감정을 식별할 수 있다. 나는 피카드가 '감성 기술affective technology'이라고 이름 붙인 이 소프트웨어의 베타판을 그녀의 노트북으로 시험할 기회가 있었다. 노트북 가장자리에서 나를 살피는 작은 눈은 내가 당혹스러워하는지, 어려운 문장에 골몰하고 있는지를 제대로 파악했다. 내가 긴 동영상을 보는 동안 정신이 산만해졌는지도 알아챘다. 이런 지각이 실시간으로 이루어지므로, 이 똑똑한 소프트웨어는 내가 보는 것에 맞추어 적응할 수 있다. 내가 책을 읽다가 특정한 단어에 멈추어서 눈을 찌푸린다고 하자. 그러면 그 단어의 정의가 뜰 수 있다. 또 내가 같은 문장을 다시 읽는다는 것을 알아차리고, 그 문장의 주석을 제공할 수도 있다. 마찬가지로 내가 동영상의 어떤 장면에 지루해한다는 것을 알아차리면, 다음 장면으로 건너뛰거나 재생 속도를 빨리할 수도 있다.

우리는 장치와 상호작용하기 위해 장치에 감각—눈, 귀, 운동—을 달아주고 있다. 장치는 우리가 있다는 것을 알 뿐 아니라, 누가 있으며 그 사람의 기분이 어떤지도 알게 될 것이다. 물론 마케팅 담당자는 이 정량화한 감정에 관한 정보를 얻음으로써 기뻐하겠지만, 우리가 좋은 친구에게 기대하는 것처럼 장치는 이 지식을 토대로 '민감하게' 반응함으로써, 우리에게도 직접 봉사할 것이다.

1990년대에 나는 작곡가 브라이언 이노^{Brian Eno}와 음악 기술의 급격한 변화, 특히 아날로그에서 디지털로의 이동을 놓고 이야기를 나눈 바 있다. 이노는 현재 우리가 전자음악이라고 부르는 것을 창안함으로써 명성을 얻은 사람이기에, 나는 그가 많은 디지털 악기를 폄하하는 말을 듣고 좀 놀랐다. 그가 실망한 주된 이유는 악기들의 밋밋한 인터페이스였다. 네모난 검은 상자에 작은 손잡이, 슬라이더, 단추가 박혀 있는 형태 말이다. 그는 오로지 손가락을 움직여서 그것들과 상호작용을 해야 했다. 그에 비해, 전통적인 아날로그 악기의 감각적인 현, 탁자만 한 키보드, 육중한 드럼은 음악과 더 미묘한 육체적 상호작용을 할 수 있게 해주었다. 이노는 "컴퓨터의 문제점은 그 안에 아프리카가 부족하다는 겁니다."[8]라고 말했다. 조작 단추만을 쓰는 컴퓨터와의 상호작용은 아프리카에서 하듯이 온몸으로 춤을 추는 대신에 그저 손가락만 놀린다는 뜻이었다.

내장 마이크로폰, 카메라, 가속도계는 장치에 아프리카를 일부 주입한다. 우리가 듣고 보고 느낄 수 있도록 육신을 제공한다. 우리는 손을 휘저음으로써 화면을 넘긴다. 팔을 움직여서 위^{Wii} 게임을 한다. 태블릿을 흔들거나 기울인다. 손가락뿐 아니라, 발, 팔, 몸통, 머리도 움직인다. 온몸을 써서 자판의 독재를 타도할 방법이 있을까?

한 가지 답은 2002년 영화 〈마이너리티 리포트^{Minority Report}〉에 처음 등장했다. 감독인 스티븐 스필버그는 2050년이 어떤 모습일지 설득력 있는 시나리오를 제시하고 싶었기에 공학자와 미래학자를 모아서 50년 뒤의 일상생활이 어떠할지를 생각해보라고 요청했다. 나도 초청받은 사람 중 한 명이었다. 우리는 미래의 침실이 어떤 모습이고, 음악은 어떠할 것이고, 특히 2050년에는 컴퓨터를 어떤 식으로 작동시킬지를 묘사하는 일을 맡았다. 우리가 온몸과 모든 감각을 써서 기계와 의사소통을 할 것이라는 데에는 모두가 동의했다. 우리는 앉아 있는 대신에 서 있음으로써 아프리카를 추가할 것이다. 발을 딛고 설 때 우리는 다르게 생각한다. 아마 손을 써서 기계에 말을 걸음으로써 이탈리아도 좀 추가할 것이다. 우리 모임에 속한 MIT 미디어랩의 존 언더코플러_{John Underkoffler}는 이 시나리오의 실현 시기를 앞당기고 있었다. 그는 손의 움직임을 이용하여 자료의 시각화를 통제하는 시제품을 개발하고 있었다. 언더코플러의 시스템은 영화에 적용되었다. 톰 크루즈가 맡은 주인공이 서서 VR용 장갑을 긴 양손을 들어 올려서, 마치 음악을 연주하듯이 경찰 감시 자료 더미를 이리저리 뒤섞는 장면이 그랬다. 그는 자료를 춤추듯이 움직이면서 나직하게 음성으로 지시를 한다. 6년 뒤, 영화 〈아이언맨^{Iron Man}〉도 이 주제를 차용했다. 주인공인 토니 스타크도 양팔로 컴퓨터가 투영한 가상의 3D 디스플레이에서 자료를 움직였다. 비치볼처럼 쥐고, 마치 물건처럼 정보 더미를 회전시켰다.

지극히 영화적인 장면이지만, 미래의 실제 인터페이스는 몸보다는 손을 사용하는 쪽에 훨씬 더 가까울 것이다. 몸 앞으로 양팔을 들어 올린 채 1분 이상 있는 것은 에어로빅을 하는 것과 같다. 오래 하기 위해서, 상호작용은 수화와 더 비슷해질 것이다. 미래의 사무직은 자판―빛나는 멋진 홀로그램 자판도 아니다―을 열심히 두드려 대기보다는, 현재 우리가 두 손가락을 오므려서 크기를 줄이고 벌려서 크기를 키우거나 양손의 엄지와 검지를 직각으로 펼친 뒤 모아서 직사각형의 틀을 만들어서 무언가를 선택하는 것과 비슷하게, 새로 진화한 일련의 손짓을 통해 장치와 대화를 나눌 것이다. 전화기는 지금의 음성 인식을 완벽하게 다듬은 것(실시간으로 번역하는 능력도 포함하여)에 아주 가까워질 것이므로, 음성은 기계와 하는 상호작용의 큰 부분을 이룰 것이다. 2050년에 휴대용 기기와 상호작용하는 모습을 생생하게 보고 싶다면, 화면에서 빠르게 깜박이는 선택지들 중에서 눈을 써서 시각적으로 '선택'하고, 게으르게 툴툴거리는 목소리로 확인을 하고, 무릎이나 허리에 놓인 손을 흔들어서 속도를 높이는 광경을 상상하면 된다. 앞에 놓인 양손을 마구 놀리면서 혼자 중얼거리는 모습은 미래에 컴퓨터로 일하는 모습이 어떠한지를 짐작케 해준다.

컴퓨터만이 아니다. 모든 기기는 상호작용을 필요로 한다. 무언가가 상호작용을 하지 않는다면, 그것은 망가졌다고 간주될 것이다. 지난 몇 년에 걸쳐 나는 디지털 시대에서 자라는 것이 어떠할지를 보여주는 사례들을 모았다.

현재 상상할 수 있는 가장 둔감한 사물도 감지기를 장착하여 상호 작용하도록 만들면 크게 개선될 수 있다. 우리 집에는 보일러를 작동 시키는 낡은 표준 온도계가 있었다. 집을 수리할 때 우리는 애플의 전 직 임원진이 설계하고 최근에 구글이 매입한 네스트Nest의 스마트 온 도계로 바꾸었다. 네스트 온도계는 우리가 집에 있는지를 알아차린다. 우리가 집에 있는지, 깨어 있는지 자고 있는지, 휴가를 떠났는지를 감 지한다. 클라우드에 연결된 그 두뇌는 우리의 일상 활동을 예상하고, 시간이 흐르면서 우리의 생활 패턴을 파악함으로써, 퇴근하여 집에 오 기 몇 분 전에 집을 따뜻하게(또는 시원하게) 하고, 출근하면 냉난방 장 치를 끌 수 있다. 휴가 때나 주말에는 예외겠지만, 우리의 일정에 맞추 어 적응한다. 예기치 않은 시간에 집에 있다는 것을 감지하면, 그에 맞 추어서 조절한다. 이 모든 지켜보기와 상호작용 덕분에 우리의 냉난방 비는 최소한으로 줄어든다.

우리와 우리의 인공물 사이의 상호작용이 증가함으로써 나타나는 한 가지 결과는 육화한 인공물을 찬미하는 태도다. 더 상호작용을 하 는 것일수록, 더 아름답게 느껴지고 보여야 한다. 우리가 그것을 갖고 많은 시간을 보낼 것이므로, 장인의 작품처럼 보이는 것이 중요하다. 애플은 이 취향이 상호작용하는 상품에 적용된다는 것을 최초로 알아 차린 기업이었다. 애플워치의 금테두리는 감동적이다. 우리는 아이패 드의 마법 같은 표면을 두드리면서 몇 시간, 며칠, 몇 주를 응시하면서 어루만진다. 한 장치 표면의 부드러운 촉감, 깜박임의 유동성, 온기의 존재 혹은 부재, 제품의 품질, 빛나는 온도는 우리에게 큰 의미를 지니게 될 것이다.

우리에게 반응하는 착용 제품만큼 친밀하면서 상호작용할 수 있는 것이 또 있을까? 컴퓨터는 우리를 향해 꾸준히 행군해왔다. 처음에 컴퓨터는 냉난방 시설이 완비된 동떨어진 지하실에 들어 있다가, 인근의 작은 방으로 옮겨졌다가, 더 가까이 다가와서 우리 책상 위에 올라오더니, 우리의 무릎 위로 뛰어내렸다가, 최근에는 우리 주머니 속으로 쏙 들어갔다. 다음에 컴퓨터는 우리 피부에 달라붙을 것이 명백하다. 우리는 그런 컴퓨터를 착용기기wearable라고 한다.

우리는 증강현실을 보여주는 특수 안경을 낄 수 있다. 그런 투명한 컴퓨터(구글 글라스는 초기 시제품이었다)를 착용함으로써 우리는 현실 세계에 겹쳐진 보이지 않는 비트를 볼 능력을 얻는다. 우리는 슈퍼마켓에서 시리얼 상자를 살펴보다가 어린아이가 제안한 것처럼 착용기기의 감지 범위 안에서 상자를 누름으로써 그것의 메타 정보를 읽을 수 있다. 애플의 시계는 착용 가능 컴퓨터이자, 건강 상태 관찰기기이기도 하지만, 클라우드로 들어가는 간편한 관문 역할이 주된 기능이다. 인터넷 전체와 월드와이드웹의 엄청난 처리 능력 전체를 손목에 있는 작은 네모난 기기를 통해 접한다. 하지만 특히 스마트 옷을 가리켜서 착용기기라고 할 때도 많다. 물론 셔츠가 스마트 세탁기에 자신이 어떤 세탁 주기를 선호한다고 알릴 수 있도록 작은 칩을 셔츠에 짜 넣을 수도 있지만, 착용기기는 착용자 자체와 더 관련이 깊다. 구글이 지원한 프로젝트 자카드Project Jacquard[9]는 전도성을 띤 실로 휘어지는 얇은 감지기를 엮어서 스마트 섬유 시제품을 내놓았다. 그 섬유로 짠 셔츠는 당신과 상호작용을 할 것이다. 당신은 아이패드를 두드리는 것과 같은 방식으로, 그리고 같은 이유로 한 손의 손가락으로 반대쪽 팔의 옷소매를 두드린다. 화면이나 당신의 안경에 무언가를 띄우기 위해서다. 노스이스턴대학교의 시제품[10]인 스퀴드Squid 같은 스마트 셔츠는 당신의 자세를 느끼고—사실 측정하고—정량적으로 기록하고, 운동 코치가 하듯이 적절한 자세에서 정확히 수축하여 당신을 지탱하도록 셔츠의 '근육'을 자극할 수 있다. 텍사스 베일러대학교의 신경과학자 데이비드 이글맨David Eagleman은 한 감각을 다른 감각으로 번역하는 대단히 영리한 착용 가능 조끼를 발명했다. 이 감각 대체 조끼Sensory Substitution Vest[11]는 내장된 작은 마이크로폰으로 음성을 포착한 다음, 그음파를 진동으로 번역한다. 조끼를 입은 맹인은 그 진동을 느낄 수 있다. 몇 달 사이에 맹인의 뇌는 조끼 진동을 소리로 '듣도록' 재편된다. 따라서 이 상호작용하는 옷을 입음으로써 맹인은 들을 수 있다.

이런 것들을 봤을지도 모르지만, 피부를 덮는 착용기기보다 더 가까워지는 방법은 피부 밑으로 들어가는 것밖에 없다. 머릿속에 잭을 꽂자. 컴퓨터를 뇌와 직접 연결하자. 수술로 뇌에 이식한 장치는 실제로 맹인, 농인, 마비 환자에게 쓰인다. 그런 기기를 통해서 마비 환자는 생각만으로 기술과 상호작용할 수 있다. 뇌에 장치를 심는 한 실험에서 사지마비 여성은 생각을 통해 로봇 팔로 커피 병을 집어서 입술에 갖다 대어 마실 수 있었다.[12] 하지만 뇌에 장치를 이식하는 이 방법은 아직 건강한 사람의 기능을 강화하는 데에 쓰인 적이 없다. 뇌를 뚫지 않고서도 뇌를 통제하는 방식은 이미 일상 활동과 게임 용도로 개발되어 왔으며, 실제로 작동한다. 나는 몇 가지 가벼운 뇌—기계 인터페이스brain-machine interface, BMI를 써봤는데 생각만으로 개인용 컴퓨터를 작동시킬 수 있었다. 그런 장치는 대개 밋밋한 자전거 헬멧과 비슷한 것에 감지기를 다닥다닥 붙여서 긴 케이블로 PC와 연결한 형태다. 머리에 쓰고서 많은 감지기를 피부에 밀착시킨다. 감지기는 뇌파를 감지하며, 약간의 바이오피드백 훈련을 하면 원하는 대로 뇌파 신호를 생성할 수 있다. 각각의 신호에 따라 '프로그램을 열어라', '마우스를 움직여라', '이것을 선택해라' 같은 작업을 수행하도록 프로그래밍할 수 있다. 이러저러한 것을 '입력하라'고 명령하는 법도 배울 수 있다. 아직 엉성하지만 이 기술은 해가 갈수록 개선되고 있다.

앞으로 수십 년에 걸쳐서 우리는 상호작용하는 것을 계속 늘려갈 것이다. 이 확장은 세 가지 추세를 따른다.

1. 감각 추가

우리는 만드는 물건에 새로운 감지기와 감각을 계속 추가할 것이다. 물론 모든 사물에 눈(시각은 거의 무료다), 청각이 부여되겠지만, GPS 위치 감지, 열 감지, X선 시야, 다양한 분자 감지, 후각 같은 초인적 감각도 하나둘씩 추가할 수 있다. 그리하여 우리의 창조물은 우리에게 반응하고, 우리와 상호작용을 하고, 우리가 이용하는 양상에 따라 적응할 수 있을 것이다. 정의상 상호작용성은 쌍방향이므로 이 감지 능력은 기술과 우리의 상호작용을 고조시킨다.

2. 친밀감 증가

상호작용의 구간은 계속 우리를 향해 더 가까이 다가올 것이다. 기술은 시계나 주머니 속의 전화기보다 더 가까이 다가올 것이다. 상호작용은 더 친밀해질 것이다. 어디에서나 언제나 일어나고 있을 것이다. 친밀한 기술은 드넓게 펼쳐진 미개척 분야다. 우리는 기술이 우리의 사적인 공간을 꽉 채워왔다고 생각하지만, 20년 뒤에 돌이켜보면 2016년에도 여전히 그 근처도 못 갔음을 깨달을 것이다.

3. 몰입도 증가

최대한의 상호작용은 우리에게 기술 자체로 뛰어들 것을 요구한다. VR을 쓰면 그렇게 할 수 있다. 우리가 그 안에 들어갈 만큼 컴퓨터는 너무나 가까이 와 있다. 기술로 창조한 세계 안에서, 우리는 새로운 방식으로 서로 상호작용하거나(가상현실), 새로운 방식으로 현실 세계와 상호작용한다(증강현실). 기술은 제2의 피부가 된다.

최근에 나는 일요일마다 인근 공원에 모여서 소형 쿼드콥터 경기를 벌이는 드론 동호회 모임에 참석한 적이 있다. 그들은 잔디밭에 스티로폼으로 아치를 만들고 깃발을 꽂아서 드론 경기 코스를 만든다. 드론을 이 속도로 날리려면 드론 안으로 들어가는 수밖에 없다. 그들은 자기 드론의 앞쪽에 작은 카메라를 장착하고서 1인칭 관점first-person view, FPV으로 볼 수 있는 VR 고글을 착용한다. 그들은 이제 드론이 된다. 구경꾼인 나는 카메라의 신호를 받는 여분의 고글을 쓴다. 이제 나는 같은 조종석에 앉아서 조종사가 보는 광경을 똑같이 본다. 드론은 이리저리 급격히 방향을 바꾸며 장애물을 돌면서, 서로의 꽁무니를 추격하고 다른 드론과 부딪친다. 마치 〈스타워즈〉의 비행선 경주 장면을 떠올리게 한다. 어릴 때부터 죽 무선 조종 모형 비행기를 날렸다는 한 젊은이는 드론 속으로 몰입하여 안에서 비행하는 것이 자기 인생에서 가장 짜릿한 경험이라고 말했다. 실제로 진짜 자유 비행을 하는 것만큼 즐거운 일은 거의 없을 것이라고 했다. 거기에 가상은 전혀 없었다. 비행 경험은 진짜였다.

최대 상호작용과 최대 실재감의 결합은 현재 무한한 영역을 설정한 비디오 게임에서 볼 수 있다. 지난 몇 년 동안, 나는 내 10대 아들이 콘솔 비디오 게임을 하는 모습을 지켜봤다. 내 자신은 반응이 느려서 한 게임 속 세계에서 4분 이상 살아남지는 못하지만, 아들이 위험에 처하거나 악당을 쏘거나 미지의 영역이나 컴컴한 건물 속을 탐사하는 장면을 큰 화면으로 그냥 지켜보면서는 한 시간 넘게 보낼 수도 있다. 아들은 그 또래의 많은 아이들이 그렇듯이, 콜 오브 듀티Call of Duty, 헤일로halo, 언차티드2Uncharted2 같은 고전적인 슈터 게임을 즐겨한다. 정해진 싸움 장면이 나오는 게임이다. 하지만 엿보는 사람인 내가 좋아하는 게임은 지금은 한물 간 레드 데드 리뎀션Red Dead Redemption이다. 서부 개척 시대의 광활한 지역이 무대다. 게이머가 이런저런 일로 여기저기 방황하고 단서를 찾으면서, 말을 타고 계곡과 정착촌을 탐험하는 데 많은 시간을 보낼 만큼 드넓은 가상 세계다. 나는 아들이 탐색하면서 개척촌을 돌아다니는 광경을 옆에서 지켜볼 때 즐겁다. 안에 들어가서 돌아다닐 수 있는 영화나 다름없다. 그 게임의 열린 구조는 대단히 인기 있는 GTA 게임과 비슷하지만, 훨씬 덜 폭력적이다. 어떤 일이 일어날지, 상황이 어떻게 전개될지 아무도 모른다.

이 가상공간에서는 아무런 제약 없이 어디로든 갈 수 있다. 강까지 달리고 싶다고? 좋다. 철로를 따라 열차를 뒤쫓고 싶다고? 얼마든지. 열차 옆으로 달리다가 뛰어서 올라타고 싶다고? 하라! 이 마을에서 덤불이 가득한 황무지를 지나서 다음 마을로 가고 싶다고? 그렇게 하라. 도움을 요청하는 여성을 놔두고 달려가거나─당신의 선택에 따라─돕기 위해 멈출 수도 있다. 각 행동은 나름의 결과를 낳는다. 그녀는 정말로 도움이 필요한 사람일 수도 있고, 노상강도의 미끼일 수도 있다. 한 평론가는 게임 속에서 상호작용하는 자유의지를 이렇게 설명했다. "나는 말을 달리다가 말의 뒤통수를 총으로 쏠 수 있고, 그 뒤에 가죽까지 벗길 수 있다는 점에 진심으로 놀라면서도 즐겁다."[13] 할리우드 대작에 맞먹는 수준으로 충실하게 만들어진, 허술한 구석이 전혀 없는 가상현실 속에서 어디로든 갈 수 있는 자유는 압도적인 매력을 풍긴다.

세세한 부분까지 모든 것이 상호작용한다. 레드 데드 리뎀션의 세계에서 동이 트는 장면은 경이롭다. 지평선이 서서히 환해지면서 달아오르기 시작한다. 날씨가 가하는 힘도 느껴진다. 빗방울이 떨어지기 시작하면 누런 모래흙에 점점이 거뭇한 젖은 얼룩이 생긴다. 때로 안

개가 밀려와 사실적으로 장막을 드리우듯이 마을을 뒤덮으면서 형체들이 거무스름하게 흐릿해진다. 탁상지의 분홍색 기운은 시간이 흐르면서 옅어진다. 표면의 세밀한 구조까지 치밀하게 구성되어 있다. 까맣게 탄 장작, 바짝 마른 덤불, 우둘투둘한 나무껍질─온갖 얼룩과 잔가지까지─이 확대했을 때에도 절묘할 만치 세밀하게 묘사되어 있고, 그림자까지 완벽하게 겹치면서 세밀화를 이룬다. 사소한 부분까지 놀라울 만치 흡족하게 꼼꼼히 마감되어 있다. 그리하여 전체적으로 압도적인 인상을 받는다.

이 게임 속 세계는 드넓다. 전형적인 게이머는 한번 죽 훑는 데에만 약 15시간이 걸릴 것이다. 게임 속의 모든 보상을 받겠다는 열성 게이머라면 게임을 끝내는 데 40~50시간이 걸릴 것이다.[14] 모든 단계마다 어느 방향으로 다음 단계로 넘어갈지 선택할 수 있고, 모든 단계에서 당신의 발에 밟히는 풀은 풀잎 하나하나까지 완벽하게 묘사되어 있다. 마치 당신이 지도를 현미경으로 샅샅이 훑을 것을 예상이라도 한 듯이 말이다. 10억 군데의 어느 지점을 자세히 살펴보더라도 보상을 얻겠지만, 이 아름다움은 대부분 드러나지 않은 채 남아 있을 것이다. 아낌없이 주어진 이 풍성함이라는 따뜻한 물에 잠겨 있다 보면, 이것이 '자연적'이라는, 즉 이 세계가 늘 있어왔으며, 좋은 곳이라는 강한 확신이 든다. 지평선까지 끝없이 펼쳐지는 이런 나무랄 데 없이 세밀하고 근사하게 상호작용하는 세계들 중 하나에 들어가 있으면, 전체적으로 완벽하게 몰입해 있다는 느낌을 받는다. 당신은 논리적으로는 진짜일 리가 없다는 것을 알지만, 구덩이 위의 널빤지에 서 있을 때처럼 당신의 나머지 부분은 그것이 진짜라고 믿는다. 이 사실성은 VR 상호작용을 통해 완전한 몰입이 이루어지기만을 기다리고 있다. 하지만 당분간은 이 게임 세계의 풍성한 공간을 2D로 봐야 한다.

값싸고 풍부한 VR은 경험 공장이 될 것이다. 우리는 분쟁 지대, 심해, 화산 등 직접 가기에는 너무 위험한 곳을 방문하는 데에 VR을 쓸 것이다. 인간으로서는 쉽게 접할 수 없는 경험을 하는 데에도 쓸 것이다. 위장 속으로 들어가거나, 혜성의 표면을 거니는 것이 그렇다. 성별을 바꾸거나, 바닷가재가 되어보는 데에도 쓸 것이다. 히말라야산맥을 저공비행하는 것처럼, 값비싼 경험을 저렴하게 하는 데에도 쓸 것이다. 하지만 경험은 대체로 지속 가능하지 않다. 여행 경험이 즐거운 이유는 어느 정도는 짧게 방문하기 때문이다. 적어도 처음에 VR은 잠시 빠져들었다가 빠져나오는 경험과 비슷할 것이다. 실재감이 너무나 강해서 우리는 일부러 조금만 접하기를 원할지도 모른다. 하지만 우리가 갈망하는 상호작용의 유형에는 한계가 없다.

이 대규모 비디오 게임은 새로운 상호작용 방식을 개척하고 있다. 무한한 지평선이 시사하는 절대적인 상호작용적 자유는 이런 유형의 게임이 주는 착각이다. 게이머, 아니 대중은 그런 착각 속에서 성취할 과제를 할당받고 끝까지 게임을 할 동기를 부여받는다. 게임 속에서 하는 행동은 깔때기를 통과하듯이 모여서 전체 이야기의 다음 병목지점으로 향하고, 그러면서 게임은 끝을 향해 다가가지만, 게이머로서 당신이 하는 선택은 당신이 얼마나 점수를 쌓는지와 관련이 있으므로 중요하다. 그 세계 전체는 편향되어 있으므로, 당신이 얼마나 많이 탐사를 하든 간에, 시간이 흐르면서 불가피하게 어떤 사건을 향해 나아가는 경향이 나타난다. 정해진 이야기와 자유 의지적 상호작용의 균형이 딱 맞게 조정될 때, '게임의 전개game play'가 대단히 훌륭하다는 느낌을 낳는다. 당신이 키를 쥐고 있음에도(게임의 전개) 진행되고 있는 더 큰 이야기(게임의 서사)의 일부라는 기분 좋은 느낌이다.

이 균형을 조정하는 것은 게임 설계자이지만, 게이머를 특정한 방향으로 유도하는 보이지 않는 힘은 인공지능이다. 레드 데드 리뎀션 같은 결말이 열려 있는 게임에서 행동의 대부분, 특히 보조하는 인물의 상호작용은 AI가 일으킨다. 농가에 멈춰서 카우보이와 대화를 할 때, 그의 반응은 그럴 듯하다. 그의 심장에서 AI가 뛰고 있기 때문이다. AI는 다른 경로를 통해서도 VR과 AR로 스며든다. 당신을 합성 세계로 전송할 수 있도록, 현실 세계에서 당신이 실제로 어디에 서 있는지를 '보고' 지도에 표시할 것이다. 당신의 몸 움직임을 파악하는 일도 포함된다. AI는 특수한 추적 장치가 없이도 당신이 사무실에서 앉아 있거나 서거나 돌아다니는 모습을 지켜볼 수 있고, 그런 뒤 가상 세계에 그 움직임을 반영할 수 있다. AI는 합성 환경을 돌아다니는 당신의 경로를 읽어서, 하급 신이 개입하는 양, 당신을 특정한 방향으로 내모는 데에 어떤 개입이 필요한지를 계산할 수 있다.

VR에는 그 안에서 일어나는 모든 일이—예외 없이—추적된다는 사실이 암묵적으로 담겨 있다. 가상 세계는 전면적인 감시를 받는 세계라고 정의된다. 애초에 VR에서는 추적되지 않는 일은 그 무엇도 일어나지 않기 때문이다. 그렇기에 계속 재미가 있도록 행동을 게임화하기가—점수를 얻거나 등급을 올리거나 힘을 부여하는 식으로—쉬워진다. 하지만 오늘날 현실 세계도 감지기와 인터페이스가 가득해지면서 마찬가지로 추적이 이루어지는 세계로 변모해왔다. 감지기로 가득한 우리 현실 세계를 하루의 대부분을 보내는 비가상적인 가상 세계라고 생각하자. 주변에 있는 감지기가 우리를 추적하므로, 즉 사실상 우리가 자신의 정량화한 자아를 추적하므로 우리는 VR에서 쓰는 바로 그 상호작용 기법을 현실에서도 쓸 수 있다. 우리는 VR에서 쓰는 바로 그 몸짓을 써서 가전제품이나 자동차와 의사소통을 하게 될 것이다. 우리는 동일한 게임화 기술을 써서 실생활에서 원하는 방향으로 참여자를 찔러대고, 유인책을 만들어낼 수 있다. 이를 제대로 닦거나, 하루에 1만 걸음을 걷거나, 안전 운전을 하여 점수를 따면서 하루를 보낼지도 모른다. 그런 행동이 다 추적될 테니 말이다. 일일 퀴즈를 풀어서 A 플러스를 받는 대신에, 당신은 삶의 질을 높인다. 쓰레기를 줍거나 재활용을 하여 점수를 받는다. 가상 세계만이 아니라, 일상생활도 게임화할 수 있다.

현재 살아 있는 한 사람의 생애 내에 사회를 뒤흔든 첫 번째 기술 플랫폼은 개인용 컴퓨터였다. 휴대전화는 두 번째 플랫폼이었고, 겨우 수십 년 사이에 모든 것을 혁신시켰다. 다음에 사회를 교란할 플랫폼—현재 도래하고 있는—은 VR이다. 여기서 가까운 미래에 가상현실과 증강현실에 접속한 상태에서 하루가 어떻게 펼쳐질지를 한번 살펴보자.

나는 VR 속에 있지만 헤드셋은 필요 없다. 2016년 당시에 사람들이 거의 예상하지 못한 놀라운 일은 고글, 아니 안경조차 끼지 않고서도 '충분히 좋은' 증강현실을 볼 수 있다는 것이다. 내 방의 구석구석에서 비추는 작은 광원으로부터 내 눈에 직접 3D 이미지가 투영되므로, 얼굴 앞에 무언가를 씌울 필요가 전혀 없다. 대다수의 애플리케이션에 충분히 쓸 만한 좋은 화질이다. 그런 애플리케이션은 수만 가지가 있다.

내가 맨 처음 사용한 앱은 ID 오버레이였다. 사람들의 얼굴을 인식하여 그들의 이름, 소속, 나와의 관계 등을 보여주는 앱이다. 이 앱에 익숙해진지라, 이제는 이것 없이 외출할 수가 없다. 친구들은 좀 비합법적인 ID 앱이 낯선 사람에 관한 직접적인 정보를 더 많이 제공한다고 말하지만, 몰래 엿본다는 것을 숨기기 위해 장치를 착용해야 한다. 그렇지 않았다가는 무례하다고 태그가 붙을 것이다.

나는 일종의 투시용 엑스선 안경을 쓰고 세상을 보듯이, 바깥에서 AR 안경을 쓴다. 일차적인 이유는 연결이 잘 되는 곳을 찾기 위해서다. 색깔이 더 짙어질수록, 대역폭에 많은 부하가 걸려 있는 곳에 다가가고 있다는 뜻이다. AR을 통해서 나는 내가 바라보는 곳에 과거의 모습을 겹쳐볼 수 있다. 로마 곳곳에서 아주 잘 써 먹은 바 있다. 콜로세움 유적을 기어오를 때 온전한 콜로세움이 실물 크기의 3D로 겹쳐졌다. 잊지 못할 경험이었다. 또 다른 방문객들이 로마 곳에 바로 그 장소에서만 볼 수 있도록 '붙여놓은' 가상의 쪽지도 보여주었다. 나도 남들이 볼 수 있도록 몇 곳에 쪽지를 남겼다. 그 앱은 거리의 지하에 놓인 모든 관과 케이블도 보여주는데, 나는 그 광경에 홀딱 반했다. 내가 발견한 그보다 더 별난 앱 하나는 무엇을 보든 간에 크게 붉은 숫자로 가격이 달러로 둥둥 떠서 표시되는 것이다. 내가 관심을 갖는 것에는 거의 다 유령처럼 무언가를 띄우는 오버레이 앱이 있다. 공공 미술 작품 중에는 3D 신기루인 것이 꽤 많다. 우리 도심의 광장에는 박물관에 전시되는 예술품처럼 6개월마다 교체되는 회전하는 정교한 3D 투영물이 있다. 도심의 건물은 대부분 AR 속에서 다른 겉모습을 띤다. 각각 건축가나 화가가 창작한 것이다. 내가 걸어갈 때마다 도시는 매번 다른 모습을 띤다.

나는 고등학교를 다니는 내내 VR 고글을 썼다. 그 가벼운 테는 유리알 없는 AR보다 훨씬 더 생생한 이미지를 보여준다. 수업 시간에는 온갖 시뮬레이션을 보았다. 특히 무언가를 하는 방법을 연습할 때 많이 썼다. 나는 요리나 전기 실습 같은 실과 수업 때 '유령' 모드를 좋아했다. 용접하는 법도 그렇게 배웠다. AR에서 교사의 유령 같은 가상의 손이 놓인 위치에 내 손을 겹쳐놓고서 가상의 용접봉을 올바로 쥐어서 가상의 강철관에 갖다 대는 식이었다. 나는 그 유령 손의 움직임에 맞추어 내 손을 움직이려고 애썼다. 손을 잘 움직이지 못했기에 내 가상 용접 실력도 고만고만했다. 스포츠는 얼굴을 다 가리는 헬멧 디스플레이를 쓰고서 연습했다. 나는 실제 경기장에서 모델의 몸 움직임을 비추면서 360도로 돌려보면서 내 움직임을 연습했다. 또 방에서 VR로 경기 연습을 하면서도 많은 시간을 보냈다. 검투 경기를 비롯한 두 스포츠는 오로지 VR에서만 했다.

'사무실'에서는 이마에 AR 바이저를 쓴다. 바이저는 굽은 띠에 폭이 손바닥만 한 챙이 붙은 형태로서, 온종일 써도 거의 불편이 없도록 내 눈에서 몇 센티미터 떨어져 있다. 성능 좋은 바이저는 내 주변 전체에 가상 화면을 펼친다. 나는 대량의 자료가 담긴 갖가지 크기의 가상 화면을 12개 띄운다. 그 정도가 양손으로 다룰 수 있는 양이다. 바이저는 내가 하루의 대부분을 가상 동료와 대화할 수 있을 만큼 충분한 해상도와 속도를 제공한다. 나는 진짜 방에서 그들을 볼 수도 있으므로, 온전히 현실 속에 있기도 하다. 그들의 실사적인 3D 아바타는 그들의 모습을 실물 크기로 정확히 담고 있다. 나와 동료들은 각자 따로 일하지만 대개 실제 방의 가상 탁자 앞에 함께 있으며 서로의 아바타 주위를 돌아다닐 수 있다. 우리는 마치 한 방에 있는 양 서로 이야기를 나누고 엿듣는다. 아바타를 띄우는 것이 너무 편리하므로, 우리는 동료가 실제 방의 저쪽 구석에 있어도 거기까지 걸어가기보다는 AR 속에서 만날 것이다.

증강현실을 정말로 진지하게 접하고 싶을 때에는 AR 로밍 시스템을 착용한다. 특수한 콘택트렌즈를 끼면 온전한 360도 시야에 나무랄 데 없는 모습의 유령들이 뜬다. 그 렌즈를 낀 상태에서는 내가 보는 것이 가짜임을 시각적으로 알아차리기가 무척 어렵다. 거리를 걷고 있는 7미터짜리 고질라는 환영이 명백하다는 것을 내 두뇌의 어딘가에서 인식하고 있다는 점이 예외이지만. 나는 손짓을 추적하는 반지를 양손의 한 손가락에 끼고 있다. 내 셔츠와 머리띠에 붙은 작은 렌즈는 내 몸의 방향을 추적한다. 그리고 주머니에 든 장치의 GPS는 내 위치를 몇 밀리미터 단위까지 추적한다. 그래서 나는 마치 다른 세계나 게임 플랫폼에 있는 양, 우리 동네를 돌아다닐 수 있다. 실제 거리를 바쁘게 지나갈 때, 일상적인 사물과 공간은 색다른 사물과 공간으로 변모한다. 실제 노점에 놓인 실제 신문 가판대는 AR 게임 속의 정교한 22세기 반중력 송신기가 된다.

가장 강렬한 AR 경험을 하려면 VR 전신 착용 장비가 필요하다. 꽤 거추장스러워서 나는 어쩌다가 한번 입는다. 집에 있는 내 아마추어용 장비는 발을 헛디뎌서 넘어지는 것을 막아주는 고정 장치가 들어 있다. 내가 용을 뒤쫓을 때면 심장을 쿵쿵 뛰게 해준다. 사실 VR 착용 장비는 대다수의 가정에서 운동 기구를 대체해왔다. 그렇긴 해도 나는 최신 VR 기술을 접하기 위해 매월 한두 차례 몇몇 친구들과 동네의 진짜 극장에서 만난다. 위생을 위해 실크 속옷을 입고서 팽창되는 외골격 안으로 들어가면, 그것이 수축되면서 내 팔다리를 감싼다. 그러면 경이로운 촉감 피드백이 일어난다. 가상의 손으로 가상의 물체를 움켜쥐면 그 무게를, 즉 내 손에 가해지는 압력을 느낀다. 외골격이 적절히 수축하여 내 손을 압착하기 때문이다. 가상 세계에서 바위에 정강이를 부딪치면, 다리를 감싼 외골격이 바로 그 부위를 '쿵' 함으로써 실제와 똑같은 감각을 일으킬 것이다. 기울어진 좌석이 내 몸을 받치는 상태에서 도약하고 뒤집히고 달려 나가는 진짜 같은 느낌을 전달한다. 그리고 입체 음향과 실시간 냄새 전달 기능까지 갖춘 초고해상도 헬멧은 진정한 실재감을 만들어낸다. 빠져든 지 2분 안에, 대개 나는 내 진짜 몸이 어디에 있는지를 잊는다. 나는 다른 곳에 와 있다. 진짜 극장의 가장 좋은 점은 전혀 시간 지체 없이 250명이 동시에 똑같이 생생하게 같은 세계를 공유한다는 것이다. 그들과 함께 나는 환상 세계에서 진짜 일들을 할 수 있다.

●●

VR 기술은 사용자에게 한 가지 혜택을 더 제공한다. VR이 생성하는 강한 실재감은 서로 모순되는 두 가지 성질을 증폭시킨다. 하나는 현실감realness을 강화하는 것이다. 그래서 우리는 가짜 세계를 진짜라고 간주한다. 그것은 많은 게임과 영화의 목표이기도 하다. 또 하나는 비현실감을, 어디까지나 가짜라는 느낌을 강화하는 것이다. 이를테면, VR에서는 물리학을 비틀기가, 즉 중력과 마찰을 없애거나, 수중 문명처럼 외계 행성을 모사한 허구적인 환경을 만들어내기가 쉽다. 또 아바타의 성별, 색깔, 종을 바꿀 수도 있다. 재런 래니어는 VR을 써서 걸어 다니는 바닷가재로 변신하고 싶다는 이야기를 25년 동안 했다. 소프트웨어를 통해서 시각적으로만이 아니라 운동학적으로 그의 팔을 집게발로, 귀를 더듬이로, 발을 꼬리로 바꾸고 싶다는 것이다. 최근에 스탠퍼드 VR 연구실은 래니어의 꿈을 현실로 만들었다. 현재 VR 생성 소프트웨어는 그런 개인의 환상을 금방 구현할 수 있을 만큼의 성능과 속도를 지닌다. 나도 스탠퍼드 VR 장비를 써서 내 아바타를 변형시켜보았다. 그 실험에서 내가 VR에 들어가자, 내 팔은 발이 되었고, 발은 팔이 되었다. 즉 가상의 발로 차려면 진짜 팔을 획 내밀어야 했다. 이 역전이 얼마나 잘 이루어졌는지 검사하기 위해, 나는 떠 있는 가상의 풍선을 팔/발과 발/팔로 터뜨려야 했다. 처음 몇 초 동안은 어색하고 당황스러웠다. 하지만 놀랍게도 몇 분 사이에 나는 팔로 차고 발로 칠 수 있게 되었다. 이 실험을 고안하고 VR을 궁극적인 사회학 실험실로 쓰는 스탠퍼드대학교의 제레미 베일런슨Jeremy Bailenson 교수는 보통 4분이면 뇌의 발/팔 회로가 완전히 재배선된다는 것을 알아냈다. 우리 정체성은 자신이 생각하는 것보다 훨씬 더 유동적이다.

그 점은 한 가지 문제를 안겨준다. 온라인의 누군가가 얼마나 현실적인지를 파악하기가 아주 어렵다는 것이다. 겉모습은 쉽게 조작된다. 자신이 바닷가재라고 떡하니 보여주는 사람이 현실에서는 곱슬머리 컴퓨터공학자일 수도 있다. 예전에는 그 친구들을 통해서 진짜인지 확인할 수 있었다. 온라인의 누군가가 소셜 네트워크에 친구가 전혀 없다면, 그는 자신이 주장하는 사람이 아닐 가능성이 높았다. 하지만 지금 해커·범죄자·반역자는 위키피디아에 가공으로 기록된 항목을 지닌 가공의 회사를 위해 일하는, 가상의 친구들의 가상의 친구들의 가상의 친구들을 지닌 가짜 계정을 만들 수 있다. 페이스북이 지닌 가장 가치 있는 자산은 그 소프트웨어 플랫폼이 아니라 '진짜 이름'으로 등록한 10억 명의 신원을 통제한다는 사실이다. 그들의 신원은 신원이 진짜인 친구와 동료를 참조하여 검증된다. 항구적인 신원을 독점한 것이 페이스북에게 놀라운 성공을 안겨준 진짜 엔진이다. 그러나 그 신원 확인 수단은 허약하다. 비밀번호와 보안문자captcha처럼 디지털 세계에서 우리가 누구인지를 증명하는 데 쓰이는 일반적인 검사법은 더 이상 잘 작동하지 않는다. 보안문자는 사람은 쉽게 풀 수 있지만, 컴퓨터는 풀기 어려운 시각 퍼즐이다. 하지만 지금은 사람은 풀기가 까다로워진 반면, 기계는 점점 더 쉽게 푼다. 비밀번호도 해킹하거나 훔치기가 쉽다. 그렇다면 비밀번호보다 더 나은 해결책은 뭘까? 바로 당신, 당신 자신이다.

당신의 몸이 당신의 비밀번호다. 당신의 디지털 신원이 바로 당신이다. VR이 활용하는 모든 도구는 당신을 다른 세계로 보내고 당신이 거기에 있다고 믿게 할 수 있으려면, 당신의 움직임을 포착하고, 당신의 시선을 따라가고, 당신의 감정을 해독하고, 가능한 많이 당신을 에워쌀 필요가 있다. 이 모든 상호작용은 당신만의 독특한 양상을 띨 것이고, 따라서 당신임을 증명할 수 있게 될 것이다. 생물계측학—당신의 몸을 추적하는 감지기의 배후에 놓인 과학—분야에서 계속 내놓고 있는 놀라운 발견 중 하나는 우리가 측정하는 거의 모든 것이 독특한 개인별 지문이 된다는 것이다. 당신의 심장 박동은 독특하다. 당신의 걸음걸이도 독특하다. 당신이 자판을 두드리는 리듬도 독특하다. 당신은 어떤 단어를 가장 자주 쓸까? 어떻게 앉아 있을까? 눈은 얼마나 깜박일까? 물론 목소리도 독특하다. 이런 사항이 결합되면, 거의 위조가 불가능한 메타패턴이 된다. 사실 그것이 우리가 현실 세계에서 신원을 파악하는 방식이다. 내가 당신과 마주쳤을 때 우리가 전에 만난 적이 있냐는 질문을 받는다면, 내 무의식적 마음은 미묘한 속성의 스펙트럼—목소리, 얼굴, 몸, 옷차림, 버릇, 행동거지—을 훑은 뒤 종합하여 그렇다거나 아니다라는 결론을 내놓을 것이다. 기술 세계에서도 거의 동일한 측정값의 스펙트럼을 통해서 사람을 검증하게 될 것이다. 그 시스템은 당사자의 속성을 검사할 것이다. 맥박, 호흡, 심장 박동수, 목소리, 얼굴, 홍채, 표정, 알아차리기 힘든 수십 가지의 미묘한 생물학적 표지가 자신이 주장하는 인물(또는 무언가)과 일치하는가? 우리의 상호 작용이 우리의 비밀번호가 될 것이다.

상호작용의 수준은 점점 높아지고 있으며, 앞으로도 계속 그러할 것이다. 물론 나무 손잡이가 달린 망치처럼, 상호작용을 하지 않는 단 순한 것들은 계속 남아 있을 것이다. 하지만 스마트 망치를 포함하여 상호작용할 수 있는 사물은 우리의 상호작용적 사회에서 점점 더 가 치가 높아질 것이다. 그러나 높은 상호작용성에는 한 가지 대가가 따 른다. 상호작용을 하려면 솜씨, 조정, 경험, 교육이 필요하다. 상호작용 하기는 기술에 내장되는 한편으로 우리 스스로 함양해야 한다. 우리가 상호작용을 하는 새로운 방식을 이제야 겨우 창안하기 시작했기 때문 에 더욱더 그렇다. 기술의 미래는 대체로 새로운 상호작용의 발견에 달려 있다. 앞으로 30년 안에, 강하게 상호작용을 하지 않는 것은 고장 났다고 여기게 될 것이다.

TRACKING

제10장

·

측정하고 기록해 흐름을
추적하다

인터넷은 세계 최대의 가장 빠른 추적기이며, 추적될 수 있는 접속하는 것은 모두 다 추적될 것이다. 인터넷은 모든 것을 추적하고 싶어한다. 우리는 끊임없이 자기 추적을 하고, 친구를 추적하고, 친구와 기업과 정부에 추적당할 것이다. 사람들이 우려하는 것 역시 이것이며 기업도 어느 정도는 그러하다. 예전에 추적하기는 드물고 비싸게 여겨졌기 때문이다. 몇몇 사람들은 이 추적하려는 편향에 격렬히 맞서고, 일부는 결국 이 편향과 협력할 것이다. 추적하기를 길들이는 법, 예의 바르고 생산적으로 만드는 법을 터득한 사람은 성공할 것이고, 금지하고 불법화하려고만 하는 사람은 뒤처질 것이다. 소비자는 추적당하고 싶지 않다고 말하겠지만, 사실상 그들은 자신의 자료를 추적기에 계속 입력하고 있다. 혜택 받기를 원하기 때문이다.

우리는 자신에게 불투명하며, 자신이 누구인지를 해독할 수 있으려면 온갖 도움을 받아야 한다. 현재 도움을 주는 것 하나는 자기 측정self-measurement이다. 하지만 자기 측정을 통해 우리의 숨은 본성을 드러내려는 고상한 노력을 시작한 것은 얼마 되지 않았다. 얼마 전까지만 해도 스스로를 속이지 않고서 자신을 측정할 방법을 찾아내려면 그 일에 깊이 몰두해야 했다. 과학적인 자기 추적하기는 비용이 많이 들고 성가시고 제한적이었다. 하지만 지난 몇 년 사이에 가격이 몇 푼에 불과한 극도로 작은 디지털 감지기가 너무나 쉽게(그저 단추를 누르는 것만으로) 매개 변수를 기록할 수 있게 되었고, 매개 변수의 종류도 너무나 방대해져왔다. 지금은 거의 누구나 자신의 1,000가지 측면을 측정할 수 있다. 이미 이런 자기 측정을 접하면서, 의학, 건강, 인간 행동에 관한 우리의 생각은 바뀌기 시작했다.

디지털 마법은 온도계, 심박계, 동작 추적기, 뇌파계 등 수백 가지의 복잡한 의료기기를 이 책의 단어만 한 크기로 줄였다. 이 문장의 마침 표만 하게 줄어든 것도 있다. 이 미시 측정기는 시계, 옷, 안경, 전화기에 집어넣거나 우리의 방, 자동차, 사무실, 공용 공간에 저렴하게 분산시킬 수 있다.

2007년 봄, 나는 의사 친구인 앨런 그린과 캘리포니아 북부에 있는 우리 집의 뒷산을 올랐다. 무성한 수풀 사이로 난 길을 따라 천천히 꼭대기까지 오르면서, 우리는 최근에 이루어진 한 혁신적인 발명품에 대해 이야기했다. 신발 끈에 집어넣는 작은 만보기였는데, 걸음 수를 기록하여, 나중에 분석할 수 있도록 그 자료를 아이팟으로 전송하는 장치였다. 우리는 이 작은 장치를 이용하여 산을 오를 때 소비한 열량을 계산하고 운동 패턴을 시간별로 추적할 수 있었다. 우리는 우리의 활동을 측정하는 데 어떤 방법이 더 이용되고 있는지 목록을 만들기 시작했다. 일주일 뒤, 나는 〈와이어드〉 기고가인 게리 울프Gary Wolf와 같은 산길을 걸었다. 그는 이 새로운 자기 추적 장치가 사회적으로 어떤 영향을 끼칠지에 관심이 있었다. 나와 있는 장치는 12종류에 불과했지만 우리는 감지기가 계속 작아지면서 추적 기술이 폭발적으로 증가할 것이라고 명확히 내다볼 수 있었다. 이 문화적 변화를 무엇이라고 불러야 할까? 게리는 우리가 단어 대신 숫자에 의존함으로 '정량화한 자아quantified self'를 구축하고 있다고 지적했다. 그래서 2007년 6월, 게리와 나는 '정량화한 자아' 모임을 주최하겠다고 인터넷에 공지했다. 자신을 정량화하고 있다고 생각하는 사람이라면 누구든 오라고 했다. 우리는 과연 누가 나타날지 알아보기 위해 그 용어를 굳이 정의내리지 않았다. 캘리포니아 퍼시피카의 내 작업실에서 열린 이 1회 행사에는 20명 넘게 참석했다.

우리는 참석자들이 추적하고 있는 것이 대단히 다양하다는 사실에 놀랐다. 그들은 식단, 건강 상태, 수면 패턴, 기분, 혈액, 유전자, 위치 등 정량화할 수 있는 다양한 것을 측정하고 있었다. 직접 측정 장치를 만든 사람도 있었다. 한 사람은 자신의 근력, 정력, 집중력, 생산성을 최대화하기 위해 5년 동안 자신을 추적했다. 그는 당시 우리가 상상도 못한 방식으로 자기 추적을 하고 있었다. 현재 정량화한 자기 모임은 전 세계에 200개의 지부[1]가 있으며, 회원은 5만 명에 달한다. 그리고 8년 동안 매달 예외 없이, 그 전까지 있을 법하지 않거나 불가능해 보였던 삶의 측면을 추적하는 독창적인 방식을 보여주는 사람이 꼭 나타났다. 극단적인 습관을 보여주는 인상적인 이들도 몇 명 있다. 하지만 오늘 극단적으로 보이는 것은 곧 새로운 표준이 될 것이다.

컴퓨터과학자 래리 스마르Larry Smarr는 자신의 피부 온도와 피부 전기 반응 등 약 100가지 건강 매개 변수를 매일 추적한다. 매달 배설물의 미생물 조성도 살펴본다. 그 자료는 장내 미생물총의 조성을 반영하며, 이 분야는 가장 유망한 의학 분야 중 하나로 급부상하고 있다. 이 자료 흐름과 엄청난 양의 아마추어 의학 지식으로 무장한 그는 자신이나 의사가 어떤 증상을 알아차리기 이전에 자신의 몸에 크론병, 즉 궤양성대장염이 생겼다고 자가 진단을 했다. 나중에 수술을 통해서 그의 자기 추적이 옳았다고 입증되었다.

스티븐 울프램Stephen Wolfram은 수학 프로세서(워드 프로세서가 아니라)

인 탁월한 소프트웨어 매서매티카Mathematica를 만든 천재다. 수에 푹 빠진 사람답게 그는 자신의 수학적 재능을 살면서 모은 170만 개의 파일에 적용했다. 그는 25년 동안 보내고 받은 모든 이메일을 수학적으로 처리했다. 13년 동안 자판을 두드린 양상, 전화 통화, 걸음, 집·사무실에서 이 방 저 방을 왕래한 양상, 외출했을 때의 GPS 위치도 모두 기록했다. 책과 논문을 쓸 때 수정을 얼마나 했는지도 추적했다. 자신의 매서매티카 프로그램을 써서, 자기 추적 기록을 일종의 '개인 분석학' 엔진으로 전환했다. 이 엔진을 검색하면 수십 년에 걸친 그의 일상생활에 담긴 패턴이 드러난다. 어느 시간에 가장 생산성이 높은지 같은 미묘한 패턴도 드러났다. 자신의 자료를 분석하기 전까지 그 자신도 알아차리지 못한 것들이었다.

디자이너인 니콜라스 펠턴Nicholas Felton도 지난 5년 동안 자신의 모든 이메일, 문자 메시지, 페이스북과 트위터에 올린 것, 전화 통화, 여행을 추적하고 분석했다. 그는 해마다 전해의 자료에서 발견한 패턴을 보여주는 연례 보고서를 만든다.[2] 2013년에 그는 평균적으로 전체 시간 중 49퍼센트가 생산적이었는데, 수요일이 57퍼센트로서 생산성이 가장 좋았다고 결론지었다. 어느 시점에 자신이 혼자 있을 가능성은 43퍼센트였다. 그는 생애의 3분의 1(32퍼센트)을 잠으로 보냈다. 그는 이 정량적인 검토 자료를 자신이 만난 사람의 이름을 기억하는 등 '일을 더 잘하는 데' 도움이 되는 용도로 썼다.

정량화한 자기 모임에 가면, 습관적으로 지각하는 횟수, 마시는 커피의 양, 각성도, 재채기 횟수를 추적하는 사람의 이야기를 듣게 된다.

나는 추적이 가능한 것은 모두 다 어디에선가 누군가가 추적하고 있을 것이라고 장담할 수 있다. 최근에 한 국제 정량화한 자기 대회에서, 나는 이런 도전 과제를 떠올렸다. 아무도 측정하지 않을 법한 것을 골라서 누군가가 그것을 추적하고 있는지 알아보자. 그래서 나는 자기 추적자 500명에게 물었다. 손톱이 자라는 양상을 추적하는 사람이 있나요? 꽤 어처구니없는 질문 같았다. 하지만 한 명이 손을 들었다.

작아지는 칩, 더 오래가는 전지, 클라우드 연결성에 힘입어서 일부 자기 추적자는 매우 장기적인 '추적하기Tracking'를 시도한다. 건강이 특히 그러하다. 대부분의 사람들은 운 좋게도 1년에 한 차례 의사를 찾아서 자기 건강의 일부 측면을 측정한다. 하지만 연례행사가 아니라, 매일 온종일 보이지 않는 감지기가 당신의 심박수, 혈압, 체온, 혈당, 혈청, 수면 패턴, 체지방, 활동 수준, 기분, 뇌파 등을 측정하고 기록한다고 상상해보라. 이 특징 하나하나가 수십만 개의 자료점을 지닐 것이다. 편히 쉴 때와 심한 스트레스를 받을 때, 아플 때와 건강할 때 등 사계절 내내 모든 조건에서 증거가 쌓일 것이다. 여러 해에 걸쳐 자신의 정상 상태에 관한 아주 정확한 측정값을 얻을 것이다. 당신의 신체 수치가 요동하는 좁은 범위를 말한다. 의학에서 정상이란 허구적인 평균값임이 드러날 것이다. 당신의 정상은 내 정상이 아니다. 평균적인 정상은 당신에게 그다지 유용하지 않다. 하지만 장기적인 자기 추적하기를 통해서, 당신은 지극히 개인적인 기준선—당신의 정상 상태—에 도달할 것이다. 그 기준값은 당신의 몸 상태가 안 좋을 때나 당신이 실험을 하고 싶을 때 대단히 가치가 있다.

우리는 가까운 미래에 당신의 신체 기록을 담은 이 지극히 개인적인 데이터베이스(유전자 서열 전체를 포함한)를 써서 개인 맞춤 치료와 맞춤 의학을 구축하게 될 것이다. 과학은 당신의 생애 기록을 활용해 당신에게 맞는 치료를 할 수 있을 것이다. 이를테면, 당신 집의 영리한 맞춤 알약 제조기(제7장에서 말한)는 당신의 현재 몸에 필요한 정확한 비율로 약을 조제할 것이다. 아침의 치료로 증상이 완화되면, 그 시스템은 저녁에 증상에 맞는 약의 용량을 재조정할 것이다.

현재 의학 연구의 표준 방식은 가능한 한 많은 사람을 대상으로 실험을 하는 것이다. 실험 대상자의 수 N이 클수록 더 낫다. N이 무작위로 뽑은 사람 10만 명이라면 실험 결과를 나라 전체 인구에 확대 추정해도 좋을 만큼 가장 정확한 결과를 얻을 수 있을 것이다. 대상 집단에서 불가피하게 나올 별난 반응이 평균화하면서 결과에서 사라질 것이기 때문이다. 사실 약물 임상 시험은 대부분 경제적인 이유로 500명 이내의 사람을 대상으로 이루어진다. 하지만 $N=500$인 과학적 연구도 세심하게 이루어지면 식품의약청의 약물 승인을 얻기에 충분하다.

반면에 정량화한 자기 실험은 $N=1$에 불과하다. 실험 대상자는 자기 자신이다. 언뜻 볼 때, $N=1$인 실험은 과학적으로 타당하지 않게 여겨질지 모르지만, 당신 자신에게는 극도로 타당하다는 것이 드러난다. 여러 면에서 이 실험은 이상적이다. 어느 시점에서의 당신의 몸과 마음이라는 아주 특정한 대상을 상대로 X라는 변수를 검사하기 때문이다. 당신은 그 치료가 다른 누군가에게 들을지 여부에는 관심이 없다. 당신이 알고자 하는 것은 하나다. 과연 내게 어떤 영향을 미칠까? $N=1$

인 실험은 레이저처럼 한 사람에게 집중된 결과를 내놓는다.

N=1 실험(과학의 시대 이전에는 모든 의학의 표준 절차였다)의 문제는 그 결과가 유용하지 않다는 것이 아니라(유용하다) 스스로를 속이기가 아주 쉽다는 것이다. 우리는 모두 자신의 몸이나 자신이 먹는 것에 관한 직감과 기대를 갖고 있고, 세계가 어떻게 돌아간다는 이런저런 생각(증발이나 진동, 세균에 관한 이론 같은)을 갖고 있으며, 그런 것들 때문에 실제로 일어나는 일을 올바로 간파하지 못할 수 있다. 우리는 말라리아가 나쁜 공기 때문에 걸리지 않을까 추측해서, 더 고지대로 이사를 가며, 그러면 도움이 된다. 아주 조금 말이다. 우리는 글루텐이 더부룩함을 일으킨다고 생각하여, 살면서 그것이 범인이라는 증거를 찾으려 하고 그것이 중요하지 않다는 반대 증거를 무시하는 경향이 있다. 우리는 다치거나 필사적이 될 때면 특히 더 편견에 취약해진다. N=1 실험은 실험자의 일반적인 기대를 실험 대상자의 것과 분리할 수 있을 때에만 잘될 수 있는데, 한 사람이 양쪽 역할을 다 하므로 그러기가 극도로 어렵다. 대규모 무작위 이중 맹검 실험이 창안된 이유가 바로 이런 유형의 내적 편견을 극복하기 위해서다. 실험 대상자는 검사의 매개 변수를 알지 못하므로 편견을 지닐 수가 없다. 자기 추적하기라는 새로운 시대에는 N=1 실험에서 자기기만 중 일부를 극복하는 데 도움을 주는 것들이 있다. 자동 측정(실험 대상자가 '잊을' 만큼 오랜 기간 무수히 측정하는 감지기 덕분에)이 이루어지고 실험 대상자의 주의를 흩어놓도록 많은 변수를 동시에 추적할 수 있고 따라서 나중에 그 통계적 수단을 써서 패턴을 찾아낼 수 있다는 점이 바로 그렇다.

우리는 여러 고전적인 대규모 집단 연구에서 우리가 먹는 약이 효과가 있다고 믿기 때문에 듣는 사례가 종종 있다는 것을 안다. 이것을 플라시보 효과placebo effect라고 한다. 정량화한 자기 추적은 플라시보 효과를 정면으로 반박하는 것이 아니다. 오히려 그것과 협력한다. 개입이 측정 가능한 개선 효과를 일으킨다면, 그 치료는 통하는 것이다. 이 측정 가능한 개선이 플라시보 효과로 일어나는지 여부는 중요하지 않다. 우리는 오직 이 N=1 실험 대상자에게 어떤 효과가 일어나는가에 관심이 있기 때문이다. 따라서 플라시보 효과는 긍정적일 수 있다.

정식 연구에서는 긍정적인 결과 쪽으로 편향되는 것을 상쇄시킬 대조군이 필요하다. N=1 실험에서 정량화한 자기 실험자는 대조군 대신에 자신의 기준선을 이용한다. 아주 다양한 측정을 통해 자신을 충분히 오래 추적하면, 실험하지 않을 때(혹은 이전)의 행동이 어떠했는지를 파악할 수 있고, 그 자료는 사실상 비교할 대조군 역할을 할 수 있다.

▪▪▪▪▪▪▪▪▪▪▪▪▪▪▪▪▪▪▪▪▪▪▪▪▪▪▪▪▪▪▪▪▪▪▪▪▪▪

수에 관한 이 모든 이야기는 인간에 관한 한 가지 중요한 사실을 감추고 있다. 우리의 수학적 직관 능력이 떨어진다는 것이다. 우리 뇌는 통계를 잘 못한다. 수학은 우리의 자연어가 아니다. 극도로 시각적인 도표와 그래프도 극도의 집중력을 요한다. 장기적으로 정량화한 자기에서의 정량화는 눈에 띄지 않게 될 것이다. 자기 추적하기는 숫자를 초월하여 나아갈 것이다.

예를 하나 들자. 2004년에 독일의 IT 전문가인 우도 바흐터Udo

Wachter는 작은 디지털 나침반을 분해하여 핵심 부품을 가죽 허리띠에 붙였다. 이어서 스마트폰을 진동시키는 것과 같은 소형 압전 진동자 13개를 허리띠를 따라 죽 붙였다. 마지막으로 전자 나침반을 고쳐서 원형 화면에서 북쪽으로 가리키는 대신에, 허리띠에서 어느 부분이 북쪽을 향하면 그 부분이 진동하도록 만들었다. 두른 허리띠에서 북쪽을 '향한' 부분은 늘 진동할 터였다. 허리띠를 차자, 우도는 허리에서 북쪽을 느낄 수 있었다. 북쪽을 알려주는 허리띠를 계속 차고 있자, 일주일이 채 되기 전에, 그는 '북쪽'이 어디인지 확실히 느끼게 되었다. 무의식적이었다. 그는 생각하지도 않은 채 그 방향을 가리킬 수 있었다. 그냥 알았다. 몇 주가 지나자 위치 감각까지 증진되었고, 그는 마치 지도를 느낄 수 있는 양[3] 자신이 도시의 어디에 있는지도 알았다. 디지털 추적하기로 얻는 정량적인 자료가 전혀 새로운 체성 감각의 일부가 되었다. 장기적으로 볼 때, 이것이 우리 신체의 감각기에서 흘러나오는 끊임없는 자료의 흐름 중 상당수의 운명일 것이다. 그 흐름은 숫자가 아닐 것이다. 새로운 감각일 것이다.

이 새로운 합성 감각은 단순히 흥미거리가 아니다. 우리가 타고난 감각은 수백만 년에 걸쳐 우리가 자원이 희소한 세계에서 살아남을 수 있도록 진화한 것이다. 열량, 염분, 지방의 부족은 심각한 위협이었다. 맬서스와 다윈이 보여주었듯이, 모든 생물 집단은 굶주릴 때까지 수가 불어난다. 기술에 힘입어 풍족해진 오늘날의 세계에서는 좋은 것이 너무 많아서 생존에 위협을 끼친다. 너무 많은 영양분은 우리의 대사와 심리를 병들게 한다. 하지만 우리 몸은 이 새로운 불균형에 그리

잘 대처하지 못한다. 우리는 혈압이나 혈당 수준을 감지하도록 진화하지 않았다. 하지만 기술은 감지할 수 있다. 한 예로, 스캐너두가 내놓은 새로운 자기 추적 장치인 스카우트Scout는 기존 초시계만 하다. 이마에 갖다 대면, 당신의 혈압, 심장 박동수, 심장 활동ECG, 산소 농도, 체온, 피부 전도도를 한꺼번에 측정할 것이다. 언젠가는 혈당 수치도 측정할 것이다. 실리콘밸리에는 바늘로 찌르지도 몸에 집어넣지도 않으면서 매일 혈액 성분을 측정하여 분석하는 기기를 개발하고 있는 신생 기업이 한두 곳이 아니다. 결국에는 착용하게 될 것이다. 이 정보를 받아서 숫자가 아니라 우리가 느낄 수 있는 형태로, 즉 손목의 진동이나 엉덩이의 압박 같은 형태로 되돌려주는 장치는 우리가 진화 과정에서 획득하지 못했지만 절실히 필요한, 몸에 관한 새로운 감각을 제공할 것이다.

자기 추적하기는 건강뿐 아니라 훨씬 더 폭넓게 적용될 수 있다. 우리의 삶 전체에 적용 가능하다. 착용 가능한 미세한 디지털 눈과 귀는 삶의 매초마다 기록을 하여—우리가 누구를 보고 무엇을 말하는지—우리의 기억을 도울 수 있다. 이메일과 문자 메시지의 흐름은 저장될 때, 우리 마음의 지속적인 일기가 된다. 우리는 듣는 음악도, 읽는 책과 기사도, 방문하는 장소도 기록에 추가할 수 있다. 일상적인 이동과 회의 중에서 중요한 특이 사항도, 일상적이지 않은 사건과 경험도 비트로 전환되어 연대기적 흐름으로 융합될 수 있다.

이 흐름을 라이프스트림lifestream이라고 한다. 1999년 컴퓨터과학자 데이비드 젤런터David Gelernter가 주창한 라이프스트림은 단순한 자료 보관이 아니다. 젤런터는 라이프스트림을 컴퓨터를 위한 새로운 조직화 인터페이스로 생각했다. 기존 데스크톱을 대신할 새로운 연대기적 흐름이라는 것이었다. 웹브라우저 대신 흐름브라우저다. 젤런터와 그의 대학원생인 에릭 프리맨Eric Freeman은 라이프스트림 체계를 이렇게 정의한다.

"라이프스트림은 당신의 전자 생활의 일기 역할을 하는 문서의 시간별 흐름이다. 당신이 만드는 모든 문서와 다른 사람이 보내는 모든 문서는 당신의 라이프스트림에 저장된다. 당신 스트림의 꼬리에는 과거에서 온 문서가 들어 있다(전자 출생증명서에서 시작하는). 꼬리에서부터 현재를 향해 나아갈수록, 당신의 스트림에는 점점 더 최근의 문서가 들어 있다. 사진, 편지, 청구서, 영화, 음성 우편, 소프트웨어 등등. 현재를 지나 미래로 가면, 그 스트림에는 당신이 필요로 하는 문서들이 들어 있다. 상기시키는 쪽지, 달력 표시, 할 일 목록⁴ 등이다."

"당신은 느긋하게 앉아서 새로운 문서가 도달하는 것을 지켜볼 수도 있다. 그것은 스트림의 머리에 내려앉는다. 당신은 커서를 뒤로 죽 움직임으로써 스트림을 훑는다. 화면에서 한 문서를 누르면 내용을 살펴볼 수 있을 만큼의 페이지가 뜬다. 시간을 더 되돌리거나 미래로 가서 다음 주나 앞으로 10년 안에 무엇을 할 예정인지도 살펴볼 수 있다. 당신의 사

이버 삶 전체가 당신의 눈앞에 놓여 있다."⁵

모든 사람은 자신의 라이프스트림을 생성한다. 내가 당신을 만날 때, 당신과 나의 라이프스트림은 교차한다. 다음 주에 만나기로 하면 미래에 교차한다. 작년에 만났거나 사진을 공유했다면 우리의 라이프 스트림은 과거에 교차했다. 우리 스트림은 믿어지지 않을 만큼 복잡하게 얽히고설키지만, 각각이 엄격한 연대적 속성을 지니므로, 쉽게 훑어볼 수 있다. 어느 사건을 찾으려면 시간의 흐름에 따라 자연스럽게 죽 훑으면 된다. "그 일은 크리스마스 여행을 한 다음이지만 내 생일 전에 일어났다."

젤런터는 라이프스트림을 조직화에 비유할 때의 이점을 이렇게 설명한다. "'그 정보를 어디에 두었더라?'라는 질문의 답은 언제나 하나다. 내 스트림에 있다는 것이다. 시간표, 연표, 일기, 일지, 스크랩북 개념은 파일 계층 구조 개념보다 훨씬 더 오래되고 인류 문화에 훨씬 더 엮이고 배어 있다." 젤런터는 선Sun 컴퓨터 회사의 대표자에게 이렇게 말한 바 있다. "어느 화창한 오후에 레드패럿 바깥에서 멜리사에게 말을 걸었다는 새로운 기억을 습득할 때, 나는 그 기억에 이름을 붙일 필요도, 그것을 어느 디렉터리에 넣을 필요도 없어요. 기억에 있는 어떤 것이라도 검색 열쇠로 삼을 수 있으니까요. 전자 문서도 이름을 붙이거나 디렉터리에 넣을 필요가 없어요. 다른 스트림을 내 스트림에 섞을 수도 있어요. 다른 사람의 스트림을 쓰도록 허락을 받았을 때에요. 내 개인의 스트림, 내 전자 인생 이야기는 섞여든 다른 스트림도 지닐 수 있어요. 내가 속한 집단이나 조직에 속한 스트림이지요. 그리고 신문과 잡지의 스트림 같은 것도 내 스트림에 섞이게 마련이지요."

젤런터는 1999년부터 여러 차례 자기 소프트웨어를 제품화하려 시도했지만 성공하지 못했다. 그의 특허를 산 한 회사는 애플이 그의 라이프스트림 개념을 훔쳐서 타임머신Time Machine 백업 시스템을 만들었다고 고소했다. (애플의 타임머신에서 어떤 파일을 복원하려면, 시간대를 따라서 죽 원하는 날짜까지 가면 된다. 그러면 그 날짜에 컴퓨터에 있던 것의 스냅 사진이 나타난다.)

하지만 지금의 소셜 미디어에는 라이프스트림의 작동 사례가 몇 가지 있다. 페이스북(그리고 중국의 위챗)을 보라. 당신의 페이스북 스트림은 당신의 삶에서 나오는 사진, 업데이트, 링크, 포인터, 기타 문서의 지속적인 흐름이다. 새로운 것이 스트림의 앞쪽에 계속해서 추가된다. 관심이 있다면, 당신은 페이스북에 당신이 듣고 있는 음악이나 스트리밍으로 보는 영화를 갈무리할 위젯을 추가할 수 있다. 페이스북은 과거를 되돌아볼 타임라인 인터페이스도 제공한다. 10억 명이 넘는 사람의 스트림이 당신의 스트림과 교차한다. 한 친구(또는 낯선 사람)가 올라온 어떤 글에 '좋아요'를 누르거나 누군가의 사진에 태그를 붙일 때, 두 스트림은 뒤섞인다. 그리고 매일 페이스북은 더 많은 현행 사건과 뉴스의 스트림들과 자체 업데이트를 월드스트림worldstream에 추가하고 있다.

하지만 이 모든 것도 더 큰 그림의 일부에 불과하다. 라이프스트리밍은 적극적이고 의식적인 추적하기라고 생각할 수 있다. 사람은 휴대전화로 사진을 찍거나 친구의 글에 태그를 붙이거나 포스퀘어로 어떤 장소에 표시를 할 때 자신의 스트림을 적극적으로 관리하는 것이다. 운동하면서 핏빗Fitbit 데이터를 기록하는 것도, 걸음 수를 세는 것도 적극적인 활동이다. 주의를 기울인다는 의미이기 때문이다. 어떤 능력에 주의를 기울이지 않는다면, 자신의 행동을 바꿀 수 없다.

마찬가지로 중요하지만 의식적이지도 적극적이지도 않은 형태의 추적하기도 있다. 이 수동적 형태의 추적하기는 라이프로깅lifelogging이라고도 한다. 모든 것을 계속하여 단순히, 기계적으로, 자동적으로, 아무 생각 없이, 철저히 추적한다는 개념이다. 편견 없이, 살아가는 내내, 기록할 수 있는 모든 것을 기록한다. 미래에 필요해질 때에만 그것에 주의를 기울인다. 라이프로깅은 엄청나게 낭비적이고 비효율적인 과정이다. 당신이 기록한 것의 대부분은 결코 쓰이지 않기 때문이다. 하지만 많은 비효율적인 과정들처럼(진화 같은), 비범한 특징도 들어 있다. 라이프로깅은 연산과 저장과 감지기가 아주 저렴해져서 거의 비용을 들이지 않고서 그것을 낭비할 수 있게 되었기 때문에 가능하다. 하지만 가장 성공적인 디지털 제품과 기업 중 상당수는 바로 이 연산의 창의적인 '낭비'를 통해 나왔으며, 라이프로깅의 혜택도 연산을 아낌없이 사용하는 데에서 나온다.

1980년대 중반에 테드 넬슨은 라이프로깅을 최초로 시도한 사람 중 한 명이었다(비록 그 이름으로 부르지는 않았지만). 하이퍼텍스트를 창안한 넬슨은 남과 나눈 모든 대화를 녹음테이프나 비디오테이프에 기록했다. 장소나 중요도를 따지지 않았다. 그가 만나서 대화를 한 사람이 수천 명에 달했으므로, 그는 테이프를 보관할 대형 컨테이너까지 빌렸다. 또 한 사람은 1990년대의 스티브 만Steve Mann이었다.[6] 당시 MIT에 있던(지금은 토론토대학교에 있다) 만은 머리에 카메라를 장착하고서 일상생활을 비디오테이프에 기록했다. 매일 1년 내내 모든 것을 기록했다. 25년 동안 깨어 있는 시간 내내 카메라는 켜져 있었다. 그의 장치는 한쪽 눈 위에 작은 화면이 붙어 있었고, 카메라는 그의 1인칭 시점에서 기록했다. 20년 앞서 구글 글라스를 내다본 기기였다. 내가 1996년 7월에 처음 그를 만났을 때, 만은 자신이 '정량계측적 자기 감지Quantimetric Self Sensing'를 한다고 말하곤 했다. 카메라가 그의 얼굴을 절반이나 가리고 있었기에, 나는 그의 옆에서 자연스럽게 행동하기가 어려웠다. 그는 지금도 자신의 삶 전체를 기록하고 있다.

하지만 라이프로거lifelogger의 모범 사례는 마이크로소프트리서치의 고든 벨Gordon Bell일 것이다. 그는 2000년부터 6년 동안 마이라이프비츠MyLifeBits라는 이름하에 자기 직장생활의 모든 측면을 기록하는 원대한 실험을 했다.[7] 벨은 특수 제작된 카메라를 목에 걸었다. 그 장치는 사람의 체열을 감지하여, 누가 가까이 있으면 60초마다 사진을 찍었다. 벨의 보디캠bodycam은 새로운 장소에서 변화를 감지할 때에도 사진을 찍었다. 벨은 자기 컴퓨터에서 자판을 두드려서 하는 모든 입력, 모든 이메일, 방문한 모든 웹사이트, 자신이 검색한 모든 것, 컴퓨터에서 여는 모든 창과 그 창이 열려 있는 시간을 기록하고 저장했다. 또 그는 대화 중 상당수도 기록했고, 그럼으로써 나왔던 말과 일치하지 않는 부분이 있을 때마다 '되돌려서' 살펴볼 수 있었다. 또 그는 들어오는 모든 서류를 스캔하여 디지털 파일로 보관했고 모든 전화 통화도 녹음했다(상대의 허락 하에). 이 실험의 목적 중 하나는 이 라이프로깅이 생성하는 엄청난 자료를 작업자가 관리할 수 있게 돕고자 한다면 마이크로소프트가 어떤 라이프로깅 도구를 창안해야 할지 알아내는 것이었다. 이 모든 자료를 파악하는 것이 단지 기록하는 것보다 훨씬 더 큰 도전 과제이기 때문이다.

라이프로깅의 목표는 완전 기억total recall을 만드는 것이다. 라이프로그가 삶의 모든 것을 기록한다면, 당신의 마음이 잊어버린다고 해도 당신이 경험한 모든 것을 회상할 수 있다. 사실상 당신의 삶이 색인되고 온전히 저장됨으로써, 당신의 삶을 구글할 수 있게 되는 것과 비슷할 것이다. 우리의 생물학적 기억은 매우 뜨문뜨문 이루어지므로 그것을 보완한다면 엄청난 혜택을 볼 수 있다. 벨의 완전 기억 실험판은 그의 생산성 향상에 기여했다. 그는 앞서 어떤 말을 했는지를 검증하거나 잊어버린 깨달음을 되살릴 수 있었다. 그의 시스템은 삶을 비트로 기록하는 데 거의 문제가 없었지만, 그는 의미 있는 비트를 검색하려면 더 나은 도구가 필요하다는 것을 알게 되었다.

나도 고든 벨이 썼던 것에 착안하여, 내 셔츠에 작은 카메라를 달고 다녔다. 내러티브Narrative라는 이 장치는 가로세로 약 2.5센티미터의 네모난 형태다. 온종일, 즉 내가 끼고 있는 동안 1분마다 정지 사진을 찍는다. 또 장치를 두 번 두드리면 사진을 추가로 찍을 수 있다. 사진은 클라우드로 보내지고, 그곳에서 처리되어 내 전화기나 웹으로 전송된다. 내러티브의 소프트웨어는 그날 찍은 사진을 영리하게 분류하여 각 장면을 가장 잘 보여주는 사진을 석 장씩 고른다. 그리하여 홍수 처럼 쏟아지는 이미지의 수를 줄인다. 이 시각적 요약을 이용하여 나는 하루에 찍히는 약 2,000장의 사진을 빠르게 훑을 수 있고, 특정한 장면에서는 흐름을 확장하여 더 많은 이미지를 보면서 원하는 정확한 순간을 떠올릴 수 있다. 나는 1분 이내에 하루 전체의 라이프스트림을 쉽게 훑을 수 있다. 아주 상세한 시각적 일기로서, 한 달에 두 번만 주의를 기울여서 정리하면 이루 헤아릴 수 없는 가치를 지니게 되는 라이프로깅 자산으로서 꽤 유용하다.

내러티브 이용자는 대개 이 사진 일기를 회의에 참석하거나, 휴가를 가거나, 특정한 경험을 기록하고 싶을 때 사용하는 것으로 드러났다. 이 장치는 회의를 회상할 때 이상적이다. 카메라가 당신이 새로 만나는 사람을 계속 찍어준다. 명함보다 나으며, 몇 년 뒤에 그들을 훨씬더 쉽게 기억할 수 있다. 당신의 라이프스트림을 훑어서 그들이 어떤 이야기를 했는지도 더 잘 떠올릴 수 있다. 사진 라이프스트림은 휴가나 집안 행사를 떠올리는 데 매우 유용하다. 한 예로, 최근에 나는 조카의 결혼식 때 내러티브를 썼다. 모두가 떠올리는 결정적인 순가뿐 아니라, 전에 이야기를 나눈 적이 없던 사람들과 대화하는 장면까지 포착되어 있었다. 내가 쓰는 내러티브는 음성을 기록하지 않지만, 다음 개정판에는 포함될 것이다. 벨은 가장 많은 정보를 포착하는 매체가 음성이며, 거기에 사진이 곁들여져서 색인과 회상을 돕는다면 가장 낫다는 것을 알아냈다. 벨은 내게 한 가지만 고를 수 있다면, 시각 기록보다는 음성 기록을 택하겠다고 했다.

라이프로깅의 확장판은 다음과 같은 네 가지 혜택을 제공할 것이다.

- **몸 상태를 알려주는 중요한 신체 활동 수치를 1년 내내 매일 24시간 끊임없이 측정 :** 혈당 수치를 실시간으로 계속 지켜본다면, 공중 보건에 얼마나 많은 변화가 일어날지 상상해보라. 당신의 피에 주변 환경에서 유입된 생화학 물질이나 독소의 유무를 거의 실시간으로 검출할 수 있다면, 당신의 행동에 어떤 변화가 일어날지 상상해보라. (이렇게 결론 내릴지도 모른다: "거기에 다시는 안 가!") 이 자료는 경고 시스템이자 개인에 맞게 질병을 진단하고 약을 처방하는 토대가 될 수 있다.
- **만난 사람들, 했던 대화들, 갔던 장소들, 겪었던 사건들의 확장된 상호작용적 기억 :** 이 기억은 검색, 추출, 공유가 가능해질 것이다.
- **당신이 지금까지 만들거나 쓰거나 말했던 모든 것의 완벽한 기록 저장소 :** 자기 활동들을 깊이 비교 분석함으로써 생산성과 창의력 향상에 도움을 줄 수 있다.
- **자기 삶을 체계화하고 변모시키고 '읽는' 방법**

라이프로그가 공유되는 정도에 따라서, 이 정보 기록 보관소는 다른 사람의 일을 돕고 사회적 상호작용을 확대하는 데에도 쓰일 수 있다. 보건 분야에서, 공유되는 의료 기록은 의학적 발견 속도를 높일 수 있다.

많은 회의론자들은 두 가지 이유에서 라이프로깅이 소수의 시도에 그칠 것이라고 본다. 첫째, 자기 추적하기를 당신이 할 수 있는 가장 괴짜 같은 일이라고 보는 현재의 사회적 분위기다. 구글 글라스를 구입했던 이들은 금방 그것을 벗어버렸다. 자신이 남에게 어떻게 보일지 걱정되기도 했고 친구들이 기록되는 것을 불편하게 여긴다고 느꼈기 때문이다. 혹은 왜 기록을 하지 않는지 설명해야 하는 불편한 일을 겪어야 했다. 게리 울프는 이렇게 말했다. "일기에 기록하는 것은 훌륭하다고 본다. 스프레드시트에 기록하는 것은 불쾌하게 여긴다." 하지만 나는 어떤 때에 라이프로깅을 해도 좋은지 여부를 알려줄 사회적 규범과 혁신적인 기술이 금방 나올 것이라고 믿는다. 1990년대에 휴대전화가 처음 등장하여 얼리어답터들에게 보급되었을 때, 여기저기에서 벨소리가 울리면서 끔찍한 불협화음이 가득했다. 열차에서, 욕실에서, 극장에서 고음의 벨소리가 울려 퍼졌다. 초기 휴대전화로 통화를 하던 사람들도 벨소리만큼 큰 목소리로 떠들어댔다. 당시에 머지않아 모든 사람이 휴대전화를 가지면 세상이 어떤 소리로 가득할지 상상했다면, 시끄러운 소리가 끊이지 않을 것이라고밖에 상상하지 못했을 것이다. 하지만 그렇게 되지 않았다. 무음 진동자가 발명되었고, 사람들은 문자를 보내는 법을 배웠고, 사회적 규범이 자리를 잡았다. 지금은 모든 사람이 휴대전화를 들고 극장에 가도 벨소리나 불이 켜진 휴대전화 화면을 한 차례도 접하지 않으면서 영화를 볼 수 있다. 예의에 어긋난다고 여겨지기 때문이다. 우리는 라이프로깅을 받아들이게 해줄 같은 유형의 사회 규범과 기술적 혁신을 갖출 것이다.

둘째, 개인 각자가 해마다 엑사바이트까지는 아니라 해도 페타바이트의 자료를 생성하게 될 때, 라이프로깅이 어떻게 가능하겠는가? 그 누구도 그 비트의 바다를 헤쳐나갈 수 없을 것이다. 단 하나의 깨달음도 얻지 못한 채 익사할 것이다. 이 말은 현재의 소프트웨어에도 얼추 들어맞는다. 자료를 이해하기까지 엄청난 시간이 소요된다. 사용자는 수리력이 뛰어나고, 첨단 기술을 빨리빨리 이해하고, 자신이 생산하는 자료의 강에서 의미를 추출하려는 강한 동기를 지녀야 한다. 그것이 바로 자기 추적하기가 아직 소수의 전유물인 이유다. 하지만 값싼 인 공지능은 이 문제를 상당 부분을 해결할 것이다. 이미 연구실의 AI는 수십억 개의 기록을 훑어서 중요한 의미 있는 패턴을 찾아낼 만큼 강 력하다. 한 예로 임의의 사진에서 어떤 일이 일어나고 있는지를 이미 묘사할 수 있는 구글의 AI는 내 내러티브 셔츠 카메라가 찍어 보내는 이미지도 소화할 수 있다. 그래서 나는 내러티브에 그냥 일상 언어로 2년 전에 간 파티에서 해적 모자를 쓰고 있던 사람이 누구였는지 찾아 달라고 요청할 수 있다. 그러면 그가 찍힌 사진이 나타나고, 그의 스트 림은 내 스트림과 연결될 것이다. 또는 내 심박수를 증가시키는 경향 이 있는 방이 어떤 종류인지를 파악해달라고 요청할 수도 있다. 이유 가 색깔이었을까 온도였을까 천장 높이였을까? 지금은 마법처럼 보일 지라도, 10년 안에 이런 요청은 지극히 기계적인 것이라고 여겨지게 될 것이다. 구글에 무언가를 찾아달라고 요청하는 것과 그리 다르지 않다고 말이다. 그 일도 20년 전에는 마법처럼 비쳤을 것이다.

하지만 이런 일도 더 큰 그림의 일부일 뿐이다. 우리—사람들의 인 터넷—는 자기 자신, 자기 삶의 상당 부분을 추적할 것이다. 하지만 사 물인터넷은 훨씬 더 크며, 수십억 개의 사물도 스스로를 추적할 것이 다. 앞으로 수십 년 안에 제조되는 것은 거의 다 인터넷과 연결되는 작은 실리콘 칩을 지니게 될 것이다. 이 폭넓은 연결의 한 가지 결과는 각 사물이 어떻게 쓰이는지를 대단히 정확히 추적하는 것이 가능해진 다는 점이다. 한 예로 2006년 이후로 제작된 모든 차에는 계기판 안에 작은 OBD 칩이 내장되어 있다. 이 칩은 당신이 차를 어떻게 쓰는지 를 기록한다. 주행거리, 주행 속도, 급제동 횟수, 회전한 속도, 단위 연 료당 주행거리를 추적한다. 이 자료는 원래 자동차를 수리할 때 도움 을 얻기 위해 고안된 것이다. 프로그레시브Progressive 같은 몇몇 보험회 사는 당신의 OBD 운전 기록에 접근할 수 있게 당신이 허용하면 자동 차 보험료를 깎아줄 것이다. 안전 운전을 하는 운전자일수록 보험료는 더 저렴해진다. 자동차의 GPS 위치도 매우 정확히 추적할 수 있으므 로, 운전자가 어느 도로를 얼마나 자주 이용하는가에 따라 운전자에게 통행료를 매기는 것도 가능해질 것이다. 이 통행료 부과는 가상 통행 료 산정이나 자동 요금 부과라고 생각할 수 있을 것이다.

만물인터넷과 그 안에 떠 있는 클라우드는 자료를 추적하도록 설계되 어 있다. 앞으로 5년 안에 클라우드에 추가될 것이라고 예상되는 340 억 개의 인터넷 연결기기[8]들은 자료를 흐르게 하도록 되어 있다. 그리 고 클라우드는 그 자료를 보관하도록 설계되어 있다. 이 클라우드에 접속하는 추적할 수 있는 모든 것은 추적될 것이다.

　최근에 나는 연구자 카미유 하트셀Camille Hartsell의 도움을 받아서 미 국에서 일상적으로 우리를 추적하는 모든 장치와 시스템의 목록을 작성했다. 여기서 핵심 단어는 '일상적으로'다. 나는 이 목록에서 해커, 범죄자, 사이버 군대가 불법적으로 수행하는 비일상적인 추적은 제외했다. 또 원할 때 어떤 식으로든 특정한 대상을 추적할 수 있는 정부 기관도 제외했다. (정부 기관의 추적 능력은 예산에 비례한다.) 대신에 이 목록은 미국에서 보통 사람이 일상생활에서 마주칠 수 있는 유형의 추적하기를 취합한 것이다. 각 사례는 공식 자료나 주요 출판물에서 얻었다.

- **자동차 이동** : 2006년 이후의 모든 차에는 차를 몰 때마다 속도, 제동, 회전, 주행거리, 사고를 기록하는 칩이 들어 있다.
- **고속도로 교통 상황** : 고속도로 곳곳에 설치된 카메라와 감지기는 차량 번호판과 하이패스 기계를 통해 자동차의 위치를 기록한다. 매달 7,000만 개의 번호판이 기록된다.
- **공유 택시** : 우버, 리프트 같은 분산형 차량 공유 서비스업체는 당신의 이동 양상을 기록한다.
- **장거리 여행** : 항공기와 열차는 당신의 여행 일정을 기록한다.
- **드론 감시** : 미국 국경을 따라, 무인 항공기가 국경 안팎의 활동을 감시하고 기록한다.
- **우편물** : 당신이 주고받는 모든 우편물은 겉봉이 스캔되어 디지털화한다.
- **공공시설** : 공공시설은 당신의 전기와 물 사용 양상을 기록한다.(쓰레기 배출량은 아직 기록하지 않는다)

- **휴대전화 위치와 통화 기록 :** 언제 어디에서 누구와 통화를 했는지가 몇 달 동안 저장된다(메타자료). 일부 전화회사는 통화 및 메시지의 내용을 수일에서 수년 동안 일상적으로 보관한다.
- **공공 카메라 :** 미국 주요 도시의 도심에서는 카메라가 당신의 활동을 매일 24시간 기록한다.
- **상업 공간과 사적 공간 :** 현재 공무원의 68퍼센트, 직장인의 59퍼센트, 은행의 98퍼센트, 공립학교의 64퍼센트, 집 소유자의 16퍼센트는 카메라 아래에서 살거나 일한다.
- **스마트 홈 :** 스마트 온도계(네스트 같은)는 당신의 부재 여부와 행동 패턴을 검출하여 클라우드로 전송한다. 스마트 전기 콘센트(벨킨 Belkin 같은)는 당신의 전기 소비량과 사용 시간을 기록하여 클라우드로 보낸다.
- **집 감시 :** 설치된 비디오카메라는 집 안팎의 활동을 기록하여 클라우드 서버에 저장한다.
- **상호작용기기 :** 당신이 전화기(시리, 나우, 코타나cotana), 콘솔(키넥트kinect), 스마트 TV, 스피커(아마존에코Amazon Echo)로 하는 음성 명령과 메시지는 기록되어 클라우드에서 처리된다.
- **고객카드 :** 슈퍼마켓은 당신이 언제 무엇을 구입했는지 추적한다.
- **전자상거래업체 :** 아마존 같은 업체는 당신이 무엇을 구입하느냐뿐 아니라, 어떤 상품을 보는지, 심지어 살까 말까 고민하는지 여부까지도 추적한다.
- **IRS :** 당신의 전 생애에 걸쳐서 금융 상황을 추적한다.

- **신용카드** : 물론 모든 구매 양상이 추적된다. 또 패턴을 깊이 분석하는 정교한 AI를 써서 당신의 성격, 인종, 습관, 정치색, 선호도를 파악한다.

- **전자지갑과 전자은행** : 민트Mint 같은 금융 거래 종합 사이트는 대출, 주택담보대출, 투자 등을 통해 당신의 금융 상황 전체를 추적한다. 스퀘어와 페이팔 같은 전자지갑 사이트는 모든 구매 내역을 추적한다.

- **사진 얼굴 인식** : 페이스북과 구글은 다른 사람이 웹에 올린 사진에서 당신을 식별(태그)할 수 있다. 사진을 찍은 장소에서 당신의 이동 역사도 파악할 수 있다.

- **웹 활동** : 웹 광고 쿠키는 당신이 웹을 돌아다니는 양상을 추적한다. 상위 1,000개 인기 사이트의 80퍼센트 이상은 당신이 웹에서 어디를 가든 따라다니는 웹 쿠키를 쓰고 있다. 광고 네트워크에 동의를 하면, 당신이 방문하지 않았던 사이트조차도 당신의 웹 역사에 관한 정보를 얻을 수 있다.

- **소셜 미디어** : 타인의 식구, 친구, 친구의 친구를 파악할 수 있다. 당신의 이전 직원과 현재 직장 동료도 파악하고 추적할 수 있다. 그리고 여가 시간을 어떻게 쓰는지도 파악할 수 있다.

- **검색 브라우저** : 구글은 당신이 물은 모든 질문을 영구 저장하도록 기본 설정되어 있다.

- **스트리밍 서비스** : 당신이 언제 어떤 영화(넷플릭스), 음악(스포티파이), 비디오(유튜브)를 소비하고 어떤 평점을 매기는지를 추적한다. 케이블 회사들도 마찬가지다. 당신의 시청 역사를 기록한다.

- **독서** : 공공 도서관은 약 1개월 동안 당신의 대출 기록을 보관한다. 아

마존은 도서 구매 내역을 영구 기록한다. 킨들은 당신이 전자책을 읽는 양상을 감시한다. 책의 어느 대목을 읽고 있는지, 한 쪽을 읽는 데 얼마나 걸리는지, 어디에서 멈추는지를 추적한다.

- **운동 추적 장치**: 당신의 신체 활동, 하루 중 시간, 때로는 위치까지, 매일 잠잘 때나 깨어 있을 때를 가리지 않고 24시간 추적하곤 한다.

이 모든 스트림을 통합할 수 있는 기관이 얼마나 큰 권력을 지니게 될지 쉽게 상상이 간다. 빅브라더Big Brother에 대한 두려움은 이것들을 엮기가 기술적으로 대단히 쉽다는 데에서 나온다. 하지만 현재 이 스트림들은 대부분 독립적이다. 그 비트들은 통합되지도 연관되지도 않는다. 소수의 가닥들이 엮일 수도 있겠지만(신용카드와 미디어 이용처럼), 대체로 거대한 빅브라더를 연상시키는 종합적인 흐름은 아니다. 정부는 느리기 때문에, 기술적으로 할 수 있는 수준에서 한참 뒤처져 있다. (정부의 보안은 무책임할 만치 느슨하며, 수십 년 뒤처져 있다.) 또 어렵게 제정된 사생활 보호법이라는 얇은 장벽에 가로막혀서 미국 정부는 이 스트림들을 통합하지 못하고 있다. 하지만 기어이 가능한 만큼 많은 자료를 통합하는 것을 가로막는 법규는 거의 없다. 그래서 기업은 정부를 위한 프록시 자료 수집자가 되어왔다. 소비자에 관한 자료는 사업자에게 새로운 금맥이므로, 한 가지는 확실하다. 기업(그리고 간접적으로 정부)이 점점 더 많은 자료를 수집하리라는 것이다.

필립 K. 딕Philip K. Dick의 단편소설을 토대로 만든 영화 〈마이너리티 리포트〉는 범죄자가 범죄를 저지르기 전에 체포하는 감시 체제를 이용하는 그리 머지않은 미래 사회를 그렸다. 딕은 이 개입을 '프리크라임pre-crime' 검거라고 했다. 예전에 나는 딕의 '프리크라임' 개념이 지극히 비현실적이라고 생각했다. 하지만 이제는 아니다.

현재 일상적인 추적하기가 이루어지는 앞의 목록을 보면, 어렵지 않게 50년 뒤를 확대 추정해볼 수 있다. 이전까지 측정할 수 없었던 모든 것이 정량화하고 디지털화하고 추적 가능해지고 있다. 우리는 자신을 계속 추적할 것이고, 친구를 계속 추적할 것이고, 친구는 나를 추적할 것이다. 기업과 정부도 우리를 더욱 추적할 것이다. 50년 뒤에는 어디에서든 이루어지는 추적하기가 일상적이 될 것이다.

제5장(접근하다)에서 주장했듯이, 인터넷은 세계 최대의 가장 빠른 복사기이며, 접속하는 것은 모두 다 복제될 것이다. 인터넷은 사본을 만들고 싶어한다. 처음에 개인이든 기업이든 모든 창작자는 이 점을 깊이 우려했다. 자신이 만든, 한때 드물고 귀했던 것이 무차별적으로 복제되어, 때로는 공짜로 풀릴 것이기 때문이다. 몇몇 사람들은 이 복제하려는 편향에 맞서 몹시 격렬히 싸웠고 지금도 싸우고 있으며(영화사와 음악사가 떠오른다), 일부는 이 편향을 채택하고 그것과 협력하는 쪽을 택했다. 복제하려는 인터넷의 성향을 받아들이고 쉽게 복제될 수 없는(개인화, 체현, 인증 등을 통해서) 가치를 찾아나서는 이들은 성공하는 경향을 보이는 반면, 망의 복제 열망을 부정하고 금지하고 저지하려 애쓰는 이들은 뒤처졌다가 뒤늦게 따라가는 경향이 있다. 물론 소비자는 무차별적인 복제물을 사랑하며, 혜택을 보기 위해 그 복사기를 부추긴다.

이 복제 편향은 단지 사회적이거나 문화적이라기보다는 기술적인 것이다. 다른 나라에서도, 심지어 통제 경제에서도, 창세 신화가 달라도, 심지어 다른 행성에서도 그럴 것이다. 그것은 불가피하다. 하지만 복제를 멈출 수 없는 한편으로, 유비쿼터스 복제를 둘러싼 법적 및 사회적 제도에 관한 논쟁은 더욱 심해질 것이다. 혁신에 대한 보상, 지적 재산권, 책임, 복제물의 소유와 접근을 어떻게 다루느냐에 따라, 사회 번영과 행복에 엄청난 차이가 빚어진다. 유비쿼터스 복제는 불가피하지만, 그 성격에 관해서는 선택의 여지가 많다.

추적하기도 비슷한 불가피한 동역학을 따른다. 사실 우리는 앞 문단에서 '복제하기'라는 단어를 '추적하기'로 바꿀 수도 있다. 고쳐 쓴 다음 문단을 보면 이해가 갈 것이다.

인터넷은 세계 최대의 가장 빠른 추적기이며, 추적될 수 있는 접속하는 것은 모두 다 추적될 것이다. 인터넷은 모든 것을 추적하고 싶어한다. 우리는 끊임없이 자기 추적을 하고, 친구를 추적하고, 친구와 기업과 정부에 추적당할 것이다. 사람들이 우려하는 것 역시 이것이며 기업도 어느 정도는 그러하다. 예전에 추적하기는 드물고 비싸게 여겨졌기 때문이다. 몇몇 사람들은 이 추적하려는 편향에 격렬히 맞서고, 일부는 결국 이 편향과 협력할 것이다. 추적하기를 길들이는 법, 예의 바르고 생산적으로 만드는 법을 터득한 사람은 성공할 것이고, 금지하고 불법화하려고만 하는 사람은 뒤처질 것이다. 소비자는 추적당하고 싶지 않다고 말하겠지만, 사실상 그들은 자신의 자료를 추적기에 계속 입력하고 있다. 혜택 받기를 원하기 때문이다.

이 추적 편향은 단지 사회적이거나 문화적이라기보다는 기술적인 것이다. 다른 나라에서도, 심지어 통제 경제에서도, 창세 신화가 달라도, 심지어 다른 행성에서도 그럴 것이다. 그것은 불가피하다. 하지만 추적을 멈출 수 없는 한편으로, 추적을 둘러싼 법적 및 사회적 제도에 관한 논쟁은 더욱 심해질 것이다. 유비쿼터스 추적은 불가피하지만 그 성격에 관해서는 선택의 여지가 많다.

●●●

이 행성에서 가장 빨리 증가하는 양은 우리가 생성하는 정보량이다. 수십 년에 걸쳐 우리가 측정할 수 있는 그 어떤 것보다도 더 빨리 불어나고 있다(그리고 그래 왔다). 정보는 우리가 콘크리트를 퍼붓는 속도(연간 7퍼센트씩 증가한다)보다, 스마트폰이나 마이크로칩의 생산량 증가 속도보다, 오염이나 이산화탄소 같은 우리가 생산하는 부산물의 증가 속도보다 더 빨리 쌓이고 있다.

UC 버클리의 두 경제학자는 세계의 총 정보 생산량을 취합하여, 새로운 정보가 연간 66퍼센트씩 증가하고 있다고 계산했다. 2005년에 아이팟 수출량이 600퍼센트 증가[9]했다는 사실과 비교하면 그다지 천문학적인 증가라고 볼 수 없을 듯하다. 하지만 후자 같은 급성장은 단명하며 수십 년 동안 지속되지 못한다(아이팟 생산량은 2009년에 줄어들었다[10]). 정보의 성장은 적어도 한 세기 동안 미친 듯한 속도로 꾸준히 증가했다. 연간 66퍼센트가 무어의 법칙에서 말하는 속도인 18개월마다 두 배로 증가하는 속도와 같다는 것은 우연의 일치가 아니다. 5년 전

인류는 수백 엑사바이트의 정보를 저장했다. 지구의 모든 사람이 각자 알렉산드리아 도서관 80곳을 가진 것에 해당한다. 지금은 각자 평균 320곳의 도서관을 갖고 있다.

이 성장 속도를 시각화하는 방법이 또 있다. 정보 폭발이라고 보는 것이다. 매일 1초마다 전 세계에서 정보 저장 물질—디스크, 칩, DVD, 종이, 필름—이 6,000제곱미터씩 생산되고, 그 즉시 우리는 그 면적을 자료로 채운다. 이 속도—초당 6,000제곱미터—는 원자폭탄의 폭발로 생기는 충격파의 속도와 거의 비슷하다. 정보는 핵폭발의 속도로 팽창하고 있지만, 겨우 몇 초 동안 지속되는 진짜 원자폭탄 폭발과 달리, 이 정보 폭발은 영속적이다. 수십 년 동안 지속되는 핵폭발이다.

일상생활에서 우리는 포착하고 기록하는 것보다 훨씬 더 많은 정보를 생성한다. 추적하기와 저장 공간이 폭발적으로 증가하고 있지만, 우리 일상생활의 대부분은 아직 디지털화가 이루어지지 않았다. 이 미계량 정보는 '야생' 또는 '암흑' 정보다. 이 야생 정보를 길들인다면 우리가 수집하는 정보의 총량은 수십 년에 걸쳐 계속 두 배씩 증가할 것이 확실하다.

해마다 수집되는 정보의 비율이 증가하는 이유는 그 정보에 관한 정보를 우리가 생성하기 때문이다. 이를 메타정보라고 한다. 우리가 포착하는 디지털 비트 하나하나는 우리에게 그것에 관한 비트를 생성하도록 자극한다. 내 팔에 낀 운동 팔찌는 걸음 하나를 포착하면, 즉시 그 자료에 시간 자료를 덧붙인다. 이어서 그것을 다른 걸음 비트와 연관 짓는 더 새로운 자료를 생성하고, 그래프로 표시하면 그런 식으로 엄청난 새로운 자료가 생성된다는 것을 알 수 있다. 마찬가지로 어린 소녀가 전자기타를 연주하는 모습을 라이브 동영상 스트림으로 내보낼 때 포착되는 음악 데이터는 그 동영상에 관한 색인 자료를 생성하고, 친구와 공유하는 데 필요한 많은 복잡한 데이터 패킷이나 '좋아요'를 위한 데이터 비트를 생성하는 토대가 된다. 우리가 포착하는 데이터가 늘수록, 그것을 토대로 우리가 생성하는 데이터도 늘어난다. 이 메타데이터는 바탕이 되는 정보보다 더 빨리 증가하며 규모가 거의 무제한이다.

비트가 다른 비트와 연결될 때 그 가치는 증가하므로, 메타데이터는 새로운 부의 원천이 된다. 비트의 입장에서 가장 덜 생산적인 삶은 벌거벗은 채 홀로 남아 있는 것이다. 복제되지도 공유되지도 다른 비트와 연결되지도 않은 비트는 단명할 것이다. 비트에게 최악의 미래는 어떤 컴컴한 고립된 데이터 보관소에 들어가는 것이다. 비트가 진정으로 원하는 것은 관련된 다른 비트와 함께 내걸리고, 폭넓게 복제되고, 아마도 메타비트가, 즉 영속하는 코드 속의 활성 비트가 되는 것일지도 모른다. 비트를 의인화할 수 있다면, 이렇게 말할 수 있다.

"비트는 움직이기를 원한다.
비트는 다른 비트와 연결되기를 원한다.
비트는 실시간으로 처리되기를 원한다.
비트는 중복되고 복제되고 복사되기를 원한다.
비트는 메타비트가 되기를 원한다."

물론 이것은 지극히 의인화한 표현이다. 비트는 의지를 지니고 있지 않다. 하지만 경향성이 있다. 다른 비트와 연관된 비트는 더 자주 복제되는 경향을 보일 것이다. 이기적 유전자가 복제되는 경향이 있는 것처럼, 비트도 그렇다. 그리고 유전자가 자신의 복제를 도와줄 몸을 만들 암호를 지니고 '싶어'하는 것처럼, 이기적 비트도 자신의 복제와 전파를 도와줄 시스템을 '원한다'. 비트는 마치 번식하고 움직이고 공유되기를 원하는 것처럼 행동한다. 당신이 무언가를 위해 비트에 의존한다면 지금이 비트를 알기에 좋은 때다.

비트는 중복되고 복제되고 연결되기를 원하므로, 정보의 폭발과 과학소설 수준의 추적하기를 멈출 방법은 전혀 없다. 우리 인간이 탐내는 혜택[11] 중 대부분은 데이터의 흐름에서 나온다. 현재 우리가 선택해야 할 핵심 문제는 이것이다. 우리는 어떤 유형의 총체적인 추적하기를 원하는가? 일방적인 원형 감옥panopticon을 원하는가? '그들'은 우리를 알지만 우리는 그들을 전혀 모르는 상황을? 아니면 감시자를 감시하는 것을 수반하는 상호적이고 투명한 형태의 '공동 감시coveillance' 체계를 구축할 수 있을까? 첫 번째는 지옥이고, 두 번째는 대처 가능하다.

얼마 전까지만 해도 소도시가 삶의 표준이었다. 길 맞은편에 사는 부인은 당신이 오가는 모습을 늘 추적했다. 그녀는 창밖으로 당신이 의사에게 가는 것을 지켜보았고, 새 TV를 들여오는 광경을 보았고, 주말을 누구와 보내는지도 알았다. 당신도 창 너머로 그녀를 지켜보았다. 목요일 밤에 그녀가 무엇을 하는지를 알고, 모퉁이 상점에서 그녀가 바구니에 뭘 담는지도 보았다. 그리고 이 상호감시에서 나오는 상호혜택도 있었다. 당신이 집을 비웠을 때 그녀가 모르는 누군가가 당신의 집으로 걸어 들어가면, 그녀는 경찰서에 전화를 걸었다. 그녀가 오래 집을 비웠을 때, 당신은 그녀의 우편함에 있는 우편물을 꺼내어 보관했다. 이 소도시 공동 감시가 잘 작동한 것은 대칭적이었기 때문이다. 당신은 누가 자신을 지켜보고 있는지 알았다. 그들이 그 정보로 무엇을 하는지도 알았다. 그 정보의 정확성과 이용의 책임을 그들에게 지울 수 있었다. 그리고 감시를 당함으로써 혜택을 보았다. 마지막으로, 당신은 동일한 조건에서 자신의 감시자를 감시했다.

오늘날 우리는 추적당하는 것을 불편해하는 경향이 있다. 우리를 지켜보는 사람에 관해 그다지 알지 못하기 때문이다. 우리는 그들이 뭘 아는지를 알지 못한다. 우리는 그 정보가 어떻게 쓰이든 간에 개입할 수가 없다. 그들은 정보를 바로잡을 책임을 지지 않는다. 우리는 그들을 촬영할 수 없지만 그들은 우리를 찍고 있다. 그리고 감시당함으로써 어떤 혜택을 얻는지도 모호하고 불분명하다. 그 관계는 불균형적이고 비대칭적이다.

유비쿼터스 감시는 불가피하다. 우리는 시스템이 추적하는 것을 중단시킬 수 없으므로, 그 관계를 더 대칭적으로 만드는 수밖에 없다. 공동 감시를 교환하면 된다. 여기에는 기술 혁신과 새로운 사회 규범이 둘 다 필요하다. 과학소설 작가 데이비드 브린David Brin은 이것을 '투명 사회Transparent Society'라고 했다. 그 개념을 제시한 1999년 저서의 제목이기도 하다. 그의 시나리오가 실현 가능성이 얼마나 되는지 감을 잡고 싶다면 비트코인을 생각해보라. '공유하다'에서 설명한 분산형 오픈 소스 화폐다. 비트코인은 공개 원장을 통해 자체 경제 내에서의 모든 거래를 투명하게 기록하므로, 모든 금융 거래가 공개된다. 거래의 유효성은 중앙은행의 감시가 아니라 다른 사용자의 공동 감시를 통해 검증된다. 또 다른 사례가 있다. 전통적인 암호화 기법은 비밀 독점 암호를 정해서 철통 같이 지키는 것이었다. 하지만 그 뒤에 공개된 열쇠를 포함하여 누구나 살펴볼 수 있고, 따라서 누구나 믿고 검증할 수 있는 암호에 의존하는 공개키 암호화(PGP 같은)라는 영리한 기법이 등장했다. 이런 혁신 사례는 기존 지식의 비대칭성을 바로잡는 것이 아니다. 그보다는 상호감시를 통해 시스템을 운영하는 것이 어떻게 가능한지를 보여준다.

공동 감시 사회에서는 일종의 권리 의식이 출현할 수 있다. 모든 사람은 자신에 관한 데이터에 접근할 권리, 그로부터 혜택을 볼 권리를 지닌다. 하지만 모든 권리에는 의무가 따르므로, 모든 사람은 정보의 무결성을 존중하고, 책임 있게 공유하고, 감시당하는 이의 감시를 받을 의무를 지닌다.

공동 감시 외의 다른 대안은 그리 유망하지 않다. 쉬운 추적하기의 확장을 불법화하는 것은 쉬운 복제하기를 불법화하는 것만큼 비효율적일 것이다. 나는 미국 국가안보국의 기밀 파일 수십만 건을 공개함으로써 그들이 은밀하게 시민을 추적하고 있다는 사실을 폭로한 내부 고발자인 에드워드 스노든Edward Snowden을 지지한다. 주된 이유는 미국을 비롯한 많은 정부가 시민을 추적한다는 사실을 은폐하는 것을 중범죄 행위라고 생각하기 때문이다. 거대 정부는 우리를 추적하고 있지만, 거기에는 대칭성이 이루어질 여지가 전혀 없다. 나는 스노든의 내부 고발에 찬사를 보내지만 그렇게 함으로써 추적하기가 줄어들 것이라고 믿기 때문이 아니라, 더 투명해질 수 있다고 보기 때문이다. 대칭성이 회복되어 추적하는 이를 우리가 추적할 수 있다면 법률로 추적자에게 책임을 지울 수 있고(그럴 법이 있어야 한다), 정확성의 책임도 물릴 수 있다면, 명백하고 적절한 혜택을 볼 수 있다면, 나는 추적하기의 확장이 받아들여질 것이라고 본다.

나는 친구들이 나를 한 명의 개인으로 대하기를 원한다. 그런 관계가 가능해지려면, 친구들이 나를 개인적으로 대할 수 있을 만큼 충분히 알도록 개방적이고 투명하게 친구들과 내 삶을 공유해야 한다. 나는 기업도 나를 개인으로 대하기를 원하므로, 그들이 나를 개인으로 대할 수 있도록 개방적이고 투명하게 내 삶을 기업과 공유해야 한다. 나는 정부가 나를 개인으로 대하기를 원하므로, 개인적으로 대할 수 있도록 정부에 개인 정보를 드러내야 한다. 개인화와 투명성 사이에는 일대일 대응관계가 있다. 더 개인화가 이루어지려면 더 투명해져야 한다. 절대적인 개인화(허영심)는 절대적인 투명화를 요구한다(사생활의 전면 포기). 내가 사생활을 지키고 친구와 기관에 불투명한 상태로 남아 있기를 원한다면, 나는 나만의 특성에 상관없이 일반적으로 대해질 것임을 받아들여야 한다. 나는 평균값이 될 것이다.

이제 이 선택지를 미끄럼 막대에 꽂는다고 상상하자. 막대의 왼쪽은 개인화 · 투명성personal · transparent이다. 오른쪽은 사생활 · 일반성

private·generic이다. 슬라이더는 오른쪽이나 왼쪽, 또는 중간의 어느 부위로도 미끄러질 수 있다. 슬라이더는 우리가 하는 중요한 선택이다. 그런데 놀랍게도, 기술이 우리에게 선택지를 제공할 때(그리고 그 선택지가 계속 남아 있다는 점이 대단히 중요하다) 사람들은 슬라이더를 개인화·투명성 쪽으로 끝까지 미는 경향이 있다. 그들은 투명하고 개인화한 공유를 택할 것이다. 20년 전에는 그 어떤 심리학자도 이렇다는 것을 예상하지 못했을 것이다. 현재의 소셜 미디어가 종으로서의 우리 자신에 관해 무언가 가르치는 것이 있다면, 그것은 인간의 공유하려는 욕구가 사생활을 지키려는 욕구를 압도한다는 것이다. 전문가도 이 사실에 경악해왔다. 지금까지 선택지를 제공하는 모든 접점에서, 우리는 평균적으로 공유, 폭로, 투명성을 증가시키는 쪽으로 기울어져왔다. 나는 그것을 이런 식으로 요약하고 싶다. 허영은 사생활을 이긴다.

오랜 세월 인류는 모든 행동이 공개되고 눈에 띄며 아무런 비밀도 없는 씨족과 부족 생활을 했다. 우리 마음은 끊임없는 공동 감시와 함께 진화했다. 진화적으로 말해서, 공동 감시는 우리의 자연 상태다. 의구심을 보이는 현대의 관점과 정반대로, 나는 인류가 100만 년 동안 그런 식으로 살아왔기 때문에 서로를 끊임없이 추적하는 돌려보기 세계에 반발하는 움직임이 없을 것이고, 추적이 진정으로 평등하고 대칭적이라면 그것을 편안하게 느낄 수 있다고 믿는다.

거기에는 어려운 전제가 하나 딸려 있다. 분명히 나와 구글의 관계, 나와 정부의 관계는 본래 평등하지도 대칭적이지도 않다. 그들이 모든 이의 라이프스트림에 접근하는 반면, 나는 내 라이프스트림에만 접근한다는 사실 자체는 그들이 질적으로 더 나은 것에 접근한다는 의미다. 하지만 내가 그들의 더 큰 지위에 더 큰 책임을 지울 수 있도록, 그리고 그들의 더 넓은 관점을 통해 혜택을 볼 수 있도록 어떤 균형이 회복될 수 있다면 가능할 수도 있다. 이렇게 생각해보자. 경찰은 시민의 동영상을 찍을 것이 확실하다. 시민도 경찰의 동영상을 찍을 수 있고, 경찰의 동영상에 접근할 수 있고, 더 강한 책임을 지울 수 있게 그것을 공유할 수 있다면, 그렇게 해도 좋다. 그것으로 다 끝나는 것은 아니지만, 그것은 투명한 사회의 출발점이 될 수 있다.

우리가 사생활이라고 부르는 것은 어떻게 될까? 상호투명한 사회에서, 익명성이 존재할 여지가 있을까?

인터넷 덕분에 현재 예전보다 더 진정한 익명성이 가능해진다. 그런 한편으로 인터넷은 현실 세계에서 진정한 익명성을 간직하기를 훨씬 더 어렵게 만든다. 우리는 숨기 위해 걸음을 하나 디딜 때마다, 전적으로 투명하게 드러내는 쪽으로 두 걸음을 더 디디게 된다. 발신자 표시 기능이 있지만 발신자 표시 숨김 기능도 있으며, 발신자가 표시된 것만을 걸러내는 필터도 있다. 앞으로는 생물계측학적 감시(홍채+지문+목소리+얼굴+체열 리듬)가 나옴으로써 숨을 공간이 거의 없을 것이다. 개인에 관한 모든 것을 찾아내고 기록할 수 있는 세계는 사생활이 전혀 없는 세계다. 많은 영리한 사람들이 쉬운 익명성이라는 대안을 유지하고자 애쓰는 이유가 그 때문이다. 사생활을 보호할 피난처로 삼기 위해서다.

하지만 내가 경험한 모든 체계에서 익명성이 흔해질 때, 그 체계는 실패한다. 익명성으로 포화된 공동체는 자체 몰락하거나 순수한 익명성에서 의사—익명성pseudo-anonymous으로 옮겨갈 것이다. 별명을 만들어서 계속 쓰지만, 그 뒤에 숨은 신원을 추적할 수 있는 이베이가 후자의 사례다. 철저히 익명의 자원자들이 번갈아가면서 그때그때 구성하는 어나니머스Anonymous라는 유명한 불법 해킹 집단이 있다. 그들은 변덕스럽게 표적을 정하는 온라인 자경대원이다. ISIS 전투원의 트위터 계정을 폭파시키거나, 방해되는 신용카드 회사의 사이트를 먹통으로 만들기도 한다. 그 집단은 계속 유지되면서 말썽을 일으키고 있긴 하지만, 그들이 전체적으로 사회에 긍정적인 기여를 하는지 부정적인 기여를 하는지는 불명확하다.

문명 세계에서, 익명성은 희토류 금속 같다. 용량이 많을 때 이 중금속은 생물에게 가장 독성이 강한 물질에 속한다. 목숨을 빼앗는다. 하지만 이 원소는 세포가 살아가기 위한 필수 성분이기도 하다. 건강에 필요한 양은 측정하기도 어려운 아주 미량이다. 익명성은 그와 같다. 거의 보이지도 않을 만큼의 미량 원소일 때는 시스템에 좋을뿐더러, 필수적이기도 하다. 익명성은 이따금 내부 고발자가 나타날 수 있게 하고, 박해받는 비주류와 정치적 소수파를 보호할 수도 있다. 하지만 익명성이 상당량으로 존재하면, 시스템에 독이 될 것이다. 그 익명성은 영웅을 보호하는 데에도 쓰일 수 있지만, 책임을 회피하는 수단으로 훨씬 더 널리 쓰인다. 트위터, 익약Yik Yak, 레딧 같은 사이트에서 야만적인 집단 괴롭힘이 대부분 익명으로 이루어지는 이유가 그 때문이다. 책임의 부재는 우리 안에 있는 최악의 본성을 풀어놓는다.

익명성의 대규모 이용이 감시하는 국가에 맞서는 고상한 수단이라는 위험한 개념이 있다. 그것은 더 튼튼하게 만들겠다고 몸에 중금속을 펌프질하는 것과 같다. 오히려 사생활은 신뢰를 통해서만 얻을 수 있고, 신뢰를 얻으려면 영속적인 신원이 필요하다. 결국 신뢰가 더 쌓일수록 더 낫고, 책임감이 더 강해질수록 더 낫다. 모든 미량 원소처럼, 익명성도 완전히 제거되어서는 안 되지만, 가능한 0에 가깝게 유지해야 한다.

▪▪▪▪▪▪▪▪▪▪▪▪▪▪▪▪▪▪▪▪▪▪ ▪▪▪▪▪▪▪▪▪▪▪▪▪▪▪▪

데이터 세계에서 다른 모든 것은 무한을 향해간다. 아니 적어도 천문학적인 양을 향해간다. 행성 규모의 데이터에 비추었을 때, 평균적인 비트는 사실상 익명성을 띠는, 거의 검출 불가능한 것이 된다. 사실 영어에서는 이 새로운 세계가 얼마나 큰지를 나타낼 접두사가 고갈되고 있다. 당신의 휴대전화는 기가바이트 단위다. 테라바이트는 예전에는 상상도 할 수 없는 거대한 양이었지만, 지금은 내 책상 위에 3테라바이트짜리 저장 장치가 놓여 있다. 그 다음 단위는 페타다. 페타바이트는 기업의 새로운 표준 단위가 되어 있다. 엑사바이트는 현재 행성 규모다. 몇 년 안에 우리는 제타^{zetta}에 도달할 것이다. 규모의 공식 척도로 정한 마지막 과학 용어는 요타^{yotta}다. 요타보다 큰 양은 이름이 없다. 지금까지 요타보다 큰 양은 공식 이름을 붙일 필요가 없는 환상에 불과했다. 하지만 우리는 약 20년 안에 요타바이트 규모에 이를 것이다. 나는 요타를 넘는 모든 것에 '질리언^{zillion}'이라는 단일 용어를 쓰자고 제안한다. 이 규모를 넘어서는 모든 새로운 차원을 포괄하는 유연한 개념이다.

무언가가 다량으로 있으면 그 무언가의 특성을 바꿀 수 있다. 더 많다는 것은 다르다는 것이다. 컴퓨터과학자 J. 스토스 홀J. Storrs Hall은 이렇게 썼다. "무언가가 충분히 있다면, 작은 고립된 사례들에서는 전혀 드러나지 않는 특성을 지니는 것이 가능하며, 실제로 드물지 않게 일어난다. 한 요소의 조 단위의 차이가 단지 양적인 차이만이 아니라 질적인 차이를 낳지 못하는 사례를 우리는 본 적이 없다. 조 단위는 본질적으로 너무 작아서 보이지도 않고 너무 가벼워서 느낄 수 없는 집먼지진드기와 코끼리의 무게 차이에 해당한다. 50달러와 인류 전체의 연간 경제 생산량의 차이와 같다. 명함의 두께와 지구에서 달까지의 거리 차이와 같다."

이 차이를 질리어닉스zillionics라고 하자.

질리언 개의 뉴런은 100만 개의 뉴런이 주지 못할 영리함을 제공한다. 질리언 개의 자료점은 10만 개의 자료점이 주지 못하는 통찰을 안겨줄 것이다. 인터넷에 연결된 질리언 개의 칩은 1,000만 개의 칩이 줄 수 없는 고동치고 약동하는 통일성을 빚어낸다. 질리언 개의 하이퍼링크는 10만 개의 링크에서는 결코 예상하지 못할 정보와 행동을 제공할 것이다. 소셜 웹은 질리어닉스의 세계에서 돌아간다. 인공지능, 로봇학, 가상현실은 모두 질리어닉스에 정통해야 한다. 하지만 질리어닉스를 관리하는 데 필요한 능력을 갖추기란 벅찬 일이다.

빅데이터를 관리하는 데 쓰이는 일반 도구들은 이 세계에서는 그리

잘 듣지 않는다. 최대 우도 추정Maximum Likelihood Estimation, MLE 같은 통계적 예측 기법은 질리어닉스의 세계에서는 최대로 비슷한 추정이라는 것이 있을 법하지 않기 때문에 무용지물이 된다. 질리언 수준의 비트 속을 실시간으로 돌아다니려면 전혀 새로운 수학 분야, 소프트웨어 알고리즘의 전혀 새로운 범주, 근본적인 혁신을 이룬 하드웨어가 필요할 것이다. 보라, 엄청난 기회의 문이 활짝 열려 있지 않은가!

앞으로 질리어닉스 규모에서 이루어질 새로운 데이터 배열로부터 행성 규모의 새로운 기계가 나올 것이다. 이 방대한 기계의 원자는 비트다. 원자가 분자로 배열되는 것처럼, 비트도 복잡한 구조로 배열될 수 있다. 복잡성의 수준을 높임으로써, 우리는 비트를 데이터에서 정보를 거쳐 지식수준으로 고양시킨다. 데이터의 온전한 힘은 재편되고 재구성되고 재활용되고 재창작되고 뒤섞일 수 있는 수많은 방식에 담겨 있다. 비트는 연결되기를 원한다. 데이터의 비트는 더 많이 관계를 맺을수록 더욱 강력해진다.

문제는 현재 유용한 정보의 상당수가 인간만이 이해하는 형태로 배열되어 있다는 것이다. 당신의 전화기로 찍은 스냅 사진 안에는 5,000만 비트의 긴 줄이 인간의 눈이 이해하는 방식으로 배열되어 있다. 당신이 읽고 있는 이 책은 약 70만 비트가 영어 문법 구조로 배열되어 있다. 하지만 우리는 한계에 처해 있다. 인류는 질리언 비트를 처리하기는커녕 더 이상 건드릴 수조차 없다. 우리가 수확하고 만들어내는 질리언바이트의 데이터가 지닌 잠재력을 제대로 활용하려면, 기계와 인공지능이 이해할 수 있는 방식으로 비트를 배열할 수 있어야 한다.

기계가 자기 추적 데이터를 인지화할 수 있을 때, 우리 자신을 보는 새롭고 참신하고 개선된 방식이 도출될 것이다. 몇 년 안에 AI가 영화를 이해할 수 있게 될 때, 우리는 그 시각 정보의 질리언바이트를 전혀 새로운 방식으로 활용할 수 있을 것이다. AI는 우리가 기사를 분석하는 것처럼 이미지를 분석할 것이고, 그럼으로써 우리가 글을 쓸 때 단어와 어구를 재편성하는 식으로 이미지 요소들을 쉽게 재편성할 수 있을 것이다.

지난 20년 사이에 해체unbundling라는 개념을 토대로 전혀 새로운 산업이 출현해왔다. 음악 산업은 앨범을 노래로 해체하고 노래를 선율로 해체할 수 있는 신생 기술 기업에 정복당했다. 혁신적인 아이튠즈는 앨범이 아니라 노래를 팔았다. 예전의 혼합물에서 증류되고 추출되자, 음악 요소는 재편성되어 공유 가능한 연주 목록 같은 새로운 화합물이 될 수 있었다. 모든 방면을 다루는 대형 신문들은 해체되어 항목별 광고(크레이그리스트), 주가 지수(야후), 뒷소문(버즈피드BuzzFeed), 식당 평가(옐프), 이야기(웹)가 되었고, 각각은 독립하여 성장을 거듭했다. 이 새로운 요소는 재배치되어—뒤섞여서—새로운 텍스트 화합물이 되었다. 친구가 트위터에 올리는 뉴스 업데이트가 한 예다. 다음 단계는 항목별 광고, 이야기, 업데이트를 더욱더 기본 요소로 해체하는 것이다. 의외의 상상도 못한 방식으로 재배치될 수 있도록 말이다. 재조합되어 새로운 화학물질이 될 수 있도록 정보를 더욱더 작은 아입자로 쪼개는 셈이다. 앞으로 30년에 걸쳐서, 그 놀라운 작업을 통해서 우리가 추적하고 창작하는 모든 정보—경영, 교육, 오락, 과학, 스포츠, 사회관계의 모든 정보—는 가장 근원적인 요소로 해체될 것이다. 이 정도 규모로 일을 하려면 인지화 과정이 무수히 되풀이되어야 한다. 데이터과학자들은 이 단계를 '기계 판독machine readable' 정보라고 한다. 질리언 단위에서 이 일은 사람이 아니라 AI가 할 것이기 때문이다. '빅데이터' 같은 용어가 의미하는 바가 바로 그것이다.

이 새로운 정보의 화학에서 수천 가지의 새로운 화합물과 정보의 기본 구성 물질이 출현할 것이다. 쉴 새 없는 추적하기는 불가피하다. 하지만 그것은 겨우 시작에 불과하다.

우리는 2020년이 되면 한 해에 540억 개의 감지기[12]를 만들고 있을 것이다. 전 세계에 걸쳐 우리의 차량에 내장되고, 온몸에 드리워지고, 가정과 거리에서 우리를 지켜볼 이 감지기의 망은 그 뒤로 10년 안에 다시 300질리언바이트의 데이터를 생성할 것이다. 이 비트 각각은 다시 두 배나 많은 메타비트를 생성할 것이다. 그리고 실용주의적 AI를 통해 추적되고 분석되고 인지화한 이 정보 원자의 드넓은 바다로부터 수백 가지의 새로운 형태, 새로운 제품, 혁신적인 서비스가 나올 수 있다. 우리는 새로운 차원의 자기 추적하기를 통해 무엇이 가능해지는지를 알고 놀라게 될 것이다.

QUESTIONING

·

제11장

가치를 만들어낼 무언가를

질문하다

- 좋은 질문은 정답을 원하는 것이 아니다.
- 좋은 질문은 즉시 답할 수 없는 것이다.
- 좋은 질문은 기존 답에 도전한다.
- 좋은 질문은 일단 들으면 답을 알고 싶어 못 견디지만, 듣기 전까지는 아예 생각도 못한 것문이다.
- 좋은 질문은 새로운 사고 영역을 낳는다.
- 좋은 질문은 자신의 답들을 재구성한다.
- 좋은 질문은 과학, 기술, 예술, 정치, 경제에 혁신의 씨앗이 된다.
- 좋은 질문은 탐침, 만약~이라면 시나리오다.
- 좋은 질문은 알려진 것과 알려지지 않은 것의 가장자리에 걸쳐 있는, 어리석지도 명백하지도 않은 것이다.
- 좋은 질문은 예측할 수 없는 것이다.
- 좋은 질문은 교양 있음을 보여주는 표지가 될 것이다.
- 좋은 질문은 다른 많은 좋은 질문을 낳을 것이다.
- 좋은 질문은 기계가 마지막으로 배우는 것이 될 수 있다.
- 좋은 질문은 인간의 존재 의미를 묻는 것이다.

인간 본성, 그리고 지식의 본질에 관해 내가 믿는 것 중에는 위키피디아 때문에 뒤집힌 것이 많다. 위키피디아는 지금은 유명하지만, 처음 출범했을 때 나를 비롯한 많은 이들은 그것이 불가능하다고 생각했다. 전 세계의 어느 누구라도 전혀 허락을 받을 필요 없이 언제든 마음대로 내용을 추가하고 바꿀 수 있게 하는 백과사전 같은 체계를 갖춘 온라인 참고문헌을 만들겠다니! 자카르타의 12세 소녀도 원한다면 조지 워싱턴 항목을 편집할 수 있었다. 나는 젊고 지루해하는 이들—온라인에서 죽치고 있는 많은 이들이 그러했다—이 장난질을 하려는 성향 때문에 아무나 편집할 수 있는 백과사전을 만드는 것은 불가능하다고 봤다. 또 나는 책임감 있는 기고가 중에서도 내용을 과장하려는 유혹에 빠지거나 잘못 기억하는 이들이 반드시 있으므로 신뢰할 수 있는 텍스트가 나온다는 것이 더욱더 불가능하다고 생각했다. 온라인에서 20년을 지낸 경험을 토대로 나는 누구인지도 모르는 낯선 이가 쓴 것을 읽고서 믿는다는 것이 말이 안 되며, 아무나 마구 쓴 글의 집합은 쓰레기 더미에 불과할 것이라고 믿었다. 전문가가 쓴 편집되지 않은 웹페이지도 내게는 그저 그렇게 보였으므로, 무지한 이들이 쓴 내용은 말할 것도 없고, 아마추어가 쓴 편집되지 않은 백과사전은 전체가 쓰레기통에 들어갈 운명에 처할 것이라고 봤다.

정보의 구조에 관해 아는 모든 것을 토대로 나는 열정과 지성을 투입하여 특정한 방향으로 이끌어서 변모시키지 않는 한 데이터에서 지식이 저절로 출현하지 않는다고 굳게 믿었다. 과거에 내가 관여했던 지도자 없이 집단 저술을 하려고 했던 시도는 모두 잊어버려도 좋을 쓰레기만 생산했을 뿐이었다. 온라인상에서 하는 것이라고 해서 다를 이유가 어디 있단 말인가?

그래서 2000년에 온라인 백과사전의 최초 형태가 등장했을 때(당시에는 누피디어Nupedia라고 했다), 나는 한번 슬쩍 보고는 제쳐버렸고, 그 계획이 본궤도에 오르지 못했을 때도 놀라지 않았다. 누피디어는 누구나 편집할 수 있었지만, 다른 기고가가 협업하여 고쳐 쓰는 고역스러운 과정을 거치도록 했기에 신참자는 글을 올리기를 아예 포기했다. 하지만 누피디어의 설립자는 텍스트 작업을 촉진하기 위해 사용하기 쉬운 위키도 따로 마련했는데, 놀랍게도 위키가 더 인기를 끌었다. 누구든 다른 사람을 기다리지 않고서 편집하고 올릴 수 있었다. 위키피디아라고 새로 명명된 그 시도는 내게 더욱더 같잖게 여겨졌다.

내 생각이 얼마나 잘못된 것이었던가. 위키피디아는 계속 내 예상을 훨씬 뛰어넘으면서 성공을 거듭하고 있다. 2015년에는 288개 언어에 3,500만 개가 넘는 항목[1]으로 불어났다. 미국 연방대법원도 인용하고, 전 세계의 학생들이 의존하고, 모든 언론인과 평생 학습자가 새로운 무언가를 속성으로 배우고자 할 때 이용하는 것이 되어 있다. 인간 본성의 결함에도 불구하고, 위키피디아는 계속 더 나아지고 있다. 개인의 약점과 강점은 둘 다 최소한의 규칙을 통해서 공통의 자산으로 변한다. 위키피디아는 적절한 도구를 갖춤으로써, 손상된 텍스트를 작성하는 것(문화 파괴 행위)보다 손상된 텍스트를 복원하는 것(위키피디아의 되돌리기 기능)이 더 쉽고, 따라서 충분히 좋은 항목이 늘어나고 꾸준히 개선되기 때문에 작동한다. 적절한 도구가 갖추어진다면, 협업 공동체가 같은 수의 야심찬 개인과 경쟁하여 이길 수 있음을 보여준다.

집단을 형성하면 힘이 증폭된다는 것—도시와 문명이 하는 일이 그것이다—은 언제나 명확했지만, 내게 큰 놀라움을 안겨준 것은 도구와 감독이 최소한으로만 필요하다는 점이었다. 위키피디아의 운영 조직은 보이지 않을 만큼 아주 작다. 비록 처음 10년에 걸쳐 커졌지만 말이다. 하지만 위키피디아의 가장 놀라운 점은 이 힘이 얼마나 멀리까지 뻗을지 우리가 여전히 모른다는 것이다. 우리는 위키화한 지성의 한계를 아직 보지 못했다. 교과서, 음악, 영화도 그렇게 될 수 있을까? 법과 정치 체제는 어떨까?

"불가능해!"라는 말이 나오기 전에, 선수를 치련다. 한번 알아보자고 말이다. 아무것도 모르는 아마추어가 결코 법 조항을 작성할 수 없는 온갖 이유를 나는 알고 있다. 하지만 이 점에서 나는 이미 한 차례

심경의 변화를 겪었으므로, 다시 서서히 결론으로 도약하련다. 위키피디아는 불가능하지만, 여기 있다. 이론상으로는 불가능하지만 실제로는 가능한 것 중 하나다. 일단 그것이 작동한다는 사실을 마주하면, 이론상 불가능하지만 실제로는 작동할 수도 있는 것이 더 있을지도 모른다는 쪽으로 기대 수준을 바꿔야 한다. 솔직히 말하면, 지금까지 열린 위키 모델은 다른 여러 출판 분야에서 시도했지만 크게 성공을 거두지 못했다. 하지만 위키피디아의 초기 형태가 도구와 절차가 적절하지 못해서 실패한 것처럼, 협업 교과서나 법이나 영화도 새로운 도구와 방법의 발명을 통해 이루어질지 모른다.

이 부분에서 마음을 바꾼 사람이 나만은 아니다. 위키피디아가 같은 것이 작동한다고 '이미 알고서' 성장할 때, 세련된 독점 상품보다 오픈 소스 소프트웨어가 더 낫다는 것이 당신에게 명백할 때, 자신의 사진을 비롯한 데이터를 안전하게 지키는 것보다 공유하는 것이 더 낫다고 확신할 때, 그런 가정은 공동의 자산을 훨씬 더 급진적으로 받아들일 플랫폼이 될 것이다. 한때 불가능해 보인 것이 이제는 당연시된다.

위키피디아는 다른 면에서도 내 마음을 바꿔왔다. 나는 꽤 확고한 개인주의자이자, 자유주의적 성향을 지닌 미국인이었는데, 위키피디아의 성공을 보면서 사회적인 힘을 새롭게 인식하게 되었다. 지금 나는 집단의 힘과 집단을 향해가는 개인들로부터 나오는 새로운 책임의식 양쪽에 훨씬 더 많은 관심을 갖게 되었다. 나는 시민권을 확대하는 한편으로 시민의 의무도 확대하기를 원한다. 나는 위키피디아가 가

저울 진정한 충격이 아직 잠재된 상태이며, 그것이 지닌 마음을 바꾸는 힘이 세계의 새 천 년 세대에게 잠재의식적으로 작용함으로써 그들에게 무리마음이 혜택을 준다는 실질적인 증거와 불가능한 것을 믿는 안목을 제공한다고 확신한다.

더 중요한 점은 위키피디아가 불가능한 것을 믿도록 더 자주 내게 가르쳐왔다는 것이다. 지난 수십 년 동안 나는 전에는 불가능하다고 생각했지만 나중에 좋은 현실적인 개념임이 드러난 다른 개념들도 받아들여야 했다. 한 예로, 나는 1997년에 이베이라는 온라인 벼룩시장을 처음 접했을 때 의구심을 가졌다. 내가 본 적도 없는 중고차를 내게 팔려고 하는 멀리 있는 낯선 사람에게 수천 달러를 보내는 사람이 과연 있을까? 내가 배운 인간 본성에 관한 것들은 모두 그 방식이 먹힐 리가 없다고 말하고 있었다. 하지만 현재 자동차를 파는 낯선 사람들은 대단히 성공한 이베이의 주된 수익원이다.

20년 전의 나는 2016년이면 손에 든 개인용 기기에 세계 지도 전체가 들어간다는 말까지는 믿을 수 있었을지도 모른다. 하지만 많은 도시의 건물이 보이는 거리 모습까지 그 지도에 담긴다거나 공중 화장실의 위치를 보여주거나 도보로 또는 대중교통으로 목적지까지 가는 길을 음성으로 알려주는 앱이 생긴다거나, 그 모든 것이 지도에 담길 뿐 아니라 모두 '공짜로' 제공될 것이라는 말은 믿지 못했을 것이다. 당시에는 정말로 불가능해 보였다. 그리고 이 모은 것이 무료로 제공된다는 사실이 지금도 이론상으로는 믿기가 어려워 보인다. 하지만 수억 대의 휴대전화에 이미 제공되고 있다.

이렇게 불가능해 보였던 것이 현실로 등장하는 빈도는 계속 늘어나고 있다. 사람들이 공짜로 일하지 않으며, 설령 한다고 해도 지도자가 없이는 쓸모 있는 결과를 내놓을 수 없다는 사실을 모두가 '알고 있었다'. 하지만 현재 우리 경제의 전 부문은 보수도 지도자도 없이 일하는 자원 봉사자가 만든 소프트웨어 위에서 돌아간다. 인간이 본래 내밀한 존재임을 모두가 알고 있었지만, 온종일 모든 것을 공개하여 공유하는 불가능한 일이 실제로 일어났다. 인간이 기본적으로 게으르며, 창작하기보다는 지켜보는 쪽을 택할 것이고, 스스로 TV를 만들겠다고 소파에서 일어날 리가 없다고 모두가 생각했다. 수백만 명의 아마추어가 수십억 시간 분량의 동영상을 제작한다거나, 누군가가 그중 하나라도 본다는 것은 불가능했다. 위키피디아처럼, 유튜브도 이론상 불가능하다. 하지만 여기서도 불가능한 것이 실제로 존재한다.

기존에 불가능했던 것이 새로 가능한 것이 되는 사례가 매일 같이 늘면서 이 목록은 계속 늘어난다. 하지만 왜 지금일까? 예전의 불가능함과 가능함의 경계를 무너뜨리고 있는 것이 무엇일까?

내가 아는 한, 현재 실현되고 있는 불가능한 것은 모두 예전에 없던 새로운 조직화 수준에서 출현하고 있다. 이 믿어지지 않는 분출은 대규모 협업과 대규모의 실시간 사회적 상호작용의 산물이며, 그런 협업과 상호작용은 수십억 명이 행성 규모에서 어디에서든 즉시 연결될 수 있기에 가능해진다. 신체 조직이 개별 세포의 집합을 위한 새로운 더 높은 수준의 조직화를 낳듯이, 이 새로운 사회 구조는 개인을 위한 새로운 조직을 낳는다. 조직은 세포가 할 수 없는 일들을 할 수 있다.

위키피디아, 리눅스, 페이스북, 우버, 웹—심지어 AI—라는 공동체 조직은 산업사회의 개인이 할 수 없는 일을 할 수 있다. 페이스북이 하는 것처럼 이 행성에서 10억 명의 사람을 즉시 한꺼번에 하나로 엮은 것은 지금이 처음이다. 이 새로운 사회 조직화로부터, 더 낮은 수준에서는 불가능했던 새로운 행동이 출현한다.

사람은 법, 법원, 관개망, 학교, 정부, 도서관에서 가장 큰 규모인 문명 자체에 이르기까지 오랫동안 새로운 사회 조직을 창안해왔다. 이런 사회 조직이야말로 우리를 인간답게 만들며, 동물의 관점에서는 '불가능한' 우리의 행동을 만든다. 예를 들어, 우리가 문자 기록과 법을 발명했을 때, 우리 영장류 사촌들에게는 가능하지 않았던, 그리고 구전 문화에 없었던 유형의 인류 평등주의가 가능해졌다. 관개와 농경이 낳은 협력과 협동은 예측과 준비, 미래 인식이라는 더욱 불가능한 행동을 낳았다. 인류 사회는 이전에는 불가능했던 온갖 인간 행동을 생물권에 풀어놓았다.

테크늄—현대의 문화와 기술 체계—은 새로운 사회 조직을 계속 창안함으로써 새로운 불가능한 것의 생성을 가속시킨다. 이베이의 탁월한 점은 값싸고 쉽고 빠르게 평가 점수를 매기는 방식을 창안한 것이다. 낯선 이들이 멀리 떨어진 낯선 이들에게 무언가를 팔 수 있는 것은 주변 사람들에게만이 아니라 더 멀리까지 오래갈 평판을 빨리 남길 수 있는 기술을 현재 우리가 지니고 있기 때문이다. 그 단순한 혁신에 힘입어서 이전까지 불가능했던 새로운 유형의 교환(멀리 떨어진 낯선 이들 사이의 거래)을 허용하는 더 높은 차원의 새로운 유형의 협조가 출현했다. 분산형 택시 서비스인 우버도 기술적으로 가능해진 같은 유형의 신뢰와 실시간 협조를 통해 현실화된 것이다. 기술한 내용을 난장판으로 만들기보다는 난장판이 된 항목을 복원하는 것을 더 쉽게 해주는 위키피디아의 '되돌리기 로그revert log' 단추는 신뢰를 새로운 더 높은 수준에서 조직함으로써 이전에는 대규모로는 가능하지 않았던 인간 행동의 한 측면을 인상적으로 보여준다.

우리는 사회적 의사소통을 활용하는 법을 이제야 막 살펴보기 시작했다. 하이퍼링크, 와이파이, GPS 위치 서비스는 사실상 기술을 통해서 가능해진 유형의 관계이며, 이런 유형의 혁신은 이제 막 시작되었다. 가능한 가장 놀라운 의사소통 방식의 대다수는 아직 창안되지 않았다. 또 우리는 진정으로 세계적인 규모의 제도를 창안할 수 있는 시대의 유아기에 막 들어선 상태다. 우리가 모여서 세계적인 실시간 사회를 엮을 때, 예전에 불가능했던 것들이 진정으로 현실로 출현하기 시작할 것이다. 그렇다고 우리가 반드시 일종의 자율적인 세계의식을 창안할 필요는 없다. 모든 사람을 다른 모든 사람과—그리고 다른 모든 것과—늘 연결하고 함께 새로운 것을 창안하기만 하면 된다. 오늘날 불가능해 보이는 수백 가지의 기적이 인간의 이 공유 연결망을 통해 실현 가능해질 것이다.

나는 앞으로도 심경에 많은 변화가 있을 것이라고 내다본다. 나는 우리가 인간에게 '자연스럽다'고 가정하는 것 중에 실제로 전혀 자연스럽지 않은 것이 대단히 많다는 사실을 알게 되면 놀랄 것이라고 생각한다. 느슨하게 연결된 사람들로 이루어진 한 부족에게 자연스러운 것이 강하게 연결된 사람들의 행성에는 자연스럽지 않을 것이라고 말하는 편이 더 적절할지 모른다. 인류가 호전적임을 '모두가 알고' 있지만, 나는 조직적인 전쟁이 세계적인 수준에서 일어나고 있는 새로운 사회적 갈등의 해소 수단으로서는 시간이 흐를수록 매력이나 유용성이 떨어질 것이라고 추측하련다. 물론 우리가 예상할 수 있는 불가능한 것 중에는 불가능할 만치 나쁜 것도 많을 것이다. 새로운 기술은 거짓말을 하고 속이고 훔치고 엿보고 위협할 전혀 새로운 방식도 낳을 것이다. 사이버 갈등을 해결할 합의된 국제적인 규정은 아직 전혀 없다. 그것은 앞으로 10년 안에 몹시 끔찍한 뜻밖의 '불가능한' 사이버 사건이 일어난다고 예상할 수 있다는 의미다. 세계적으로 연결되어 있기 때문에, 비교적 단순한 해킹으로도 연쇄적인 장애가 일어날 수 있고, 그 장애는 매우 빠르게 상상할 수 없는 거대한 규모로 확대될 수도 있다. 우리 사회 조직에 세계적인 교란이 일어나는 것은 사실상 불가피하다. 앞으로 30년 내의 어느 날 인터넷·전화 시스템 전체가 24시간 동안 불통이 될 것이고, 우리는 그 뒤로 여러 해 동안 그 충격에서 벗어나지 못할 것이다.

내가 이 책에서 이런 예상되는 문제점에 초점을 맞추지 않는 이유가 몇 가지 있다. 첫째, 모든 발명은 어떤 식으로든 해를 일으키는 쪽으로 타락하는 일을 겪기 마련이다. 가장 유익한 기술조차도 무기화할 수 있으며, 실제로 그렇게 될 것이다. 범죄자는 세계에서 가장 창의적인 혁신가에 속한다. 그리고 모든 것의 80퍼센트는 저속한 쓰레기다. 하지만 중요한 점은 이 부정적인 형태조차도 내가 지금까지 긍정적인 측면에서 개괄해온 일반 추세를 똑같이 따른다는 것이다. 부정적인 것도 점점 더 인지화하고 뒤섞이고 걸러질 것이다. 위법, 사기, 교전, 기만, 고문, 부패, 스팸, 오염, 탐욕 등도 더 탈중심화하고 데이터 중심적이 될 것이다. 미덕과 악덕 모두 되어가기와 흐르기라는 똑같은 거대한 힘에 따를 것이다. 신생 기업이든 기존 기업이든 모두 범죄 집단과 해커 집단에도 적용되는 유비쿼터스 공유하기와 끊임없는 걸러내기에 적응해야 한다. 나쁜 것도 이 추세에서 벗어날 수 없다.

게다가 직관에 반하는 듯이 보일 수도 있지만, 모든 해로운 발명은 예전에 없던 새로운 좋은 것을 만들 토대로도 쓰인다. 물론 그 새롭게 나온 좋은 것은 다시 그에 상응하는 나쁜 생각을 통해 남용될 수 있다 (그리고 아마 그렇게 될 것이다). 새로운 좋은 것이 새로운 나쁜 것을 자극하고 후자가 다시 새로운 좋은 것을 자극하고 그것은 다시 나쁜 것을 낳는 이 순환 과정이 그저 점점 더 빨라지기만 하면서 우리를 제자리에서 빙빙 돌게 하는 것처럼 보일 수도 있다. 하지만 거기에는 한 가지 중요한 차이가 있다. 각 순환 단계마다 예전에 없던 기회와 선택지가 추가된다는 것이다. 이 선택지의 확대(해를 끼치겠다는 선택을 포함하여)는 자유의 증가를 의미한다. 그리고 이 자유와 선택지와 기회의 증대는 우리의 발전, 인류애, 개인의 행복의 토대다.

기술은 회전하면서 우리를 새로운 차원으로 내던짐으로써, 미지의 기회와 두려운 선택지로 이루어진 전혀 새로운 대륙을 우리 앞에 펼친다. 세계적인 규모의 상호작용이 일으키는 결과는 우리를 초월한다. 필요한 자료의 양과 힘은 비인간적이다. 즉 페타, 엑사, 제타, 질리언의 드넓은 세계는 사실상 지금의 우리에게는 그다지 와 닿지 않는다. 그 것은 거대 기계, 그리고 행성의 어휘이기 때문이다. 우리는 개인적으 로뿐 아니라 집단적으로도 다르게 행동할 것이 확실하지만, 어떤 식으 로일지는 알지 못한다. 훨씬 더 중요한 점은 개인으로서의 우리가 집 합체에서는 다르게 행동한다는 것이다.

사실 인류는 오랜 세월 그렇게 해왔다. 도시로 이주하고 문명을 건 설하기 시작한 이후로 죽 그러했다. 지금 드러나고 있으며 앞으로 수 십 년 동안 이어질 새로운 특징은 이 더 고차원적인 연결이 이루어지 는 속도(빛의 속도)와 그 엄청난 규모(지구 전체)다. 우리는 1조 배씩 증가 하는 시대로 나아가고 있다. 앞서 말했듯이, 조 단위의 변동은 양적인 변화만이 아니라, 본질의 변화를 수반한다. 인간에 관해 '모두가 아는' 것의 대부분은 지금까지 인간 개인에 토대를 둔 것이었다. 하지만 수 십억 명을 연결하는 방법은 100만 가지가 있을 수 있으며, 각 방법은 우리에 관한 새로운 무언가를 드러낼 것이다. 혹은 각 방법이 새로운 무언가를 창안할 수도 있다. 어느 쪽이든 간에, 우리 인류는 변할 것 이다.

중요한 측면에서든 사소한 측면에서든 간에 우리의 허락하에 실시 간으로 다양한 방식으로 점점 더 세계적인 규모로 연결이 이루어짐에 따라, 우리는 새로운 수준에서 활동할 것이고, 불가능한 성취를 이루 어도 놀라지 않게 될 것이다. 위키피디아처럼 불가능해 보였던 것이 슬그머니 명백히 가능한 것으로 받아들여질 것이다.

우리는 믿기 어려운 창발적 현상을 보게 될 뿐 아니라, 있을 법하지 않음이 새로운 일상적인 것이 되는 세계로 향하고 있다. 경찰, 응급의, 보험사는 이미 그중 일부를 보고 있다. 그들은 터무니없을 만치 불가능한 일이 실제로는 언제나 엄청나게 많이 일어나고 있음을 깨닫고 있다. 빈집털이가 굴뚝에 몸이 끼거나, 트럭이 정면충돌을 하면서 트럭 운전사가 앞 유리창을 깨고 튕겨져 나갔다가 멀쩡히 일어나서 걸어가거나, 자전거 길을 야생 영양이 건너다가 자전거를 타는 사람과 부딪히거나, 결혼식장에서 촛불에 신부의 머리에 불이 붙거나, 집 뒤쪽 부두에서 낚시를 하던 소녀가 어른만 한 상어를 잡거나 하는 일이 그렇다. 이런 있을 법하지 않은 사건은 예전에는 친구의 친구를 통해 듣는, 으레 의심을 품고 실제로는 믿지 않는 소문에 불과한 개인적인 일화에 불과하곤 했다.

하지만 지금은 유튜브에 올라와서 우리의 시선을 사로잡곤 한다. 유튜브에서 직접 볼 수 있다. 이런 기이한 별난 사건은 수백만 명이 시청하곤 한다.

그저 사건만이 있을 법하지 않은 일에 속하는 것이 아니다. 인터넷에는 진짜 같지 않은 성취를 보여주는 사례도 가득하다. 건물 벽을 달려 올라가거나, 교외의 지붕을 스노보드를 타고 내려오거나, 눈 깜박이는 것보다 짧은 순간에 컵을 쌓아올리는 묘기를 보이는 사람들의 동영상이 가득하다. 게다가 사람만이 아니다. 애완동물이 문을 열고, 스쿠터를 타고, 그림을 그리는 동영상도 있다. 있을 법하지 않은 것 중에는 비범한 초인적인 성취를 담은 장면도 있다. 놀라운 기억 능력을 보여주거나 세계의 모든 억양을 흉내 내는 사람들이 그렇다. 초인적인 능력을 보여주는 극단적인 사례다.

매분마다 새로운 불가능한 것이 인터넷에 올라오고, 그 불가능한 사건은 곧 우리가 오늘 보거나 듣는 수백 가지의 놀라운 사건 중 하나에 불과해진다. 인터넷은 비범한 것을 한 줄기 광선으로 모으는 렌즈와 같으며, 그 광선은 우리의 조명이 되어왔다. 있을 법하지 않은 것을 일상성이라는 작은 시야로 압축한다. 우리가 온라인에 있는 한—거의 매일 그렇다—이 압축된 비범성은 우리를 비춘다. 그것은 새로운 일상이 되었다.

그 비범함의 조명은 우리를 변화시킨다. 더 이상 우리는 단순한 발표물을 원하지 않는다. 우리는 TED 동영상처럼, 최고의, 가장 뛰어난, 가장 비범한 발표자를 원한다. 우리는 게임을 하는 사람들을 지켜보는 쪽을 원하지 않는다. 결정적인 장면 중에서도 가장 중요한 장면을 보기를 원한다. 다른 어떤 장면보다도 더 놀랍고 있을 법하지 않은 가장 놀라운 움직임, 추적, 달리기, 사격, 발차기 장면을 원한다.

또 우리는 인간 경험의 최대 범위에 노출되어 있다. 가장 무거운 사람, 가장 키가 작은 사람, 수염이 가장 긴 사람 등 극단적인 사례의 세계 전체를 보고 있다. 예전에는 극단적인 사례가 드물었지만—정의상—지금은 온종일 극단적인 사례를 담은 동영상을 무수히 보며, 따라서 그런 사례가 일반적인 양 여겨진다. 인간은 늘 극단적인 기이한 사람의 그림과 사진을 수집해왔지만(〈내셔널 지오그래픽〉과 〈리플리의 믿거나 말거나Ripley's Believe It or Not〉 초기 호들을 보라), 지금은 치과 진료를 기다리는 동안 휴대전화로 극단적인 사례를 더 흔하게 접하곤 한다. 그런 사례들은 지금 훨씬 더 현실성을 띠며, 우리의 주의를 사로잡는다. 나는 이 비범함의 대양이 보통 사람들에게 비범한 것을 시도하려는 영감과 용기를 불어넣는다는 증거가 이미 나와 있다고 생각한다.

그런 한편으로 극단적인 실패 사례도 대단히 인기가 있다. 우리는 상상할 수 있는 가장 어리석은 짓을 하는 세계에서 가장 어리석은 사람들의 동영상도 본다. 어떤 면에서 우리는 사소하고 좀스럽고 애매한 기네스 세계 기록 보유자로 이루어진 세계에 있는 듯하다. 모든 삶에는 적어도 한 번쯤 별난 순간이 있을 것이고, 따라서 현재의 모든 사람은 약 15분 동안 어떤 세계 기록 보유자가 된다. 좋은 소식은 그런 사례들이 인간 그리고 인간의 삶에서 가능한 것의 범위를 더 넓게 잡도록 부추길 수 있다는, 따라서 극단적 사례가 우리를 확장시킬 수 있다는 것이다. 나쁜 소식은 점점 더 극단적인 사례를 원하는 만족할 줄 모르는 이 욕구가 평범한 것에 만족하지 못하는 태도를 낳을 수도 있다는 것이다.

이 동역학에는 끝이 없다. 카메라는 어디에나 있고, 따라서 집단적으로 추적되는 삶의 장면이 늘어남에 따라, 번개에 맞는 사람의 모습을 담은 동영상도 수천 편으로 늘어날 것이다. 있을 법하지 않은 사건이 우리가 생각하는 것보다 더 일반적인 것이 되기 때문이다. 우리 모두가 늘 소형 카메라를 착용하게 될 때, 가장 있을 법하지 않은 사건, 가장 비범한 성취, 누군가의 가장 극단적인 행동은 전 세계에서 실시간으로 기록되고 공유될 것이다. 곧 60억 명이 겪는 가장 비범한 순간만이 우리의 스트림을 채우게 될 것이다. 따라서 우리는 평범함에 에

워싸이기보다는 비범함 속에 떠 있을 것이다. 비범함이 세속적인 것이 되기 때문이다. 마치 세계가 불가능한 것만을 담고 있는 양 보일 지경에 이르기까지 있을 법하지 않은 것이 우리 시야에 가득할 때, 이 있을 법하지 않은 것은 있을 법하지 않게 느껴지지 않는다. 있을 법하지 않은 것은 불가피한 것처럼 느껴질 것이다.

이 있을 법하지 않은 상태에는 한 가지 꿈같은 특성이 있다. 확실성 자체가 더 이상 예전 같은 확실함을 지니지 못하게 된다는 것이다. 내가 모든 지식의 화면Screen of All Knowledge에, 10억 개의 거울 조각에 비춰진 모습을 하나로 엮은 10억 개의 눈이 달린 인류의 벌집에 접속할 때, 진리를 찾기는 더 어려워진다. 나는 받아들여진 지식 하나를 접할 때마다 그 사실에 도전하는 견해도 쉽게 접하게 된다. 모든 사실에는 반사실antifact이 있다. 인터넷에 극도로 난무하는 하이퍼링크는 사실만큼 반사실도 눈에 띄게 강조할 것이다. 반사실 중에는 어리석은 것도, 이도 저도 아닌 것도, 얼마간 타당한 것도 있다. 이것은 화면의 저주다. 모든 전문가마다 대등한 반전문가가 있기 때문에 전문가에 의지해서는 옳은지 그른지 분류할 수가 없다. 따라서 내가 배우는 모든 것은 이 유비쿼터스 반요소antifactor들을 통해 침식된다.

따라서 즉시 지구적인 연결이 이루어지는 이 시대에, 역설적으로 내가 무언가를 확신하는 태도는 약해져왔다. 나는 권위자로부터 진리를 받아들이기보다, 웹에서 흐르는 사실의 유동적 스트림으로부터 스스로 확실성을 취합해야 하는 상황으로 전락해 있다. 단 하나였던 진리는 복수형인 진리가 된다. 나는 내가 관심을 갖는 것만이 아니라, 직접적인 지식을 지닐 수가 없는 분야를 포함하여 내가 접하는 모든 것에 관해 진리 여부를 재검토해야 한다. 이는 일반적으로 내가 안다고 생각하는 것을 끊임없이 의심해야 한다는 의미다. 우리는 이 상태가 과학의 발전에 이상적이라고 생각할지도 모르겠지만, 잘못된 이유로 내 생각이 바뀔 가능성이 더 높다는 의미이기도 하다.

망들의 망에 걸려 있을 때, 나는 자신이 신뢰할 수 없는 것들로부터 신뢰할 수 있는 것을 건져내려 애쓰는 망이라고 느낀다. 그리고 흐름 속에 흩어진 절반의 진리, 비진리, 일부 고상한 진리로부터 진리를 취합하려 노력하면서, 나는 유동적인 사고방식(시나리오, 그 순간의 믿음, 주관적인 직감)과 매시업, 트위터, 검색 같은 유동적인 매체에 더 끌리는 것을 느낀다. 하지만 이 모호한 생각의 그물 속을 흐를 때, 마치 백일몽을 꾸는 듯이 느껴지기도 한다.

우리는 사실 꿈이 무엇을 위한 것인지 알지 못한다. 의식의 몇몇 근본적인 욕구만을 충족시키기 때문이다. 내가 한 링크를 통해 다른 웹페이지로 도약하면서 웹을 돌아다니는 모습을 지켜보는 사람은 백일몽을 보고 있는 것이다. 최근에 나는 웹에서 군중에 섞여서 맨발인 남자가 쓰레기를 집어먹는 장면을 본 뒤, 녹아내리기 시작한 얼굴로 노래를 하는 소년의 모습, 크리스마스트리를 불태우는 산타를 거쳐, 세계의 꼭대기에 위태롭게 세워진 진흙집 안으로 들어갔다가, 켈트족의 매듭이 저절로 풀리는 장면을 본 다음, 투명한 유리를 만드는 방법을 설명하는 남자의 말을 들은 뒤, 고등학교로 돌아가서 자전거를 타는 내 모습을 지켜보았다. 그것이 어느 날 아침에 내가 겨우 처음 몇 분 동안 웹을 돌아다닌 양상이었다. 열중하여 링크들이 이끄는 대로 마냥 따라가는 상태에 빠져드는 것이 끔찍한 시간 낭비처럼—아니면 꿈처럼 생산적인 시간 낭비일 수도 있다—보일 수도 있다. 아마 우리는 웹을 돌아다닐 때 집단 무의식을 건드리고 있는지도 모른다. 아마 클릭—꿈꾸기는 무엇을 클릭하는가에 상관없이 우리 모두에게 동일한 꿈을 꾸게 하는 방법일지도 모른다.

우리가 인터넷이라고 하는 이 백일몽은 내 진지한 생각과 장난스러운 생각의 차이도 모호하게 만든다. 더 단순하게 말하면 이렇다. 나는 내가 온라인에서 일할 때와 놀고 있을 때를 더 이상 구분할 수가 없다. 이 두 세계의 구분이 사라진다는 점이야말로 인터넷이 잘못되어 있다는 증거라고 보는 이들도 있긴 하다. 값비싼 시간 낭비라는 것이다. 빈둥거리게 만들고 천박한 짓거리를 경력인 양 생각하게 만든다. 전직 페이스북 공학자인 제프 해머배커Jeff Hammerbacher는 "우리 세대에서 머리가 가장 좋은 이들은 어떻게 하면 사람들이 광고를 클릭하도록 만들까 하는 생각에 골몰하고 있다"라는 유명한 말을 했다.[2] 일부에서는 이 백일몽을 습관성 낭비라고 본다. 반대로, 나는 시간 낭비를 창의성의 필수 전제조건이라고 한다. 더 중요한 점은 내가 놀이와 일, 진지한 생각과 장난스러운 생각의 융합을 이 새로운 발명이 이룬 가장 위대한 일 중 하나라고 믿는다는 것이다. 고도로 진화한 사회에서는 일이 사라진다는 말이 아닌가 말이다.

나는 무리마음이 내 생각을 극도로 넓고 느슨하게 펼쳐놓는 바람에 내가 생각하는 방식도 달라졌다는 것을 알아차렸다. 내 생각은 더 활동적이고 덜 관조적이 되었다. 마음속으로 이런저런 생각을 하다가 문득 의문이나 직감이 떠오르고 몰라서 답을 찾기 위해 그 생각을 붙들고 늘어지는 식이 아니라, 무언가를 일단 하는 것에서 시작한다. 나는 무턱대고 나아간다. 나는 보고, 검색하고, 요청하고, 질문하고, 대응하고, 도약하고, 쪽지를 만들고, 북마크하고, 추적한다. 무언가를 내 것으로 만드는 일부터 시작한다. 나는 기다리지 않는다. 기다릴 필요가 없다. 무언가에 관해 생각하는 대신에 지금은 먼저 생각에 관해 행동을 한다. 이것이 인터넷의 최악의 결과물이라고 보는 이들도 있다. 심사숙고하는 태도를 없앤다는 것이다. 이 모든 들뜬 활동이 그저 부산을 떠는 어리석은 짓거리나 쳇바퀴 돌리기나 망상에 빠진 행동일 뿐이라고 보는 이들도 있다. 하지만 무엇에 비교하여 그렇다는 것일까? TV의 수동적인 소비에 비해서? 술집에서 수다를 떨며 보내는 시간에 비해서? 아니면 내가 지닌 수백 가지 질문 중 어떤 해답도 찾지 못한 채 느릿느릿 도서관 서가를 뒤적거리는 것에 비해? 지금 이 순간에 수억 명이 온라인에 접속해 있다는 점을 생각해보라. 내가 보기에 그들은 어리석은 링크에 시간을 낭비하는 것이 아니라, 더 생산적인 사고방식에 종사하는 것이다. 설령 사소한 것이라고 할지라도, 즉시 답을 얻고, 조사하고, 반응하고, 백일몽을 꾸고, 검색하고, 전혀 다른 무언가에 직면하고, 자신의 생각을 끄적거리고, 자신의 견해를 올린다. 50년 전에 수억 명이 푹 파묻히는 의자에 앉아서 TV을 보거나 신문을 읽고 있던 때와 비교해보라.

이 새로운 존재 양식—비트의 파도를 타고, 잠수하고, 솟구치고, 비트를 갖고 놀고, 트윗을 하고 받고, 새로운 것에 끊임없이 쉽게 빠져들고, 백일몽을 꾸고, 모든 사실에 질문을 하는—은 버그가 아니다. 이것은 하나의 특성이다. 우리에게 밀려드는 데이터, 뉴스, 사실의 물결에 적절하게 대응하는 것이다. 우리는 생각에서 생각으로 흐르면서 민첩하고 유동적으로 행동할 필요가 있다. 이 유동성은 우리를 둘러싼 정보 환경의 사나움을 반영하기 때문이다. 이 양상은 실패자의 게으름을 보여주는 것으로도 호사스러운 탐닉을 말해주는 것도 아니다. 이 유동성은 번영을 누리기 위해 필요하다. 하얀 거품이 이는 급류에서 카약을 타려면, 적어도 흐르는 물만큼 빨리 노를 저어야 하며, 우리에게 닥치는 정보, 변화, 교란의 엑사바이트 속을 항해하고 싶다면, 그 물결이 흐르는 것만큼 빨리 흐를 필요가 있다.

하지만 이것을 얕은 생각의 흐름과 혼동하지 말자. 유동성과 상호 작용성은 전보다 훨씬 더 복잡하고 크고 복합적인 일에도 즉시 더 주의를 기울일 수 있게 해준다. 대중에게 이야기 및 뉴스와 상호작용할 —시간을 옮기고, 나중에 틀고, 되감고, 탐색하고, 연결하고, 저장하고, 잘라내고 이어 붙이는— 능력을 제공하는 기술에 힘입어서 우리는 단기적인 유형으로만이 아니라 장기적으로도 주의를 집중할 수 있게 되었다. 영화감독은 시트콤 시리즈가 아니라, 여러 해에 걸쳐 전개되는 거대 서사를 담은 동영상을 만들기 시작했다. 〈로스트〉, 〈배틀스타 갤럭티카〉, 〈소프라노스The Sopranos〉, 〈다운튼 애비Downton Abbey〉, 〈와이어The Wire〉 같은 거대 서사에는 서로 꼬인 다수의 줄거리, 다수의 주역, 놀라울 만치 깊이 있는 등장인물이 등장한다. 이런 정교한 작품을 시청하려면 이전의 TV 쇼와 90분짜리 영화를 볼 때보다 훨씬 더 지속적으로 주의를 기울여야 한다. 디킨스 같은 옛 소설가는 경악했을 것이다. 디킨스는 아마 기가 찰 것이다. "대중이 그 모든 내용을 따라갈 수 있을 뿐 아니라, 더 원할 것이라는 뜻인가? 어떻게 여러 해 동안 그럴 수 있다는 거지?" 예전 같으면 나도 그런 복잡한 이야기를 즐길 수 있다거나 그것을 다 볼 시간이 있을 것이라고는 결코 믿지 못했을 것이다. 하지만 그 뒤로 내 주의는 계속 발달했다. 비슷한 방식으로 비디오 게임도 기나긴 영화를 비롯한 위대한 작품에 맞먹는 수준의 깊이, 복잡성, 주의 집중 능력을 갖추어왔다. 한 게임에 숙달되는 데에만 50시간이 걸리니까.

하지만 이 새로운 기술이 우리의 생각하는 방식을 바꾸는 데 써온 가장 중요한 방법이 있다. 바로 기술들이 융합하여 하나의 전체를 구성함으로써였다. 당신은 그저 나노초 단위로 끝없이 트윗을 하거나, 마이크로초 단위로 한없이 웹페이지를 서핑하거나, 유튜브 채널을 몇 시간씩 돌아다닌 뒤, 겨우 몇 분 동안 이 책 저 책을 잠깐 훑은 뒤, 마침내 일하던 스프레드시트로 돌아가거나 휴대전화의 깜박이는 화면을 들여다보는 것처럼 보일 수 있다. 하지만 실제로 당신은 하루 10시간을 한 가지 무형물에 주의를 기울이면서 보내고 있다. 하나의 기계, 하나의 거대한 플랫폼, 이 거대한 걸작은 1조 개의 엉성하게 연결된 조각으로 위장하고 있다. 우리는 이 통일성을 놓치기 쉽다. 고임금 웹사이트 관리자들, 온라인의 비평가 무리들, 마지못해 자신의 영화를 스트리밍으로 보여주는 영화계 거물은 자신이 지구 전체에서 펼쳐지는 거대한 쇼의 한 자료점에 불과하다는 것을 믿지 않는다. 하지만 실제로 그들은 한 자료 점에 불과하다. 현재 켜져 있는 40억 개의 화면³ 중 어느 것으로든 들어가면, 우리는 한 가지 열린 결말을 지닌 질문에 참여하게 된다. 우리는 모두 그 질문에 답하려 애쓴다. 이것이 과연 무엇일까?

컴퓨터 제조회사 시스코Cisco는 2020년이면 인터넷에 500억 대의 장치⁴가 연결될 것이고, 거기에 수백억 대의 화면까지 추가해야 한다고 추정한다. 전자기기 산업은 5년 안에 우리의 활동을 추적하고 그 데이터를 스트림에 입력하는 착용 가능한 기기가 10억 대로 늘 것이라고 추정한다. 우리의 스마트 홈에 활기를 불어넣는 네스트 온도계 같은 장치도 130억 대⁵로 늘 것이라고 예상할 수 있다. 커넥티드 카 connected car에는 30억 대의 장치도 내장될 것이다.⁶ 그리고 월마트의 진열대에 놓인 상품에는 1,000억 개의 덜 영리한 RFID 칩이 내장될 것이다. 바로 사물인터넷이다. 있을 법하지 않은 것을 위한 새로운 플랫폼, 우리가 제조하는 모든 것의 이상향이다. 그 꿈의 세계는 데이터를 써서 건설한다.

지식은 정보와 관련이 있긴 하지만 동일하지는 않다. 지식은 정보와 동일한 속도로 2년마다 두 배씩 폭발적으로 늘고 있다. 한 해에 발표되는 과학 논문의 수는 지난 수십 년의 그 어느 때보다 훨씬 더 빠른 속도로 증가해왔다. 지난 세기에 걸쳐 전 세계의 연간 특허 신청 건수는 기하급수적 증가 곡선을 그려왔다.

우리는 한 세기 전보다 우주에 관해 훨씬 더 많이 안다. 우주의 물리 법칙에 관한 새로운 지식은 GPS와 아이팟 같은 소비자 제품에 들어가서 실용적으로 쓰여왔고, 우리의 수명도 꾸준히 늘려왔다. 망원경, 현미경, 투시경, 오실로스코프를 통해서 우리는 새로운 방식으로 볼 수 있었고, 새로운 도구를 통해 살펴볼 때마다, 갑자기 많은 새로운 해답이 나왔다.

하지만 과학의 역설은 답이 하나 나올 때마다 적어도 두 가지의 새로운 질문이 출현한다는 것이다. 도구, 답, 질문은 계속 늘어난다. 망원경, 전파망원경, 사이클로트론, 원자 파괴 장치는 우리가 알던 것을 확장시켰을 뿐 아니라, 우리가 알지 못하던 새로운 수수께끼를 낳고 확장시켰다. 이전의 발견을 통해 우리는 최근에 우리 우주에 있는 모든 물질과 에너지의 96퍼센트가 우리 눈에 보이지 않는다는 것을 깨달았다. 우주는 지난 세기에 우리가 발견한 원자와 열로만 이루어져 있지 않다. 대신에 주로 '암흑'이라는 꼬리표가 붙은 두 가지 미지의 실체로 이루어져 있다. 암흑 에너지와 암흑 물질이다. '암흑'은 무지를 뜻하는 완곡어법이다. 우리는 우주의 대다수가 무엇으로 이루어져 있는지 사실상 전혀 알지 못한다. 우리는 세포나 뇌 속을 깊숙이 탐사한다면, 비슷한 비율로 무지를 찾아낼 것이다. 우리는 무엇을 알 수 있는지 전혀 알지 못한다. 우리의 발명들 덕분에 우리는 자신의 무지를 엿볼 수 있다. 과학적 도구에 힘입어서 지식이 기하급수적으로 늘어나고 있다면, 수수께끼는 급격히 줄어들고 있어야 한다. 하지만 정반대로 우리는 모르던 것을 계속 더 많이 발견하고 있다.

따라서 설령 우리 지식이 기하급수적으로 팽창하고 있다고 해도,

질문은 훨씬 더 빨리 기하급수적으로 팽창하고 있다. 그리고 수학자라면 말해주겠지만, 이 두 기하급수 곡선 사이의 간격 자체도 기하급수적 곡선을 그리면서 넓어지고 있다. 질문과 답 사이의 이 간격이 바로 우리의 무지이며, 그 거리는 기하급수적으로 늘어나고 있다. 다시 말해, 과학은 주로 우리의 지식보다는 우리의 무지를 늘리는 방법이다.

이 추세가 미래에 뒤집힐 것이라고 예상할 이유는 전혀 없다. 기술이나 도구가 더 파괴적일수록, 그것이 낳을 질문도 더 파괴적이다. 우리는 인공지능, 유전자 조작, 양자 컴퓨팅(가까운 미래에 출현할 것 가운데 몇 가지만 나열하자면) 같은 미래 기술이 새로운 엄청난 질문을 쏟아낼 것이라고 예상할 수 있다. 우리가 예전에는 물을 생각조차 못한 질문을 말이다. 사실 가장 원대한 질문을 아직 하지 않았다는 쪽에 내기를 거는 편이 안전하다.

■■■■■■■■■■■■■■■■■■■■■■■■■■■■■■■■

해마다 인류는 인터넷에 2조 개의 질문을 하며, 해마다 검색 엔진은 2조 개의 답을 한다. 이 답은 대부분 꽤 좋다. 놀라운 답이 나올 때도 많다. 게다가 답은 무료다! 즉시 무료로 인터넷 검색을 할 수 있게 되기 전에는 2조 개의 질문 중 대다수는 합리적인 수준의 비용으로 대답을 얻을 수 없었을 것이다. 물론 그 답이 사용자에게 무료일지 모르지만, 그 답을 구글, 야후, 빙, 바이두 같은 검색 기업들이 생성하는 데에는 비용이 든다. 2007년에 나는 구글이 한 질문에 답하는 데 드는 비용이 약 0.3센트라고 계산했다. 아마 그 뒤로 좀 더 떨어졌을 것이다.

내 계산에 따르면, 구글은 자기 답의 언저리에 광고를 붙임으로써 검색/답당 약 27센트를 번다. 따라서 답을 무료로 제공할 여유가 있다.

우리는 늘 질문을 품고 있었다. 30년 전 가장 큰 규모의 답하기 최대 사업은 전화번호를 알려주는 일이었다. 구글이 등장하기 전에 411(미국과 영국의 전화번호 안내센터)이 있었다. 보편적인 '정보' 숫자 411에 다이얼을 돌려서 전화를 건 횟수는 연간 약 60억 회였다.[7] 과거의 또 다른 검색 메커니즘은 전화번호부였다. 즉 종이판이었다. 전화번호부협회에 따르면, 미국 성인의 50퍼센트는 1990년대에 주당 두 개의 전화번호를 찾느라, 적어도 일주일에 한 번씩 전화번호부를 뒤적였다.[8] 1990년대에 성인 인구가 약 2억 명이었으므로, 주당 2억 번의 검색, 즉 연간 1,040억 번의 질문을 한 셈이다. 코웃음 칠 수준이 결코 아니다. 또 하나의 고전적인 답 구하기 전략은 도서관이었다. 1990년대에 미국 도서관에 사람들이 방문한 횟수가 연간 약 10억 건에 달했다.[9] 이 10억 건 중에서 약 3억 건은 '참고 조사', 즉 질문을 위해서였다.

답을 찾기 위해 이렇게 연간(미국에서만) 1,000억 건이 넘는 검색이 이루어졌지만, 30년 전에는 저렴하거나 무료로 사람들의 질문에 답하는 사업이 820억 달러의 가치[10]가 있을 것이라고는 아무도 믿지 않았을 것이다. MBA 중에서 이 욕구를 채울 시스템을 꿈꾼 사람은 많지 않았다. 질문·답의 수요는 잠재되어 있었다. 사람들은 즉시 답을 얻게 될 때까지 즉각적인 답이 얼마나 가치가 있는지를 알지 못했다. 2000년에 수행된 한 연구는 미국의 평균적인 성인이 온라인에서 하루에 네 가지 질문[11]의 답을 찾았다고 파악했다.

내 자신의 삶을 어떤 시사점으로 삼는다면, 나는 매일 더 많은 질문을 하고 있다. 구글에 따르면, 나는 2007년에 월간 349회, 즉 하루에 10회 질문을 했다(그리고 수요일 오전 11시에 가장 많은 질문을 했다). 나는 1년이 몇 초냐고 구글에 물었고, 구글은 즉시 3,150만 초라고 답했다. 나는 모든 검색 엔진이 초당 몇 번이나 검색을 하는지 물었다. 구글은 초당 60만 회, 즉 600킬로헤르츠라고 답했다. 따라서 인터넷은 전파의 윙윙거리는 주파수로 질문에 답을 하고 있다.

답이 공짜로 제공되고 있긴 해도, 그 답의 가치는 엄청나다. 미시건 대학교의 세 연구자는 2010년에 보통 사람들이 검색에 얼마나 많은 비용을 지불할 의향이 있는지[12] 알아보는 소규모 실험을 했다. 그들은 학생들을 책이 잘 구비된 대학 도서관에 넣어놓고서 구글에 묻는 대신에 같은 질문을 도서관에 있는 것만을 써서 답을 찾아보도록 했다. 그런 뒤 학생들이 서가에서 질문의 답을 찾는 데 걸리는 시간을 측정했다. 평균 22분이 걸렸다. 같은 질문을 구글에 했을 때 답을 얻는 데 평균 7분이 걸렸으므로 15분이 더 길었다. 미국의 평균 시급이 22달러이므로, 검색 한 건당 1.37달러가 절약되는 셈이다.

2011년 구글의 수석 경제학자 헬 배리언Hal Varian은 한 질문에 답하는 데 드는 평균 가치[13]를 다른 식으로 계산했다. 그는 구글의 평균 사용자(쿠키 등을 통해 파악한)가 하루에 평균 한 번의 검색만 한다는 놀라운 사실을 밝혀냈다. 나는 분명히 아니다. 하지만 거의 끊임없이 구글링을 하는 내 행동은 몇 주에 한 번 검색을 할까 말까 하는 내 모친을 통해 상쇄된다. 배리언은 지금은 질문하는 비용이 더 저렴해서 우리가 질문을 더 많이 한다는 사실을 감안해서 몇 가지 수학을 적용했다. 배리언은 이 효과를 고려했을 때, 평균적인 사람이 하루에 검색을 통해 3.75분을 절약한다고 계산했다. 같은 평균 시급을 적용했을 때, 사람들은 하루에 60센트를 절약하는 셈이다. 당신의 시간이 더 가치가 있다면, 하루에 1달러까지도 절약할 수 있다. 대다수의 사람들은 내야 한다면 검색을 위해 하루에 1달러, 즉 연간 350달러를 지불할까? 그럴지도 모른다. (나는 확실히 낼 것이다.) 그들은 검색 건당 1달러를 지불할지 모르며, 그것은 같은 금액을 다른 방식으로 지불하는 것이 된다. 경제학자 마이클 콕스Michael Cox는 학생들에게 얼마이면 인터넷을 완전히 포기할 것인지를 물었는데, 100만 달러를 주어도 포기하지 않을 것이라는 대답이 나왔다. 게다가 이 답은 스마트폰이 대중화하기 전에 나온 것이었다.

우리는 중요한 대답을 얻는 일을 이제야 잘하기 시작했다. 아이폰의 음성 도우미인 시리는 자연어로 질문을 하면 구어로 답한다. 나는 시리를 일상적으로 사용한다. 날씨를 알고 싶을 때, 그냥 "시리, 내일 날씨는 어때?"라고 묻는다. 안드로이드를 쓰는 사람은 구글나우Google Now에 달력에 적은 정보를 음성으로 물을 수 있다. IBM의 왓슨은 사실을 참조하는 대부분의 질문에서 AI가 빠르고 정확히 답을 찾아낼 수 있음을 입증했다. AI가 답을 점점 더 쉽게 내놓는 이유는 질문에 올바로 대답하면 다시 질문을 받을 가능성이 높아진다는 사실에 어느 정도 토대를 둔다. 또 정답을 계속 내놓다보면 다음에도 정답을 찾아내기가 더 수월해지고, 전체적으로 쌓이는 답의 가치가 높아진다. 우리가 검색 엔진에 묻는 각각의 질문과 맞다고 받아들이는 각각의 답은 검색 엔진의 기능을 향상시키고 엔진의 가치를 높인다. 우리가 더 많은 책과 영화, 사물인터넷을 인지화함에 따라, 답은 흘러 넘치게 될 것이다. 우리는 하루에 수백 가지 질문을 할 미래로 향하고 있다. 이 질문들은 대부분 우리 자신과 우리 친구들에 관한 내용일 것이다. "제니는 어디에 있지? 다음 버스는 언제 와? 이런 간식이 건강에 좋을까?" 각 답의 '제조비용'은 나노센트일 것이다. '내게 답을 줘'라는 형태의 검색은 선진국에서는 더 이상 사치로 여겨지지 않을 것이다. 보편적인 필수품이 될 것이다.

머지않아 곧 우리는 어떤 질문에든 대화하는 어조로 클라우드에 물을 수 있는 세상에 살게 될 것이다. 그리고 그 질문에 알려진 답이 있다면, 기계는 그 답을 우리에게 설명할 것이다. 1974년 올해의 신인왕은 누구였을까? 하늘은 왜 파랄까? 우주는 영원히 팽창할까? 시간이 흐르면서 클라우드, 아니 인터클라우드, 기계, AI는 자신이 아는 것과 모르는 것을 구별하는 법을 터득할 것이다. 처음에는 애매한 부분을 명확히 하기 위해 우리가 대화에 참여할 필요가 있겠지만(우리 인간이 질문에 답할 때 하듯이), 우리와 달리 답하는 기계는 주저하지 않고 어떤 주제에든 간에 심오하고 모호하고 복잡한 사실 지식을 제공할 것이다. 그런 것이 있다면 말이다.

하지만 신뢰할 수 있는 즉각적인 답이 일으키는 주된 효과는 흡족함이 아니다. 풍부한 답은 그저 더 많은 질문을 생성할 뿐이다! 내 경험상 질문하기가 더 쉽고 답이 더 유용할수록, 질문은 더 많아진다. 응

답 기계는 답을 무한정 확장할 수 있는 반면, 다음 질문을 구상하는 데 걸리는 우리의 시간은 매우 제한되어 있다. 좋은 질문을 생성하는 데 필요한 시간과 답을 흡수하는 데 필요한 시간 사이에는 비대칭성이 있다. 답은 저렴해지고 질문은 가치가 높아진다. 이제 상황이 역전된다. 피카소는 1964년에 저술가인 윌리엄 파이필드William Fifield에게 이렇게 말함으로써 이 역전을 예견했다. "컴퓨터는 쓸모없어. 답만 하잖나."

따라서 가장 중요한 점은 초영리한 유비쿼터스 답의 세계가 완벽한 질문을 탐색하도록 부추긴다는 것이다. 완벽한 답을 만드는 것은 무엇일까? 역설적으로 최고의 질문은 답으로 이어지는 질문이 아니다. 답은 더 저렴해지고 풍족해지는 길로 나아가고 있기 때문이다. 좋은 질문이야말로 좋은 답 100만 가지의 가치가 있다.

좋은 질문은 아인슈타인이 어릴 때 자문했던 것과 비슷하다. "빛의 속도로 여행을 한다면 무엇을 보게 될까?" 그 질문은 상대성 이론, $E=MC^2$, 원자 시대를 낳았다.

좋은 질문은 정답을 원하는 것이 아니다.

좋은 질문은 즉시 답할 수 없는 것이다.

좋은 질문은 기존 답에 도전한다.

좋은 질문은 일단 들으면 답을 알고 싶어 못 견디지만, 듣기 전까지는 아예 생각도 못한 것이다.

좋은 질문은 새로운 사고 영역을 낳는다.

좋은 질문은 자신의 답들을 재구성한다.

좋은 질문은 과학, 기술, 예술, 정치, 경제에 혁신의 씨앗이 된다.

좋은 질문은 탐침, 만약~이라면 시나리오다.

좋은 질문은 알려진 것과 알려지지 않은 것의 가장자리에 걸쳐 있는, 어리석지도 명백하지도 않은 것이다.

좋은 질문은 예측할 수 없는 것이다.

좋은 질문은 교양 있음을 보여주는 표지가 될 것이다.

좋은 질문은 다른 많은 좋은 질문을 낳을 것이다.

좋은 질문은 기계가 마지막으로 배우는 것이 될 수 있다.

좋은 질문은 인간의 존재 의미를 묻는 것이다.

우리는 묻고 답하는 기계를 갖고서 무엇을 하려는 것일까?

우리 사회는 계층 구조의 엄격한 질서로부터 탈중심화의 유동성으로 나아가고 있다. 명사로부터 동사로, 유형의 생산물에서 무형의 되어가기로 나아가고 있다. 고정된 미디어에서 혼란스럽게 뒤섞인 미디어로 나아가고 있다. 저장에서 흐름으로 나아간다. 그리고 가치 엔진은 답의 확실성에서 질문의 불확실성으로 나아간다. 사실, 질서, 답은 계속해서 필요하고 유용한 것으로 남아 있을 것이다. 사라지지 않을 것이고, 미생물과 콘크리트 재료처럼 사실들은 거대한 문명을 계속 지탱하고 있을 것이다. 하지만 우리 삶과 신기술의 가장 소중한 측면들, 가장 역동적이고 가장 가치 있고 가장 생산적인 측면들은 그 변경에,

불확실성, 혼란, 유동성, 질문이 거주하는 가장자리에 놓여 있을 것이다. 답을 내놓는 기술은 여전히 필수적인 것으로 남아 있을 것이고, 그에 따라 답은 어디에나 있고, 즉각적이고, 신뢰할 수 있고, 거의 무료가 될 것이다. 그에 반해 질문을 생성하는 기술이야말로 더욱 가치를 지니게 될 것이다. 질문 생성 기술은 쉬지 않는 우리 종이 탐험할 수 있는 새로운 대륙, 새로운 분야, 새로운 산업, 새로운 상표, 새로운 가능성을 생성하는 엔진이라고 올바로 인식될 것이다. 한마디로, '질문하기Questioning'는 답하기보다 더 강력하다.

BEGINNING

제12장

·

오늘과 다른 새로운 미래를
시작하다

변화 단계는 이미 시작되었다. 우리는 모든 인간과 모든 기계를 하나의 세계적인 매트릭스로 연결하는 방향으로 거침없이 행군하고 있다. 이 매트릭스는 하나의 가공물이 아니라 하나의 과정이다. 우리의 새로운 슈퍼네트워크는 우리의 욕구와 욕망을 새롭게 재편하도록 꾸준히 자극하는 변화의 물결이다. 우리는 30년 안에 어떤 상품, 상표, 기업이 우리를 에워쌀지 전혀 예측할 수 없다. 그것들은 개별적인 변화와 운의 흐름이 어떻게 교차할지에 달려 있다. 하지만 이 대규모의 약동하는 과정이 전체적으로 어느 방향으로 나아가는지는 분명하며 잘못 볼 수가 없다. 앞으로 30년 동안에도 홀로스는 지난 30년 동안 나아온 그 방향으로 계속 나아갈 것이다. 흐르기, 공유하기, 추적하기, 접근하기, 상호작용하기, 화면 보기, 뒤섞기, 걸러내기, 인지화하기, 질문하기, 되어가기를 증가시키는 방향이다. 지금 우리는 그 시작하기가 일어나는 순간에 서 있다.

물론 시작하기는 단지 시작일 뿐이다.

지금으로부터 수천 년 뒤, 과거를 살펴보는 역사학자들은 세 번째 천년기가 시작되는 이 시기가 경이로운 시기였다고 여길 것이다. 이 행성의 거주자들이 서로 연결되어 아주 거대한 하나가 된 최초의 시기다. 나중에 이 거대한 것은 더욱더 거대해지지만, 당신과 나는 최초의 각성이 이루어지던 바로 그 시점에 살고 있다. 미래의 사람들은 우리가 보는 이 탄생의 순간을 목격할 수 있었다면 얼마나 좋을까 생각하면서 우리를 부러워할 것이다. 인류가 비확성 사물들에 작은 한 조각의 지능을 집어넣어서 활기를 띠게 하고, 그것을 엮어서 기계 지능들의 클라우드를 구축하고, 이어서 수십억 개에 이르는 자신들의 마음까지 하나의 초마음supermind에 연결하기 시작한 것이 바로 이 시기였다. 이 수렴은 지금까지 지구에서 일어난 가장 크고 가장 복잡하고 가장 놀라운 사건이라고 받아들여질 것이다. 유리, 구리, 전파로 이루어진 신경들을 엮어서, 우리 종은 모든 지역, 모든 과정,

모든 사람, 모든 인공물, 모든 감지기, 모든 사실과 개념을 연결하는 지금까지 상상할 수도 없던 복잡성을 지닌 거대한 망을 구축하기 시작했다. 이 배아 단계의 망은 우리 문명의 협업 인터페이스, 이전의 그 어떤 창안물보다 강력한 힘을 지닌 감지하고 인지하는 장치를 탄생시켰다. 이 메가발명품, 이 생물, 이 기계—그렇게 부르고 싶다면—는 만들어진 다른 모든 기계를 포섭함으로써, 사실상 우리 정체성의 본질적 요소가 될 정도까지 우리 삶에 배어드는 유일한 것이 되어 있다. 이 아주 거대한 것은 기존 종을 위한 새로운 사고방식(완전한 검색, 완전한 기억, 행성 규모)과 새로운 마음을 제공한다. 그것이 바로 '시작하기Begining'다.

시작하기는 한 세기에 걸친 과정이며, 그 진행 과정은 혼란스럽고 하찮아 보인다. 그 거대한 데이터베이스와 방대한 통신망은 지루하다는 느낌을 준다. 이 출현하고 있는 실시간 세계 마음의 각 측면은 터무니없다거나 위험하다고 치부된다. 사실 그런 걱정에는 타당한 점도 많다. 인류 문화에서 이 점점 더 빨라지는 맥박syncopated pulse이 건드리지 않고 놔두는 측면이 단 하나도 없기 때문이다. 하지만 우리는 자신보다 높은 수준에서 작동하기 시작한 것의 일부이기 때문에, 이 출현하는 아주 거대한 것의 윤곽을 잘 알아볼 수 없다. 우리가 아는 것들은 모두 시작되는 순간부터, 기존 질서를 뒤엎고 있다. 따라서 격렬한 반발이 예상된다.

이 거대한 걸작품을 무엇이라고 부를까? 기계라기보다 살아 있는 것에 더 가깝지 않을까? 그 중심에 놓인 70억 명, 이제 곧 90억 명이 될 사람들은 상시 연결이라는 층으로 스스로를 빠르게 뒤덮고 있으며,

머지않아 서로의 뇌를 직접 연결하게 될 것이다. 100년 전에 H. G. 웰스H. G. Wells는 이 거대한 것을 세계 두뇌world brain라고 했다. 테야르 드 샤르댕Teilhard de Chardin은 이것을 누스페어noosphere, 즉 정신권이라고 했다. 세계정신이라고 하는 이들도 있고, 그것이 수십억 개의 실리콘 뉴런을 포함하고 있으므로 세계 초유기체에 비유하는 사람도 있다. 그저 편의를 위해 그리고 단어를 짧게 하기 위해, 나는 이 행성 규모의 층을 홀로스holos라고 부를 것이다. 홀로스는 모든 기계의 집단행동과 결부된 모든 인간의 집단 지능에다가 자연의 지능, 이 전체로부터 출현하는 모든 행동을 포괄한다. 이 전체가 바로 홀로스다.

우리가 되어가고 있는 것의 규모는 이해한다는 것 자체가 어렵다. 그것은 우리가 만들어 온 것 중 가장 크다. 그 하드웨어만 살펴봐도 엄청남을 알 수 있다. 현재 40억 대의 휴대전화와 20억 대의 컴퓨터가 서로 연결되어 지구를 솔기 하나 없이 뒤덮는 겉질을 이루고 있다. 거기에 카메라에서 자동차와 인공위성에 이르는 보조 칩과 관련 장치 수십억 대가 추가된다. 이미 2015년에 무려 150억 대의 장치가 연결되어 하나의 거대한 회로를 이루었다. 이 장치 각각에는 10억 개에서 40억 개의 트랜지스터가 들어 있으므로, 홀로스는 총 섹스틸리언sextillion(10해, 10^{21})개의 트랜지스터로 작동한다. 이 트랜지스터를 거대한 뇌의 뉴런이라고 생각할 수도 있다. 사람의 뇌에는 약 860개의 뉴런이 있고, 홀로스의 뉴런은 그보다 1조 배 더 많다. 규모로 보면 홀로스는 이미 우리 뇌보다 훨씬 더 복잡하다. 그리고 우리 뇌는 몇 년마다 크기가 두 배씩 증가하지 않는다. 홀로스 마음은 그 속도로 커지고 있다.

현재 홀로스의 하드웨어는 컴퓨터의 트랜지스터만큼 많은 컴퓨터 칩으로 이루어진 아주 거대한 가상 컴퓨터처럼 행동한다. 이 가상 컴퓨터의 최상위 기능은 거의 초기 PC 수준의 속도로 작동한다. 초당 100만 통의 이메일, 초당 100만 통의 문자 메시지를 처리한다. 따라서 홀로스가 현재 본질적으로 1메가헤르츠로 작동한다는 의미다. 현재 홀로스의 외부 저장 용량은 약 600엑사바이트다. 1초에 10테라비트가 그 척추 신경을 지나간다. 홀로스는 본선에서 스팸을 걸러내고 일종의 자가 치유로서 손상된 부위를 우회시키는 튼튼한 면역계도 지닌다.

그러면 이 세계적인 체계를 유용하고 생산적으로 만드는 코드를 작성하는 것은 누구일까? 바로 우리다. 우리는 별 생각 없이 인터넷을 돌아다니거나 친구들이 보도록 무언가를 올릴 때 그저 시간을 낭비하고 있다고 생각하지만, 매번 어떤 링크를 클릭할 때 우리는 홀로스 마음의 어딘가에 있는 노드를 강화하고, 그럼으로써 홀로스를 프로그래밍하고 있는 것이다. 사람들이 어떤 웹페이지를 하루에 1,000억 번 누르는 것을 홀로스에게 우리가 중요하다고 생각하는 것이 무엇인지를 가르치는 방식이라고 생각해보라. 매번 단어들 사이에 링크를 만들 때, 우리는 홀로스에게 어떤 개념을 가르치는 것이다.

홀로스는 우리가 살아갈 새로운 플랫폼이다. 국제적인 규모이고, 늘 켜져 있다. 현재의 기술 채택 속도를 고려할 때, 나는 2025년이면 살아 있는 모든 사람들—즉 지구 주민의 100퍼센트—가 어떤 것이든 거의 공짜인 장치를 통해서 이 플랫폼에 접속할 것이라고 추정한다. 모두가 홀로스에 연결되어 있을 것이다. 아니, 그 안에 있을 것이다. 아니, 더 단순하게 말하면, 모두가 홀로스가 될 것이다.

이 거대한 세계 체계는 유토피아가 아닐 것이다. 앞으로 30년 뒤에도 이 클라우드에 지역적 울타리는 여전히 있을 것이다. 군데군데 방화벽, 검열, 사유화도 있을 것이다. 기업이 독점을 통해 이 기반 시설의 어떤 측면을 통제하기도 할 것이다. 그 인터넷 독점은 허약하고 단명하며, 갑작스럽게 경쟁자에게 밀려나곤 하겠지만 말이다. 비록 어디에서든 최소의 접근이 가능하겠지만, 더 넓은 대역폭은 불균등하게 도시 지역에 집중될 것이다. 부자는 접근 우대권을 얻을 것이다. 요컨대, 이 자원은 삶의 다른 측면과 비슷한 분포를 보일 것이다. 하지만 이 체계는 대단히 중요하고 변화를 일으키며, 가장 빈곤한 사람도 그것의 일부가 될 것이다.

현재, 즉 초창기에 있는 이 불완전한 망은 510억 헥타르에 걸쳐 있고, 150억 대의 기계와 접속하며, 40억 명의 마음과 실시간으로 이어져 있고, 지구 전력의 5퍼센트를 소비하며, 초인적인 속도로 돌아가며, 우리 낮 시간의 절반을 추적하며, 돈의 대부분이 흐르는 통로가 되어 있다. 이 수준의 조직화는 지금까지 우리가 만든 가장 큰 것들, 즉 도시보다도 한 단계 위에 있다. 이 수준의 도약은 물리학자들이 말하는 상전이phase transition를, 얼음에서 물로, 물에서 수증기로 분자의 상태에 불연속적인 변화가 일어나는 양상을 떠올리게 한다. 두 상태를 나누는 온도나 압력의 차이는 거의 미미하지만, 그 문턱을 넘어서면 근본적인 재편이 일어나면서 물질은 전혀 새로운 방식으로 행동하게 된다. 물은 얼음과 분명히 다른 상태다.

이 새로운 플랫폼의 대규모 유비쿼터스 상호연결은 처음에는 기존 사회의 자연스러운 확장에 불과한 것처럼 보인다. 기존 대인관계에 디지털 관계를 추가한 것에 불과해 보인다. 우리는 친구를 몇 명 더 추가한다. 지인들로 이루어진 인맥을 좀 넓힌다. 뉴스의 공급원을 좀 더 확대한다. 자신의 활동을 디지털화한다. 하지만 온도와 압력이 서서히 꾸준히 증가할 때처럼, 이 모든 특성들이 꾸준히 증가함에 따라, 우리는 어떤 변곡점, 복잡성의 문턱을 통과한다. 변화가 불연속적이 되어—상전이—갑자기 새로운 상태에 놓이게 되는 시점이다. 새로운 표준 상태들로 이루어진 다른 세계다.

우리는 그 과정의 초창기에, 그 불연속성의 정점에 있다. 이 새로운 체제에서는 중앙집중적 권위와 통일성 같은 기존의 문화적 힘들이 쇠퇴하고, 내가 이 책에서 기술한 것 —공유하기, 접근하기, 추적하기— 같은 새로운 문화적 힘이 우리의 사회 제도와 개인의 삶을 지배하게 된다. 새로운 상태가 확고해짐에 따라, 이 힘은 계속 강화될 것이다. 현재 일부에서는 과하다고 보고 있지만, 사실 공유하기는 이제 겨우 시작되었을 뿐이다. 소유에서 접근으로의 전환은 이제 겨우 시작된 상태다. 흐름과 스트림은 아직 졸졸 흐르는 수준이다. 이미 너무 많은 것이 추적되고 있는 양 느낄지 몰라도, 앞으로 수십 년 사이에 지금보다 1,000배나 더 많은 추적이 이루어질 것이다. 이 기능들 각각은 마찬가지로 이제 막 탄생하고 있는 높은 수준의 인지화를 통해 가속되면서,

현재 우리가 가장 영리하다고 여기는 것들을 몹시 아둔해 보이게 만들 것이다. 이 어느 것도 끝이 아니다. 이 전환은 한 과정, 되어가기라는 과정의 첫 단계에 불과하다. 그것은 시작하기일 뿐이다.

밤에 찍은 지구의 위성사진을 보면, 이 아주 거대한 생물이 어떤 것인지 감을 잡을 수 있다. 약동하는 도시의 불빛이 이루는 밝은 빛 무리는 검은 땅에 난 유기적 패턴을 드러낸다. 도시는 가장자리에서 서서히 어두워지면서 가느다랗게 빛나는 긴 고속도로를 형성하고 그 긴 빛줄기는 먼 도시의 빛 무리와 연결된다. 바깥으로 뻗어나가는 작은 빛의 길은 나뭇가지가 뻗어나가는 양상을 띤다. 아주 친숙한 모습이다. 도시는 신경세포가 뭉친 곳, 즉 신경절이다. 빛나는 고속도로는 신경세포의 축삭이며, 연결 부위인 시냅스까지 뻗어 있다. 도시는 홀로스의 신경세포다. 우리는 이 홀로스 안에 산다.

이 배아 단계의 아주 거대한 것은 적어도 30년 동안 지속적으로 가동되어 왔다. 내가 아는 한, 그렇게 오랜 기간 한 번도 꺼지지 않은 채 작동한 기계—어떤 종류든 간에—는 이것밖에 없다. 그것의 일부는 아마 정전이든 연쇄 감염 때문에 어느 날 일시적으로 작동을 멈추겠지만, 앞으로 수십 년 동안 전체가 작동을 멈출 가능성은 없다. 그것은 우리가 지닌 가장 신뢰할 수 있는 인공물로 남을 가능성이 높다.

이 출현하고 있는 초유기체의 모습은 일부 과학자가 말하는 '특이점singularity' 개념을 떠올리게 한다. '특이점'은 물리학에서 빌린 용어로서, 그 너머로는 아무것도 알 수 없는 변경을 가리킨다. 대중문화에서 특이점은 두 가지 의미로 쓰인다. 딱딱한hard 특이점과 부드러운soft 특이점이다. 딱딱한 특이점은 초지능이 승리함으로써 도래하는 미래다. AI 자신보다 더 영리한 지능을 만들 수 있는 AI를 우리가 만들 때, 이론상 AI는 계속 더 영리한 AI 후손을 만들 수 있다. 사실상 AI는 무한정 가속되는 연쇄 반응을 스스로 일으킬 것이다. 이전 세대보다 더 영리한 다음 세대를 계속 만들어내다가 이윽고 어느 순간에 AI는 신과 같은 지혜로 기존의 모든 문제를 해결할 만큼 영리해지고 우리 인류는 저만치 뒤처지게 될 것이다. 우리가 그 다음에는 어떻게 될지를 알 수 없기에 그 시점을 특이점이라고 한다. 그런 AI를 우리의 '마지막 발명품'이라고 보는 이들도 있다. 나는 여러 가지 이유로 이 시나리오가 실현 가능성이 적다고 본다.

부드러운 특이점은 실현 가능성이 더 높다. 이 미래 시나리오에서 AI는 우리를 노예로 삼을 만큼(영리한 인류의 사악한 형태처럼) 영리해지지 않는다. 오히려 AI와 로봇과 걸러내기와 추적하기와 내가 이 책에서 개괄한 모든 기술은 수렴하며 ―인간 더하기 기계― 우리는 함께 복잡한 상호의존을 향해 나아간다. 이 수준에서 많은 현상은 우리의 현재 삶보다 더 큰 규모에서, 우리가 인식할 수 있는 것보다 더 큰 규모에서 일어난다. 그때가 바로 특이점이다. 그 특이점은 우리가 만든 것이 우리를 더 나은 인류로 만드는 새로운 체제, 또 우리가 만든 것들 없이는 살아갈 수 없는 새로운 세계를 의미한다. 우리가 단단한 얼음 속에서 살아왔다면, 이 세계는 액체다. 즉 새로운 상태다.

이 변화 단계는 이미 시작되었다. 우리는 모든 인간과 모든 기계를 하나의 세계적인 매트릭스로 연결하는 방향으로 거침없이 행군하고 있다. 이 매트릭스는 하나의 가공물이 아니라 하나의 과정이다. 우리의 새로운 슈퍼네트워크는 우리의 욕구와 욕망을 새롭게 재편하도록 꾸준히 자극하는 변화의 물결이다. 우리는 30년 안에 어떤 상품, 상표, 기업이 우리를 에워쌀지 전혀 예측할 수 없다. 그것들은 개별적인 변화와 운의 흐름이 어떻게 교차할지에 달려 있다. 하지만 이 대규모의 약동하는 과정이 전체적으로 어느 방향으로 나아가는지는 분명하며 잘못 볼 수가 없다. 앞으로 30년 동안에도 홀로스는 지난 30년 동안 나아온 그 방향으로 계속 나아갈 것이다. 흐르기, 공유하기, 추적하기, 접근하기, 상호작용하기, 화면 보기, 뒤섞기, 걸러내기, 인지화하기, 질문하기, 되어가기를 증가시키는 방향이다. 지금 우리는 그 시작하기가 일어나는 순간에 서 있다.

물론 시작하기는 단지 시작일 뿐이다.

바빠서 얼리어답터가 되지는 못하고, 그냥 뉴스와 잡지 같은 것을 통해 첨단 기술을 겉핥기로 접하다가 문득 떠오르곤 하던 생각이 하나 있었다. 흔히 농담 삼아 말하듯이, 세계는 두 부류로 나뉜다는 생각이었다. 첨단 기술에 능숙한 사람과 그렇지 못한 사람.

사용하기 쉽다고 떠들어대는 첨단기기에는 읽기 힘든 설명서가 필수적으로 한 권 따라붙기 마련이다. '연결하고 전원만 켜면 됩니다'라는 장담이 실제로 들어맞는 기기는 내 평생 한 번도 본 적이 없다. 처음 설치할 때든 쓰다가든 반드시 뭔가가 틀어지기 마련이다. 그럴 때면 업체 홈페이지든 아는 친구든 게시판이든 간에 온갖 수단을 동원하면서 한참을 헤매야 한다. 그 과정에서 많은 이들은 손을 들게 마련이고, 서서히 첨단 기술에 능숙한 이들은 점점 줄어든다.

한편 새로 태어나는 이들은 좀 다른 상황에 놓인다. 처음부터 첨단 기술에 둘러싸여 자랐기에 쓰는 정도가 다르다. 그리하여 시간이 흐르면서 세상은 둘로 나뉜다. 첨단 기술을 능숙하게 쓰는 사람과 아예 외면하는 사람.

그런 이분법 논리가 잘 들어맞는다고 오랫동안 흡족하게 여겨왔는데 이 책을 읽는 순간 내 생각이 틀렸음을 깨달았다. 켈리는 그 생각이 너무나 소박한 것임을 일깨워주었다.

저자는 우리 모두가 영원히 새내기가 될 것이라고 말한다. 몇 달 동안 쓰지 않았던 컴퓨터 프로그램을 띄웠는데, 업데이트가 이루어진다고 하자. 곧이어 우리는 깨닫는다. 너무나 많은 것이 바뀌어 있다. 익숙했던 메뉴가 어느새 사라져 있고, 단축기도 바뀌어 있다. 10년 동안 썼던 프로그램이라고 해도, 몇 달 사이에 우리는 다시 새로 배워야 하는 신세가 된다. 새로 나오는 첨단기기들은 다 그렇다. 세탁기와 냉장고, 텔레비전 같은 일상적으로 쓰는 전자제품도 마찬가지다. 새로운 기능들을 새로 배워야 한다. 결국에는 배우기도 귀찮아서 아예 쓰지 않게 될 기능들이지만.

저자는 그것이 기술의 한 추세라고 말한다. 우리가 어찌할 수 없는 거대한 흐름이라고나 할까. 지하철에서든 거리에서든 카페에서든 누구나 화면을 들여다보고 있는 모습도 기술의 추세 중 하나다. 의인화하자면, 기술이 화면을 선호하기 때문이다. 시간이 흐를수록, 벽도 냉장고도 편의점의 가격표도 자동차의 유리창도 점점 더 화면이 될 것이다. 이런 추세를 막거나 되돌릴 수 없을까? 이를테면 모두가 스마트폰 대신에 책이나 신문을 들여다보는 쪽으로?

저자는 그런 일은 불가능하다고 본다. 오히려 신문을 담은 접었다가 펼칠 수 있는 화면이 등장할 것이라고 말한다. 저자는 이런 추세들이 불가피한 것이라고 말한다. 기술이 본래 지향하는 방향, 기술이 나아갈 수밖에 없는 경로이기 때문이다.

이 책은 그런 추세들을 12가지 골라서 예를 들어가면서 상세히 설명한다. 읽다 보면 늘 접하면서도 미처 알아차리지 못했던 점들, 생각도 못해본 방향의 접근 방식이 있음을 깨닫게 된다. 물론 흥미로운 일화들도 곳곳에 숨겨져 있다. 지금에서야 알파고 때문에 난리를 치고 있지만, 사실 수십 년 전 구글이 처음 등장할 때부터 그들의 목표가 인공지능이었다는 이야기나, 인터넷의 개척자들이 원래 광고도 상품도 없는 세계를 꿈꾸었다는 이야기가 그렇다.

이 기술의 흐름들은 어디로 향하고 있을까? 즉 우리는 어디로 가고 있는 것일까? 저자는 이 질문을 기술의 불가피한 추세라는 새로운 각도에서 살펴본다. 읽어 나가다 보면, 이 흐름들이 점점 하나로 모여서 거대한 은하수가 되어 흐르는 듯한 착각을 일으킬 수도 있다. 우리가 늘 접하면서도 좀처럼 알아차리지 못한, 기술의 거대한 흐름을 느껴보시기를.

제1장 새로운 무언가로 되어가다 : BECOMING ━━━━━━━

1. Erick Schonfeld, "Pinch Media Data Shows the Average Shelf Life of an iPhone App Is Less Than 30 Days," 〈TechCrunch〉, February 19, 2009.

2. Peter T. Leeson, 〈The Invisible Hook: The Hidden Economics of Pirates〉 (Princeton, NJ: Princeton University Press, 2011).

3. Jim Clark and Owen Edwards, 〈Netscape Time: The Making of the Billion-Dollar Start-.Up That Took on Microsoft〉 (New York: St. Martin's, 1999).

4. Philip Elmer-Dewitt,"Battle for the Soul of the Internet," 〈Time〉, July 25, 1994.

5. Clifford Stoll, "Why the Web Won't Be Nirvana," 〈Newsweek〉, February 27, 1995 (original title: "The Internet? Bah!").

6. William Webb, "The Internet: CB Radio of the 90s?," 〈Editor & Publisher〉, July 8, 1995.

7. Vannevar Bush, "As We May Think," 〈Atlantic〉, July 1945.

8. Theodor H. Nelson, "Complex InformationProcessing: A File Structure for the Complex, the Changing and the Indeterminate," in 〈ACM '65: Proceedings of the 1965 20th National Conference〉 (New York: ACM, 1965), 84 – 100.

9. Theodor H. Nelson, 〈Literary Machines〉 (South Bend, IN: Mindful Press, 1980).

10. Theodor H. Nelson, 〈Computer Lib: You Can and Must Understand Computers Now〉 (South Bend, IN: Nelson, 1974),

11. "How Search Works," Inside Search, Google, 2013, accessed April 26, 2015.

12. Steven Levy, "How Google Search Dealt with Mobile," 〈Medium〉, Backchannel, January 15, 2015.

13. David Sifry, "State of the Blogosphere, August 2006," Sifry's Alerts, August 7, 2006.

14. "YouTube Serves Up 100 Million Videos a Day Online," Reuters, July 16, 2006.

15. "Statistics," YouTube, April 2015, https://goo.gl/ RVb7oz.

16. Deborah Fallows, "How Women and Men Use the Internet: Part 2—Demographics," Pew Research Center, December 28, 2005.

17. Calculation based on "Internet User Demographics: Internet Users in 2014," Pew Research Center, 2014; and "2013 Population Estimates," U.S. Census Bureau, 2015.

18. Weighted average of internet users in 2014 based on "Internet User Demographics," Pew Research Center, 2014; and "2014 Population Estimates," U.S. Census Bureau, 2014.

19. Joshua Quittner, "Billions Registered," 〈Wired〉 2(10), October 1994.

제2장 인공지능이 사람처럼 인지화하다 : COGNIFYING ▬▬▬

1. Personal visit to IBM Research, June 2014.

2. Personal correspondence with Alan Greene.

3. Private analysis by Quid, Inc., 2014.

4. Reed Albergotti, "Zuckerberg, Musk Invest in Artificial-Intelligence Company," 〈Wall Street Journal〉, March 21, 2014.

5. Derrick Harris, "Pinterest, Yahoo, Dropbox and the (Kind of) Quiet Content-as-Data Revolution," 〈Gigaom〉, January 6, 2014; Derrick Harris "witter Acquires Deep Learning Startup Madbits," 〈Gigaom〉, July 29, 2014; Ingrid Lunden, "Intel Has Acquired Natural Language Processing Startup Indisys, Price 'North' of $26M, to Build Its AI Muscle," 〈TechCrunch〉, September 13, 2013; and Cooper Smith, "Social Networks Are Investing Big in Artificial Intelligence," 〈Business Insider〉, March 17, 2014.

6. Private analysis by Quid, Inc., 2014.

7. Volodymyr Mnih, Koray Kavukcuoglu, David Silver, et al., "Human-Level Control Through Deep Reinforcement Learning," 〈Nature〉 518, no. 7540 (2015): 529–33.

8. Rob Berger, "7 Robo Advisors That Make Investing Effortless," 〈Forbes〉, February 5, 2015.

9. Rick Summer, "By Providing Products That Consumers Use Across the Internet, Google Can Dominate the Ad Market," Morningstar, July 17, 2015.

10. Danny Sullivan, "Google Still Doing at Least 1 Trillion Searches Per Year," Search Engine Land, January 16, 2015.

11. James Niccolai, "Google Reports Strong Profit, Says It's 'Rethinking Everything' Around Machine Learning," 〈ITworld〉, October 22, 2015.

12. "AI Winter," Wikipedia, accessed July 24, 2015.

13. Frederico A. C. Azevedo, Ludmila R. B. Carvalho, Lea T. Grinberg, et al., "Equal Numbers of Neuronal and Non-Neuronal Cells Make the Human Brain an Isometrically Scaled-up Primate Brain," 〈Journal of Comparative Neurology〉 513, no. 5 (2009): 532–41.

14. Rajat Raina, Anand Madhavan, and Andrew Y. Ng, "Large-Scale Deep Unsupervised Learning Using Graphics Processors," 〈Proceedings of the 26th Annual International Conference on Machine Learning, ICML'09〉 (New York: ACM, 2009), 873–80.

15. Klint Finley, "Netflix Is Building an Artificial Brain Using Amazon's Cloud," 〈Wired〉, February 13, 2014.

16. Personal correspondence with Paul Quinn, Department of Psychological and Brain Sciences, University of Delaware, August 6, 2014.

17. Personal correspondence with Daylen Yang (author of the Stockfish chess app), Stefan Meyer-Kahlen(developed the multiple award-winning computer chess program Shredder), and Danny Kopec (American chess International Master and cocreator of one of the standard computer chess testing systems), September 2014.

18. Caleb Garling, "Andrew Ng: Why 'Deep Learning' Is a Mandate for Humans, Not Just Machines," 〈Wired〉, May 5, 2015.

19. Kate Allen, "How a Toronto Professor's Research Revolutionized Artificial Intelligence," 〈Toronto Star〉, April 17, 2015.

20. Yann LeCun, Yoshua Bengio, and Geoffrey Hinton, "Deep Learning," 〈Nature〉 521, no. 7553 (2015): 436–44.

21. Carl Shapiro and Hal R. Varian, 〈Information Rules: A Strategic Guide to the Network Economy〉 (Boston: Harvard Business Review Press, 1998).

22. "Deep Blue," IBM 100: Icons of Progress, March 7, 2012.

23. Owen Williams, "Garry Kasparov—Biography," KasparovAgent.com, 2010.

24. Arno Nickel, Freestyle Chess, 2010.

25. Arno Nickel, "The Freestyle Battle 2014," Infinity Chess, 2015.

26. Arno Nickel, "'Intagrand' Wins the Freestyle Battle 2014," Infinity Chess, 2015.

27. "FIDE Chess Profile (Carlsen, Magnus)," World Chess Federation, 2015.

28. Personal interview at Facebook, September 2014.

29. U.S. Census Bureau, "Current Population Reports: Farm Population," 〈Persons in Farm Occupations: 1820 to 1987〉 (Washington, D.C.: U.S. Government Printing Office, 1988), 4.

30. "Employed Persons by Occupation, Sex, and Age," Employment & Earnings Online, U.S. Bureau of Labor Statistics, 2015.

31. Scott Santens, "Self-Driving Trucks Are Going to Hit Us Like a Human-Driven Truck," 〈Huffington Post〉, May 18, 2015.

32. Tom Simonite, "Google Creates Software That Tells You What It Sees in Images," 〈MIT Technology Review〉, November 18, 2014.

33. Angelo Young, "Industrial Robots Could Be 16% Less Costly to Employ Than People by 2025," 〈International Business Times〉, February 11, 2015.

34. Martin Haegele, Thomas Skordas, Stefan Sagert, et al., "Industrial Robot Automation," White Paper FP6-001917, European Robotics Research Network, 2005.

35. Angelo Young, "Industrial Robots Could Be 16% Less Costly to Employ Than People by 2025," 〈International Business Times〉, February 11, 2015.

36. John Markoff, "Planes Without Pilots," 〈New York Times〉, April 6, 2015.

제3장 고정된 것에서 유동적인 것으로 흐르다 : FLOWING ▬▬▬▬▬

1. "List of Online Grocers," Wikipedia, accessed August 18, 2015.

2. Marshall McLuhan, 〈Culture Is Our Business〉 (New York: McGraw-Hill, 1970).

3. "List of Most Viewed YouTube Videos," Wikipedia, accessed August 18, 2015.

4. "Did Radiohead' 'In Rainbows' Honesty Box Actually Damage the Music Industry?," 〈NME〉, October 15, 2012.

5. Eric Whitacre's Virtual Choir, "Lux Aurumque," March 21, 2010.

6. "Information," Spotify, accessed June 18, 2015.

7. Romain Dillet, "SoundCloud Now Reaches 250 Million Visitors in Its Quest to

Become the Audio Platform of the Web," 〈*TechCrunch*〉, October 29, 2013.

8. Joshua P. Friedlander, "News and Notes on 2014 RIAA Music Industry Shipment and Revenue Statistics," Recording Industry Association of America, 2015, http:// goo.gl/Ozgk8f.

9. "Spotify Explained," Spotify Artists, 2015.

10. Joan E. Solsman, "Attention, Artists: Streaming Music Is the Inescapable Future. Embrace It," CNET, November 14, 2014.

11. Personal estimation.

12. Personal correspondence with Todd Pringle, GM and VP of Product, Stitcher, April 26, 2015.

13. Nicholas Carr, "Words in Stone and on the Wind," Rough Type, February 3, 2012.

제4장 현재는 읽지만 미래는 화면 보다 : SCREENING ▬▬▬▬

1. Robert McCrum, Robert MacNeil, and William Cran, 〈*The Story of English*〉, third revised ed. (New York: Penguin Books, 2002); and 〈*Encyclopedia Americana*〉, vol. 10 (Grolier, 1999).

2. Pamela Regis, 〈*A Natural History of the Romance Novel*〉 (Philadelphia: University of Pennsylvania Press, 2007).

3. Calculation based on approximately 1,700 public libraries and 2,269 places with a population of 2,500 or higher. Florence Anderson, 〈*Carnegie Corporation Library Program 1911 – 1961*〉 (New York: Carnegie Corporation, 1963); Durand R. Miller, 〈*Carnegie Grants for Library Buildings, 1890 – 1917*〉 (New York: Carnegie Corporation, 1943); and "1990 Census of Population and Housing," U.S. Census Bureau, CPH21, 1990.

4. Extrapolation based on "Installed Base of Internet-Connected Video Devices to Exceed Global Population in 2017," IHS, October 8, 2013.

5. 2014 Total Global Shipments, IHS Display Search; personal communication with Lee Graham, May 1, 2015.

6. "Average SAT Scores of College-Bound Seniors," College Board, 2015, http:// goo.gl/Rbmu0q.

7. Roger E. Bohn and James E. Short, ⟨How Much Information? 2009 Report on American Consumers⟩ Global Information Industry Center, University of California, San Diego, 2009.

8. "How Search Works," Inside Search, Google, 2013.

9. Sum of 2 million on WordPress, 78 million on Tumblr: "A Live Look at Activity Across WordPress.com," WordPress, April 2015; and "About (Posts Today)," Tumblr, accessed August 5, 2015.

10. "About (Tweets Sent Per Day)," Twitter, August 5, 2015.

11. Sven Birkerts, "Reading in a Digital Age," ⟨American Scholar⟩, March 1, 2010.

12. Stanislas Dehaene, ⟨Reading in the Brain: The Science and Evolution of a Human Invention⟩ (New York: Viking, 2009).

13. "Rapid Serial Visual Presentation," Wikipedia, accessed June 24, 2015.

14. Helen Ku, "E-Ink Forecasts Loss as Ebook Device Demand Falls," ⟨Taipei Times⟩, March 29, 2014.

15. Stefan Marti, "TinyProjector," MIT Media Lab, October 2000 – May 2002.

16. "List of Wikipedias," Wikimedia Meta-Wiki, accessed April 30, 2015.

17. Lionel Casson, ⟨Libraries in the Ancient World⟩ (New Haven, CT: Yale University Press, 2001); Andrew Erskine, "Culture and Power in Ptolemaic Egypt: The Library and Museum at Alexandria," ⟨Greece and Rome⟩ 42 (1995).

18. Personal correspondence with Brewster Kahle, 2006.

19. "WorldCat Local," WorldCat, accessed August 18, 2015.

20. Ibid.

21. "Introducing Gracenote Rhythm," Gracenote, accessed May 1, 2015.

22. "How Many Photos Have Ever Been Taken?," ⟨1,000 Memories⟩ blog, April 10, 2012, accessed via Internet Archive, May 2, 2015.

23. "Database Statistics," IMDb, May 2015.

24. Inferred from "Statistics," YouTube, accessed August 18, 2015.

25. "How Search Works," Inside Search, Google, 2013.

26. Private communication with Brewster Kahle, 2006.

27. Naomi Korn, ⟨In from the Cold: An Assessment of the Scope of 'Orphan Works' and Its Impact on the Delivery of Services to the Public⟩, JISC Content, Collections Trust, Cambridge, UK, April 2009.

28. Muriel Rukeyser, 〈*The Speed of Darkness: Poems*〉 (New York: Random House, 1968).

29. Phillip Moore, "Eye Tracking: Where It's Been and Where It' Going," User Testing, June 4, 2015.

30. Mariusz Szwoch and Wioleta Szwoch, "Emotion Recognition for Affect Aware Video Games," in 〈*Image Processing & Communications Challenges*〉 6, ed. Ryszard S. Chora's 〈*Advances in Intelligent Systems and Computing*〉 313, Springer International, 2015, 227 – 36.

31. Jessi Hempel, "Project Hololens: Our Exclusive Hands-On with Microsoft' s Holographic Goggles," 〈Wired〉, January 21, 2015; and Sean Hollister, "How Magic Leap Is Secretly Creating a New Alternate Reality," 〈Gizmodo〉, November 9, 2014.

제5장 소유하지 않고 접근하다 : ACCESSING ▬▬▬▬▬▬

1. Tom Goodwin, "The Battle Is for the Customer Interface," 〈*TechCrunch*〉, March 3, 2015.

2. "Kindle Unlimited," Amazon, accessed June 24, 2015.

3. Chaz Miller, "Steel Cans," Waste 360, March 1, 2008.

4. "Study Finds Aluminum Cans the Sustainable Package of Choice," Can Manufacturers Institute, May 20, 2015.

5. Ronald Bailey, "Dematerializing the Economy," Reason.com, September 5, 2001.

6. Sylvia Gierlinger and Fridolin Krausmann, "The Physical Economy of the United States of America," 〈*Journal of Industrial Ecology*〉 16, no. 3 (2012): 365 – 77, Figure 4a.

7. Figures adjusted for inflation. Ronald Bailey, "Dematerializing the Economy," Reason.com, September 5, 2001.

8. Marc Andreessen, "Why Software Is Eating the World," 〈*Wall Street Journal*〉, August 20, 2011.

9. Alvin Toffler, 〈*The Third Wave*〉 (New York: Bantam, 1984).

10. "Subscription Products Boost Adobe Fiscal 2Q Results," Associated Press,

June 16, 2015.

11. Jessica Pressler, "'Let's, Like, Demolish Laundry,'" 〈New York〉, May 21, 2014.

12. Jennifer Jolly, "An Uber for Doctor House Calls," 〈New York Times〉, May 5, 2015.

13. Emily Hamlin Smith, "Where to Rent Designer Handbags, Clothes, Accessories and More," 〈Cleveland Plain Dealer〉, September 12, 2012.

14. Murithi Mutiga, "Kenya's Banking Revolution Lights a Fire," 〈New York Times〉, January 20, 2014.

15. "Bitcoin Network," Bitcoin Charts, accessed June 24, 2015.

16. Wouter Vonk, "Bitcoin and BitPay in 2014," BitPay blog, February 4, 2015.

17. Colin Dean, "How Many Bitcoin Are Mined Per Day?," Bitcoin Stack Exchange, March 28, 2013.

18. 18. Hal Hodson, "Google Wants to Rank Websites Based on Facts Not Links," 〈New Scientist〉, February 28, 2015.

19. Marshall McLuhan, 〈Understanding Media: The Extensions of Man〉 (New York: McGraw-Hill, 1964).

20. Brandon Butler, "Which Cloud Providers Had the Best Uptime Last Year?," 〈Network World〉, January 12, 2015.

21. Noam Cohen, "Hong Kong Protests Propel FireChat Phone-to-Phone App," 〈New York Times〉, October 5, 2014.

제6장 나만의 것이 아닌 우리 모두의 것, 공유하다 : SHARING ▬▬▬▬▬▬▬

1. Michael Kanellos, "Gates Taking a Seat in Your Den," CNET, January 5, 2005.

2. Ward Cunningham, "Wiki History," March 25, 1995, http://goo.gl/2qAjTO.

3. "Wiki Engines," accessed June 24, 2015, http://goo.gl/5auMv6.

4. "State of the Commons," Creative Commons, accessed May 2, 2015.

5. Theta Pavis, "The Rise of Dot-Communism," 〈Wired〉, October 25, 1999.

6. Roshni Jayakar, "Interview: John Perry Barlow, Founder of the Electronic Frontier Foundation," 〈Business Today〉, December 6, 2000, accessed July 30, 2015, via Internet Archive, April 24, 2006.

7. Clay Shirky, 〈Here Comes Everybody: The Power of Organizing Without

Organizations〉(New York: Penguin Press, 2008).

8. Mary Meeker, "Internet Trends 2014—Code Conference," Kleiner Perkins Caufield & Byers, 2014.

9. "Statistics," YouTube, accessed June 24, 2015.

10. Piotr Kowalczyk, "15 Most Popular Fanfiction Websites," Ebook Friendly, January 13, 2015.

11. "From Each According to His Ability, to Each According to His Need," Wikipedia, accessed June 24, 2015.

12. "July 2015 Web Server Survey," Netcraft, July 22, 2015.

13. Jean S. Bozman and Randy Perry, "Server Transition Alternatives: A Business Value View Focusing on Operating Costs," White Paper 231528R1, IDC, 2012.

14. "July 2015 Web Server Survey," Netcraft, July 22, 2015.

15. "Materialise Previews Upcoming Printables Feature for Trimble's 3D Warehouse," Materialise, April 24, 2015.

16. "Arduino FAQ—With David Cuartielles," Medea, April 5, 2013.

17. "About 6 Million Raspberry Pis Have Been Sold," Adafruit, June 8, 2015.

18. Yochai Benkler, 〈*The Wealth of Networks: How Social Production Transforms Markets and Freedom*〉(New Haven, CT: Yale University Press, 2006).

19. "Account Holders," Black Duck Open Hub, accessed June 25, 2015.

20. "Projects," Black Duck Open Hub, accessed June 25, 2015.

21. "Annual Report 2014," General Motors, 2015, http://goo.gl/ DhXIxp.

22. "Current Apache HTTP Server Project Members," Apache HTTP Server Project, accessed June 25, 2015.

23. Amanda McPherson, Brian Proffitt, and Ron Hale-Evans, "Estimating the Total Development Cost of a Linux Distribution," Linux Foundation, 2008.

24. "About Reddit," Reddit, accessed June 25, 2015.

25. "Statistics," YouTube, accessed June 25, 2015.

26. "Wikipedia: Wikipedians," Wikipedia, accessed June 25, 2015.

27. "Stats,"Instagram, accessed May 2, 2015.

28. "Facebook Just Released Their Monthly Stats and the Numbers Are Staggering," TwistedSifter, April 23, 2015.

29. Ibid.

30. Rishab Aiyer Ghosh, Ruediger Glott, Bernhard Krieger, et al., "Free/Libre and Open Source Software: Survey and Study," International Institute of Infonomics, University of Maastricht, Netherlands, 2002, Figure 35: "Reasons to Join and to Stay in OS/ FS Community."

31. Gabriella Coleman, "The Political Agnosticism of Free and Open Source Software and the Inadvertent Politics of Contrast," ⟨Anthropological Quarterly⟩ 77, no. 3 (2004): 507 – 19.

32. Gary Wolf, "Why Craigslist Is Such a Mess," ⟨Wired⟩ 17(9), August 24, 2009.

33. Larry Keeley, "Ten Commandments for Success on the Net," ⟨Fast Company⟩, June 30, 1996.

34. Clay Shirky, ⟨Here Comes Everybody: The Power of Organizing Without Organizations⟩ (New York: Penguin Press, 2008).

35. John Perry Barlow, "Declaring Independence," ⟨Wired⟩ 4(6), June 1996.

36. Steven Perlberg, "Social Media Ad Spending to Hit $24 Billion This Year," ⟨Wall Street Journal⟩, April 15, 2015.

37. Rachel McAthy, "Lessons from the ⟨Guardian's⟩ Open Newslist Trial," Journalism.co.uk, July 9, 2012.

38. "OhMyNews," Wikipedia, accessed July 30, 2015.

39. Ed Sussman, "Why Michael Wolff Is Wrong," ⟨Observer⟩, March 20, 2014.

40. Aaron Swartz, "Who Writes Wikipedia?," Raw Thought, September 4, 2006.

41. Kapor first said this about the internet pre-web in the late 1980s. Personal communication.

42. "Wikipedia: WikiProject Countering Systemic Bias," Wikipedia, accessed July 31, 2015.

43. Mesh, accessed August 18, 2015, http://meshing.it.

44. Stef Conner, "The Lyre Ensemble," StefConner.com, accessed July 31, 2015.

45. Amy Keyishian and Dawn Chmielewski, "Apple Unveils TV Commercials Featuring Video Shot with iPhone 6," ⟨Re/code⟩, June 1, 2015; and V. Renée, "This New Ad for Bentley Was Shot on the iPhone 5S and Edited on an iPad Air Right Inside the Car," No Film School, May 17, 2014.

46. Claire Cain Miller, "IPad Is an Artist' Canvas for David Hockney," Bits Blog,

〈New York Times〉, January 10, 2014.

47. Officialpsy, "Psy—Gangnam Style M/V," YouTube, July 15, 2012, accessed August 19, 2015, https://goo.gl/LoetL.

48. "Stats," Kickstarter, accessed June 25, 2015.

49. "Global Crowdfunding Market to Reach $34.4B in 2015, Predicts Massolution's 2015 CF Industry Report," Crowdsourcing.org, April 7, 2015.

50. "The Year in Kickstarter 2013," Kickstarter, January 9, 2014.

51. "Creator Handbook: Funding," Kickstarter, accessed July 31, 2015.

52. Pebble Time is currently the most funded Kickstarter, with $20,338,986 to date. "Most Funded," Kickstarter, accessed August 18, 2015.

53. "Stats: Projects and Dollars Success Rate," Kickstarter, accessed July 31, 2015.

54. Marianne Hudson, "Understanding Crowdfunding and Emerging Trends," 〈Forbes〉, April 9, 2015.

55. Steve Nicastro, "Regulation A+ Lets Small Businesses Woo More Investors," 〈NerdWallet Credit Card〉 blog, June 25, 2015.

56. "About Us: Latest Statistics," Kiva, accessed June 25, 2015.

57. Simon Cunningham, "Default Rates at Lending Club & Prosper: When Loans Go Bad," LendingMemo, October 17, 2014; and Davey Alba, "Banks Are Betting Big on a Startup That Bypasses Banks," 〈Wired〉, April 8, 2015.

58. Steve Lohr, "The Invention Mob, Brought to You by Quirky," 〈New York Times〉, February 14, 2015.

59. Preethi Dumpala, "Netflix Reveals Million-Dollar Contest Winner," 〈Business Insider〉, September 21, 2009.

60. "Leaderboard," Netflix Prize, 2009.

61. Gary Gastelu, "Local Motors 3-D-printed Car Could Lead an American Manufacturing Revolution," Fox News, July 3, 2014.

62. Paul A. Eisenstein, "Startup Plans to Begin Selling First 3-D-printed Cars Next Year," NBC News, July 8, 2015.

1. Private correspondence with Richard Gooch, CTO, International Federation of the Phonographic Industry, April 15, 2015. This is a low estimate, with a higher estimate being 12 million, according to Paul Jessop and David Hughes, "In the Matter of: Technological Upgrades to Registration and Recordation Functions," Docket No. 2013-2, U.S. Copyright Office, 2013, Comments in response to the March 22, 2013, Notice of Inquiry.

2. "Annual Report,"International Publishers Association, Geneva, 2014, http://goo.gl/UNfZLP.

3. "Most Popular TV Series/Feature Films Released in 2014(Titles by Country)," IMDb, 2015, accessed August 5, 2015.

4. Extrapolations based on the following: "About (Posts Today)," Tumblr, accessed August 5, 2015; and "A Live Look at Activity AcrossWordPress.com," WordPress, accessed August 5, 2015.

5. "Company," Twitter, accessed August 5, 2015.

6. "Global New Products Database," Mintel, accessed June 25, 2015.

7. "Introducing Gracenote Rhythm," Gracenote, accessed May 1, 2015.

8. "Great Books of the Western World," Encyclopaedia Britannica Australia, 2015.

9. Based on an average reading speed of 250 words per minute, average for U.S. eighth graders. Brett Nelson, "Do You Read Fast Enough to Be Successful?," ⟨Forbes⟩, June 4, 2012.

10. James Manyika, Michael Chui, Brad Brown, et al., "Big Data: The Next Frontier for Innovation, Competition, and Productivity," McKinsey Global Institute, 2011. This is a conservative estimate. An outside analyst estimates it could be closer to two thirds.

11. Extrapolated from 2014 sales/ revenue of $88.9 billion. "Amazon.com Inc. (Financials)," ⟨Market Watch⟩, accessed August 5, 2015.

12. Janko Roettgers, "Netflix Spends $150 Million on Content Recommendations Every Year," ⟨Gigaom⟩, October 9, 2014.

13. Eduardo Graells-Garrido, Mounia Lalmas, and Daniele Quercia, "Data Portraits: Connecting People of Opposing Views," arXiv Preprint, November

19, 2013.

14. Eytan Bakshy, Itamar Rosenn, Cameron Marlow, et al., "The Role of Social Networks in Information Diffusion," arXiv, January 2012, 1201.4145 [physics].

15. Aaron Smith, "6 New Facts About Facebook," Pew Research Center, February 3, 2014.

16. Victor Luckerson, "Here' How Your Facebook News Feed Actually Works," 〈Time〉, July 9, 2015.

17. My calculation based on figures from the following: "Email Statistics Report, 2014 – 2018," Radicati Group, April 2014; and "Email Client Market Share," Litmus, April, 2015.

18. Danny Sullivan, "Google Still Doing at Least 1 Trillion Searches Per Year," Search Engine Land, January 16, 2015.

19. "How Search Works," Inside Search, Google, 2013.

20. Danny Sullivan, "Google Still Doing at Least 1 Trillion Searches Per Year," Search Engine Land, January 16, 2015.

21. Herbert Simon, "Designing Organizations for an Information-Rich World," in 〈Computers, Communication, and the Public Interest〉, ed. Martin Greenberger (Baltimore: Johns Hopkins University Press, 1971).

22. Dounia Turrill and Glenn Enoch, "The Total Audience Report: Q1 2015," Nielsen, June 23, 2015.

23. "The Media Monthly," Peter J. Solomon Company, 2014.

24. Calculation based on the following: "Census Bureau Projects U.S. and World Populations on New Year's Day," U.S. Census Bureau Newsroom, December 29, 2014; and Dounia Turrill and Glenn Enoch, "The Total Audience Report: Q1 2015," Nielsen, June 23, 2015.

25. Michael Johnston, "What Are Average CPM Rates in 2014?," MonetizePros, July 21, 2014.

26. Calculation based on Gabe Habash, "The Average Book Has 64,500 Words," 〈Publishers Weekly〉, March 6, 2012; and Brett Nelson, "Do You Read Fast Enough to Be Successful?" 〈Forbes〉, June 4, 2012.

27. Private communication with Kempton Mooney, Nielsen, April 16, 2015.

28. "How Search Works," Inside Search, Google, 2013.

29. "How Ads Are Targeted to Your Site," AdSense Help, accessed August 6, 2015.

30. Jon Mitchell, "What Do Google Ads Know About You?," ReadWrite, November 10, 2011.

31. "2014 Financial Tables," Google Investor Relations, accessed August 7, 2015.

32. Michael Castillo, "Doritos Reveals 10 'Crash the Super Bowl' Ad Finalists," ⟨Adweek⟩, January 5, 2015.

33. Gabe Rosenberg, "How Doritos Turned User-Generated Content into the Biggest Super Bowl Campaign of the Year," Content Strategist, Contently, January 12, 2015.

34. Greg Sandoval, "GM Slow to React to Nasty Ads," CNET, April 3, 2006.

35. Esther Dyson, "Caveat Sender!," Project Syndicate, February 20, 2013.

36. Brad Sugars, "How to Calculate the Lifetime Value of a Customer," ⟨Entrepreneur⟩, August 8, 2012.

37. Morgan Quinn, "The 2015 Oscar Swag Bag Is Worth $168,000 but Comes with a Catch," ⟨Las Vegas Review-Journal⟩, February 22, 2015.

38. Paul Cashin and C. John McDermott, "The Long-Run Behavior of Commodity Prices: Small Trends and Big Variability," IMF Staff Papers 49, no. 2 (2002).

39. Indur M. Goklany, "Have Increases in Population, Affluence and Technology Worsened Human and Environmental Well-Being?," ⟨Electronic Journal of Sustainable Development⟩ 1, no. 3 (2009).

40. Liyan Chen, "The Forbes 400 Shopping List: Living the 1% Life Is More Expensive Than Ever," ⟨Forbes⟩, September 30, 2014.

41. Hiroko Tabuchi, "Stores Suffer from a Shift of Behavior in Buyers," ⟨New York Times⟩, August 13, 2015.

42. Alan B. Krueger, "Land of Hope and Dreams: Rock and Roll, Economics, and Rebuilding the Middle Class," remarks given at the Rock and Roll Hall of Fame, White House Council of Economic Advisers, June 12, 2013.

43. "Consumer Price Index for All Urban Consumers: Medical Care [CPIMEDSL]," U.S. Bureau of Labor Statistics, via FRED, Federal Reserve Bank of St. Louis, accessed June 25, 2015.

44. "2014 National Childcare Survey: Babysitting Rates & Nanny Pay," Urban

Sitter, 2014; and Ed Halteman, "2013 INA Salary and Benefits Survey," International Nanny Association, 2012.

45. Brant Morefield, Michael Plotzke, Anjana Patel, et al., "Hospice Cost Reports: Benchmarks and Trends, 2004 – 2011," Centers for Medicare and Medicaid Services, U.S. Department of Health and Human Services, 2011.

제8장 섞일 수 없는 것을 뒤섞다 : REMIXING

1. Paul M. Romer, "Economic Growth," Concise Encyclopedia of Economics, Library of Economics and Liberty, 2008.

2. W. Brian Arthur, 〈The Nature of Technology: What It Is and How It Evolves〉 (New York: Free Press, 2009).

3. Archive of Our Own, accessed July 29, 2015.

4. Jenna Wortham, "Vine, Twitter's New Video Tool, Hits 13 Million Users," 〈Bits〉 blog, 〈New York Times〉, June 3, 2013.

5. Carmel DeAmicis, "Vine Rings in Its Second Year by Hitting 1.5 Billion Daily Loops," 〈Gigaom〉, January 26, 2015.

6. Personal calculation. Very few materials are consumed making a movie; 95 percent of the cost goes to labor and people's time, including subcontractors. Assuming that the average wage is less than $100 per hour, a $100 million movie entails at least one million hours of work.

7. "Theatrical Market Statistics 2014," Motion Picture Association of America, 2015.

8. "ComScore Releases January 2014 U.S. Online Video Rankings," comScore, February 21, 2014.

9. The top-selling movie, 〈Gone with the Wind〉, has sold an estimated 202,044,600 tickets. "All Time Box Office," Box Office Mojo, accessed August 7, 2015.

10. Mary Meeker, "Internet Trends 2014—Code Conference," Kleiner Perkins Caufield & Byers, 2014.

11. "Sakura-Con 2015 Results (and Info)," Iron Editor, April 7, 2015; and Neda Ulaby, "'Iron Editors's Test Anime Music-Video Skills," NPR, August 2, 2007.

12. Michael Rubin, ⟨*Droidmaker: George Lucas and the Digital Revolution*⟩ (Gainesville, FL: Triad Publishing, 2005).

13. Mary Meeker, "Internet Trends 2014—ode Conference," Kleiner Perkins Caufield & Byers, 2014.

14. Lev Manovich, "Database as a Symbolic Form," ⟨*Millennium Film Journal*⟩ 34 (1999); and Cristiano Poian, "Investigating Film Algorithm: Transtextuality in the Age of Database Cinema," presented at the Cinema and Contemporary Visual Arts II, V Magis Gradisca International Film Studies Spring School, 2015, accessed August 19, 2015.

15. Malcolm B. Parkes, "The Influence of the Concepts of Ordinatio and Compilatio on the Development of the Book," in ⟨*Medieval Learning and Literature: Essays Presented to Richard William Hunt*⟩, eds. J. J. G. Alexander and M. T. Gibson (Oxford: Clarendon Press, 1976), 115–27.

16. Ivan Illich, ⟨*In the Vineyard of the Text: A Commentary to Hugh's Didascalicon*⟩ (Chicago: University of Chicago Press, 1996), 97.

17. Malcolm B. Parkes, "The Influence of the Concepts of Ordinatio and Compilation on the Development of the Book," in ⟨*Medieval Learning and Literature: Essays Presented to Richard William Hunt*⟩, eds. J. J. G. Alexander and M. T. Gibson (Oxford: Clarendon Press, 1976), 115–27.

18. John Markoff, "Researchers Announce Advance in Image-Recognition Software," ⟨*New York Times*⟩, November 17, 2014.

19. Vladimir Nabokov, ⟨*Lectures on Literature*⟩ (New York: Harcourt Brace Jovanovich, 1980).

20. Thomas Jefferson, "Thomas Jefferson to Isaac McPherson, 13 Aug. 1813," in ⟨*Founders' Constitution*⟩, eds. Philip B. Kurland and Ralph Lerner (Indianapolis: Liberty Fund, 1986).

21. "Music Industry Revenue in the U.S. 2014," Statista, 2015, accessed August 11, 2015.

22. Margaret Kane, "Google Pauses Library Project," CNET, October 10, 2005.

23. "Duration of Copyright," Section 302(a), Circular 92, ⟨*Copyright Law of the United States of America and Related Laws Contained in Title 17 of the United States Code*⟩, U.S. Copyright Office, accessed August 11, 2015.

제9장 사람에게 하듯 사물과 상호작용하다 : INTERACTING

1. In-person VR demonstration by Jeremy Bailenson, director, Stanford University's Virtual Human Interaction Lab, June 2015.
2. Menchie Mendoza, "Google Cardboard vs. Samsung Gear VR: Which Low-Cost VR Headset Is Best for Gaming?," ⟨Tech Times⟩, July 21, 2015.
3. Douglas Lanman, "Light Field Displays at AWE2014(Video)," presented at the Augmented World Expo, June 2, 2014.
4. Jessi Hempel, "Project HoloLens: Our Exclusive Hands-On with Microsoft's Holographic Goggles," ⟨Wired⟩, January 21, 2015.
5. Luppicini Rocci, ⟨Moral, Ethical, and Social Dilemmas in the Age of Technology: Theories and Practice⟩(Hershey, PA: IGI Global, 2013); and Mei Douthitt, "Why Did Second Life Fail? (Mei's Answer)," Quora, March 18, 2015.
6. Frank Rose, "How Madison Avenue Is Wasting Millions on a Deserted Second Life," ⟨Wired⟩, July 24, 2007.
7. Nicholas Negroponte, "Sensor Deprived," ⟨Wired⟩ 2(10), October 1, 1994.
8. Kevin Kelly, "Gossip Is Philosophy," ⟨Wired⟩ 3(5), May 1995.
9. Virginial Postre, "Google's Project Jacquard Gets It Right," ⟨BloombergView⟩, May 31, 2015.
10. Brian Heater, "Northeastern University Squid Shirt Torso-On," Engadget, June 12, 2012.
11. Shirley Li, "The Wearable Device That Could Unlock a New Human Sense," Atlantic, April 14, 2015.
12. Leigh R. Hochberg, Daniel Bacher, Beata Jarosiewicz, et al., "Reach and Grasp by People with Tetraplegia Using a Neurally Controlled Robotic Arm," ⟨Nature⟩ 485, no. 7398 (2012): 372–75.
13. Scott Sharkey, "Red Dead Redemption Review," 1Up.com, May 17, 2010.
14. "Red Dead Redemption," How Long to Beat, accessed August 11, 2015.

제10장 측정하고 기록해 흐름을 추적하다 : TRACKING

1. "Quantified Self Meetups," Meetup, accessed August 11, 2015.
2. Nicholas Felton, "2013 Annual Report," Feltron.com, 2013.

3.   Sunny Bains, "Mixed Feelings," 〈Wired〉 15(4), 2007.

4.   Eric Thomas Freeman, "The Lifestreams Software Architecture" [dissertation], Yale University, May 1997.

5.   Nicholas Carreiro, Scott Fertig, Eric Freeman, and David Gelernter, "Lifestreams: Bigger Than Elvis," Yale University, March 25, 1996.

6.   Steve Mann, personal web page, accessed July 29, 2015.

7.   "MyLifeBits—Microsoft Research," Microsoft Research, accessed July 29, 2015.

8.   "The Internet of Things Will Drive Wireless Connected Devices to 40.9 Billion in 2020," ABI Research, August 20, 2014.

9.   "Apple' Profit Soars Thanks to iPod' Popularity," Associated Press, April 14, 2005.

10. "Infographic: The Decline of iPod," Infogram, accessed May 3, 2015.

11. Sean Madden, "Tech That Tracks Your Every Move Can Be Convenient, Not Creepy," 〈Wired〉, March 10, 2014.

12. "Connections Counter: The Internet of Everything in Motion," The Network, Cisco, July 29, 2013.

제11장 가치를 만들어낼 무언가를 질문하다 : QUESTIONING ▬▬▬▬▬▬▬

1.   "List of Wikipedias," Wikimedia Meta-Wiki, accessed April 30, 2015.

2.   Ashlee Vance, "This Tech Bubble Is Different," 〈Bloomberg Business〉, April 14, 2014.

3.   Calculation based on the following: Charles Arthur, "Future Tablet Market Will Outstrip PCs—and Reach 900m People, Forrester Says," 〈Guardian〉, August 7, 2013; Michael O'Grady, "Forrester Research World Tablet Adoption Forecast, 2013 to 2018 (Global), Q4 2014 Update," Forrester, December 19, 2014; and "Smartphones to Drive Double-Digit Growth of Smart Connected Devices in 2014 and Beyond, According to IDC," IDC, June 17, 2014.

4.   "Connections Counter," Cisco, 2013.

5.   "Gartner Says 4.9 Billion Connected 'Things' Will Be in Use in 2015," Gartner, November 11, 2014.

6.   Ibid.

7. "$4.11: A NARUC Telecommunications Staff Subcommittee Report on Directory Assistance," National Association of Regulatory Utility Commissioners, 2003, 68.

8. Peter Krasilovsky, "Usage Study: 22% Quit Yellow Pages for Net," Local Onliner, October 11, 2005.

9. Adrienne Chute, Elaine Kroe, Patricia Garner, et al., "Public Libraries in the United States: Fiscal Year 1999," NCES 200230, National Center for Education Statistics, U.S. Department of Education, 2002.

10. Don Reisinger, "For Google and Search Ad Revenue, It' a Glass Half Full," CNET, March 31, 2015.

11. Danny Sullivan, "Internet Top Information Resource, Study Finds," Search Engine Watch, February 5, 2001.

12. Yan Chen, Grace YoungJoo, and Jeon Yong-i Kim, "A Day Without a Search Engine: An Experimental Study of Online and Offline Search," University of Michigan, 2010.

13. Hal Varian, "The Economic Impact of Google," video, Web 2.0 Expo, San Francisco, 2011.

12가지 법칙으로 다가오는 피할 수 없는 것들

인에비터블
미래의 정체

1판 1쇄 발행 2017년 1월 17일
1판 8쇄 발행 2019년 11월 15일

지은이 케빈 켈리
옮긴이 이한음
펴낸이 고병욱

기획편집실장 김성수 **책임편집** 윤현주 **기획편집** 장지연 박혜정
마케팅 이일권 송만석 현나래 김재욱 김은지 이애주 오정민 **디자인** 공희 진미나 백은주
외서기획 이슬 **제작** 김기창
관리 주동은 조재언 **총무** 문준기 노재경 송민진

교정교열 김선희

펴낸곳 청림출판(주)
등록 제1989-000026호

본사 06048 서울시 강남구 도산대로 38길 11 청림출판(주) (논현동 63)
제2사옥 10881 경기도 파주시 회동길 173 청림아트스페이스 (문발동 518-6)
전화 02-546-4341 **팩스** 02-546-8053

홈페이지 www.chungrim.com
이메일 crl@chungrim.com
블로그 blog.naver.com/chungrimpub **페이스북** www.facebook.com/chungrimpub

ISBN 978-89-352-1146-3 (03320)